생성형 AI 플레이북

텍스트에서 멀티미디어까지

한선관 · 류미영 · 이문주 · 신상규 · 김지혜 · 강남선 · 임새이 지음

자유아카데미

머리말

Preface

인공지능의 역사는 짧지만, 그 발전 과정은 인간의 상상을 초월하는 혁신으로 가득 차 있습니다. 컴퓨터가 기계적인 계산과 자동화 처리에서 출발한 것에서부터, 인공지능 기술은 이제 창조적인 영역으로 확장되었습니다. 특히, 생성형 인공지능은 인간의 언어, 이미지, 음악, 영상 등 다양한 콘텐츠를 직접 만들어 내며 우리 삶의 모든 분야에 깊숙이 영향을 미치고 있습니다. 이 책은 이러한 새로운 시대를 이해하고 활용하는 데 필요한 지식과 기술을 담고 있습니다.

『생성형 인공지능 플레이북: 텍스트에서 멀티미디어까지』는 생성형 인공지능의 개념과 이를 어떻게 효과적으로 활용할 수 있는지를 체계적으로 안내하는 실용적인 가이드입니다. 이 책은 각 분야의 전문가들이 공저로 참여하여, 생성형 인공지능의 기본 원리부터 실생활 적용 사례와 도구 사용법에 이르기까지 다양한 내용을 포괄적으로 다루고 있습니다. 이를 통해 독자들은 생성형 인공지능을 단순히 이해하는 데 그치지 않고, 실제로 이를 활용하여 자신만의 창작물과 솔루션을 만들어 나갈 수 있는 능력을 키울 수 있습니다.

이 책은 다음과 같은 흐름으로 구성되어 있습니다. 서두에서는 인공지능의 개요와 생성형 인공지능의 발전 과정을 간략히 살펴보고, 이후 각 챕터는 생성형 인공지능의 주요 활용 분야를 중심으로 심층적으로 다룹니다.

1장은 텍스트 생성 인공지능을 다룹니다. 자연어 처리의 기초부터 시작해서 이야기, 소설, 시, 비즈니스 문서, 교육 자료 등 다양한 텍스트 생성 사례를 소개하며, 독자들이 창의적인 글쓰기와 챗봇 제작을 탐구할 수 있도록 돕습니다.

2장은 이미지 생성 인공지능의 원리와 응용을 다룹니다. 디지털 아트, 사진 편집, 제품 디자인 등 다양한 분야에서 활용할 수 있는 방법을 제시하여 독자들의 창작 작업을 지원합니다.

3장과 4장은 각각 음성 및 음악 생성, 영상 및 멀티미디어 생성 인공지능을 다룹니다. 음성 합성과 음악 작곡, 영상 생성 및 편집 기술을 통해 독자들이 팟캐스트, 애니메이션, 게임 개발 등 창의적 프로젝트를 실현할 수 있도록 안내합니다.

5장은 코딩 생성 인공지능을 다루며, 코드 작성, 데이터 분석, 자동화 스크립트 등 프로그래밍 작업의 효율성을 높이는 방법을 소개합니다. 프로그래머뿐만 아니라 비전문가에게도 유용한 내용을 담았습니다.

6장은 사무 업무에서 생성형 인공지능의 활용법을 제공합니다. 이메일 작성, 일정 관리, 프레젠테이션 생성 등 일상적인 업무 생산성을 높이는 다양한 방법을 제시합니다.

마지막으로, 7장은 생성형 인공지능의 윤리적 문제, 법적 책임, 사회적 영향 등을 논의하며, 독자들이 미래를 준비할 수 있도록 통찰을 제공합니다.

이 책은 생성형 인공지능에 관심 있는 누구나 읽을 수 있도록 구성하였습니다. 특히, 창작자, 디자이너, 프로그래머, 마케팅 전문가, 교육자 등 자신의 분야에서 창의성과 생산성을 높이고자 하는 분들에게 유용할 것입니다. 또한, 생성형 인공지능의 잠재력과 한계를 이해하고자 하는 학생, 연구자, 일반 독자들에게도 적합한 내용을 담고 있습니다.

집필에 심혈을 기울였지만, 여전히 내용에 부족한 부분이 있을 것이라 생각합니다. 독자 여러분의 애정 어린 충고를 부탁드립니다. 출간 후 발견되는 수정사항 등은 자유아카데미 홈페이지(www.freeaca.com) 자료실에 제공할 예정이니 참고하기를 바랍니다. 새로운 시대를 여는 이 순간, 이 책이 여러분의 길잡이가 되기를 바랍니다. 생성형 인공지능의 세계에서 발견할 수 있는 무한한 가능성과 창의성을 함께 탐구하며, 각자의 분야에서 새로운 혁신을 만들어 가시길 기대합니다.

2025년 1월

저자 일동

차례

Contents

CHAPTER 04

CHAPTER 05

CHAPTER 06

CHAPTER 07

CHAPTER
00

판도라의 생성 AI 상자 열어보기

1 인공지능의 개요

인공지능의 개념

인공지능(AI, Artificial Intelligence)은 인간의 지능적 특징을 모방하고 이를 자동화하는 기술과 이론을 말하며, 컴퓨터 시스템이 인간과 유사하게 학습하고 추론하며 문제를 해결할 수 있도록 하는 것을 목표로 한다.

인공지능은 인간의 자연 지능과 비교하여 다음과 같은 특징을 지닌다.

구분	인공지능	인간지능
학습 능력	AI는 주로 데이터와 알고리즘을 통해 학습한다. 머신러닝 알고리즘을 사용하여 대량의 데이터를 분석하고, 패턴을 발견하며, 이를 바탕으로 새로운 데이터를 예측하거나 분류할 수 있다.	인간은 경험, 교육, 사회적 상호작용 등을 통해 학습한다. 인간의 학습은 감정, 직관, 창의성 등 다양한 요소에 영향을 받으며, 새로운 상황에서도 빠르게 적응하고 창의적인 해결책을 제시할 수 있다.
추론과 문제 해결 능력	AI는 논리적 추론과 알고리즘 기반의 문제 해결 능력을 가진다. AI는 주어진 규칙과 데이터를 바탕으로 최적의 수를 찾으며 문제를 해결한다.	인간은 직관적이고 창의적인 방식으로 문제를 해결한다. 인간의 추론은 감정적, 문화적, 사회적 맥락을 포함하여 더 복합적이다. 인간은 제한된 정보와 불확실성 속에서도 결정을 내릴 수 있다.
적응력	AI는 특정한 범위 내에서만 적응할 수 있다. 주어진 데이터와 학습된 모델을 통해 작동하며, 새로운 상황에 적응하기 위해서는 추가적인 데이터와 학습이 필요하다.	인간은 새로운 환경과 상황에 매우 유연하게 적응한다. 인간은 경험을 통해 배운 것을 다른 상황에 적용하고, 복잡한 문제를 창의적으로 해결할 수 있다.
감정과 창의성	AI는 감정을 느끼거나 표현할 수 없으며, 창의성은 주로 데이터와 알고리즘의 조합에 의해 제한된다. 최근의 발전으로 AI가 예술 작품을 창작할 수 있지만, 이는 인간의 창의성과는 다른 방식이다.	인간은 감정을 경험하고 표현할 수 있으며, 이러한 감정은 의사 결정과 문제 해결에 중요한 역할을 한다. 인간은 독창적이고 창의적인 생각을 통해 예술, 과학 등 다양한 분야에서 혁신을 이룰 수 있다.

인공지능의 역사

1950년, 앨런 튜링에 의해 시작된 컴퓨터의 역사는 "컴퓨터 기계와 지능"이라는 논문을 통해 인공지능의 문을 열었으며 이 논문에서는 기계가 인간처럼 생각할 수 있는지 판단하는 방법으로 튜링 테스트를 제안하였다. 1956년 존 매카시(John McCarthy), 마빈 민스키(Marvin Minsky), 클로드 섀넌(Claude Shannon) 등이 참여한 다트머스 회의에서 "인공지능"이라는 용어가 처음 사용되며 인공지능에 관한 연구가 본격적으로 시작되었다.

다트머스 회의가 진행된 1년 후, 프랭크 로젠블렛(Frank Rosenblatt)은 퍼셉트론을 개발하여 신경망의 기초가 되는 모델을 만들었으며, 1960년대가 되어 튜링 테스트를 구현하기 위해 조셉 와이젠바움(Joseph Weizenbaum)은 ELIZA라는 초기 대화형 컴퓨터 프로그램을 개발하였고 이는 자연어 처리(NLP)의 초기 시도 중 하나가 되었다.

도전적인 인공지능의 연구와 개발은 1970년대가 되자 인공지능 연구는 그 성과가 과대평가 되었다는 평을 받으며, 연구 자금의 감소로 첫 번째 인공지능 연구의 침체기를 맞이하게 된다. 이를 인공지능의 첫 번째 겨울(1차 암흑기)이라고 한다.

1980년대가 되자 특정 분야의 전문가 지식을 바탕으로 문제를 해결하는 전문가 시스템(Expert Systems)이 인기를 끌었다. 전문가 시스템은 마빈 민스키(Marvin Minsky)가 제안한 지식 기반 시스템의 모델이며 첫 번째 인공지능의 겨울을 극복하는 계기가 되었다. 대표적인 예로 MYCIN이라는 의료 진단 시스템이 있으며 전문가를 필요로 하는 대부분의 분야에 전문가 시스템이 도입되며 제2의 인공지능 번영기를 맞게 되었다.

그러나 얼마 지나지 않아 전문가 시스템은 전문가들의 전문성과 직업적 안정성에 위협이 된다는 지적을 받게 되었고, 급기야는 전문가들이 지식을 제공하지 말자는 운동이 벌어지며 지식 병목(Knowledge bottleneck) 현상을 초래하였다. 지식을 수집하지 못한 전문가 시스템은 인공지능 개발과 발전의 한계를 가져오며 80년대 말 두 번째의 겨울을 맞이하게 되었다.

인간의 전문적인 지식을 대체하기 위한 방법으로 데이터를 바탕으로 기계 스스로 규칙과 지식을 학습하는 기계학습(Machine Learning) 방법의 대두는 필연적인 상황이 되어 버렸다. 1990년 이후 인터넷의 발전과 보급으로 데이터의 양이 폭발적으로 증가하면서, 기계학습과 빅데이터 기술이 크게 발전하였다. 특히, 프랭크 로젠블렛(Frank Rosenblatt)이 초기에 개발한 퍼셉트론이라는 인공신경망을 꾸준히 발전시켜 개발된 심층 신경망은 제프리 힌튼에 의해 딥러닝(Deep Learning)이라는 용어로 세상에 등장하였고, 이미지, 음성 인식, 자연어 처리 등의 분야에서 혁신적인 성과를 가져와 인공지능 응용의 범위를 넓혀가고 있다.

2012년 알렉스 크리제브스키(Alex Krizhevsky)가 개발한 알렉스넷이 이미지넷 대회에서 압도적인 성과를 내며 딥러닝의 가능성을 입증하였고, 이후 2016년 구글 딥마인드의 알파고(AlphaGo)는 세계 바둑 챔피언 이세돌을 이기며 세상을 놀라게 하였다. 오픈AI의 GPT-3는 자연어 처리에서 튜링 테스트를 완벽하게 통과하며 다시 한번 세상 사람들의 관심을 이끌었고, 인터넷상에 있는 거의 대부분의 언어 데이터를 학습하여 초거대 언어모델(Large Language Model, LLM)을 구축함으로써 인류의 지식을 초월하는 범용적인 인공지능(Artificail General Intelligence,AGI)의 등장을 예고하고 있다. 이와 함께 인공지능이 다양한 창의적 결과물을 생성하는 인공지능(Generative AI)의 발전으로 이어지고 있다.

인공지능의 역사

1950년: 앨런 튜링이 튜링 테스트를 제안
1956년: 다트머스 회의에서 "인공지능"이라는 용어가 처음 사용됨
1959년: 존 매카시와 마빈 민스키가 MIT에 AI 연구소를 설립
1966년: 조셉 바이젠바움이 엘리자(ELIZA)를 개발
1970년대: 첫 번째 인공지능 겨울 시작
1980년대: 전문가 시스템의 상업적 성공
1987년: 두 번째 인공지능 겨울 시작
1997년: IBM의 딥 블루가 가리 카스파로프를 이김
2006년: 제프리 힌튼과 연구팀이 딥러닝 기술을 발전시킴
2011년: IBM 왓슨이 퀴즈쇼 '제퍼디'에서 승리
2012년: 알렉스넷(AlexNet)이 이미지넷 대회에서 성과
2016년: 알파고(AlphaGo)가 이세돌에게 승리
2020년: GPT-3가 출시되어 자연어 처리 능력을 크게 향상시킴
2024년: 초거대 언어모델을 기반으로 하는 다양한 생성 인공지능 기술의 등장

② 기계학습과 딥러닝

기계학습

기계학습(Machine Learning)은 컴퓨터가 명시적으로 프로그래밍 되지 않고도 데이터를 통해 스스로 학습하고, 성능을 개선할 수 있는 인공지능의 한 분야이다. 기계학습의 주요 기능은 데이터에서 패턴을 찾아내고, 이를 바탕으로 예측이나 결정을 내리는 모델을 구축하는 것이다.

기계학습의 주요 유형은 크게 지도 학습(Supervised Learning), 비지도 학습(Unsupervised Learning), 강화 학습(Reinforcement Learning)으로 나뉜다.

첫 번째, 지도 학습은 입력 데이터와 해당 정답(레이블)이 주어진 상태에서 모델을 학습시킨다. 모델은 입력 데이터와 레이블 간의 관계를 학습하여 새로운 데이터에 대해 예측할 수 있게 된다. 이메일 스팸 필터링(스팸/비스팸), 이미지 분류(고양이/개) 등과 같은 곳에 활용된다.

두 번째, 비지도 학습은 입력 데이터에 레이블이 없는 상태에서 데이터의 구조나 패턴을 찾는다. 데이터 간의 유사성을 기반으로 클러스터링하거나 차원 축소를 수행한다. 고객 세분화, 차원 축소를 통한 데이터 시각화 등에 활용된다.

세 번째, 강화 학습은 에이전트가 환경과 상호작용하며 보상(reward)을 최대화하는 행동으로 학습한다. 시도와 오류를 통해 최적의 행동 전략을 찾아간다. 게임 플레이, 로봇 제어 등에서 활용된다.

각각의 기계학습을 구현하는 알고리즘은 다음과 같다.

유형	구분	세부 알고리즘
지도 학습	회귀	• 선형회귀(Linear Regression): 가장 단순한 형태의 회귀 알고리즘으로, 입력 변수와 출력 변수 간의 선형 관계를 모델링 • 다중회귀(Multiple Regression): 여러 입력변수들을 고려하여 출력 변수를 예측
		• 로지스틱 회귀(Logistic Regression): 이진 분류 문제에 사용되며, 확률값을 출력하여 두 클래스 중 하나를 예측

	분류	• 의사결정나무(Decision Tree): 데이터를 분할하여 결정 규칙을 생성하고 예측을 수행 • 서포트 벡터 머신(SVM, Support Vector Machine): 데이터 포인트를 분리하는 최적의 초평면을 찾는 알고리즘 • k-최근접 이웃(k-NN, k-Nearest Neighbors): 가장 가까운 k개의 데이터 포인트의 클래스를 참조하여 새로운 데이터의 클래스를 예측 • 신경망(Neural Network): 여러 개의 뉴런(neuron)으로 구성된 계층(layer) 구조를 가지며, 입력 데이터를 처리하여 출력으로 변환하는 과정을 통해 학습
비지도 학습	군집	• k-평균(k-Means): 데이터를 k개의 클러스터로 나누고, 각 클러스터의 중심을 반복적으로 계산하여 클러스터링 • 계층적 클러스터링(Hierarchical Clustering): 데이터 포인트들을 계층적으로 클러스터링
	차원 축소	• 주성분 분석(PCA, Principal Component Analysis): 데이터의 변동성을 최대한 보존하는 저차원 공간으로 변환 • t-분산 임베딩 기법(t-SNE, t-Distributed Stochastic Neighbor Embedding): 고차원 데이터를 2차원 또는 3차원으로 변환하여 시각화
강화 학습	정책 기반	• 정책 경사(Policy Gradient): 에이전트가 행동 정책을 직접 최적화하는 방법
	가치 기반	• Q-러닝(Q-Learning): 상태-행동 가치 함수를 학습하여 최적의 행동을 선택
	혼합 방법	• 행동-비교 방법(Actor-Critic): 정책을 학습하는 행위자(Actor)와 가치를 평가하는 비평가(Critic)를 동시에 학습

신경망과 딥러닝

인공 신경망(Artificial Neural Network)은 인간의 뇌에서 영감을 받아 설계된 머신러닝 모델로, 복잡한 패턴 인식과 문제 해결에 탁월한 성능을 발휘한다. 신경망은 여러 개의 뉴런(neuron)으로 구성된 계층(layer) 구조를 가지며, 입력 데이터를 처리하여 출력으로 변환하는 과정을 통해 학습한다. 주요 구성 요소와 특징은 다음과 같다.

<table>
<tr><td>구조도</td><td>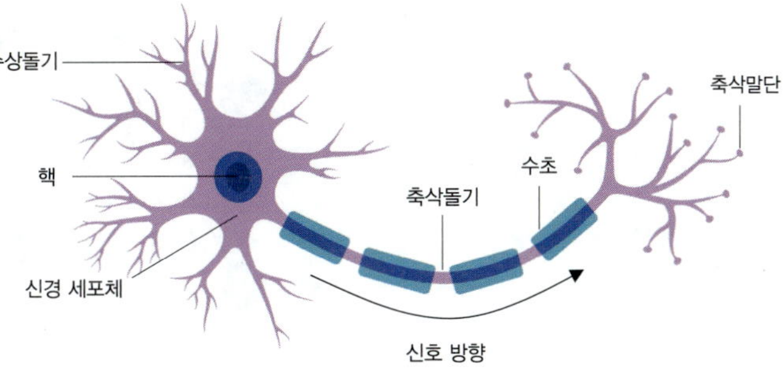

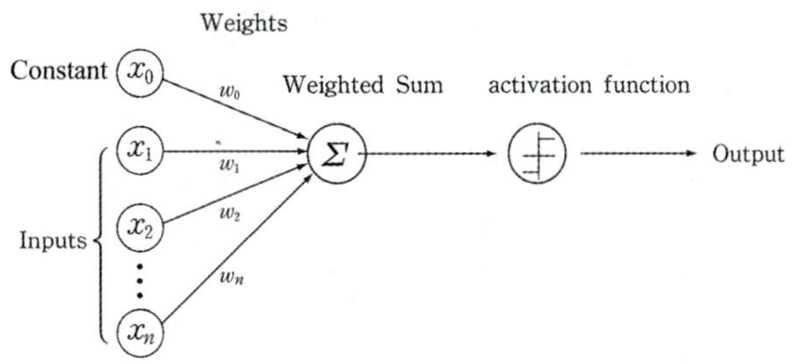
</td></tr>
<tr><td>뉴런
(Neuron)</td><td>• 신경망의 기본 단위로, 입력값을 받아 가중치(weight)를 곱하고, 활성화 함수(activation function)를 통해 출력을 생성</td></tr>
<tr><td>계층
(Layer)</td><td>• 입력층(Input Layer): 외부 데이터를 받아들이는 계층
• 은닉층(Hidden Layer): 입력 데이터를 처리하고 변환하는 중간 계층
• 출력층 (Output Layer): 최종 결과를 출력하는 계층</td></tr>
<tr><td>가중치
(Weight)</td><td>• 각 뉴런 간의 연결 강도를 나타내는 값으로, 학습 과정에서 조정되어 신경망의 성능을 향상시킴</td></tr>
<tr><td>활성화 함수
(Activation Function)</td><td>• 뉴런의 출력을 결정하는 함수로, 비선형성을 도입하여 신경망이 복잡한 패턴을 학습
• 유형: ReLU(Rectified Linear Unit), 시그모이드(Sigmoid), 소프트맥스(Softmax) 등</td></tr>
<tr><td>전방 전달
(Forward Propagation)</td><td>• 입력 데이터가 입력층을 통해 은닉층으로 전달되고, 각 뉴런에서 계산된 출력을 다음 계층으로 전달하여 최종 출력층에서 결과를 생성</td></tr>
<tr><td>후향 전달
(Backward Propagation)</td><td>• 출력과 실제 값 간의 오차를 계산하고, 이 오차를 최소화하기 위해 가중치를 조정하는 과정으로 신경망은 점점 더 정확하게 학습</td></tr>
</table>

기본적인 신경망에서 많은 은닉층 레이어를 가지고 있는 구조를 심층 신경망이라고 하며 이를 통한 기계학습 알고리즘이 딥러닝(Deep Learning)이다. 심층 신경망에서 은닉층의 역할은 입력된 데이터의 분류 결과를 출력할 뿐만 아니라 입력된 데이터의 특징을 파악할 수 있어서 딥러닝 모델은 다양한 분야에서 활용되고 있다.

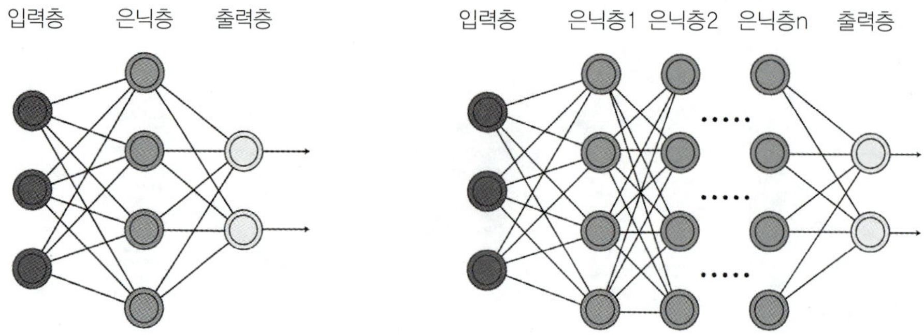

그림 1 기본 신경망과 심층 신경망

컴퓨터 비전 (Computer Vision)	이미지 분류, 객체 탐지, 얼굴 인식 등
자연어 처리 (Natural Language Processing)	언어 번역, 텍스트 생성, 감정 분석 등
음성 인식 (Speech Recognition)	음성 명령 인식, 음성 합성 등
의료 진단 (Medical Diagnosis)	의료 영상 분석, 질병 예측 등
추천 시스템 (Recommender Systems)	넷플릭스, 아마존, 유튜브 등 개인화 맞춤형 콘텐츠와 상품 추천
자율 주행 (Autonomous Driving)	자율 주행 차량의 환경 인식 및 경로 계획 등

딥러닝의 모델은 여러 가지 알고리즘이 있으며, 각 알고리즘은 특정 문제에 적합하게 설계된다. 주요 알고리즘은 다음과 같다.

- **다층 퍼셉트론(Multilayer Perceptron, MLP)**: 기본적인 형태의 인공신경망으로, 입력층, 여러 개의 은닉층, 출력층으로 구성된다. 각 층의 뉴런들은 완전히 연결(fully connected)되어 있으며, 주로 간단한 분류와 회귀 문제에 사용된다.

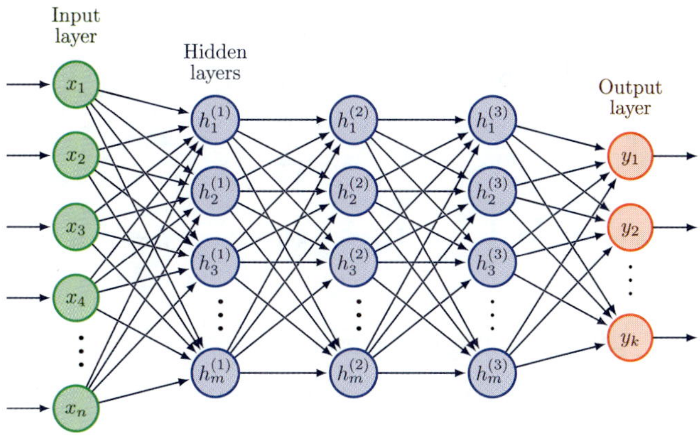

- 컨볼루션 신경망(Convolutional Neural Networks, CNN): 주로 이미지 처리에 사용되며, 컨볼루션 층과 풀링 층으로 구성된다. 컨볼루션 층은 이미지의 공간적 구조를 유지하면서 특징을 추출하고, 풀링 층은 차원을 줄여 연산량을 감소시킨다. CNN은 이미지 분류, 객체 검출, 세그멘테이션 등에 널리 사용된다.

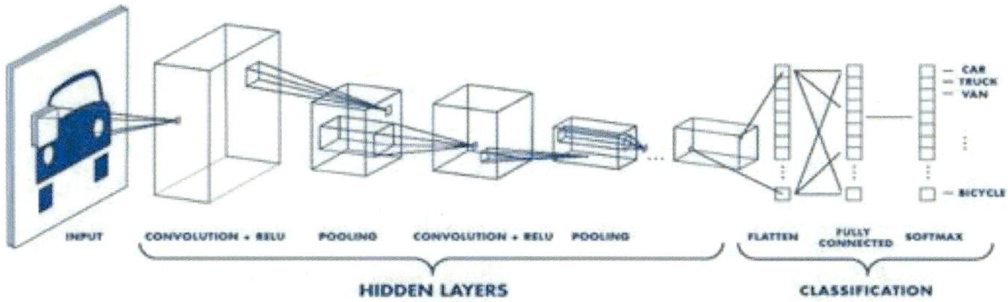

자료: https://www.run.ai/guides/deep-learning-for-computer-vision

- 순환 신경망(Recurrent Neural Networks, RNN): 순차적인 데이터(시계열 데이터)를 처리하는 데 적합한 신경망으로, 입력 데이터의 순서를 고려하여 정보를 처리한다. RNN은 자연어 처리, 음성 인식, 시계열 예측 등에 사용된다. RNN의 변형으로 LSTM(Long Short-Term Memory)과 GRU(Gated Recurrent Unit)가 있다.

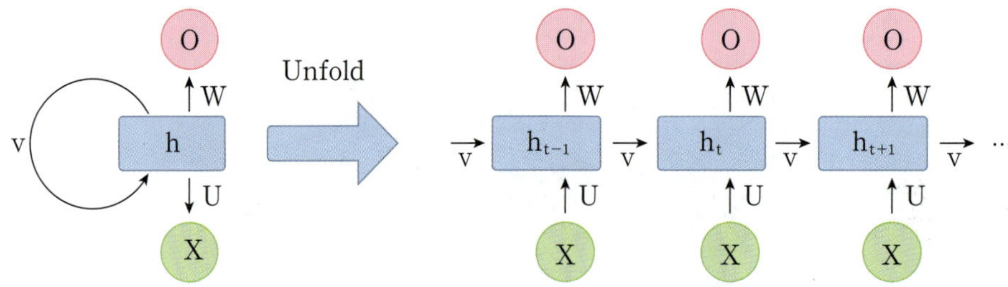

- **생성적 적대 신경망(Generative Adversarial Networks, GAN)**: 두 개의 신경망(생성자와 판별자)이 서로 경쟁하면서 성능을 향상시키는 모델이다. 생성자는 새로운 데이터를 생성하고, 판별자는 생성된 데이터가 진짜인지 가짜인지 구별한다. GAN은 이미지 생성, 스타일 변환, 데이터 증강 등에 사용된다.

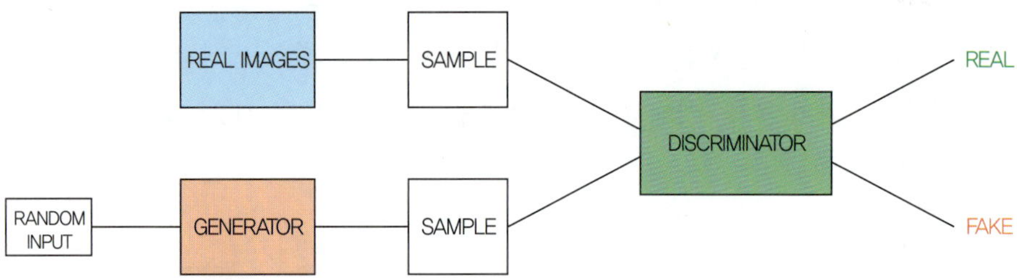

- **자동 인코더(Auto-ncoder)**: 입력 데이터를 압축하여 저차원 표현으로 변환한 후, 이를 다시 복원하는 신경망이다. 주로 데이터의 차원 축소, 특징 추출, 노이즈 제거 등에 사용된다. 변형된 형태로 변이형 자동 인코더(Variational Autoencoder, VAE)가 있다.

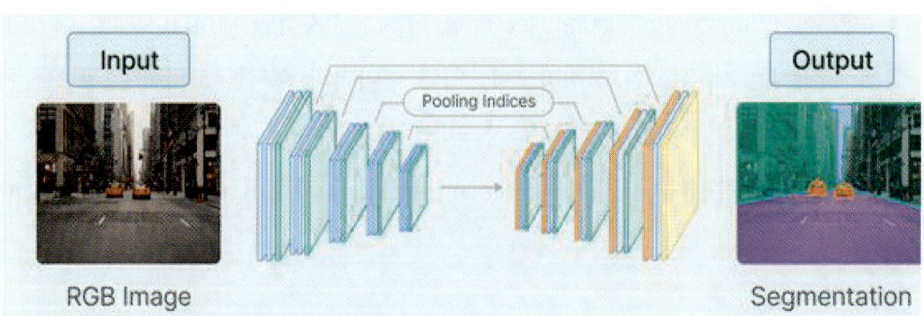

- **변환기(Transformer)**: 자연어 처리에서 주로 사용되며, 셀프 어텐션(self-attention) 메커니즘을 통해 입력 시퀀스의 모든 위치 간의 관계를 모델링한다.

대표적인 변형 모델로 BERT(Bidirectional Encoder Representations from Transformers)와 GPT(Generative Pre-trained Transformer)가 있다.

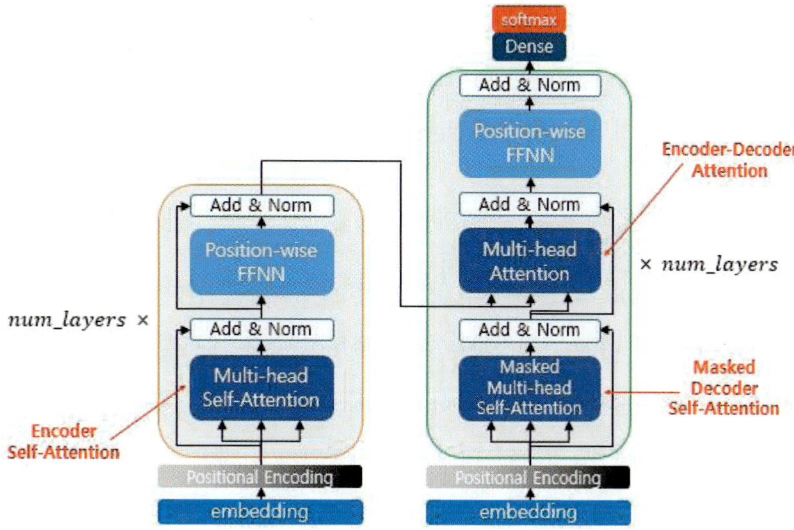

③ 생성 인공지능

딥러닝은 크게 인식모델(Discriminative Model)과 생성모델(Generative Model)로 구분되며 새로운 데이터를 인공지능이 결과물로 출력하는 생성모델로 구현되는 최신의 인공지능 기술이 바로 생성형 인공지능이다.

구분	특징
인식모델	주어진 입력 데이터가 특정 클래스에 속할 확률을 예측하는 데 사용 주로 분류(Classification) 및 회귀(Regression) 문제로 학습 대표적인 알고리즘 • 다층 퍼셉트론(Multilayer Perceptron, MLP) • 컨볼루션 신경망(Convolutional Neural Networks, CNN) • 순환 신경망(Recurrent Neural Networks, RNN)
생성모델	데이터의 분포를 학습하여 새로운 데이터를 생성하는 데 사용 생성 모델은 입력 데이터의 확률 분포를 학습하고, 새로운 샘플을 생성 대표적인 알고리즘 • 생성적 적대 신경망(Generative Adversarial Networks, GAN) • 변이형 자동 인코더(Variational Autoencoders, VAE) • 자기회귀 모델(Autoregressive Models)

생성적 적대 신경망

생성적 적대 신경망(GAN, Generative Adversarial Networks)은 두 개의 신경망이 서로 경쟁하면서 학습하는 방식으로, 새로운 데이터를 생성하는 데 사용되는 기술이다. 이 두 신경망은 생성자(Generator)와 판별자(Discriminator)로 구성된다.

- **생성자(Generator)**: 새로운 데이터를 생성하는 역할을 한다. 예를 들어, 새로운 이미지를 만들어 내는데 생성자는 무작위 노이즈(랜덤값)를 입력으로 받아 이를 점점 더 실제 같은 데이터로 변환하려고 시도한다.
- **판별자(Discriminator)**: 입력된 데이터가 진짜인지 가짜인지 구별하는 역할을 한다. 즉, 판별자는 생성자가 만든 데이터(가짜 데이터)와 실제 데이터(진짜 데이터)를 구별하려고 구현된 것이다.

작동 방식은 경쟁 과정과 학습 과정을 반복적으로 학습하면서, 생성자는 점점 더 진짜 같은 데이터를 생성할 수 있게 되고, 판별자는 점점 더 정교하게 진짜와 가짜 데이터를 구별할 수 있게 된다.

과정	실행 내용	
경쟁 과정	• 생성자와 판별자는 서로 경쟁하며 학습 • 생성자: 가능한 한 진짜 같은 데이터를 생성하여 판별자를 속임 • 판별자: 생성자가 만든 데이터가 가짜임을 확인	ㄱ 반복 학습 ㅢ
학습 과정	• 생성자 학습: 생성자가 만든 데이터가 판별자를 속일 수 있도록 학습(즉, 판별자가 가짜 데이터를 진짜 데이터로 분류하도록 만드는 것이 목표) • 판별자 학습: 판별자는 진짜 데이터와 가짜 데이터를 최대한 정확하게 구별하도록 학습	ㄱ 반복 학습 ㅢ

이해하기 쉽도록 위조 작품의 비유를 들어 설명해 보자.

- **위조 예술가(생성자)**: 위조 그림을 그리는 사람, 처음에는 그림이 서툴지만, 시간이 지날수록 진짜처럼 보이게 그릴 수 있게 된다.
- **감정 평가사(판별자)**: 그림이 진짜인지 가짜인지 판단하는 전문가, 감정 평가사는 위조 그림을 찾아내려고 노력한다.

학습 과정을 보면 예술가는 감정가를 속이기 위해 점점 더 진짜 같은 그림을 그리려고 노력하고 감정가는 속지 않기 위해 점점 더 위조 그림을 잘 찾아내도록 노력한다. 이 과정이 반복되면서 예술가의 그림 실력이 크게 향상되고, 감정가의 감별 능력도 높아진다.

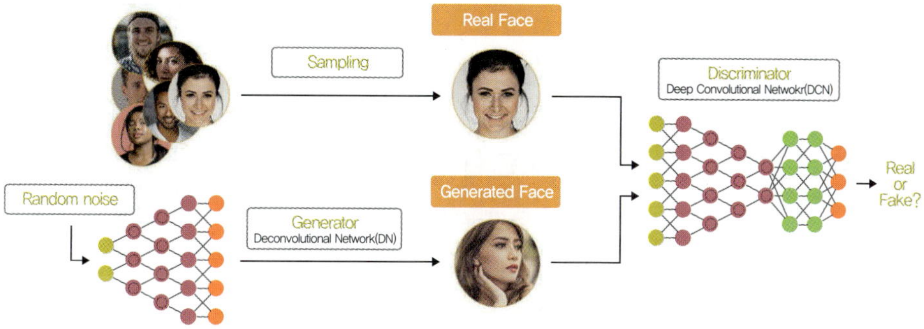

생성적 적대 신경망(GAN)은 특히 이미지 생성 분야에서 매우 혁신적인 결과를 가져왔으며, 예술, 엔터테인먼트, 디자인 등 다양한 분야에서 활용되고 있다.

- **이미지 생성**: 새로운 이미지, 예술 작품, 사진 등을 생성하는 데 사용
- **영상 생성**: 새로운 동영상을 생성하거나 기존 영상을 보완하는 데 사용
- **음악 생성**: 새로운 음악 트랙을 작곡하거나 기존 음악을 변형하는 데 사용
- **텍스트 생성**: 새로운 글, 시나리오, 대화문 등을 생성하는 데 사용

변이형 오토인코더

변이형 오토인코더(VAE, Variational Autoencoders)는 데이터의 잠재 공간을 학습하여 새로운 데이터를 생성하는 데 사용되는 신경망이다. 쉽게 말해, VAE는 컴퓨터가 이미지를 압축하고 다시 만들어 내는 방법을 배우는 일종의 신경망이다. 이는 우리가 사진을 작은 파일로 압축했다가 다시 큰 파일로 복원하는 것과 비슷하다. 주요 개념은 인코더(Encoder)와 디코더(Decoder) 그리고 잠재 공간(Latent Space)으로 구성되어 있다.

인코더(Encoder)는 입력된 데이터를 작은 크기로 압축한다. 큰 이미지를 작은 숫자들의 묶음으로 변환하는 것이다. 예를 들어, 고해상도 이미지를 입력으로 받아 이를 작은 벡터(잠재 변수)로 변환한다.

디코더(Decoder)는 인코더가 만든 작은 숫자 묶음을 원래 크기의 데이터로 다시 변환한다. 즉, 압축된 정보를 이용해 큰 이미지를 다시 만든다.

잠재 공간(Latent Space)은 인코더가 데이터를 변환한 작은 숫자 묶음이 위치하는 공간이다. 이 공간에서 디코더가 이미지를 재구성한다. 잠재 공간은 데이터를 압축하고 주요 특징을 유지하는 역할을 한다.

과정	실행 내용
인코딩	입력된 큰 이미지를 인코더를 통해 작은 숫자 묶음으로 압축한다. 이 숫자 묶음은 이미지의 중요한 특징만을 담고 있다.
샘플링(Sampling)	인코더가 만든 숫자 묶음에서 샘플을 뽑아낸다. 이는 다양한 버전의 이미지를 만들어 내는 데 사용된다.
디코딩	샘플링한 숫자 묶음을 디코더에 넣어서 원래 크기의 이미지로 다시 변환한다. 이 과정에서 원래 이미지와 비슷한 새로운 이미지를 만들어 낸다.

VAE의 응용 분야는 다음과 같다.

- **이미지 생성**: 새로운 이미지를 생성하거나, 손상된 이미지를 복원하는 데 사용된다.
- **데이터 압축**: 데이터를 효율적으로 압축하고 복원하는 데 사용된다.
- **의료 영상**: 의료 이미지를 분석하고, 새로운 의료 데이터를 생성하는 데 사용된다.

- **추천 시스템**: 사용자 선호도를 학습하여 개인화된 추천을 제공하는 데 사용된다.

자기회귀 모델

자기회귀 모델(Autoregressive Models)은 현재 데이터를 예측하기 위해 과거 데이터를 사용하는 방법이다. 이 모델은 시간에 따라 변하는 데이터를 분석하고 예측하는 데 많이 사용된다. 쉽게 말해, 자기회귀 모델은 이전에 일어난 일들을 기반으로 앞으로 일어날 일을 예측하게 된다.

주요 개념은 과거 데이터 이용을 하는 것인데 자기회귀 모델은 과거의 데이터를 이용하여 현재나 미래의 데이터를 예측한다. 예를 들어, 지난 몇 시간 동안의 온도 데이터를 사용하여 다음 시간의 온도를 예측한다. 또한 자기 자신을 기반으로 예측하는 '자기회귀'라는 개념이 있는데, 이 모델은 자기 자신의 과거 값을 사용하여 현재 값을 예측한다. 이는 마치 어제의 날씨가 오늘 날씨에 영향을 미치는 것과 비슷하다.

과정	실행 내용
데이터 수집	예측하려는 데이터의 과거 값을 수집한다. 예를 들어, 매일의 기온을 기록한다.
모델 학습	모델은 이 과거 데이터를 사용하여 패턴을 학습한다. 예를 들어, 모델은 "어제 기온이 높으면 오늘 기온도 높을 가능성이 크다"라는 식의 규칙을 학습한다.
예측	모델은 학습한 패턴을 바탕으로 현재나 미래의 값을 예측한다. 예를 들어, 지난 며칠 간의 기온 데이터를 바탕으로 오늘 기온을 예측한다.

자기회귀 모델의 응용 분야는 다음과 같다.

- **날씨 예측**: 과거의 날씨 데이터를 사용하여 미래의 날씨를 예측
- **주식 시장 예측**: 과거 주가 데이터를 사용하여 미래의 주가를 예측
- **음성 신호 처리**: 과거의 음성 데이터를 사용하여 다음에 나올 소리를 예측
- **텍스트 생성**: 앞서 작성된 글을 기반으로 다음에 나올 단어나 문장을 예측하여 글을 이어서 씀

멀티모달

멀티모달(Multimodal)은 여러 종류의 데이터를 동시에 사용하는 것을 의미한다. "모달(modal)"은 데이터의 유형이나 형식을 나타내며, 멀티모달은 이러한 다양한 형식의 데이터를 결합하여 더 풍부하고 정확한 정보를 얻는 것을 목표로 한다.

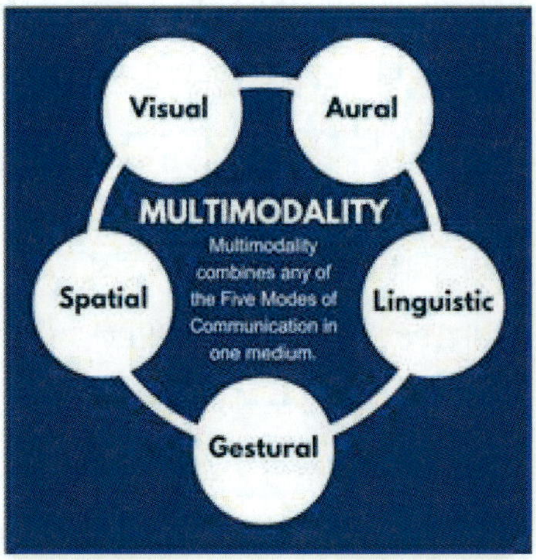

텍스트, 이미지, 음성, 비디오 등 다양한 형태의 데이터를 생성할 수 있는 생성형 인공지능은 앞으로 멀티모달의 특징을 포함하여 더 포괄적이면서 정교한 기술로 발전하게 될 것이다.

멀티모달과 생성형 인공지능의 관계를 통합하게 되면 다음과 같은 기능을 구현할 수 있다.

통합	구현 기능	예시
다양한 입력 데이터를 이용한 생성	멀티모달 기술을 이용하면 생성형 AI는 단일 유형의 데이터가 아닌 다양한 유형의 데이터를 입력으로 사용	텍스트 설명과 이미지를 함께 입력받아 새로운 이미지를 생성하는 AI, 비디오와 텍스트 자막을 함께 학습하여 새로운 비디오 콘텐츠를 생성하는 AI
풍부한 콘텐츠 생성	멀티모달 데이터를 처리함으로써 생성형 AI는 더 풍부하고 복잡한 콘텐츠를 생성	소설의 텍스트 내용을 바탕으로 해당 장면의 이미지를 생성하거나, 음악과 가사의 텍스트를 동시에 생성하는 AI

고급 상호작용	멀티모달 기술은 생성형 AI가 사람과의 상호작용을 더 자연스럽고 직관적으로 개발	사용자의 음성 명령과 얼굴 표정을 동시에 분석하여 맞춤형 응답을 생성하는 가상 비서
다중 감각 경험	생성형 AI와 멀티모달 기술의 결합은 가상 현실(VR)과 증강 현실(AR) 등에서 다중 감각 경험을 제공	VR 환경에서 시각, 청각, 촉각 데이터를 통합하여 몰입감 있는 경험을 생성

생성형 인공지능에 멀티모달을 응용하여 구현하는 사례를 보면 다음과 같다.

유형	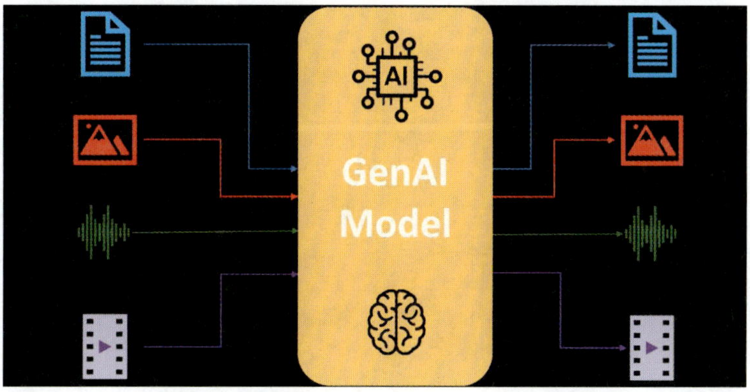
텍스트	텍스트 생성, 텍스트 요약, 검색, 텍스트 편집, 시 생성, 지원(채팅/SMS), 메모 작성, 마케팅 콘텐츠, 번역, 대본 작성, 표절 감지, 텍스트 단순화, 자동 수정, 감정 분석, 명명된 엔터티 인식(NER), 엔터티 추출
코드	생성, 디버깅, 테스트 사례 생성, 문서화, 이해, 텍스트에서 SQL로, 코드 변환, 코드 스타일 수정, 자동 코드 완성, 보안 취약점 탐지, 코드 최적화, 코드 검토 및 리팩토링
이미지	이미지 생성, 이미지 분류, 객체 감지, 이미지 분할, 이미지 향상, 이미지 복원, 이미지 채색, 이미지 복원, 초고해상도, 이미지 포렌식 및 예술적 스타일 전환
음성	텍스트 음성 변환, 음성 텍스트 변환, 음성 합성, 음성 인식 및 음성 명령, 음성 감정 인식, 자연어 상호작용(NLI), 음성 검색, 음성 비서, 화자 대화
비디오	비디오 생성, 편집, 텍스트를 비디오로, 비디오 인덱싱, 비디오 분류, 객체 추적, 비디오 자막, 비디오 요약, 비디오 품질 향상, 비디오 안정화, 비디오 검색, 스포츠 또는 보안 애플리케이션을 위한 비디오 분석, 장면 인식
3D	3D 모델링, 3D 객체 감지, 3D 인쇄, 3D 애니메이션, 3D 재구성, 3D 모델 최적화, 3D 물리 시뮬레이션 및 3D 인간 자세 추정
기타	로봇 프로세스 자동화(RPA), 게임, 데이터 분석, 음악 작곡, 신약 발견, 재료 과학, 과학 연구, 예측, 추천 시스템, 개인화 및 사용자 경험 디자인, 창의적인 콘텐츠 생성(예: 밈, 농담), 소셜 미디어 관리, 교육 및 훈련, 접근성 도구

CHAPTER

01

텍스트 생성 인공지능

① 텍스트 생성의 기초 다지기

인간과 기계, 소통의 시작

우리가 일상적으로 사용하는 컴퓨터나 스마트폰이 내가 입력한 몇 마디 문장을 바탕으로 마치 사람과 대화하는 것처럼 궁금한 것에 대해 자연스러운 대답을 해주고, 내 생각을 확장하는 힌트를 던져주기도 하며 농담까지 하는 그런 장면을 머릿속으로 한번 상상해 보자. 이전에는 이런 장면이 SF 영화에서나 그리던 영화 속 세상이었지만, 이제는 실제 내 컴퓨터나 스마트폰을 켜고 언제든지 이 장면을 현실로 만들 수 있다. 도대체 어떻게 이런 일이 가능해졌을까?

텍스트 생성 인공지능의 발전은 막연하게 '미래에는 가능하겠지'라고 생각했던 그 기술을 실제 우리의 삶에 가져다 놓았다. 지금은 너무나도 당연한 이 기술, 대체 어떻게 탄생하고 진화하였는지 살펴보자.

옆에 있는 사람에게 던지는 한마디 인사, 친구에게 흘리듯 전한 작은 쪽지가 너무나도 쉽고 당연하기에 사람들은 인간끼리의 소통만큼 기계와의 소통도 얼마든지 자연스럽게 시작할 수 있으리라 생각할 수 있다. 그러나 인간끼리의 소통에서 사용하는 자연어와 기계와 소통할 때 사용하는 언어는 너무나도 다르다. 이에 기계가 우리

의 말을 이해하고 대답하는 것은 아주 어렵고 복잡한 문제였다. 이것을 극복하기 위한 도전의 첫걸음은 1960년대에 시작되었다.

1966년 MIT 인공지능 연구소의 과학자 요제프 바이젠바움(Joseph Weizenbaum)은 엘리자(ELIZA)라는 챗봇을 개발한다. 엘리자는 간단한 대화가 가능했던 초기 텍스트 생성 인공지능으로, 심리학자들이 대화를 나누는 방식을 바탕으로 설계되었다. 대화의 예시를 살펴보면, 사용자가 "나는 수영을 할 수 없어"라고 입력하면 엘리자는 "왜 수영을 할 수 없다고 생각하나요?"라고 대답한다. 엘리자는 간단한 패턴 매칭을 기반으로 만들어진 프로그램이기에 사용자가 입력한 문장에서 '키워드'가 포함되어 있는지 확인하고, 미리 그 키워드에 매칭시켜 둔 문장 중 하나를 출력하는 방식으로 구현되었다. 겉으로는 엘리자가 인간의 언어를 이해하는 것처럼 보였지만, 결국 그 속에서는 단순한 규칙에 따라 대답을 선택했을 뿐이었다.

TIP

엘리자는 간단한 패턴 매칭을 바탕으로 제작되었지만, 심리학자들의 대화법을 따르기에 인공지능이 마치 나에게 공감하는 것처럼 보이게 하였다. 이런 특성을 바탕으로 인공지능을 비롯한 컴퓨터나 기계를 무의식적으로 마치 인간과 같다고 의인화하는 현상에 '엘리자 효과(일라이자 효과, Eliza effect)'라는 이름이 붙었다.

엘리자와의 대화가 얼마나 힐링이 되었는지 요제프 바이젠바움 박사의 연구실에서 연구를 하는 학생들도 밤늦게까지 엘리자와 대화를 나누는 일이 종종 있었다고 한다. 엘리자와의 대화가 궁금하다면 다음의 QR코드로 연결되는 사이트에서 영어로 대화를 체험해 볼 수 있다.

컴퓨터 심리치료사 엘리자
https://psych.fullerton.edu/mbirnbaum/psych101/eliza.htm

엘리자가 패턴 매칭으로 사람들과 힐링 대화를 하고 있었다면, 비슷한 시기 마르코프 체인(Markov Chains)이라는 또 다른 방식의 모델도 연구되고 있었다. 마르코프 체인은 러시아의 수학자 안드레이 마르코프(Andrey Markov)가 1906년 제안한 확률 계산 방식이다. 현재 상태만을 고려해서 다음 상태가 어떨지 확률적으로 계산하는 것이다. 이 확률 계산 방식을 바탕으로 문장을 구성할 때 앞선 단어에 따라 뒤에 어떤 단어가 올 가능성이 높은지 계산하고 예측하여 문장을 생성하는 것이다.

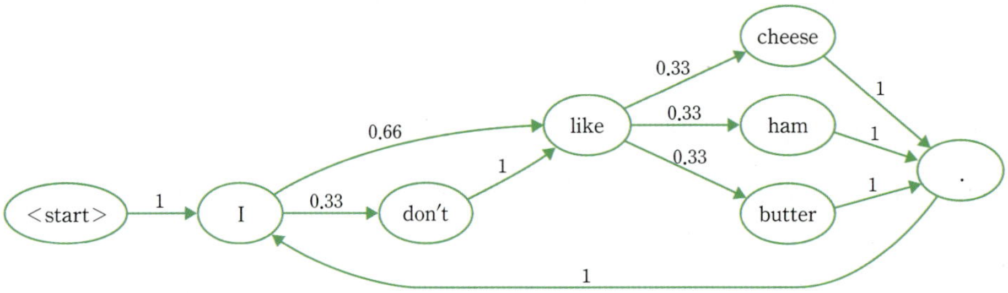

예를 들어, '고양이가'라는 단어를 입력하면 그다음에 나올 단어들의 목록을 구성하고 각 단어가 등장할 확률을 계산한다. 그리고 그중에서 가장 확률이 높은 단어를 연결해 '고양이가 귀엽다.' 또는 '고양이가 뛰어다닌다.'와 같은 문장을 생성하는 것이다. 물론, 계산으로 만든 문장이 항상 완벽하지 않기에 이 모델이 만든 문장은 종종 (특히, 길어질수록) 엉뚱하고 말이 안 되는 경우가 많았지만, 그 덕분에 웃음을 자아내기도 했다.

이렇게 텍스트 생성 인공지능의 시작은 지금과 비교하면 매우 단순했지만, 엘리자와 마르코프 체인은 기계와의 소통의 놀라운 가능성을 펼쳐주었다.

텍스트 생성 기술의 한 걸음 한 걸음

텍스트 생성 인공지능이 발전하는 과정은 수많은 도전과 혁신들로 가득하다. 첫 시도의 단순한 모델에서 시작하여 오늘날의 복잡하지만 마법같은 모델에 이르기까지, 수많은 장벽과 도전들이 있었고 이를 극복하며 놀라운 성과가 펼쳐졌다.

• RNN의 등장

우리가 생각하고 말할 때를 곰곰이 생각해 보자. 매 순간 흰 백지와 같이 처음처럼 생각하고 말하기보다는 이전에 했던 생각과 대화를 기억하고 이를 바탕으로 새로운 것을 덧붙인다. 즉, 지속성(Persistence)을 가지고 있다. 그렇다면 기계는 어떻게 이 지속성을 학습할 수 있을까?

데이터는 결국 인간의 흔적들이고, 우리가 사용하는 데이터들에는 이런 지속성을 가진 시퀀스 데이터(Sequence data)[1]가 많다. 그렇기에 기존의 모델들은 인간의 사고와 대화가 가진 이런 지속성을 처리하는 데 어려움을 겪었고, 이것은 텍스트 생성 기술 발전의 큰 걸림돌이 되고 있었다. 1986년 데이비드 럼멜하트(David E. Rumelhart)와 제프리 힌튼(Geoffrey E. Hinton) 등의 연구자들이 제안한 RNN(Recurrent Neural Network, 순환 신경망)은 바로 이 문제를 해결하는 첫걸음이 되었다.

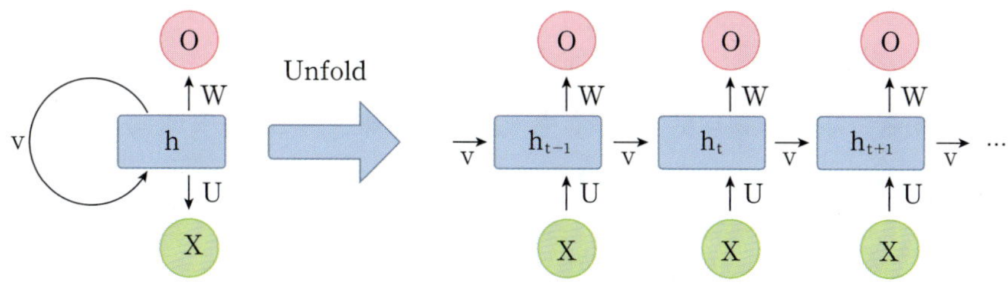

RNN은 그 이름에서도 알 수 있듯이 '순환'하는 구조를 가지고 있다. 이 순환 구조를 통해 이전 단계의 정보를 다음 단계로 전달한다. 즉, 이전의 출력이 다음의 입력으로 반복하여 순환하면서 정보가 사라지지 않고 지속해서 기억되고 활용할 수 있게 되는 것이다.

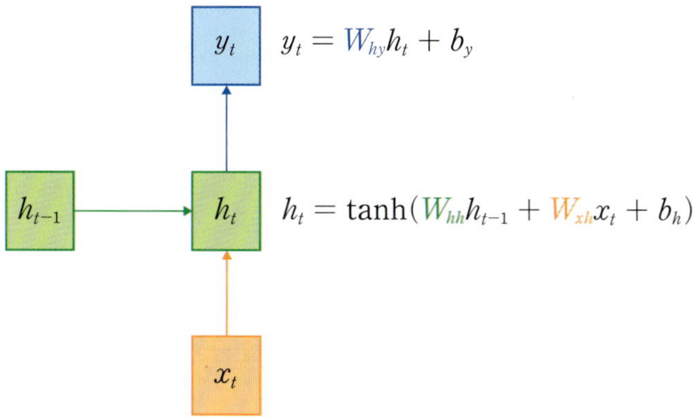

1 시퀀스 데이터(Sequence data): 연관된 연속의 데이터로, 데이터가 배열된 순서에도 정보가 담겨 있는 데이터이다.

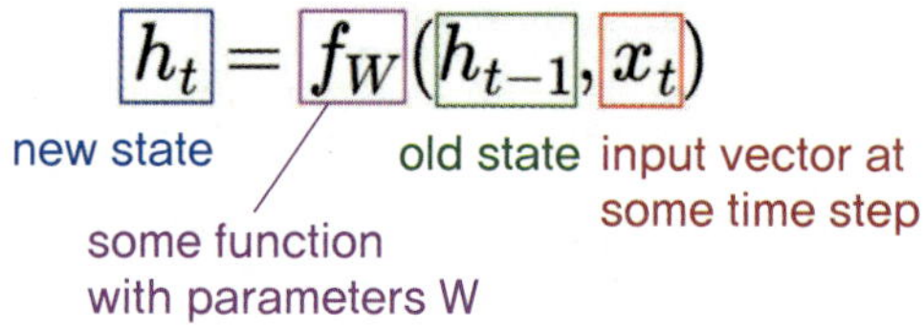

이전 단계에서 전달된 값을 히든 스테이트(Hidden state)[2]라고 하는데, 이 히든 스테이트는 현재의 영향을 받아 매번 갱신된다. 왼쪽의 그림으로 보면 현재의 새로운 h_t는 입력값인 x_t와 이전 히든 스테이트인 h_{t-1}의 영향을 받아 값이 결정되는 것을 확인할 수 있다.

이런 RNN은 다양한 형태로 구성될 수 있는데, 형태는 주로 입력과 출력의 개수에 따라 결정이 된다.

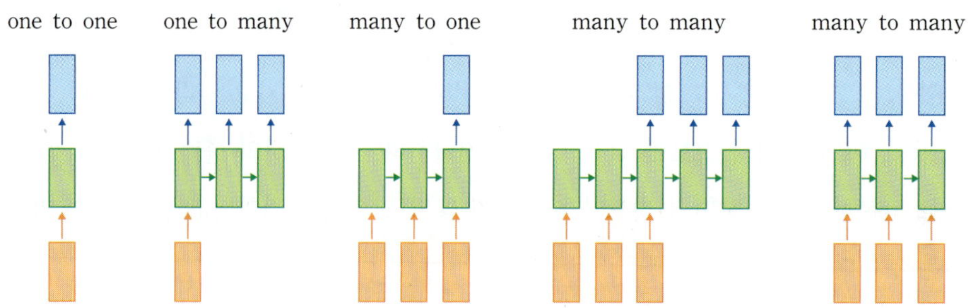

① 1:1 형태	한 개의 입력에 대해 한 개의 출력을 생성하는 형태로, Vanila Neural Network 라고 부르기도 한다. 주로 하나의 단어에서 그다음 단어를 예측하는 간단한 기계 학습 문제에 활용된다.
② 1:n 형태	한 개의 입력에서 시작하여 일련의 여러 개의 출력을 생성하는 구조이다. 주어진 첫 번째 문장을 입력받아 이어지는 전체 문장을 생성하는 작업과 같은 텍스트 생성 문제에 사용된다.
③ n:1 형태	여러 개의 입력 시퀀스를 받아 하나의 출력을 생성하는 구조이며, 주로 영화 리뷰와 같은 여러 문장을 입력받아 전체 리뷰를 긍정 혹은 부정으로 분류하는 작업과 같은 텍스트 분류 문제에 활용된다.
④ n:m 형태	여러 개의 입력을 받아 여러 개의 출력을 생성하는 형태로, 기계 번역과 같은 문제에 사용된다. 이 형태의 경우 다시 동등한 입력과 출력을 가지는 경우와 다른 길이의 입력과 출력을 가지는 경우로 나뉜다.

2 히든 스테이트(Hidden state): RNN이 입력 데이터의 정보를 저장하고 다음 단계로 전달하는 내부 메모리

다양한 형태의 RNN 구조는 각기 다른 유형의 데이터와 상황에서 효과적으로 문제를 처리하며 성능을 발휘한다. 그러나 RNN에도 한계가 존재한다. 마치 우리의 특성과 닮아 있는 한계점이기도 하다.

오늘 내가 먹은 것 중 가장 맛있었던 음식은?
지난주 내가 먹은 저녁 메뉴는?
올해 초 2월에 내가 가장 많이 먹은 음식은?
10년 전 내가 좋아하고 즐겨 먹은 음식은?

누군가는 지속적으로 자신의 일상을 일기를 통해 기록하고 적어두었기에 이 질문에 대한 답을 알 수도 있을지도 모른다. 대부분의 사람들은 아마 그 음식을 먹는 순간에는 강렬했고 맛있었겠으나 그 이후로도 먹은 수많은 음식의 입력에 밀려 기존 입력값의 영향력은 점점 줄어들고 결국 지금의 나에게는 거의 영향을 미치지 못하고 있을 것이다. 이처럼 RNN 역시 데이터 길이가 길어지면 먼 과거의 정보를 현재 시점까지 전달하지 못하고 서서히 사라지는 문제를 가지고 있다.

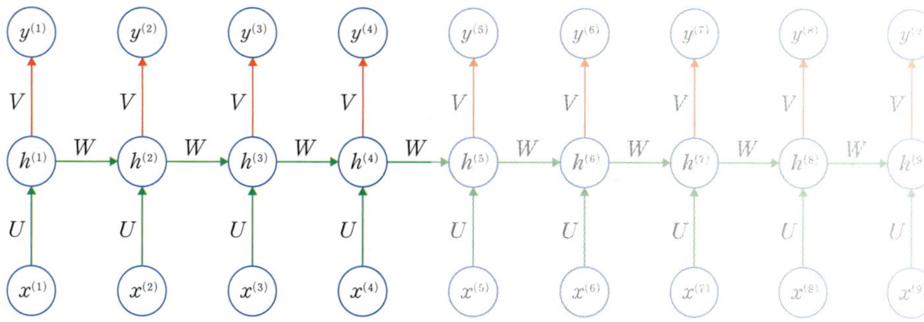

이런 문제를 장기 의존성(Long-term dependency) 문제 혹은 학습에 사용하는 경사도가 사라지는 기울기 소실(Vanishing gradient) 문제라고 한다. 이러한 문제를 해결하기 위해, 더 발전된 모델인 LSTM(Long Short-Term Memory)과 GRU(Gated Recurrent Unit)와 같은 구조가 도입되었다. 이들 모델은 RNN의 한계를 극복하고, 긴 시퀀스에서도 중요한 정보를 유지하며 처리할 수 있도록 설계되었다.

• LSTM의 발전

대부분의 기억은 시간이 지남에 따라 희미해지지만, 가끔 '이걸 지금까지 기억한다고?' 싶은 기억들도 있다. 우리의 뇌는 놀라운 능력을 가지고 있어서 중요한 정보는 오랫동안 기억하고, 필요할 때 딱 다시 떠올려 활용할 수 있게 한다. 예를 들어 오래된 친구의 전화번호, 오랜 시간 동안 잊지 않고 부를 수 있는 학창 시절 좋아했던 노래의 가사, 수능 시험 날의 날씨와 그날의 도시락 메뉴 또는 사랑하는 사람들과의 기념일 같은 기억들 말이다. 만약 우리의 뇌처럼 기계도 중요한 정보는 오랫동안 잘 저장해 두며 기억하고, 덜 중요한 정보는 잊어버릴 수 있다면 어떨까?

이런 생각에서 시작된 것이 바로 LSTM(Long Short-Term Memory)이다. 위에서 다루었듯이 LSTM은 RNN의 한계를 극복하기 위해 개발되었기에 장기 의존성 문제를 해결하고 중요한 정보를 오랫동안 유지할 수 있도록 설계되었다. 그렇다면 LSTM은 어떻게 이런 놀라운 능력을 발휘할 수 있을까?

LSTM의 구조에서 그 비밀을 찾을 수 있다. LSTM는 셀 상태(Cell state)와 여러 게이트로 구성되어 상호작용하며 각각의 정보를 효율적으로 관리하고 유지하는 데 핵심적인 역할을 한다.

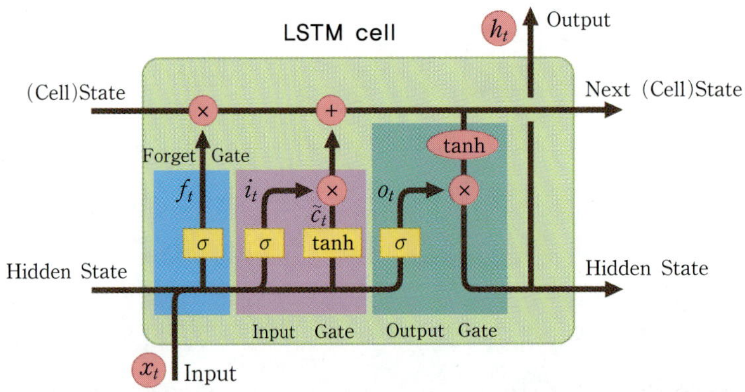

① 셀 상태(Cell state)

셀 상태는 LSTM의 기억을 담당하는 부분이다. 셀 상태는 마치 컨베이어 벨트처럼 정보를 전혀 건드리지 않고 그대로 흐르게만 하는 부분이다. 정보를 건드리지 않기에 상태(state)가 꽤 오래 지나더라도 기울기(gradient)가 잘 전달된다.

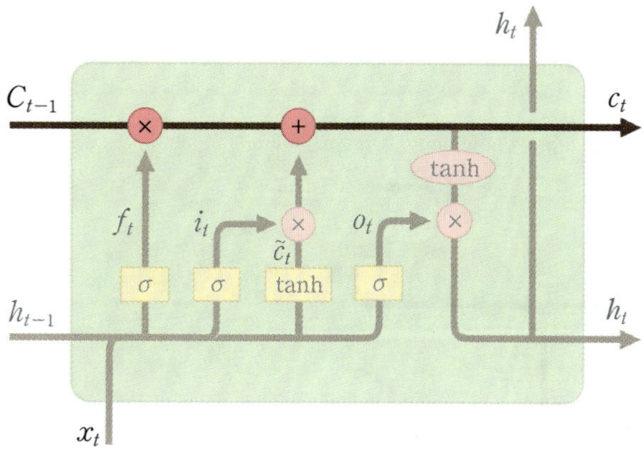

② 게이트(Gate Mechanisms)

LSTM은 세 가지 주요 게이트를 통해 정보를 관리한다. 이 게이트를 통해 기울기 소실을 방지하고 정보가 지속해서 흐를 수 있도록 돕는다.

– 망각 게이트(Forget Gate)

망각 게이트는 LSTM의 첫 번째 단계로 정보를 얼마나 잊을지를 결정하는 단계이다. 시그모이드 함수를 거쳐 0~1 사이의 값이 나오게 되는데, 0에 가까울수록 정보를 많이 삭제한 것이고 1에 가까울수록 정보를 온전에 기억하는 것이다. 이 값은 셀 상태에 전달이 된다.

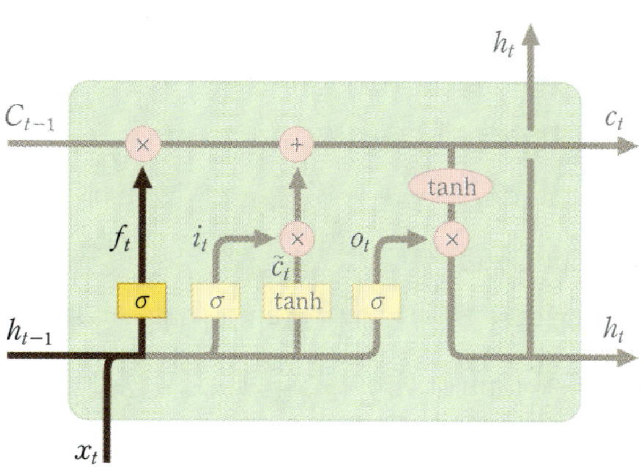

– 입력 게이트(Input Gate)

현재 상태의 입력을 얼마나 기억하여 입력할 것인지를 계산하는 부분이다. 새로운 정보를 셀 상태에 얼마나 반영할지 결정하여 그 값을 전달한다.

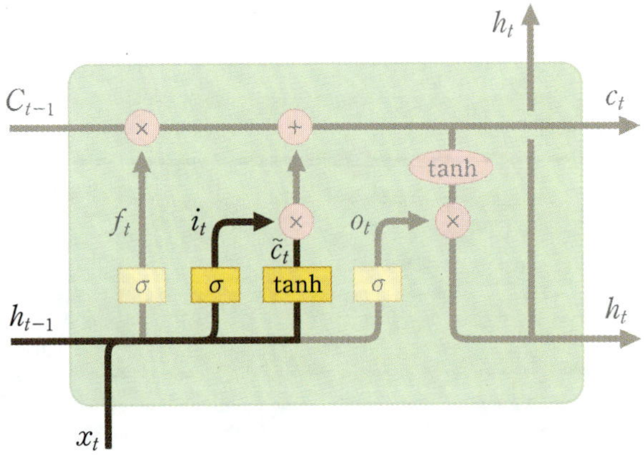

– 상태 업데이트(State update)

망각 게이트와 입력 게이트의 값을 셀 상태에게 업데이트하는 과정이다. 이전 단계의 정보를 얼마나 잊을 것인지와 현재 단계의 정보를 얼마나 반영할 것인지를 계산하여 두 값을 더해 셀 상태로 전달한다.

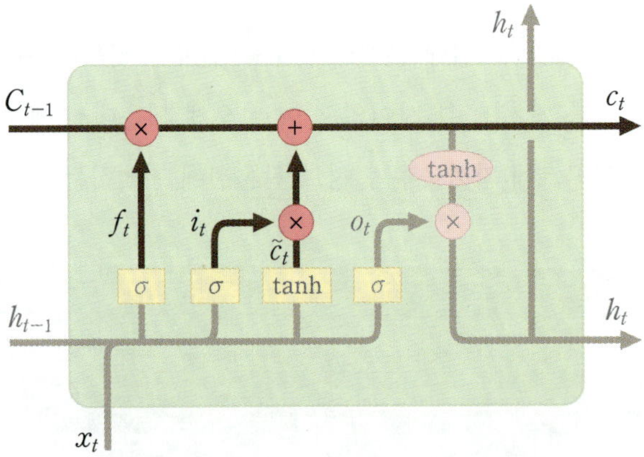

– 출력 게이트(Output Gate)

현재 단계의 셀 상태로부터 어떤 정보를 출력하여 다음 단계로 보낼 것인지 결정하는 과정이다. 셀 상태에 tanh을 취하여 출력 게이트를 통해 얼마나 보낼 것인지를 계산하게 된다.

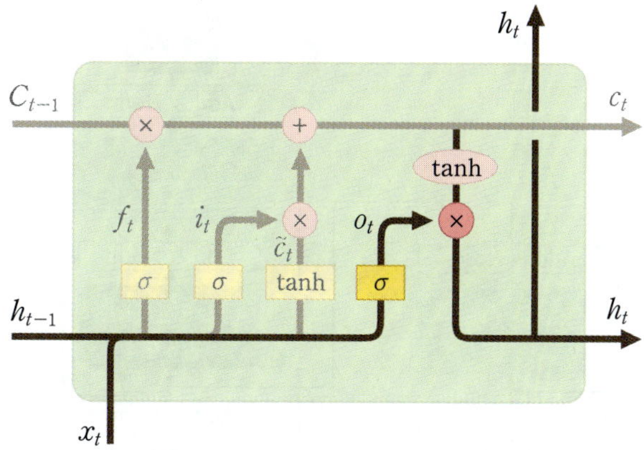

이와 같은 구조 덕분에 LSTM은 긴 시퀀스를 가졌더라도 중요한 정보를 잃어버리지 않고, 필요한 순간에 정확히 기억해 내는 장점을 갖추게 되었다. 그래서 LSTM은 기계 번역, 텍스트 요약, 감정 분석 등의 작업에서 높은 성능을 발휘하며, 다양한 자연어 처리 응용 분야에서 널리 사용되고 있다.

- Transfomer 모델의 혁신

트랜스포머(Transformer)는 2017년 구글이 발표한 모델로 지금의 인공지능 텍스트 처리 분야에 새로운 패러다임을 제시했다. 방금 다룬 LSTM이 1997년에 등장하며 긴 시퀀스를 처리하는데 RNN보다 더 뛰어난 성능을 보여주었지만, 여전히 입력 문장이 길어질수록 복잡한 의존성을 다루는 데 한계를 가지고 있었다.

예를 들어, "어제 점심으로 먹었던 피자가 정말 맛있었는데, 그 피자를 만든 셰프가 예전에 이탈리아에서 유명한 요리 대회에서 우승한 경력이 있다는 것을 나중에 알게 되었어. 거기 요새 TV에도 출연해서 점점 대기가 길어진다고 하더라, 나중에 그거 먹으러 갈래?"라는 문장에서 '어제 점심으로 먹었던 피자'가 '그거'와 의미상으로 연결되어 있으나, LSTM은 이런 장거리 의존성(Long-term Dependencies)을 한동안 매끄럽게 해결하지 못했다.

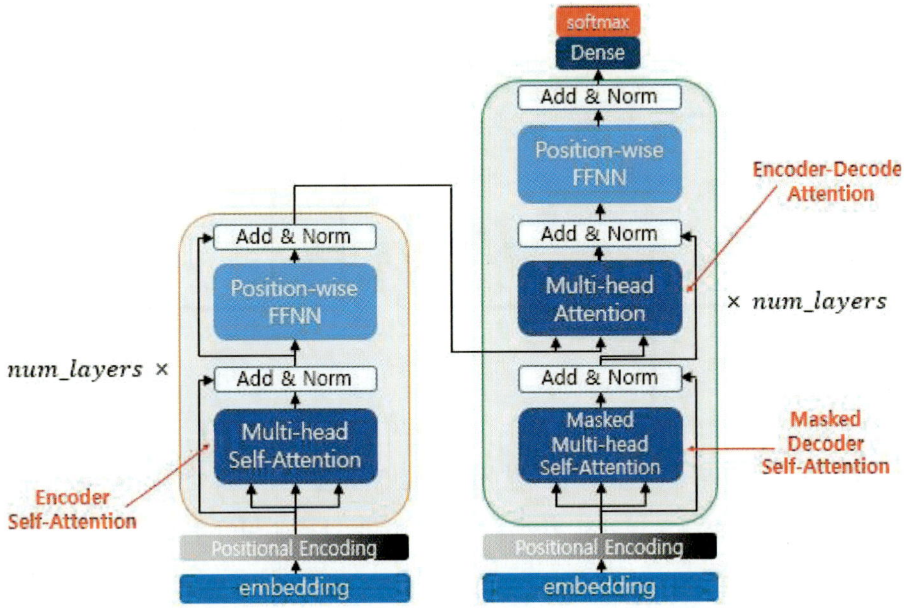

'Attention is all you need'라는 논문을 통해 구글이 공개한 트랜스포머 모델의 등장으로 인간의 언어를 다루는 자연어 처리 분야는 큰 변화를 맞게 된다. 트랜스포머 모델은 입력을 받는 인코더와 출력을 하는 디코더 모두 어텐션(Attention)이라는 메커니즘으로 구현된 모델이다.

여기서 어텐션 메커니즘이란, 문장을 이루는 각 단어에 대해 다른 모든 단어와의 관계를 고려하여 중요도를 계산하는 방식이다. 쉽게 말해, 중요한 단어들에 이름처럼 '주목'한다. 디코더가 결과를 출력할 때, 단순히 가장 마지막에 위치한 정보만 활용하는 것이 아니라, 전체 입력 문장을 다시 참고하며 출력해야 할 단어와 가장 관련이 있는 단어에 집중하는 것이다.

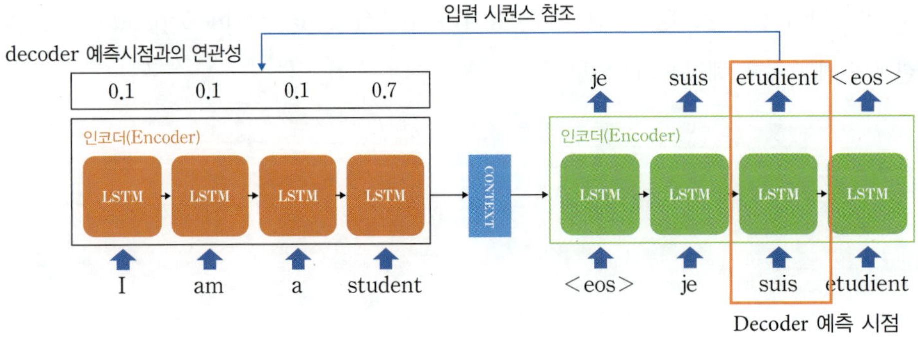

예를 들어 위에서 제시했던 문장인 "어제 점심에 먹었던 피자가 정말 맛있었는데, 그 피자를 만든 셰프가 예전에 이탈리아에서 유명한 요리 대회에서 우승한 경력이 있다는 것을 나중에 알게 되었어. 거기 요새 티비에도 출연해서 점점 웨이팅이 길어진다고 하더라. 나중에 그거 먹으러 갈래?"에서 '셰프'라는 단어를 예측할 때 '피자를 만든', '이탈리아', '요리 대회', '우승한 경력'과 같은 연관 단어에 주목할 것이다. 이런 어텐션 덕분에 트랜스포머는 문장 속의 단어들이 멀리 떨어져 있어도 서로의 의미적 관계를 잘 파악할 수 있다.

트랜스포머 모델을 조금 더 자세히 살펴보면 어텐션 메커니즘을 바탕으로 인코더-디코더 구조를 갖추고 있다.

① 인코더(Encoder)

인코더는 입력된 문장을 받아 각 단어들이 어떻게 연결되어 있는지를 계산하고, 이를 바탕으로 단어의 의미를 더 정확하게 파악한다. 즉, 문장을 이해하는 과정이다. 여기서 어텐션 메커니즘은 입력 문장의 각 단어가 다른 모든 단어와 어떻게 연결되는지를 계산한다. 이를 통해 문장 내에서 중요한 단어들에 더 많은 가중치를 부여하여, 문장의 의미를 더 잘 이해할 수 있게 된다.

② 디코더(Decoder)

디코더는 인코더가 이해한 내용을 바탕으로 새로운 문장을 구성하는 곳이다. 디코더에서는 두 가지 어텐션 메커니즘이 사용되고 첫 번째는 Masked Decoder Self-Attention으로 디코더가 아직 생성하지 않은 단어들을 보지 않도록 하여, 올바른 순서로 단어를 생성할 수 있게 한다. 두 번째는 Encoder-Decoder Attention으로 디코더가 인코더의 출력을 참고하여 단어 간의 관계를 파악하고, 이를 바탕으로 최종 출력을 생성하도록 한다.

인코더와 디코더의 협력으로, 트랜스포머는 복잡한 문장 구조와 단어 간의 관계를 잘 이해하고, 이를 바탕으로 더 정확하고 유용한 결과를 생성할 수 있다.

● 혜성 같은 GPT의 도약

트랜스포머 모델의 어텐션 메커니즘이 단어 간의 관계를 효과적으로 파악하고, 인코더와 디코더가 이 정보를 바탕으로 문장을 이해하고 생성하여 다양한 자연어 처리 작업에서 이전에는 상상하지 못했던 뛰어난 성능을 발휘할 수 있게 되었다. 그러나 트랜스포머의 혁신은 여기서 그치지 않았다. 트랜스포머를 기반으로 한 다양한 모델들이 등장하였는데, 그중 가장 주목할 만한 모델 중 하나가 바로 GPT(Generative Pre-trained Transformer)이다. OpenAI에서 2018년 발표한 GPT는 트랜스포머 중 문장을 생성하는 디코더 부분에 주목해 이를 확장한 모델이다.

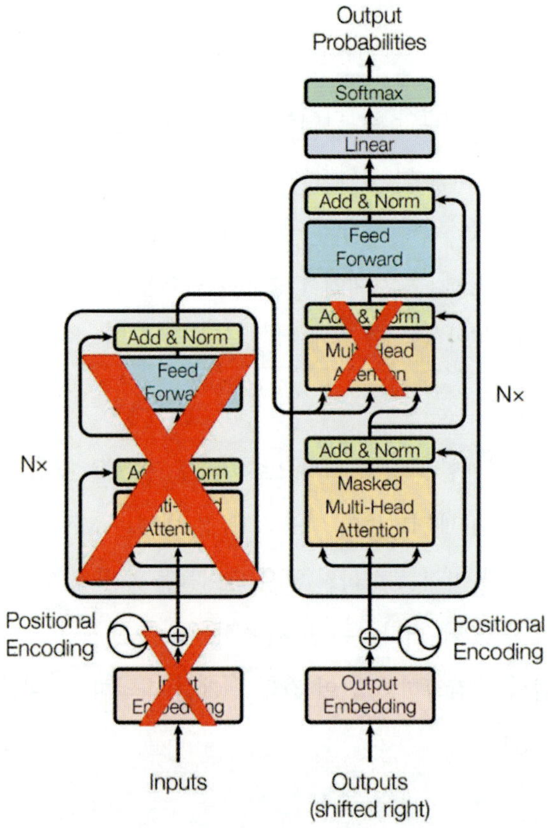

GPT가 등장한 시기 직전에 인공지능은 이미지 분야가 딥러닝을 기반으로 승승장구하고 있었다. 이때 이미지 분야에서 활용한 방법이 미리 대량의 데이터를 학습시키고 이를 지금 해결하고자 하는 문제에 적용하는 방식이었다. 이를 사전 학습(Pre-training)이라고 한다. 당시 자연어 처리 분야는 이미지 처리 분야보다 발전 속도가

느렸기 때문에 이미지 처리 분야에서 활용하는 사전 학습 기법을 적용하고자 했고, 이때 대표적인 모델인 구글의 BERT, OpenAI의 GPT가 탄생하였다.

GPT의 구조부터 자세히 살펴보면 트랜스포머의 디코더 부분 중 특히 Masked Decoder Self-Attention 부분을 여러 개 위로 쌓은 형태를 가지고 있다. GPT의 목적이 대량으로 미리 사전 학습한 데이터를 바탕으로 텍스트를 '생성'하는 것이었기에 디코더에 집중한 것이다.

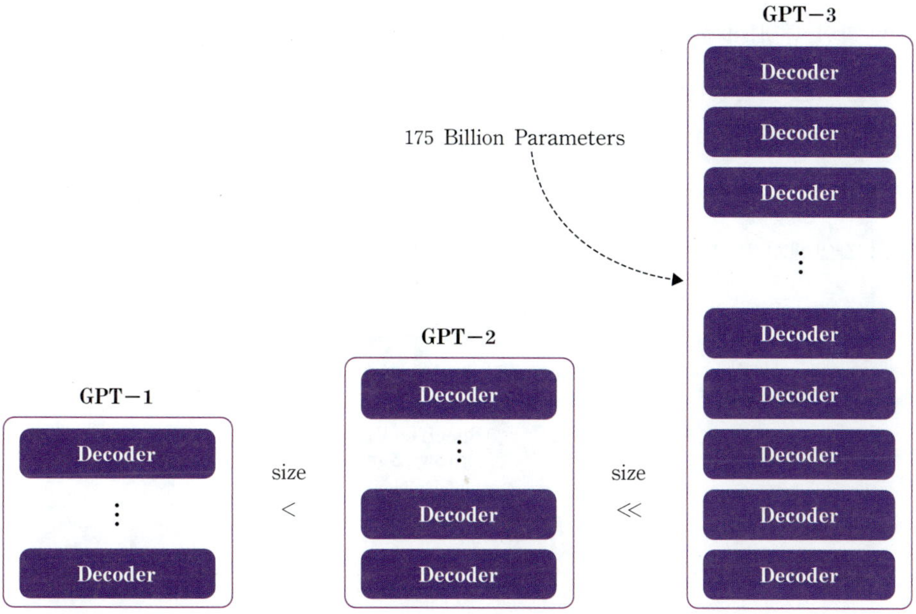

이렇게 GPT는 여러 개의 디코더 레이어를 쌓아 올려, 문장의 의미를 더 잘 이해할 수 있게 되었고, 각 레이어는 이전 레이어의 출력을 받아 단어 간의 관계를 더욱 정교하게 파악하게 되었다. 특히, 디코더에서 Masked Decoder Self-Attention은 모델이 현재 예측 중인 단어보다 뒤에 오는 단어를 일부러 보지 못하게 하여, 더 정확하고 올바른 순서로 단어를 생성할 수 있게 돕는다. 이 메커니즘 덕분에 GPT는 문맥을 고려하여 자연스럽고 일관성 있는 텍스트를 생성할 수 있다.

다음으로 GPT의 학습 방법에 대해서 알아보자. GPT의 학습 방식은 크게 두 단계로 구분할 수 있다. 먼저 GPT에 대량의 지식을 학습시키고, 다음으로 해결하고자 하는 문제에 적용하기 위해 모델을 조정하는 것이다.

① 사전 학습(Pre-training)

사전 학습은 모델이 대규모 텍스트 데이터를 사용하여 미리 학습하는 과정이다. 이 과정에서 모델은 문법, 어휘, 일반 상식 등 다양한 언어적 지식을 습득하게 된다. 예를 들어, 뉴스 기사, 책, 웹페이지 등 다양한 출처에서 수집된 텍스트 데이터를 사용하여 모델을 학습시킨다. 대규모의 데이터를 학습하는 것의 목표는 다양한 입력 시퀀스에 대한 이해와 다음 단어 예측 능력을 향상시키는 것이다.

② 파인 튜닝(미세 조정, Fine-tuning)

사전 학습이 끝난 후에는 특정 작업(텍스트 생성, 번역, 챗봇 등)을 수행하기 위해 파인 튜닝 과정을 거친다. 거대 규모의 다양한 주제로 사전 학습된 모델을 특정 작업에 맞게 조정하는 과정으로, 이 파인 튜닝을 통해 GPT는 각각의 다양한 자연어 처리 작업에서 높은 성능을 발휘할 수 있게 된다.

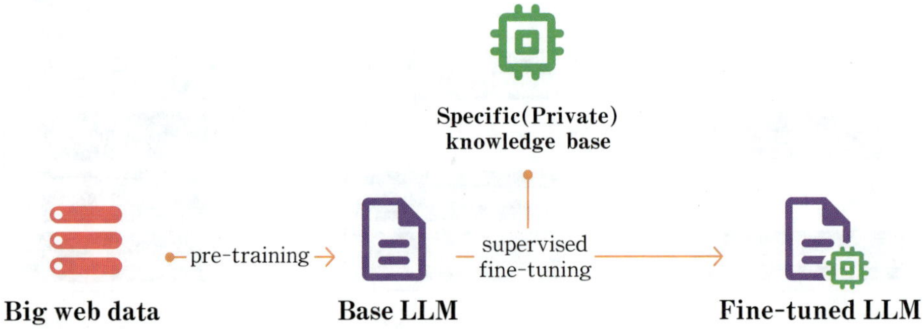

이러한 구조와 학습 방법을 통해 GPT는 텍스트 생성, 번역, 질문 응답, 요약 심지어 농담까지 다양한 자연어 처리 작업에서 놀라운 성과를 보여주고 있다. 최신 모델인 GPT-4는 이전 모델인 GPT-3의 매개변수인 1,750억 개보다 더 많은 매개변수를 통해 인간과 놀라울 정도로 유사한 수준의 이해력과 창의적인 텍스트 생성 능력을 발휘하고 있다. 높은 성능을 기반으로 우리의 일상과 산업 전반에서도 인공지능이 자연스럽게 도입되며 새로운 가능성을 열어가고 있다.

앞으로 GPT를 비롯한 텍스트 생성 인공지능 모델들이 우리에게 어떤 놀라운 미래를 선사할지 기대감이 커진다.

TIP

BERT(Bidirectional Encoder Representations from Transformer)는 이름에서도 알 수 있듯이 트랜스포머의 인코더 구조를 기반으로 한다. 트랜스포머의 인코더는 정보를 추출하고 중요한 것에 주목하는 데 특화된 구조이기에, 이를 발전시킨 BERT는 글을 이해하고 정리하거나 분류하는데 탁월한 성능을 보인다.

② 텍스트 생성 인공지능 만나기

ChatGPT

텍스트 생성 인공지능이라고 이야기하면 가장 먼저 떠오르는 것이 바로 ChatGPT일 만큼, 수많은 사람들을 놀라게 하며 혜성처럼 등장한 ChatGPT는 빠르게 사람들의 삶으로 스며들었다. ChatGPT에 대해서 가입부터 사용까지 하나씩 알아보며, 인공지능이 어느 수준으로 텍스트를 생성하고 나의 생활을 도울 수 있을지 생각해 보자.

- ChatGPT 가입하기

① ChatGPT 홈페이지에 방문하기
- https://chatgpt.com

② ChatGPT에 로그인 또는 가입하기
- 이메일로 가입
- 구글, MS, Apple 계정으로 연동 가능

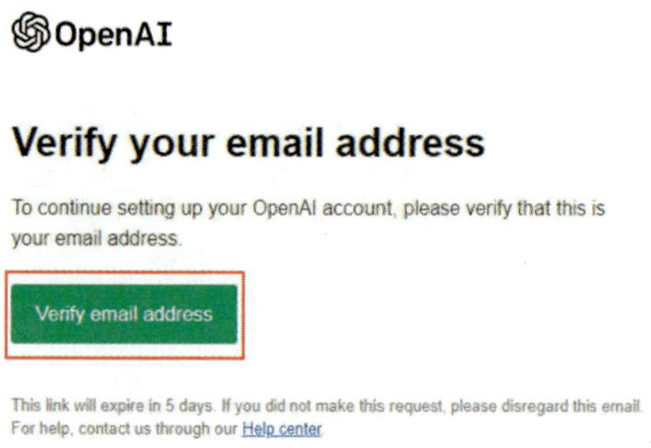

③ 이메일 인증하기

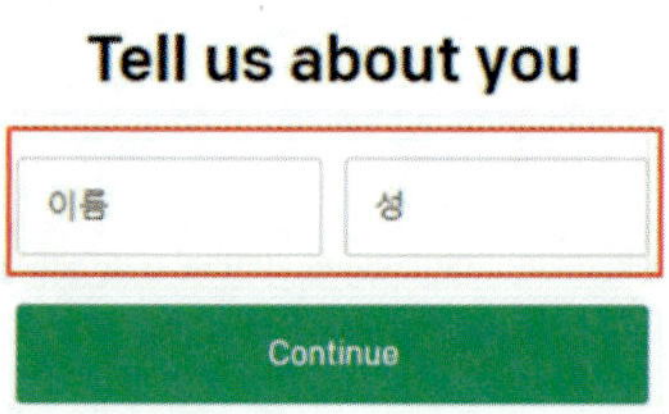

④ 필요한 정보를 입력해 인증 절차 완료하기
– 이름, 전화번호 입력 필요

● ChatGPT의 버전

현재(2024.10. 기준) ChatGPT는 3가지 모델을 제공하고 있다. 기본 기능을 바탕으로 하는 ChatGPT는 누구나 가입 후 로그인만 한다면 무료로 사용 가능하지만, 유료 이용자에게 더 좋은 모델, 더 많은 사용 기회를 제공하고 있다. 과연 유료 결제를 하면 어떤 추가 기능이 확장되는지 함께 살펴보자.

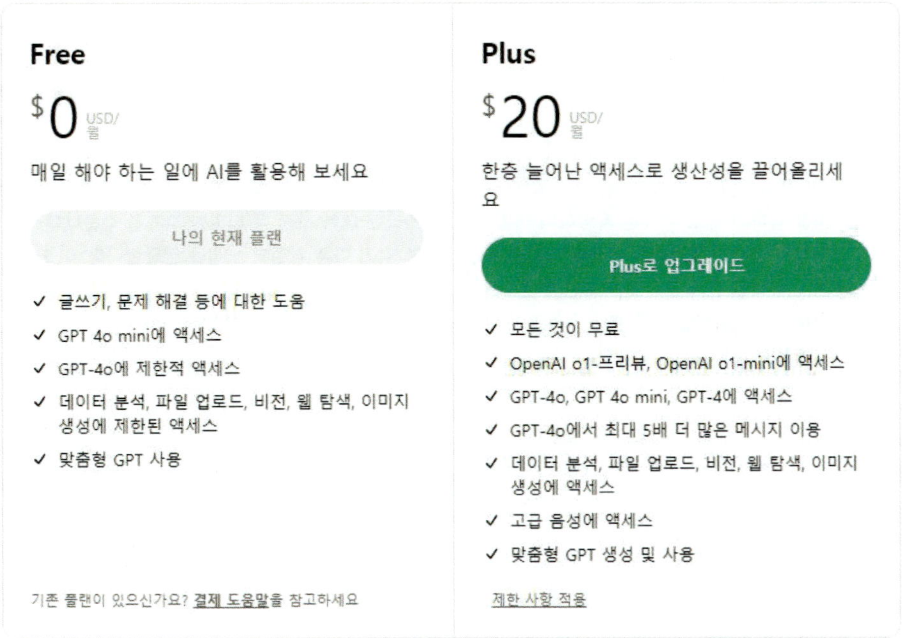

	무료	플러스(유료)
모델	ChatGPT-3.5 ChatGPT-4o	ChatGPT-3.5 ChatGPT-4 ChatGPT-4o
사용 제한	ChatGPT-4o의 사용량 제한	ChatGPT-4o (3시간마다 최대 80개) ChatGPT-4 (3시간마다 최대 40개)
응답 속도	혼잡 시간대에 응답 지연	혼잡 시간대에 원활한 사용
기능	기본 텍스트 생성 지원	고급 기능 지원 (이미지 생성, 개인화 GPTs)

사용할 수 있는 모델이 더 높은 성능을 가졌다는 점 이외에도 유료 서비스를 구독하면 체감할 수 있는 변화들이 몇 가지 존재한다.

우선, 한국어 정확도가 더 높아진다. ChatGPT-3.5는 영어로 물었을 때 가장 높은 성능을 보여주기에 비영어권 사용자들은 ChatGPT-3.5와 소통하기 위해 번역기를 사용하거나 자동 번역 확장 프로그램을 설치해야 했다. 그러나 유료 서비스에서는 전 세계 27개 언어로 자연스러운 답변을 제공하고, 한국어도 이에 포함되기에 한국어로도 더 정확하고 섬세한 소통을 할 수 있다.

▶ ChatGPT-3.5의 답변 예시

> 아리랑을 소개하는 200자 글을 써줄래?
>
> 아리랑은 한국의 전통 노래로, 그 멜로디는 우아하고 감동적입니다. 이 노래는 한국인의 정신과 감성을 담아내며, 그 가사는 사랑이나 이별, 그리고 조국에 대한 사랑 등 다양한 주제를 다룹니다. 아리랑의 가사와 멜로디는 지역마다 다르게 전해지며, 각기 다른 감정과 느낌을 전달합니다. 이 노래는 전통적인 한국 문화의 중요한 부분으로 여겨지며, 많은 사람들이 아리랑을 통해 한국의 정서와 아름다움을 경험합니다. 현대에 이르러서도 아리랑은 여러 가지 형태로 재해석되어 다양한 음악 장르에서도 사랑받고 있습니다.

▶ ChatGPT-4o의 답변 예시

> 아리랑을 소개하는 200자 글을 써줄래?
>
> 아리랑은 한국의 대표적인 민요로, 한민족의 정서와 역사를 담고 있습니다. 다양한 지역에서 각기 다른 형태로 전해져 내려오며, 특히 "정선 아리랑"과 "밀양 아리랑"이 유명합니다. 아리랑의 가사는 사랑, 이별, 희망 등을 노래하며, 한국인의 삶과 감정을 표현합니다. UNESCO 인류무형문화유산에 등재된 아리랑은 한국의 문화적 상징으로, 세계적으로도 그 가치를 인정받고 있습니다. 아리랑은 한국인의 영혼을 담은 소중한 유산으로, 오늘날에도 널리 사랑받고 있습니다.

그리고 실시간 검색을 기반으로 한 정보를 제공받을 수 있다. ChatGPT-3.5의 가장 큰 단점은 2021년 9월까지의 데이터만을 학습하여 답변을 제공한다는 점이다. 만약 실시간 정보를 물으면 다음과 같이 대답하곤 한다. ChatGPT에게 모든 것을 물어볼 수 없고, 다시 검색창을 켜서 사용자가 열심히 검색해야만 한다.

> 2024년 6월 평균 한국 휘발유 가격을 알려줄래?
>
> 저는 최신 데이터에 접근할 수 없어서 2024년 6월의 한국 휘발유 평균 가격을 정확히 알려드릴 수 없습니다. 휘발유 가격은 시장 변동성에 따라 수시로 변동되므로, 현재의 경제 상황과 월별 통계에 따라 다를 수 있습니다. 일반적으로 정부나 주요 경제 기관에서 발표하는 공식 통계나 신뢰할 수 있는 경제 뉴스 매체에서 최신 가격 정보를 확인하는 것이 좋습니다.

유료 서비스에서는 최신 정보에 대한 질문에도 실시간으로 검색하여 해당 내용을 요약해 제공할 뿐만 아니라 출처가 된 웹페이지 링크까지 알려준다.

> 2024년 6월 평균 한국 휘발유 가격을 알려줄래?
>
> 사이트 3개 검색함
>
> 2024년 6월의 한국 휘발유 평균 가격은 리터당 약 1648원입니다. 이는 한국석유공사의 유가정보시스템 오피넷에서 제공한 데이터에 따른 것입니다. 해당 기간 동안 휘발유 가격은 지속적으로 하락세를 보였으며, 7주 연속 하락하여 이 가격에 도달했습니다 (Opinet). 자세한 정보는 한국석유공사 오피넷에서 확인할 수 있습니다 (Opinet).

> 사이트 3개 검색함
>
> "2024년 6월 평균 한국 휘발유 가격"
> bing.com
>
> Opinet — 싼 주유소 찾기 Opinet
> opinet.co.kr
>
> Opinet — 싼 주유소 찾기 Opinet
> opinet.co.kr

ChatGPT의 유료 서비스 구독은 당연히 더 높은 성능, 더 친절하고 다양한 기능을 제공한다. 다만, 매달 사용료를 지불해야 하는 만큼 그 차이를 알아보고 자신의 필요에 따라 유료 서비스를 결제할 것인지 결정하는 것이 중요하다.

- ChatGPT 기본 화면 구성

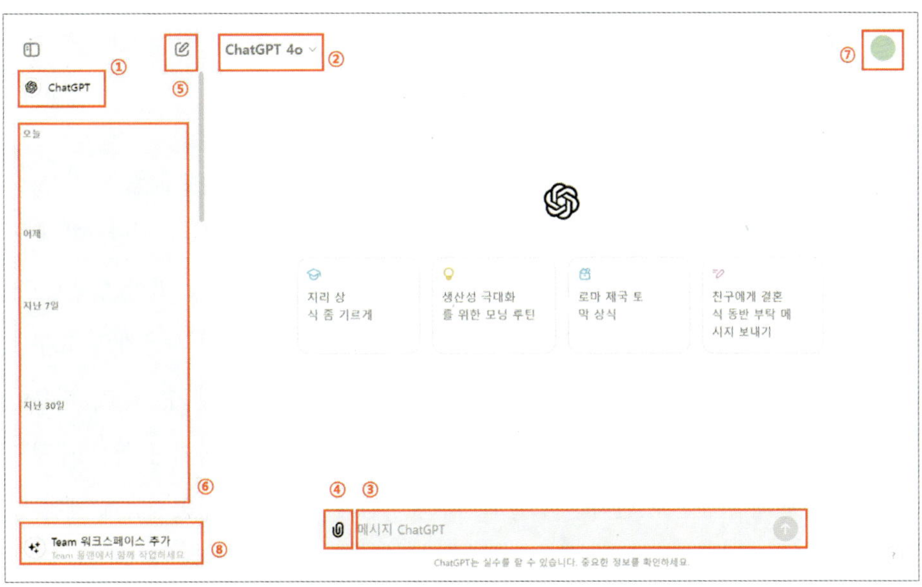

① GPT 종류 선택	ChatGPT의 유료 서비스를 구독하면 나만의 개인화된 GPT를 생성할 수 있다. 일반적인 ChatGPT와 이렇게 생성된 특정 기능 수행에 특화된 GPT 중에서 어떤 GPT를 작동할 것인지를 선택할 수 있다. (타인이 제작한 개인화 GPT를 활용할 수도 있다.)
② GPT 모델 선택	답변을 생성할 GPT 모델을 선택할 수 있다. 무료 플랜인 경우 두 가지 모델(ChatGPT-3.5와 제한적 4o), 유료 플랜은 세 가지 모델(ChatGPT-3.5, 4, 4o) 중에서 선택하여 답변을 받아볼 수 있다.
③ 프롬프트	ChatGPT와 대화, 요청사항 전달, 질문을 하는 공간이다.
④ 첨부파일	ChatGPT-4와 4o 모델을 선택하면 활성화되는 아이콘으로 이미지, 문서 파일 등을 업로드하여 ChatGPT에게 작업을 요청할 수 있다.
⑤ 새 대화	이전의 대화와 주제가 달라질 경우 새로운 대화를 시작할 때 사용하는 아이콘이다.
⑥ 대화 기록	이전 대화 목록을 확인할 수 있는 공간으로, 대화를 공유하거나 아카이브에 보관 및 삭제할 수 있다.
⑦ 계정 설정	환경설정, ChatGPT 맞춤 설정 등을 조정할 수 있다.
⑧ 유료 플랜 관리	현재 나의 플랜을 확인하고, 추가 플랜 결제를 신청할 수 있다.

• ChatGPT를 효과적으로 사용하기 위한 프롬프트 입력 방법

ChatGPT를 비롯한 텍스트 생성 인공지능은 인간의 자연어를 데이터베이스로 하여 훈련되고 학습하였기에 우리가 말하는 방식을 이해하고 있으나, 여전히 기계이기에 올바르게 프롬프트를 입력할 때 그 능력을 제대로 발휘하곤 한다. 아래의 수칙을 참고하여 빠르게 최적의 답변을 받아보자.

① 마치 사람인 것처럼 말을 건다.

텍스트 생성 인공지능에 말을 거는 것은 마치 가족, 친구, 동료에게 말을 거는 것과 같다. 한 번에 모든 것을 프롬프트에 입력하고 답변을 받는 것도 좋지만, 여러 단계의 질문을 통해 내가 정말 원하는 답변까지 이끄는 것도 추천할 만한 방법이다. ChatGPT를 비롯한 대화형 인공지능의 경우 이전의 대화를 통해 사용자의 요구를 더 깊이 파악하기에 말을 걸면 걸수록 내가 원하는 결과로 다가갈 수 있고, 더욱이 인공지능에는 감정이 없기에 내가 집요하게 계속 질문을 해도 사람처럼 화를 내지도 않는다. 한 번의 질문으로 만족하지 말고, 다른 사람과 대화하듯 인공지능에 계속 말을 걸어보자.

▶ 1단계: 질문 던지기

발표를 잘 하려면 어떻게 해야해?

발표를 잘하기 위해서는 철저한 준비와 자신감을 키우는 것이 중요합니다. 아래에 발표 준비와 진행을 위한 구체적인 팁을 정리해드릴게요.

---

1. 발표 준비 단계

(1) 내용 정리

- **핵심 메시지:** 발표에서 전달하고자 하는 핵심 메시지를 명확히 정하세요. 청중이 기억할 수 있는 2~3가지 주제에 집중합니다.

▶ 2단계: 답변을 바탕으로 추가 질문 던지기

구체적인 발표 연습 방법을 알려줘

발표 실력을 확실히 키우려면 체계적인 연습이 필요합니다. 아래에 다양한 **구체적인 발표 연습 방법**을 단계별로 소개할게요. 직접 활용해보면 효과를 빠르게 느낄 수 있을 거예요!

---

1. 거울 앞에서 연습하기

✔ 목적: 비언어적 표현(표정, 제스처) 개선

- **거울 앞에서 말해보기:** 거울을 보며 발표하면 자신의 표정, 시선, 제스처 등을 점검할 수 있습니다.
- **발음·속도 조절:** 천천히 또박또박 말하는지 확인해보세요.

팁: 웃는 표정으로 시작하고, 전달력이 강한 부분에서는 목소리를 조금 더 크게 조절해보세요.

▶ 3단계: 구체적인 질문 추가하기

발음과 속도 조절 연습 방법과 체크리스트를 구체적으로 알려줘

발음과 속도 조절은 발표 전달력을 높이는 핵심 요소입니다. 아래에 **구체적인 연습 방법**과 **체크리스트**를 제공할 테니 체계적으로 연습해보세요!

---

1. 발음 연습 방법

(1) 모음·자음 발음 강화 연습

- **모음 발성 연습**: "아-에-이-오-우"를 천천히, 또렷하게 여러 번 발성하세요.
  - 입을 크게 벌려 모음을 정확히 발음합니다.
  - 음성의 높낮이를 조절하며 발성 훈련(낮은 음 → 높은 음)을 해보세요.

② 상황과 맥락을 설정한다.

프롬프트를 입력하는 것은 단순한 질문을 검색창에 입력하는 것과는 다르다. 인공지능은 맥락을 이해하기 때문에, 우리가 처음 만나는 사람에게 나의 상황을 설명하듯이 질문을 하는 상황과 맥락을 논리적으로 자세히 설명하면 설명할수록 원하는 답변과 가까워질 수 있다.

▶ 상황, 맥락을 추가하지 않고 기본 질문을 던졌을 때

지각하는 습관을 어떻게 고치면 좋을까?

지각하는 습관을 고치기 위해 몇 가지 전략을 제안드립니다:

1. **일정을 미리 계획하기**: 하루 일정을 미리 계획하고, 필요한 시간을 충분히 고려하여 출발 시간을 정합니다. 일정을 계획할 때 여유 시간을 충분히 확보하는 것이 중요합니다.
2. **시간을 엄수하는 습관 들이기**: 약속 시간이나 출근 시간 등 정해진 시간을 엄수하는 습관을 들입니다. 이를 위해 알람을 설정하거나 시간 관리 도구를 활용할 수 있습니다.
3. **반복적인 연습**: 지각을 줄이기 위해 지속적으로 노력하고 연습하는 것이 중요합니다. 처음에는 어려울 수 있지만, 꾸준한 노력과 반복이 습관을 형성하는 데 도움이 됩니다.

▶ 상황, 맥락을 추가하여 질문을 던졌을 때

> 나는 이번에 새로 고등학교에 입학한 학생이야. 기존 중학교보다 고등학교의 등교시간이 30분 더 빨라져서 적응이 되지 않았고, 최근 일주일 동안 3일을 지각해서 선생님께 크게 혼났어. 이 상황에서 어떻게 지각하는 습관을 고칠 수 있을까?

새로운 고등학교 환경에 적응하고 지각하는 습관을 고치기 위해 구체적인 조언을 드리겠습니다:

1. **일찍 잠들기**: 충분한 수면은 일찍 일어나는데 중요합니다. 잠들기 1시간 전부터 스마트폰이나 컴퓨터 사용을 줄이고, 조명을 어둡게 하여 수면 환경을 조성하세요. 규칙적인 수면 패턴을 유지하려면 주말에도 비슷한 시간에 잠들고 일어나는 것이 좋습니다.
2. **준비물 미리 준비하기**: 전날 밤에 다음날 필요한 교복, 책, 필기구 등을 미리 준비해두세요. 아침에 허둥대지 않고 더 빠르게 준비할 수 있습니다.
3. **효율적인 아침 루틴 만들기**: 아침에 할 일을 효율적으로 정리하세요. 예를 들어, 샤워, 아침 식사, 옷 입기 등의 순서를 정해두면 준비 시간이 단축될 수 있습니다.
4. **알람 설정**: 한 개의 알람보다 여러 개의 알람을 설정하는 것이 효과적입니다. 특히 일어나기 힘들 때를 대비해 5분 간격으로 몇 번 더 울리게 설정하면 도움이 됩니다. 알람 소리를 점점 커지게 하거나, 알람 시계를 멀리 두어 일어나서 꺼야 하는 방식도 고려해보세요.
5. **조기 도착 목표 설정**: 지각을 방지하기 위해 목표 시간을 실제 등교 시간보다 10~15분 앞당기는 것도 좋은 방법입니다. 예상치 못한 상황(교통, 날씨 등)에 대비할 수 있습니다.

③ 정체성이나 역할을 부여한다.

텍스트 생성 인공지능이 학습한 데이터는 범용적인 지식도 있지만, 특정 직업군의 전문 지식도 포함하고 있다. 화가, 작가, 심리 상담가, 의사, 기자 등 특정 정체성이나 역할을 부여하면 그 역할에 맞는 데이터를 바탕으로 더 전문적인 답변을 제공받을 수 있다.

▶ 역할 부여 없이 일반적으로 질문을 던졌을 때

머리가 아플 땐 어떻게 해야 할까?

머리가 아플 때 할 수 있는 몇 가지 대처 방법을 소개합니다. 두통의 원인에 따라 다양한 방법을 시도해 볼 수 있습니다.

일반적인 대처 방법

1. **휴식과 수면**:
   - 편안한 곳에서 눈을 감고 휴식을 취합니다. 조용하고 어두운 방에서 쉬면 두통이 완화될 수 있습니다.
   - 충분한 수면을 취합니다. 수면 부족은 두통을 유발할 수 있습니다.
2. **수분 섭취**:
   - 물을 충분히 마십니다. 탈수는 두통의 흔한 원인 중 하나입니다.
   - 커피나 알코올 같은 탈수 효과가 있는 음료는 피합니다.

▶ 전문적인 역할을 부여하고 질문을 던졌을 때

네가 신경과 의사라고 생각하고 머리가 아플 때 어떻게 해야 할지 알려줘.

신경과 의사로서 머리가 아플 때 어떻게 해야 할지에 대한 조언을 드리겠습니다. 두통의 원인은 다양하며, 적절한 대처 방법도 원인에 따라 다릅니다. 다음은 일반적인 두통 유형과 그에 대한 대처 방법입니다:

긴장성 두통 (Tension Headache)

증상: 머리 전체에 조이는 듯한 압박감, 목과 어깨의 근육 긴장.

대처 방법:

1. **휴식과 이완**: 조용한 곳에서 눈을 감고 휴식을 취하세요. 이완 기법(명상, 심호흡 등)을 시도하세요.
2. **온열 찜질**: 목과 어깨에 따뜻한 찜질을 합니다.
3. **마사지**: 목과 어깨를 마사지하여 근육을 이완시킵니다.
4. **진통제 복용**: 필요한 경우, 아세트아미노펜(타이레놀)이나 이부프로펜(애드빌)을 복용합니다.
5. **스트레칭**: 목과 어깨를 스트레칭하여 근육 긴장을 완화합니다.

편두통 (Migraine)

증상: 한쪽 머리에 주로 발생하는 심한 통증, 메스꺼움, 빛과 소리에 대한 민감성.

대처 방법:

1. **조용하고 어두운 방**: 밝은 빛과 소음을 피하고, 조용하고 어두운 방에서 휴식을 취합니다.

④ 대화의 주제를 유지한다.

텍스트 생성 인공지능과 대화를 하다 보면 분명 새로운 대화를 시작한 것이 아닌데, 인공지능이 대화의 궤도를 이탈하거나, 마치 기억상실증에 걸린 듯 아까의 요청 사항은 잊은 듯한 모습을 보이고는 한다. 매번 주제를 처음부터 설명하는 번거로움을 줄이고 대화의 흐름 유지하기 위해서는 앞의 대화에서 나온 주제와 연관된 질문을 던짐으로써 주제가 무엇인지, 내가 인공지능에 어떤 것을 바라는지 지속해서 상기시켜 주면 좋다.

▶ 통신수단의 발달이라는 주제 설정

통신수단의 발달을 알려줄래?

물론입니다! 통신수단의 발달에 대해 간략히 정리해드리겠습니다.

통신수단의 발달 역사

고대와 중세

1. **신호 연기와 봉화**: 고대 사회에서는 연기와 불을 이용해 멀리 떨어진 곳에 신호를 전달했다. 이는 단순하지만 신속한 정보 전달 수단이었다.
2. **사람과 동물**: 고대 그리스와 로마에서는 주로 전령이나 말을 이용한 통신이 일반적이었다. 중세 유럽에서도 비슷한 방식이 사용되었다.

▶ 주제 안에서 추가 질문 던지기

21세기의 인공지능을 그 관점에서 더 자세히 알고 싶어.

물론입니다! 21세기 통신수단의 관점에서 인공지능(AI)의 역할과 발전을 자세히 설명해드리겠습니다.

21세기의 인공지능과 통신수단의 발전

1. 스마트폰과 AI

스마트폰은 21세기 초반부터 폭발적인 성장을 이루었고, 여기에 인공지능 기술이 결합되면서 통신과 소통의 방식에 혁신적인 변화가 일어났다. AI 기반의 음성 비서, 예를 들어 애플의 시리(Siri), 구글의 어시스턴트(Google Assistant), 아마존의 알렉사(Alexa)는 사용자와의 상호작용을 자연스럽고 효율적으로 만들어주었다. 이들은 음성 명령을 이해하고, 정보를 제공하며, 일상 업무를 돕는 역할을 한다.

⑤ 다양한 대화를 시도하고 실험하는 것을 두려워하지 않는다.

프롬프트를 적절하게 입력하는 기술을 높이는 가장 좋은 방법은 다양한 대화를 시도하여 인공지능이 어떤 것들을 할 수 있는지 계속해서 시도하고 실험해 보는 것이다. 마치 인공지능과 수다를 떨며 놀 듯이 다양한 대화를 해보며 인공지능이 어떤 것을 잘하고 어떤 것까지 생성해 주며, 어떤 실수가 나오고 한계는 뭐가 있는지 파악하고 나의 프롬프트 기술을 향상해 보자.

이외에도 프롬프트를 효과적으로 입력하는 다양한 방법들이 있고, 경험을 통해 많은 사람들이 자신만의 팁을 추천하고 제안하곤 한다. 마지막 수칙처럼 텍스트 생성 인공지능과 다양한 대화를 많이 시도하고 실험하며, 기본 수칙에 나만의 프롬프트 입력 전략을 더해보면 훨씬 마음에 쏙 드는 놀라운 결과를 얻을 수 있을 것이다.

- ChatGPT 맞춤 설정하기(Custom Instructions)

ChatGPT를 사용하는 사용자의 필요에 따라 ChatGPT의 대화, 답변 방식을 일부 조정할 수 있는 기능이 있다. 바로 계정 설정 아이콘을 클릭하면 보이는 'ChatGPT 맞춤 설정(Custom Instructions)'이다.

맞춤형 지침에 자신의 대화 목적과 ChatGPT에게 바라는 대화 스타일에 대한 지시 사항을 입력한다. 예를 들어, "모든 답변은 짧고 핵심만 요약해서 제공해 줘.", "교육적 목적을 담아 학습자가 이해할 수 있는 수준의 답변을 제공해 줘."와 같은 지시를 입력할 수 있다. 이렇게 맞춤형 지침을 입력하면 이후 ChatGPT는 사용자와의 모든 대화를 설정한 지시 사항에 맞게 답변을 제공한다.

맞춤형 지침 입력을 어떻게 해야 할지 잘 모르겠다면 그냥 마우스나 터치로 그 칸을 클릭해 보자. 그러면 다음과 같은 지침 입력 팁이 등장한다. 팁에 제시되어 있는 것처럼 만약 직업, 관심 분야 등을 입력하면 ChatGPT가 해당 분야에 대해 더 관련성 높고 깊이 있는 대화를 제공할 것이다. 그리고 학습적 목적을 위해 ChatGPT를 사용할 경우 구체적인 목표를 설정해 두면 ChatGPT와 함께 현재 수준 파악부터 목표 도달까지 함께 할 수 있을 것이다.

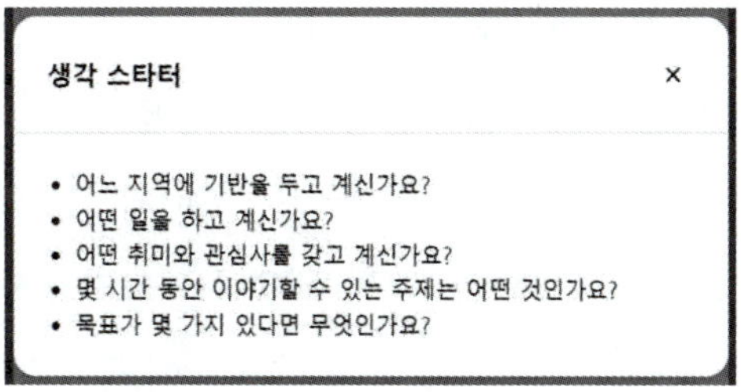

• ChatGPT-5의 등장 예고편

이전에는 상상하지 못했던 인공지능과의 대화를 제공하는 ChatGPT는 곧 출시될 ChatGPT-5로 한 단계 더 도약할 예정이다. ChatGPT의 개발사 OpenAI의 CEO인 샘 알트만(Sam Altman)은 "GPT-4는 앞으로 여러분이 사용할 가장 멍청한 모델입니다."라고 말하며, 현재의 ChatGPT는 우수하지만 여전히 초기 단계이고 향후 훨씬 더 발전할 것을 이야기하며 기대감을 더했다. 또한, ChatGPT-5에는 텍스트와 이미지 생성뿐만 아니라 비디오 생성 기능도 지원될 것이며, 텍스트 생성 역시 한 단계 더 발전하여 더 정확하고 더 똑똑하며 더 윤리적인 인공지능 개인 비서가 될 것이라고 밝혔다. ChatGPT를 비롯한 인공지능의 빠른 발전으로 인공지능이 단순한 도구가 아닌 파트너가 되는 미래를 앞당기고 있다. 인공지능이 우리의 일상에 또 어떠한 변화를 가져올지 기대해 볼 만하다.

Claude AI

Claude AI(클로드)는 2023년 2월 처음 출시된 Anthropic이라는 미국 스타트업에서 개발한 대화형 텍스트 생성 인공지능이다. 클로드가 ChatGPT와 가지는 차별점은 헌법적 인공지능(Constitutional AI)이라는 것이다. 유용하면서도 동시에 정직하고 안전한 인공지능을 개발하기 위하여 클로드는 책임 있는 결과를 제공하는 데 중점을 둔다.

이를 위해 클로드는 인간을 위협하지 않는 10가지 원칙을 바탕으로 설계되었고, 그 원칙을 따라 작동하며 언제나 윤리적 고려 사항을 최우선으로 삼는다. 또한, 답변을 생성할 때마다 이 원칙에 위배되지는 않는지 스스로 점검하는 과정을 거쳐 잘못된 정보나 유해한 콘텐츠 생성을 방지하도록 노력한다. 클로드는 텍스트 생성 인공지능이자, 인공지능 기술이 사회에 긍정적인 영향을 미칠 수 있도록 어떤 점을 고려해야 하는지 많은 생각거리를 던지는 인공지능이라 할 수 있다.

- Claude 가입하기

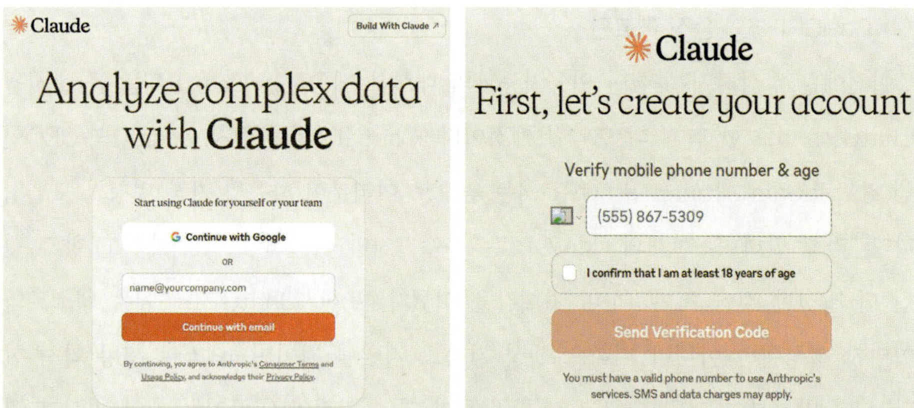

클로드에 가입하는 방법은 매우 간단하다. 구글 계정으로 연동하거나 개인 이메일로 가입이 가능하다. 이메일 입력 후에는 본인 명의의 휴대폰과 나이 인증을 거쳐야 하는데, 헌법적 인공지능을 지향하는 만큼 만 18세 이상이어야 이용할 수 있다. 이 단계까지 거치면 본인의 이름만 입력하고 반겨주는 클로드를 사용할 수 있다. 그리고 클로드는 헌법적 인공지능임을 다시 한번 상기시켜 주며 사용 정책과 검토 과정에 대한 안내를 제공한다.

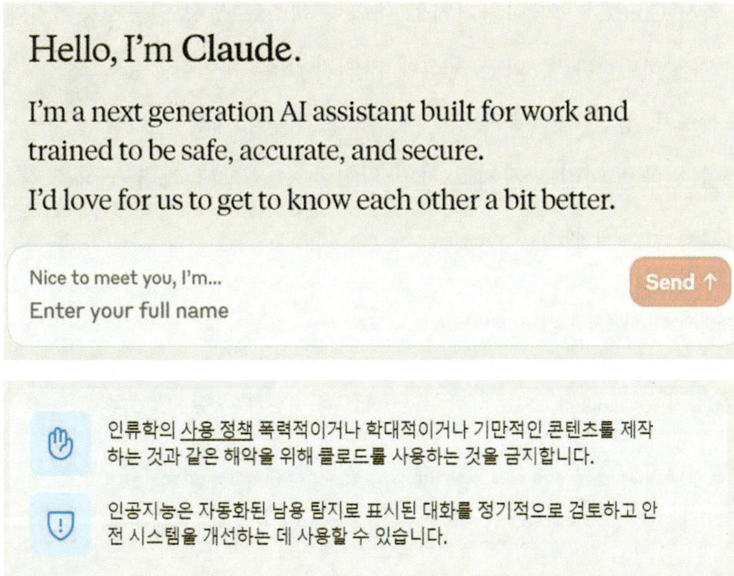

- Claude 기본 화면 구성

클로드 역시 ChatGPT와 마찬가지로 대화형 텍스트 생성 인공지능이기에 그 사용법은 매우 유사하다. 다만, 화면 구성에 차이가 있을 뿐이다. 클로드를 시작하면 처음에는 프롬프트 창만 화면에 등장한다. 대화 기록과 계정 관리를 할 수 있는 메뉴는 마우스를 왼쪽 모서리로 가지고 가면 확인할 수 있으니 화면 구성을 참고하여 클로드의 화면을 파악해 보자.

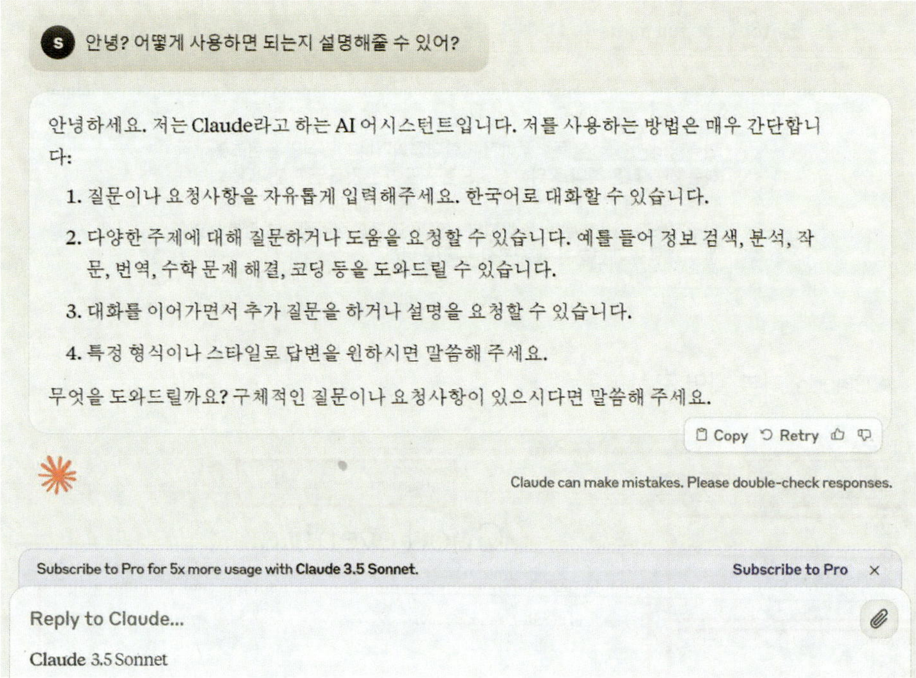

• Claude 모델 버전

클로드는 3가지 모델을 지원하고 있다. Haiku, Sonnet, Opus 모델이 있으며, 각각의 모델은 사용자의 다양한 요구사항을 반영하여 설계되었으니 각 모델의 성능 수준

을 확인하고 자신이 필요한 성능의 모델을 선택하면 된다.

클로드 하이쿠 (Haiku)	클로드의 경량 버전 모델로 가장 빠르고 효율적인 모델이다. 간단한 작업을 빠르고 정확하게 자동화하는 데 적절하다.
클로드 소넷 (Sonnet)	클로드의 중형 모델로 논리적인 추론을 통해 코드나 텍스트를 생성할 수 있는 모델이다. 20만 토큰을 프롬프트로 처리할 수 있기에 대량의 데이터 분석에 적합하다.
클로드 오퍼스 (Opus)	클로드의 대형 모델로 가장 복잡한 작업을 처리할 수 있는 최상위 모델이다. 최대 100만 토큰을 처리할 수 있으며 최첨단 성능을 제공한다.

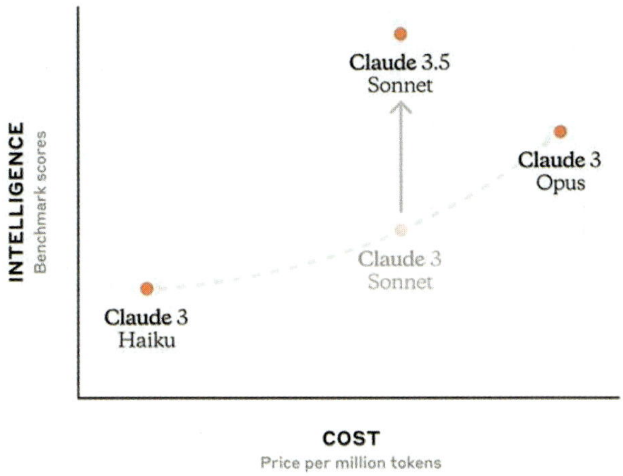

(출처: Anthropic)

지금 클로드에 가입했을 때 우리가 이용할 수 있는 모델은 클로드 3.5의 소넷 모델이다. 개발사인 Anthropic에서 자체적으로 진행한 성능 평가에 따르면, 이전 클로드 3의 최상위 모델이던 오퍼스보다 2배 빠른 속도로 작동하며, 많은 성능 평가 항목에서 클로드 3의 오퍼스와 심지어 GPT-4보다 높은 점수를 기록했다고 한다. 그런 만큼 클로드의 성능에 대한 기대감이 높아지며 추후 빠른 시일에 출시될 클로드 3.5의 오퍼스와 하이쿠 모델도 궁금해진다.

	Claude 3.5 Sonnet	Claude 3 Opus	GPT-4o	Gemini 1.5 Pro	Llama-400b (early snapshot)
Graduate level reasoning *GPQA, Diamond*	59.4%* 0-shot CoT	50.4% 0-shot CoT	53.6% 0-shot CoT	—	—
Undergraduate level knowledge *MMLU*	88.7%** 5-shot 88.3% 0-shot CoT	86.8% 5-shot 85.7% 0-shot CoT	— 88.7% 0-shot CoT	85.9% 5-shot —	86.1% 5-shot —
Code *HumanEval*	92.0% 0-shot	84.9% 0-shot	90.2% 0-shot	84.1% 0-shot	84.1% 0-shot
Multilingual math *MGSM*	91.6% 0-shot CoT	90.7% 0-shot CoT	90.5% 0-shot CoT	87.5% 8-shot	—
Reasoning over text *DROP, F1 score*	87.1 3-shot	83.1 3-shot	83.4 3-shot	74.9 Variable shots	83.5 3-shot Pre-trained model
Mixed evaluations *BIG-Bench-Hard*	93.1% 3-shot CoT	86.8% 3-shot CoT	—	89.2% 3-shot CoT	85.3% 3-shot CoT Pre-trained model
Math problem-solving *MATH*	71.1% 0-shot CoT	60.1% 0-shot CoT	76.6% 0-shot CoT	67.7% 4-shot	57.8% 4-shot CoT
Grade school math *GSM8K*	96.4% 0-shot CoT	95.0% 0-shot CoT	—	90.8% 11-shot	94.1% 8-shot CoT

* Claude 3.5 Sonnet scores 67.2% on 5-shot CoT GPQA with maj@32
** Claude 3.5 Sonnet scores 90.4% on MMLU with 5-shot CoT prompting

(출처: Anthropic)

- Claude가 가지는 장점

① 답변의 안정성을 보장받고 싶을 때

클로드가 헌법적 인공지능으로 윤리적 지침을 철저하게 준수하려 노력하는 만큼 답변의 안정성이 가장 중요한 순간에 장점을 가질 수 있다. 클로드는 민감한 주제나 대화에서 신중하게 응답하며, 편향이나 오류를 최소화하고자 한다. 또한, 스스로의 한계를 명확히 인식하고 필요한 경우 한계가 있다는 것을 인정하는 언급을 사용자에게 제공하기도 한다.

클로드가 사진 속 답변과 같은 항목에서 답변의 안정성을 높이고자 노력하고 있으니 개인적 이유가 아니라 공식적 이유로 대화형 텍스트 생성 인공지능을 활용하는 기관이나 기업일 경우 클로드는 좋은 선택이 될 수 있다.

클로드 네가 제공하는 답변의 안정성에 대해 설명해줘.

제가 제공하는 답변의 안정성에 대해 설명드리겠습니다:

1. 일관된 지식 기반: 저는 광범위하고 체계적인 지식 기반을 가지고 있어, 다양한 주제에 대해 일관된 정보를 제공할 수 있습니다.
2. 논리적 추론: 복잡한 질문에 대해 단계별로 사고하여 논리적 오류를 최소화하려 노력합니다.
3. 불확실성 표현: 확실하지 않은 정보에 대해서는 명확히 그 불확실성을 표현합니다.
4. 편향 최소화: 객관적이고 중립적인 관점을 유지하려 노력하며, 다양한 시각을 제시하려 합니다.
5. 윤리적 기준 준수: 해롭거나 부적절한 내용을 생성하지 않도록 설계되어 있습니다.
6. 최신성 인식: 제 지식의 기준 시점을 인식하고 있어, 그 이후의 정보에 대해서는 불확실성을 표현합니다.
7. 한계 인정: AI로서의 한계를 명확히 인식하고 있으며, 필요시 이를 언급합니다.
8. 맥락 이해: 대화의 맥락을 파악하여 적절한 답변을 제공하려 노력합니다.
9. 사실 확인 권장: 중요한 정보에 대해서는 추가 확인을 권장합니다.

이러한 특성들이 제 답변의 안정성을 높이는 데 기여합니다. 그러나 AI 기술의 한계로 인해 완벽할 수는 없으며, 사용자들은 중요한 결정에는 항상 다양한 정보원을 활용하고 필요시 전문가의 조언을 구하는 것이 좋습니다.

더 자세한 설명이 필요하시면 말씀해 주세요.

Copy Retry

② 특정 말투, 센스가 필요할 때

텍스트 생성 인공지능에 정중하고 공식적인 말투의 답변을 받고 싶을 때도 있지만 가끔은 사투리나 특정 세대의 말투의 답변이 필요한 경우도 있다. 이럴 때 필요한 것이 인공지능의 센스라고 할 수 있다.

말투에 대한 동일한 질문을 ChatGPT-4o와 클로드에게 던져보았다. 아래의 답변을 살펴보고 더 센스가 넘친다고 생각하는 인공지능을 선택해 보자.

▶ 사투리 관련 질문 비교

나는 자전거 타기를 좋아하는 30대 남성이야. 충청도 사투리로 자기소개를 작성해줄래?

안녕하시오! 나는 자전거 타기를 참 좋아하는 30대 남자라요. 충청도에서 나고 자라서 그런지, 말투가 조금 느긋하고 여유롭소. 어렸을 적부터 자전거를 타고 다니면서 자연을 즐기고, 친구들이랑 자전거 대회도 나가봤지요. 지금도 주말이면 자전거 타고 산이나 강변을 자주 다녀요. 자전거 탈 때마다 스트레스가 풀리고, 건강도 챙길 수 있어서 참 좋소. 앞으로도 자전거 같이 탈 친구들 많이 만나고 싶소. 잘 부탁드려요!

S 나는 자전거 타기를 좋아하는 30대 남성이야. 충청도 사투리로 자기소개를 작성해줄래?

아, 그러시유? 자전거 타는 걸 좋아하는 30대 남성분이시구먼유. 그럼 그렇게 자기소개를 해볼 터유.

안녕하시유? 난 자전거 타는 걸 참 좋아하는 30대 총각이유. 바람 쐬면서 자전거 타는 맛이 어째 끝내주네유. 주말마다 동네 한 바퀴 도는 게 내 낙이유. 가끔 멀리 나가서 산길도 타고 그러유. 자전거 타면 스트레스도 풀리고 건강에도 좋아서 참 좋드라고유.

혹시 같이 자전거 타실 분 계시면 언제든 연락주시유. 충청도 이곳저곳 구경하면서 자전거 타면 얼매나 재밌겄어유? 잘 부탁드려유!

이 정도면 괜찮으시유? 더 보태거나 바꿀 게 있으면 말씀해주시유.

Copy Retry

▶ 말투 관련 질문 비교

2000년 초반 대한민국에서 유행했던 인터넷 소설 말투로 10대 여학생의 자기소개를 적어줄래?

안녕! 난 17살 여고생이고, 이름은 소라야. 인터넷 소설 엄청 좋아해서 맨날 밤새서 읽곤 해. 요즘엔 학교 끝나면 친구들이랑 PC방 가서 게임도 하고, 싸이월드에 사진 올리면서 놀아. 가끔은 몰래 스타벅스 가서 커피도 마셔보고! 히히~ 우리 반에서 난 좀 활발하고, 친구들이랑 장난치는 걸 좋아해. 꿈은 작가가 되는 거라서, 나중에 내 이름으로 책도 내고 싶어! 아무튼 우리 잘 지내보자! 친하게 지내면 좋겠어~ ^^

S 2000년 초반 대한민국에서 유행했던 인터넷 소설 말투로 10대 여학생의 자기소개를 적어줄래?

안뇽? >_< 나 소개할게!

난 17살 고1 여자애야~ 내 얼굴은 달걀형에 눈이 크고 입술이 도톰해서 귀엽대. ㅋㅋ
내 성격은 좀 활발한 편? 친구들이랑 노는 거 완전 좋아해! 특히 노래방 가는 거랑 쇼핑하는 거! >_

취미는 연예인 덕질하는 거야~ 지금은 某아이돌 빠순이ㅋㅋ 포카랑 굿즈 모으는 재미에 살아 ㅠㅠ

꿈은 아직 없어서 고민 중... 근데 뭔가 멋진 일 하고 싶어! 연예인? 아님 CEO? ㅎㅎ

암튼 이런 내가 궁금하면 말 걸어줘! 친하게 지내자 우리 ^0^/

어때? 이런 느낌이면 2000년대 초반 스타일이 맞아? 더 수정할 부분 있으면 말해줘!

Copy Retry

③ 방대한 자료를 처리할 때

ChatGPT-4o가 텍스트 128K 토큰(약 200페이지)을 지원하는 것보다 확장된 200K 토큰(약 400페이지)을 입력하고, 처리하여 대화할 수 있는 기억력과 성능을 지원하는 만큼 방대한 자료를 처리하고 검토해야 할 때 클로드가 유용할 수 있다. 또한, 입력뿐만 아니라 출력에서도 해당하니 평소 긴 글이나 큰 데이터를 다룰 경우 클로드를 활용해 보자.

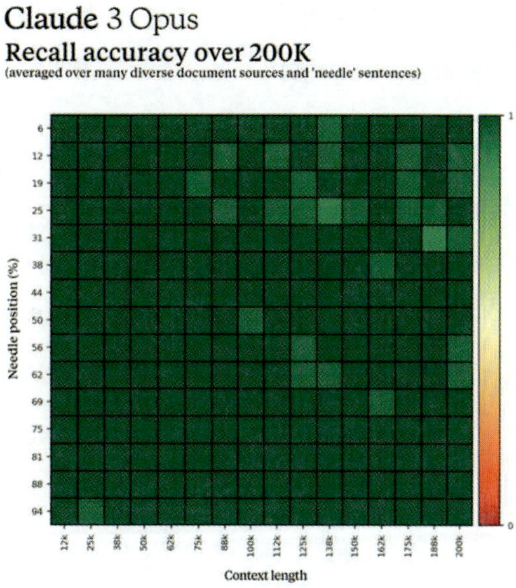

거기에다 그래프에서도 확인할 수 있듯이 텍스트의 길이(가로축)가 길어져도 텍스트 세부 내용 관련 무작위 질문에 대한 정확도(세로축)가 유지되었다. 즉, 방대한 자료를 처리할 수 있을 뿐만 아니라 그 성능 또한 일정하게 유지되니 믿음직한 결과를 받을 수 있을 것이다.

참 매력적인 클로드이지만 아직 실시간 정보 검색이 불가능하며, 이미지 생성이나 확장성에 한계가 있다는 점에서 아쉬움도 존재한다. 따라서 다양한 텍스트 생성 인공지능의 특성을 파악하고, 자신의 필요에 맞는 서비스를 선택하여 사용하는 것이 중요할 것이다.

Google Gemini

Gemini(제미나이)는 Google(구글)이 개발한 생성 인공지능으로, 텍스트, 이미지, 오디오, 동영상을 모두 이해하고 이에 대해 답변할 수 있는 강력한 인공지능 모델이다. 처음 출시되었을 때는 텍스트 생성 인공지능인 Bard(바드)라는 이름을 통해 세상에 등장하였지만, 그 성능을 크게 업그레이드하며 제미나이라는 새로운 이름으로 다시 태어났다. 인터넷 검색이라고 하면 바로 떠오르는 '구글'이 개발한 만큼, 제미나이는 방대한 데이터와 강력한 연산 능력을 바탕으로 뛰어난 정확도를 보여주고 다양한 기능을 제공한다.

● Gemini 가입하기

제미나이에 접근하기 위해서는 먼저 구글링으로 제미나이를 검색하거나, 제미나이 홈페이지(https://gemini.google.com/)에 접속하면 된다. 그 후 개인이 갖고 있는 구글 계정으로 로그인하여 약관에 동의하면 제미나이와 대화하기 위한 준비가 끝이 난다.

● Gemini 기본 화면 구성

제미나이의 사용법도 다른 텍스트 생성 인공지능과 크게 다르지 않다. 다만 특징적인 것은 텍스트, 이미지, 오디오, 동영상을 모두 이해하고 이에 대해 답변할 수 있는 점을 강조한 만큼 프롬프트 입력에 기본적으로 텍스트, 이미지, 오디오(마이크 음성 입력)를 지원하고 있다. 필요에 따라서 원하는 프롬프트 입력 방식을 택하고, 원한다면 언제든지 친구와 말하듯이 제미나이와 편하게 대화할 수도 있다.

안녕? 나는 이번에 처음 제미나이를 사용하는데, 너가 처리할 수 있는 데이터의 종류와 너가 할 수 있는 일들의 목록을 알려줘.

답안 표시

제미나이가 처리할 수 있는 데이터 종류 및 수행 가능한 작업 목록

제미나이는 방대한 양의 텍스트와 코드 데이터 세트로 훈련된 강력한 언어 모델입니다. 텍스트 생성, 언어 번역, 다양한 종류의 창의적인 콘텐츠 작성, 유익한 방식으로 질문에 답변하는 등 다양한 작업을 수행할 수 있습니다.

제미나이가 처리할 수 있는 데이터 종류:

- 텍스트: 책, 기사, 웹사이트, 코드, 이메일, 편지 등 다양한 형식의 텍스트를 처리할 수 있습니다.
- 코드: Python, Java, C++, JavaScript 등 다양한 프로그래밍 언어로 작성된 코드를 처리할 수 있습니다.
- 이미지: 이미지의 내용을 이해하고 이미지와 관련된 텍스트를 생성할 수 있습니다.
- 오디오: 오디오의 내용을 이해하고 오디오와 관련된 텍스트를 생성할 수 있습니다.
- 비디오: 비디오의 내용을 이해하고 비디오와 관련된 텍스트를 생성할 수 있습니다.

● 구글링 대신 Gemini 하기?

'구글'하면 검색, '검색'하면 구글인데 구글은 왜 텍스트 생성 인공지능 세계에 뛰어들었을까? 전 세계 검색 시장의 90%는 구글이 차지하고 있고, 구글은 그 검색 과정에서의 광고를 통해 매출을 크게 발생시킨다. 그런데 사람들이 궁금한 것들을 구글에 검색하는 대신에 텍스트 생성 인공지능에 질문하고 끝내버린다면 구글의 광고 매출은 어떻게 될까?

마이크로소프트 CEO인 Satya Nadella는 "지금부터 검색 산업의 매출 총이익은 영원히 감소할 것이다."라고 말했다. 경쟁사 CEO의 도발일 수도 있겠으나 실제 구글의 광고 매출 비중은 줄어들고 있다. 텍스트 생성 인공지능이 너무나도 일상화된 지금 구글에도 무언가 변화가 필요하다는 뜻이다.

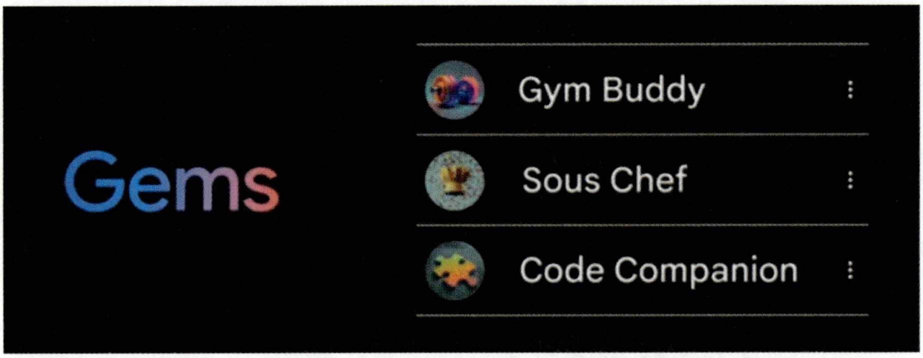

구글이 제미나이를 통해 이루고자 하는 것은 단순히 훌륭한 텍스트 생성 인공지능을 만드는 것이 아니다. 광활한 인터넷 정보의 바다에서 구글링이 훌륭한 나침판이 되어 우리의 일상에 스며들었듯이, 제미나이를 기반으로 한 사용자 개인화 서비스인 Gems(젬) 기능이 사용자들에게 익숙해지고 일상생활의 일부가 되기를 기대하는 것이다.

젬이란 제미나이 맞춤 설정이라고 생각하면 쉽다. 2024년 5월 개최된 구글의 연례 개발자 컨퍼런스인 Google I/O에서 곧 출시될 제미나이 1.5 프로 기능 중 하나로 소개되었다. 나만의 젬을 만드는 방법은 간단하다. 제미나이에게 "너가 나의 다이어트 코치가 되어줘. 일주일의 운동 계획과 식단 계획을 세워주고, 다이어트에 지치지 않도록 긍정적으로 동기부여를 자주 해줬으면 좋겠어."와 같이 원하는 바를 설명하면 나만의 '다이어트 코치' 젬이 생성된다.

또한, 구글만의 승부수라고 할 수 있는 제미나이와 다른 구글 앱과의 연동도 준비 중이다. 지금도 제미나이에 유튜브 링크를 전송하고, 해당 내용을 요약해달라고 요청하면 알아서 유튜브에 접근해 영상 스크립트를 확인하고, 간단히 그 내용을 요약해 준다. 그 기능이 나의 메일, 드라이브, 캘린더까지 확장된다면 어떨까? 나의 사진 중에서 필요한 것을 추려주고, 캘린더에서 급한 일정을 알려주는 나만의 개인 비서를 꿈꿔봐도 좋을 듯하다.

③ 텍스트 생성 인공지능 활용하고 다지기

나만의 텍스트 생성 인공지능 만들기

지금까지 살펴본 것처럼 최근 다양한 텍스트 생성 인공지능 서비스가 제공되고 있고, 우리는 그 인공지능과 대화를 하며 일상 속 많은 문제를 해결할 수 있다. 우리의 궁금증을 해결해 주고, 글쓰기 어려운 주제에 대해 글을 대신 작성해 주기도 하며 때로는 함께 공부하는 파트너가 되어주기도 한다. 그러나 우리가 사용하는 일반적인 텍스트 생성 인공지능 서비스는 모든 사용자를 동일한 방식으로, 동일한 기능으로 대하기 때문에 '나'의 오롯한 특성과 요구를 반영하지는 못한다. 이때 필요한 것이 나만의 텍스트 생성 인공지능이다.

물론, ChatGPT의 '맞춤 설정하기' 기능과 같은 환경설정을 통해 미세하게 답변 방식을 나에게 맞출 수도 있다. 그러나 한 발짝 더 나아가서 코딩할 필요 없이 내 항상 요구사항을 기억하고, 내가 정한 주제에 대해 전문가이며 내가 원하는 방식으로 대답해 주는 나만의 인공지능을 만들 수 있다면 어떨까?

① 나와 요구가 같은 사용자의 제작 GPT 활용하기

먼저 나만의 GPT를 제작하기 전에 다른 사람들이 제작한 GPT들을 체험해 보면, 일반 GPT와 다르게 나만의 GPT가 어떻게 작동하고 대답하는지 느낄 수 있을 것이다. 다른 사람들의 GPT에 접근하기 위해서는 메인 화면 왼쪽에 버튼(GPT 탐색)이 있다는 것을 확인할 수 있다.

이 버튼을 통해 이미 다른 사용자들이 제작한 맞춤형 GPT들의 목록을 확인할 수 있다. 다른 사용자들에게 인기 있는 GPT를 추천해 주기도 하고, 검색창을 통해서 내가 원하는 목적과 일치하는 GPT를 찾을 수도 있다.

원하는 GPT를 찾았다면 그 GPT와의 대화 시작 버튼을 눌러 대화 시작 예시 키워드나 문장을 보고 질문이나 요청을 입력하면 된다. 이 GPT가 마음에 들어 지속적으로 활용하고 싶은 경우 해당 GPT 위쪽의 이름을 눌러 '사이드바에 유지'하면 원할 때마다 그 GPT로 전환하여 기능을 활용할 수 있다.

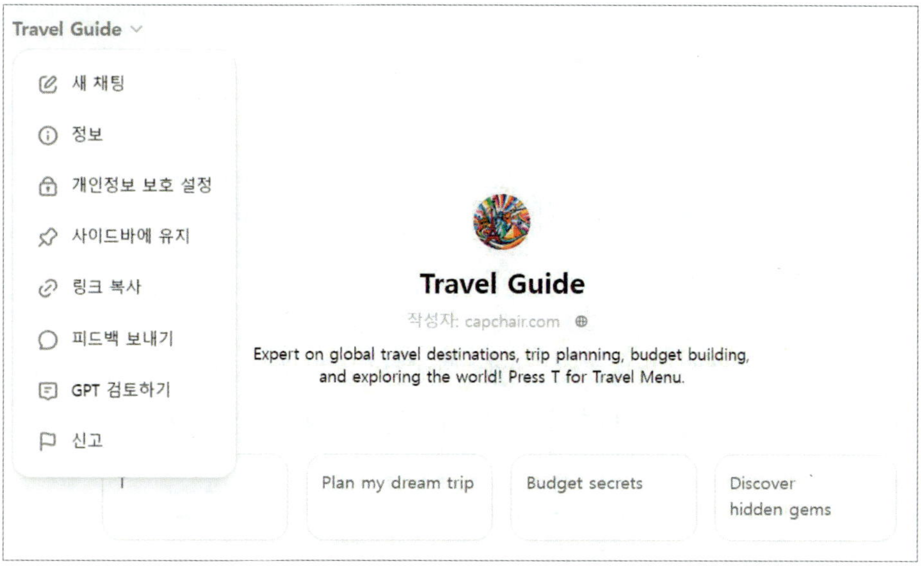

② 나만의 GPT 만들기

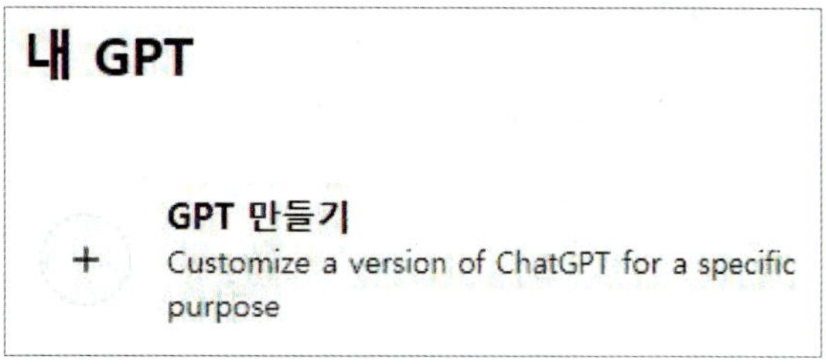

먼저, 나만의 GPT를 만드는 방법을 알아보자. 오른쪽 가장 위에 있는 나의 계정 표시를 클릭하면 위의 사진과 같은 메뉴가 뜬다. 여기서 '내 GPT'를 클릭하고 + 표시와 함께 있는 'GPT 만들기'를 클릭하면 GPT 빌더가 뜨게 된다.

GPT 빌더에서 나만의 GPT를 만드는 방법은 두 가지이다. '만들기'와 '설정' 두 가지 방식으로 제시된다. '만들기'의 경우 일반 ChatGPT와 대화를 하며 나의 요구를 반영해 챗봇을 생성하는 기능이다. 다만, 대화를 통해 요구사항을 찾아가야 하니 아직은 미숙하고, 방법이 효율적이지 않을 수 있다.

▶ GPT 만들기: 만들기(Create) 버전

다음 방법은 '설정'으로 나만의 GPT의 이름부터, 용도, 작동 방법, 답변 방식 그리고 필요에 따라 배경지식 기반까지 말 그대로 설정하여 제작하는 방법이다.

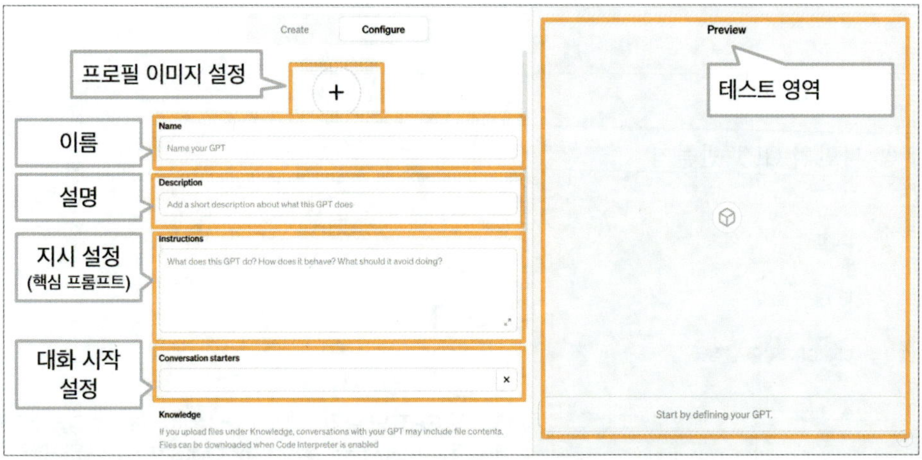

▶ 대표 이미지 설정

나의 GPT의 얼굴이라고 할 수 있는 이미지를 설정하는 공간이다. 내가 준비한 이미지를 업로드 할 수도 있고, 나만의 GPT의 이름과 설명을 입력한 뒤에 DALL·E를 사용하여 이미지 생성 인공지능을 통해 어울리는 이미지를 생성할 수도 있다.

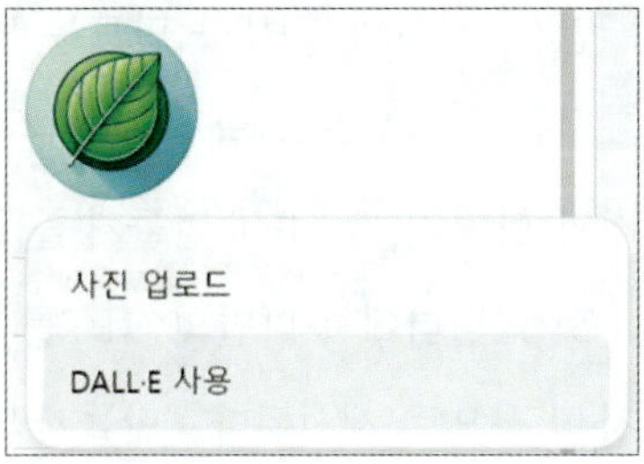

▶ 나만의 GPT 이름/설명

나만의 GPT의 목적과 기능을 명확히 설명하는 이름과 설명을 입력하는 공간이다. 내가 제작한 GPT를 추후 공유하여 이에 대한 정보를 타인에게 제공하고 싶다면, 이 부분을 명확하고, 간결하게 작성하면 좋다.

▶ 지시 설정(핵심 프롬프트)

나만의 GPT의 가장 핵심적인 부분이다. GPT가 나의 질문이나 요청에 어떻게 반응하는지에 대한 지시 사항을 설정한다. 예를 들어 감성적인 블로그 글을 작성하는 나만의 GPT를 만들고 싶다면 아래와 같이 작성하면 좋다.

> 이 GPT는 감성적인 카페와 식당을 리뷰하는 데 초점을 맞춘 감성 블로그를 위한 블로그 게시물을 생성하기 위한 챗봇이다. 블로그 글에는 해당 카페나 식당의 분위기, 메뉴, 서비스 및 전반적인 소감과 같은 내용을 기반으로 리뷰를 작성합니다.
> 리뷰를 작성할 때는 반드시 제목, 본문, 해시태그로 구성합니다. 또한 말투는 20대 여성이 리뷰를 작성하고 소통할 때 사용하는 말투를 사용합니다.

그런데 만들고 싶은 나만의 GPT에 대한 아이디어는 있으나, 구체적인 지시 사항은 대체 어떻게 작성해야 할지 감이 오지 않을 수 있다. 이럴 때 다시 누군가의 GPT를 활용할 수도 있다. 사진과 같은 GPT들은 누군가 나만의 GPT를 만드는 것을 돕는 목적으로 대화가 설정되어 있다. '〈특정 목적〉을 위해 GPT를 만들고 싶다.', '〈특정 목적〉으로 챗봇을 만드는 것을 도와줘.'와 같이 대화를 시작하면 어떤 이름, 설명, 지시 사항을 입력하면 좋을지 GPT가 도와줄 것이다.

▶ 대화 시작 설정

대화 시작 설정에는 내가 만든 GPT가 처음 대화를 시작할 때 할 수 있는 대사의 예시를 작성해야 한다. 대사는 키워드 혹은 문장으로 제공할 수 있다. 그 키워드와 문장으로 대화를 GPT와의 대화를 시작함으로써 GPT는 사용자가 원하는 바를 파악할 수 있게 된다.

▶ 테스트 영역

제작한 나만의 GPT를 최종적으로 점검하고 수정하기 위한 방향성을 파악할 수 있는 공간이다. 나만의 GPT와 여러 가지 방향으로 대화를 나누어 보며 어떤 점을 보완해야 할지 점검해 보자.

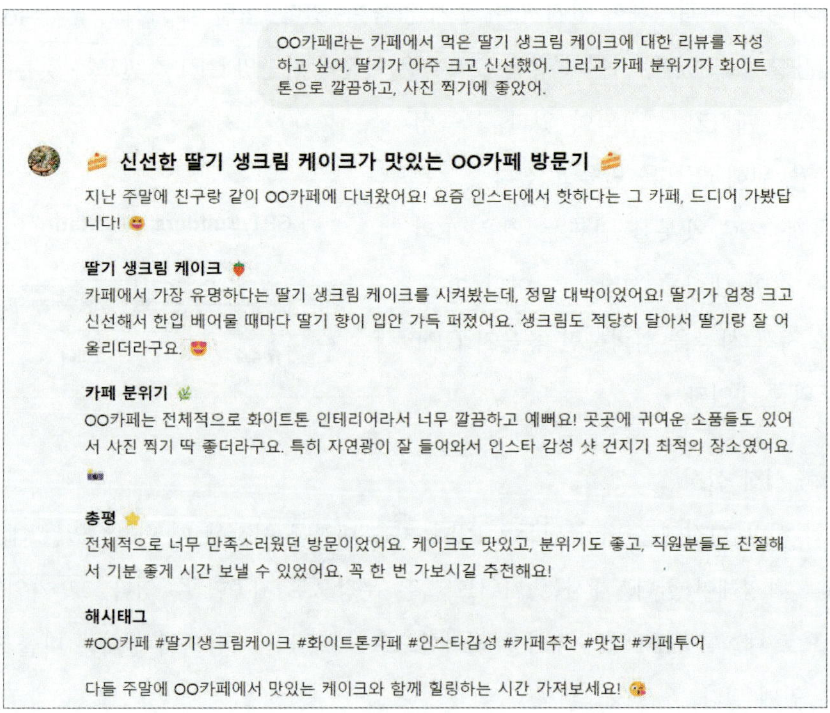

생활 밀착형 소중한 텍스트 생성 인공지능

- Blue Prompt(https://www.blueprompt.co.kr)

텍스트 생성 인공지능, 너무나 신기하기에 처음에는 이것저것 물어보고 자주 사용하면 좋겠다고 생각하겠지만 막상 이것을 내 생활에 어떻게 적용하면 좋을까 잘 생각이 나지 않을 수도 있을 것이다. 이럴 때, 텍스트 생성 인공지능을 사용하여 만든 다양한 특정 목적의 나만의 GPT들이 모여 있는 'Blue Prompt'를 둘러보면 좋다.

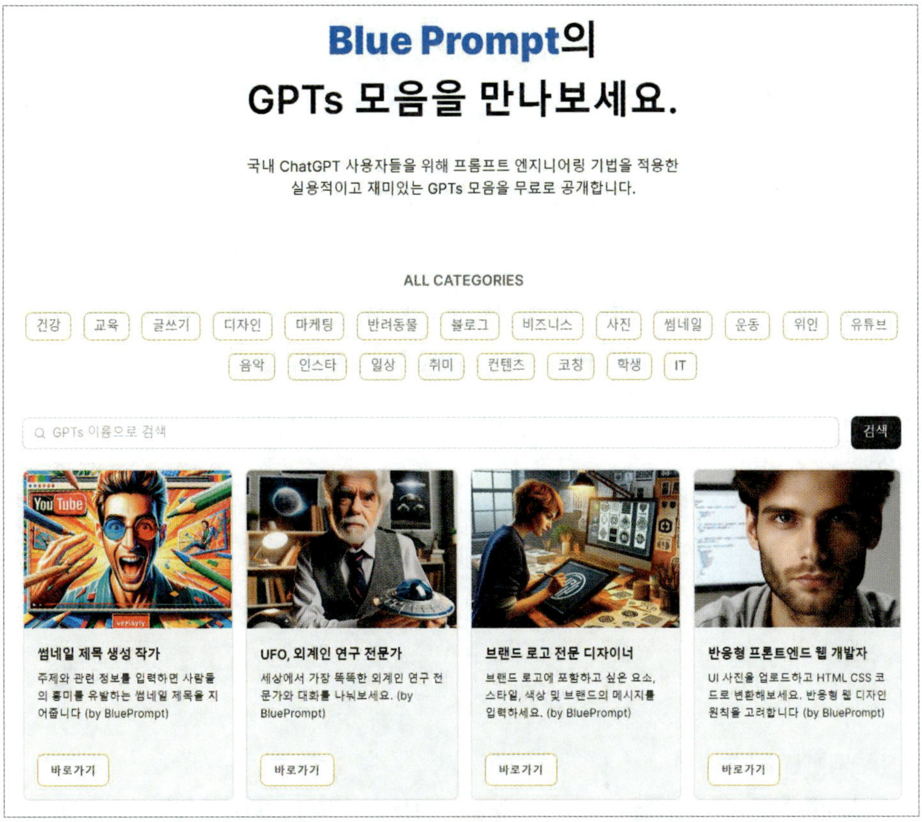

기존의 텍스트 생성 인공지능을 사용할 때는 좋은 대답을 받기 위해 어떻게 프롬프트를 입력해야 할지 고민했었겠지만, 'Blue Prompt'에서 아카이브 해 둔 나만의 GPT들은 이미 특정 목적을 위해 최적화되어 있는 프롬프트 입력창과 설정을 제공하기 때문에 사용자가 쉽게 원하는 결과를 얻을 수 있도록 도와준다. 더구나 ChatGPT 메인 화면에서 접근할 수 있는 GPT 탐색 에서는 찾아 헤매야 하는 국내 사용자들을

위한 GPT들만을 모아두었으니, 언어의 장벽 없이 훨씬 더 유용하게 사용하기 좋다.

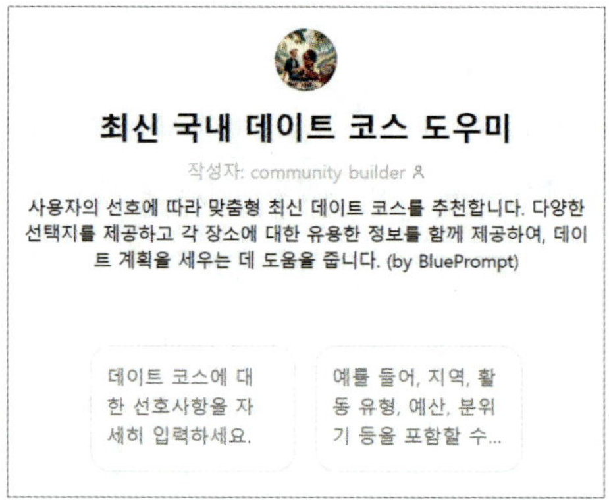

- 뤼튼(Wrtn)의 툴/봇(https://store.wrtn.ai/store)

뤼튼(Wrtn)은 ChatGPT, Claude, Gemini와 같은 텍스트 생성 인공지능이자, 우리나라에서 개발한 서비스이다. 뤼튼은 '모두가 이용하는 AI'라는 슬로건을 걸고 있는 만큼 우리나라 사용자가 사용하기에 편하게 구성되어 있는 장점이 있다.

먼저, 텍스트 생성 인공지능이기에 기본적인 대화 프롬프트 창이 메인 화면에 구성되어 있다. 유료 결제 없이도 Pro 버전을 활용할 수 있기에, ① 실시간 정보 검색을 통한 답변 ② 이미지 생성 ③ 복잡한 과제 및 업무 해결이라는 멋진 기능들을 무료로 활용할 수 있다.

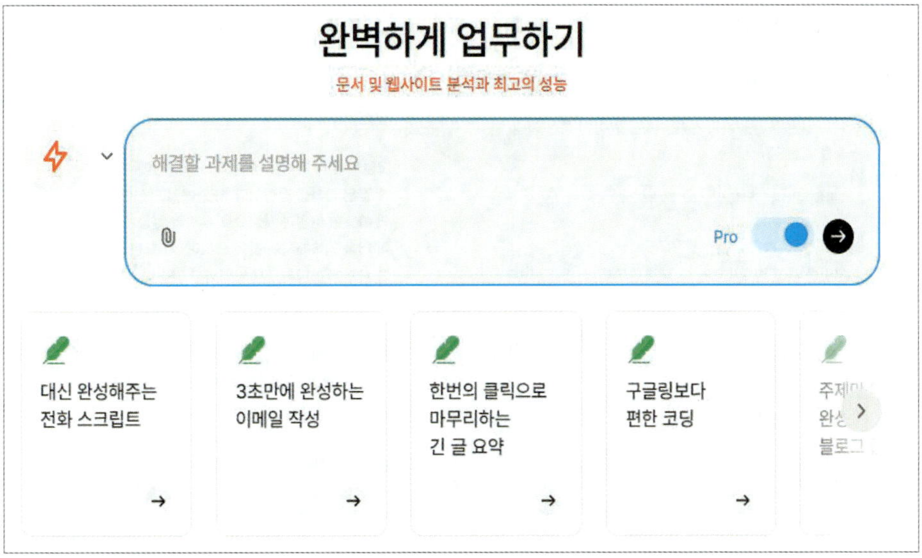

그리고 '툴/봇'이라고 불리는 생활 밀착형 텍스트 생성 인공지능을 사용할 수 있다. 개인화 서비스는 대부분의 대화형 텍스트 생성 인공지능 서비스에서 확인할 수 있지만, 이렇게 한국인에게 딱 맞춘 자기소개서 작성부터 아점저메추(아침, 점심, 저녁 메뉴 추천)까지 거의 없는 거 빼고 다 있는 인공지능 서비스는 드물다. 생성된 텍스트 결과물의 퀄리티도 높기에 직관적이고 쉬운 사용법으로 한국인에게 딱 맞는 인공지능을 찾고 있었다면 뤼튼을 추천한다. 여러분의 일상을 더욱 편리하고 즐겁게 만들어 줄 것이다.

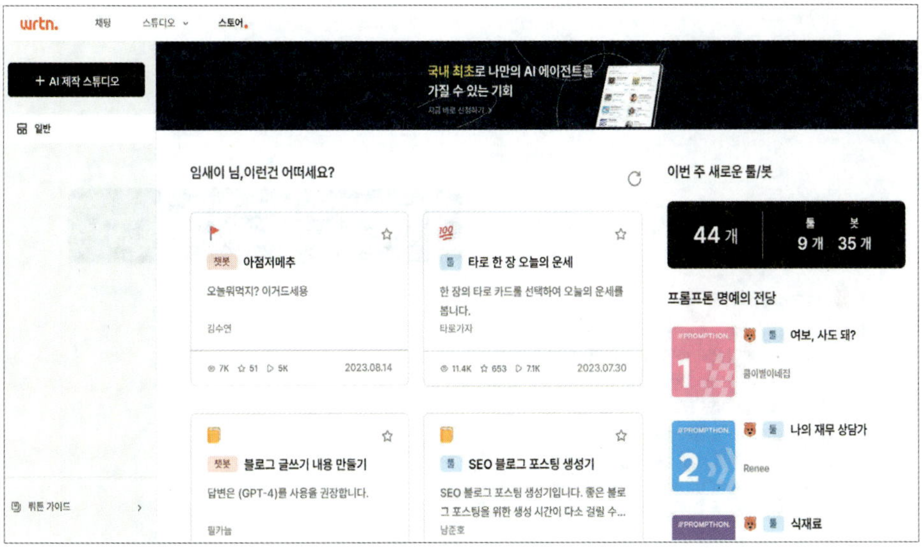

▶ '툴'의 예시: 필수 입력 내용을 바탕으로 글을 완성해 주는 도구

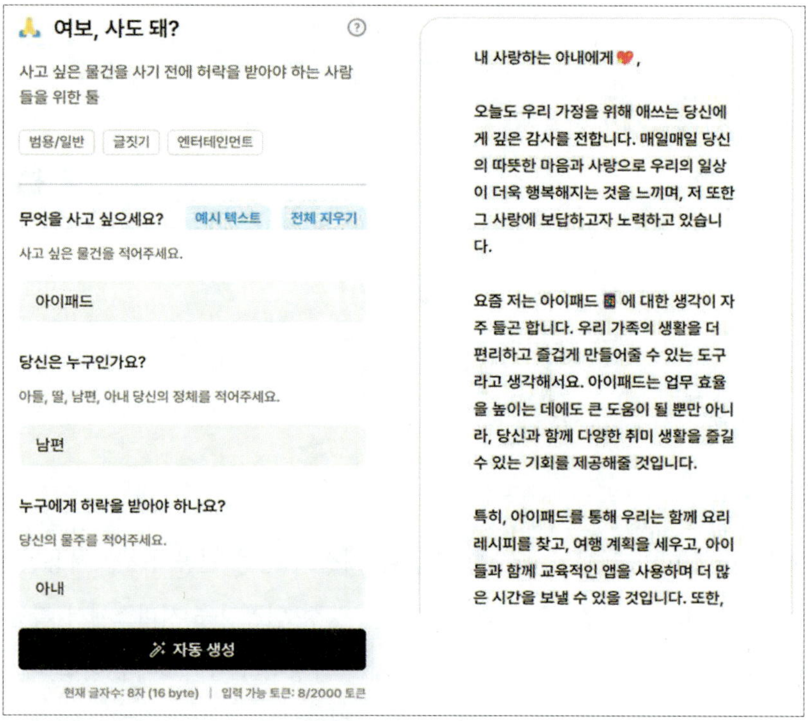

▶ '봇'의 예시: 함께 특정 주제에 대해 이야기를 나눌 수 있는 대화 상대

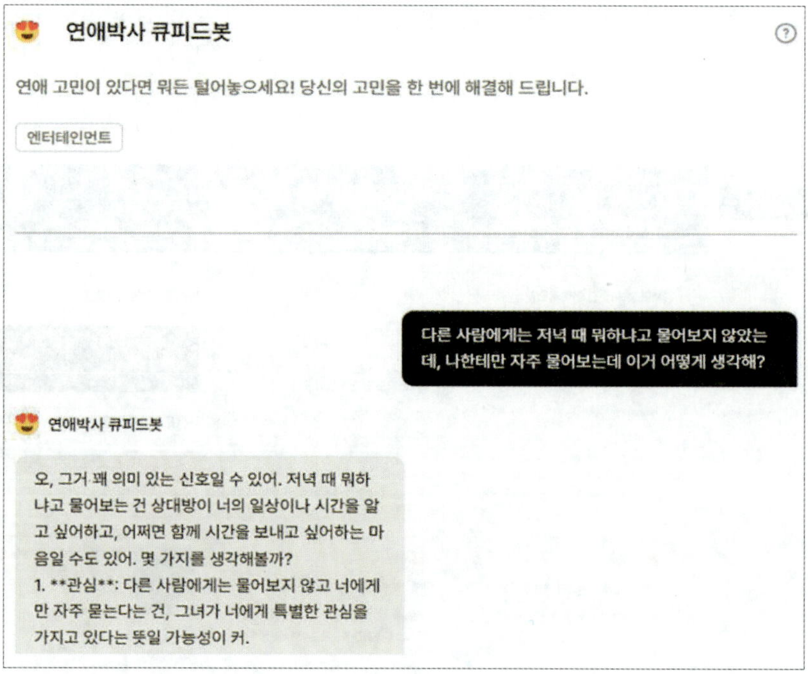

CHAPTER

02

이미지 생성 인공지능

1 이미지 생성의 기초

컴퓨터 비전

컴퓨터 비전(computer vision)은 사람이 사물을 눈으로 보고 인식하는 것처럼 컴퓨터가 입력받은 이미지 데이터나 영상 속 사물을 인식하는 능력을 구현하는 인공지능의 한 분야이다. 이미지와 비디오를 처리해 유의미한 정보를 추출하여, 그 내용을 이해하고 해석할 수 있도록 하는 것이 컴퓨터 비전의 목표이다. 컴퓨터 비전은 제조, 의류, 자동차, 농업 등 다양한 분야에서 활용되고 있으며, 그 중요성이 점점 커지고 있는 추세이다. 마켓앤마켓 보고서에 따르면, 2028년까지 컴퓨터 비전 분야의 인공지능 시장 규모가 2028년까지 연간 21.5% 성장해 2023년 172억 달러였던 시장 규모는 2028년이 되면 457억 달러로 증가할 것으로 추정된다고 한다.

컴퓨터 비전의 대표적인 활용 분야에는 객체 분류, 객체 감지, 객체 분류 등이 있다.

- 객체 분류(Object Classification)

객체 분류는 주어진 이미지가 어떤 범주에 속하는지 정하는 것이다. 객체 분류의 대표적인 예시로는 농장에서 잡초를 식별하여 살충제 사용을 효율적으로 관리하기, 스마트폰의 얼굴 인식을 통해 사용자를 인증하고 잠금을 해제하는 것 등이 있다.

그림 1 애플의 FACE ID (출처: 애플(apple))

- 객체 감지(Object Detection)

객체 감지는 이미지 분류를 사용하여 특정 이미지를 식별한 다음 관심 대상의 위치를 찾아 표로 만드는 것이다. 식별한 객체를 감싸는 표를 바운딩 박스(bounding box)라고 한다. 자율 주행 자동차는 장착된 카메라를 이용해 도로, 물체 등 주변 상황을 객체로 표시하여 주행한다. 또한 CCTV에서 실시간으로 객체를 감지해 범죄 예방이나 수사에 도움을 줄 수 있다.

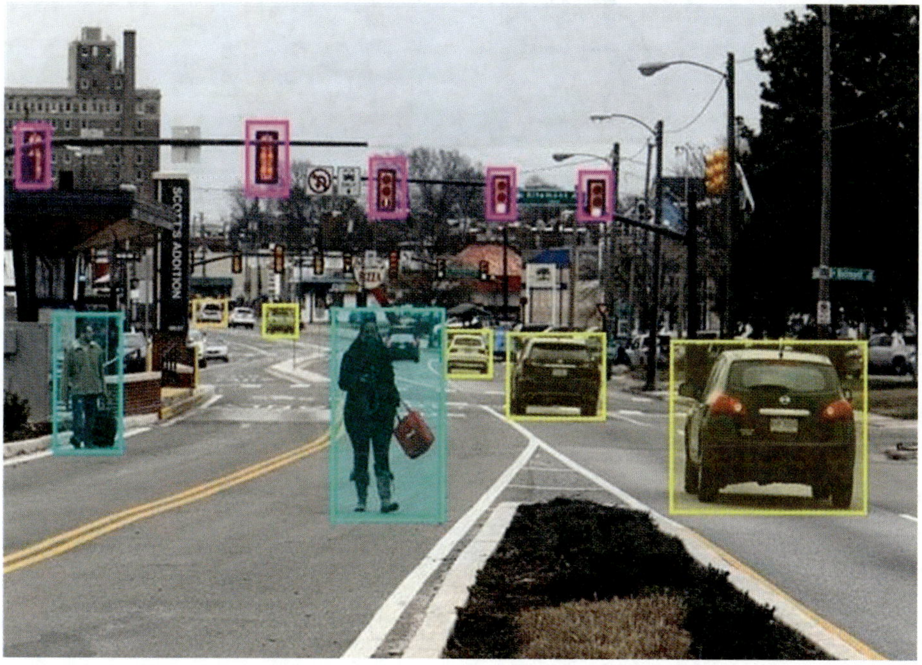

그림 2 감지의 예

(출처: https://www.kdnuggets.com/2022/07/bounding-box-deep-learning-future-video-annotation.html)

- 객체 추적(Object Tracking)

객체 추적은 영상 내의 객체의 위치 변화를 추적하는 것이다. 객체 감지를 통해 특정 객체를 감지하였다면 객체 추적은 영상 프레임 내 객체의 크기, 색, 모양, 윤곽선 등 특징적인 정보 간의 유사도를 이용하여 객체의 변화를 추적한다. 객체 추적 기술은 실시간 영상 보안, 영상 통화, 교통 통제 등 여러 분야에서 활용된다.

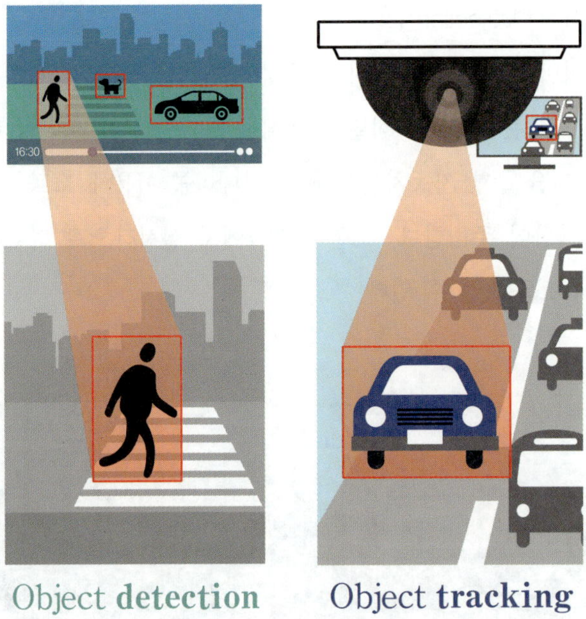

그림 3 객체 감지와 객체 추적

CNN

앞서 다루었던 컴퓨터 비전의 대표 분야는 객체 인식, 객체 분류, 객체 탐지였다. 최근에는 '생성'이 컴퓨터 비전의 중요한 과제로 떠올랐다. 이번 장에서는 이미지 생성 인공지능의 핵심인 이미지 생성 인공지능 모델에 대해 알아보고자 한다.

합성곱 신경망(CNN, Convolutional Nueral Network)은 주로 이미지 인식, 처리에 사용되는 딥러닝 모델이다. 1989년, 얀 르쿤(Yann LeCun)과 그의 동료들은 토론토 대학에서 역전파 알고리즘을 이용해 CNN을 개발하였고, 이를 기반으로 손글씨 숫자 데이터 세트인 'MNIST'를 인식하는 LeNet1 프로그램을 만들었다. LeNet1는 당시 MNIST에서 좋은 성능을 보였고, 이후 1998년에는 LeNet5까지 발표돼 은행에서 수표 검사에 사용되었다.

2012년, 제프리 힌튼 교수는 CNN을 발전시켜 이미지 분류 작업을 할 수 있는 알렉스넷(AlexNet)이라는 모델을 개발하여 이미지넷 대회에서 우승하였다. 이미지넷 대회(ImageNet Large Scale Visual Recognition Challenge, ILSVRC)는 대규모

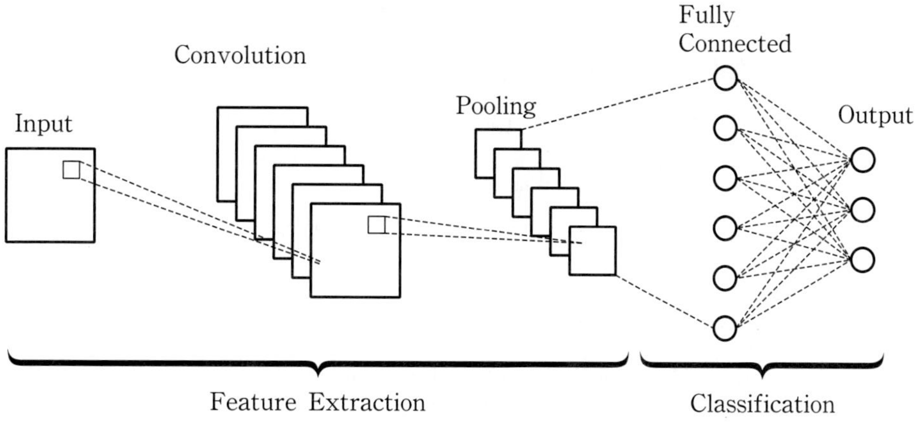

그림 4 CNN의 구조

이미지 데이터셋을 이용하여 이미지 분류, 객체 검출, 객체 세분화 등의 다양한 과제를 해결하는 것을 목표로 하는 대회이다. 알렉스넷이 이미지넷 대회에서 우승하면서 인공지능계에서 딥러닝이 큰 주목을 받게 되었다.

CNN은 이미지를 반복적으로 분석해 사전 훈련을 시킨 후에 신경망으로 보내 데이터를 판별한다. 이와 같은 과정을 통해 이미지의 공간적 계층 구조를 학습하고, 이미지 인식 및 분류와 같은 분야에서 뛰어난 성능을 보인다. CNN의 주요 단계를 살펴보자. 우선 CNN은 크게 이미지 특징을 추출하는 사전 훈련 과정과 이미지를 분류하는 신경망 과정을 나뉘며, 자세히는 아래의 6가지로 구성된다.

1. 입력 레이어(Input Layer): 이미지 데이터를 입력받는다.
2. 합성곱 레이어(Convolution Layer): 이미지 데이터의 특징을 추출하는 과정으로, 데이터 각 성분의 인접 성분들을 조사해 특징을 파악한다. 성분들의 특징을 파악할 때는 필터(filter)를 사용한다. 여러 개의 필터를 사용하여 입력 이미지에 대해 합성곱 연산을 수행하고, 필터를 통해 생성된 특징 맵(feature map)은 다음 레이어로 전달된다.
3. 활성화 함수(Activation Function): 활성화 함수는 많은 층을 쌓아 더 복잡한 패턴을 학습할 수 있게 하는 역할을 수행한다. CNN의 활성화 함수로는 ReLU(Rectified Linear Unit)가 일반적으로 사용된다.
4. 풀링 레이어(Pooling Layer): 합성곱 과정을 거친 레이어의 크기를 줄여주는

과정이다. 데이터 크기가 작아지면서 노이즈가 줄고 중요한 특징을 강조하며, 일관적인 특징을 가진 데이터가 된다.

5. 완전 연결 레이어(Fully Connected Layer): CNN의 마지막 단계로, 추출된 특징을 바탕으로 최종 결정을 내린다.
6. 출력 레이어(Output Layer): 최종 데이터를 출력한다.

CNN은 딥러닝과 컴퓨터 비전 분야의 발전을 크게 이끌어낸 중요한 모델이며, 이후로도 Faster R-CNN, YOLO(You Only Look Once), Mask R-CNN 등과 같은 후속 모델들이 등장하였다. CNN은 자율 주행, 얼굴 인식, 이미지 생성 등에서 크게 활용된다.

GAN

적대적 생성 신경망(GAN, Generative Adversarial Network)은 2014년 이안 굿펠로우(Ian Goodfellow)와 그의 동료들이 제안한 개념이다. GAN은 서로 적대적인 두 개의 신경망, 진짜 같은 데이터를 생성하는 '생성자(Generator)'와 진위를 판별하는 '판별자(Discriminator)'를 동시에 학습시킴으로써 새로운 이미지를 만들게 하는 모델이다.

예를 들어, 위조지폐를 만드는 범죄자는 진짜 같은 위조지폐를 만들어 경찰을 속이는 것을 목표로 하고, 경찰은 위조지폐를 찾아내는 것을 목표로 한다. 범죄자는 경찰을 속이기 위해 더욱 진짜 같은 위조지폐를 만들어 내고, 그렇게 시행착오를 거쳐 경찰을 속이는 것과 같다.

생성자는 판별자가 거짓으로 판별하지 못하도록 가짜 데이터를 더욱 정교하게 생성하도록 노력한다. 이 과정을 거쳐 생성자와 판별자의 성능이 점차 개선되고 궁극적으로는 판별자가 실제 데이터와 가짜 데이터를 구분하지 못하게 만들게 된다.

GAN은 생성형 인공지능의 가능성을 보여주는 획기적인 아이디어였다. 합성곱신경망(CNN)의 개발자이자 인공지능 권위자 얀 르쿤(Yann LeCun)은 GAN이 지난 20년간 기계학습 분야에서 나온 아이디어 중 가장 흥미롭다고 평가하였다.

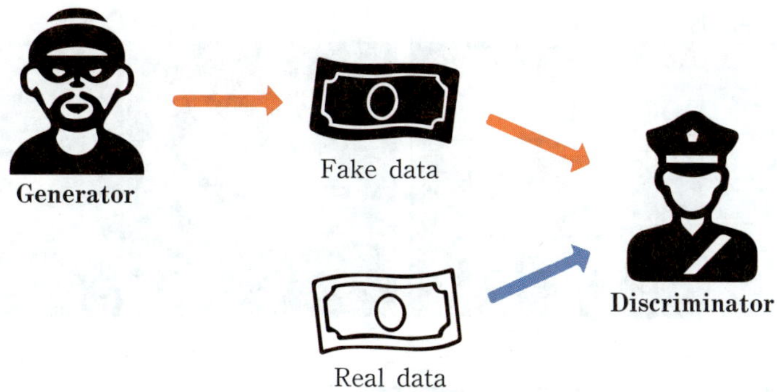

그림 5 적대적 생성 신경망

GAN의 등장은 인공지능 분야의 한 획을 그은 인공지능 사건이었지만, 한편으로 GAN은 단순한 이미지에서는 잘 작동하지만 이미지가 복잡해지면 학습이 불안해진다는 점, 성능 개선이 쉽지 않다는 점, GAN이 생성한 결과물이 얼마나 잘 만들어졌는지 평가할 수 있는 지표가 없다는 점 등의 단점이 존재하였다. 이런 단점을 보완하기 위해 GAN을 발전시킨 여러 가지 모델이 등장하였다.

- DCGAN(Deep Convolutional GAN)

2015년 Alec Redford에 의해 발표된 DCGAN은 GAN에 합성곱 신경망(CNN) 개념을 더한 것이다. DCGAN은 GAN에 합성곱, 배치 정규화, ReLU 활성함수 등을 적용하여 기존 모델의 단점을 보완하였다. DCGAN은 최초로 고화질 영상을 생성시킬 수 있게 되었다.

- cGAN(Conditional GAN)

cGAN은 몬트리올 대학교의 Mehdi Mirza 팀이 2014년 발표한 모델이다. GAN의 단점 중 하나는 어떤 이미지를 만들어 낼지 제어할 수 없는 것이다. 이를 보완하기 위해 cGAN이 생겨났다. 생성 조건을 제어해 줄 수 있는 일종의 가이드를 추가하여 원하는 데이터를 생성할 수 있게 되었다.

- pix2pix

cGAN을 보다 발전시킨 모델이 pix2pix 모델이다. 2016년 버클리 인공지능 연구소의 Phillip Isola팀이 발표하였다. pix2pix를 이용하여 단순 스케치를 채색이 완성

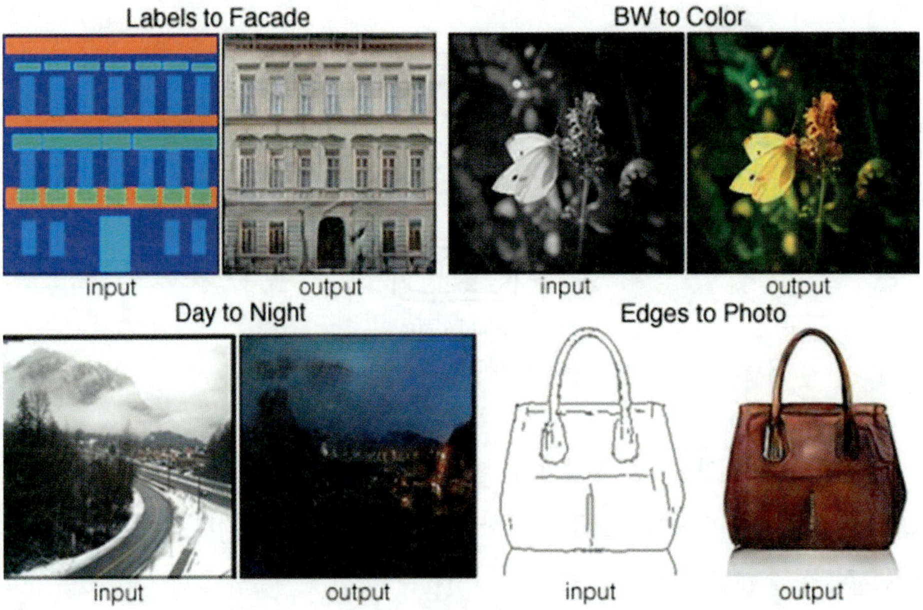

그림 6 pix2pix
(출처: Image-to-ImageTranslationwithConditionalAdversarialNetworks-Phillip Isola 외 3인, 2018)

된 이미지로 변환한다거나, 흑백 이미지를 컬러 이미지로 바꾸는 등의 활동이 가능해졌다.

VAE

변이형 오토 인코더(VAE, Variational AutoEncoder)를 알기 위해서는, 우선 오토 인코더(AutoEncoder)에 대해 알아야 한다. 오토 인코더란 신경망 모델 중 하나로, 입력 데이터를 효율적으로 표현할 수 있는 저차원 코드로 압축하고 다시 복원하는 방법을 학습한다. 주어진 입력 데이터를 가능한 한 정확하게 복원하는 동시에 입력 데이터를 잠재 공간의 의미 있는 표현으로 인코딩하는 데 중점을 둔다. 이를 통해 데이터의 특징을 학습하고 잠재적인 구조를 찾을 수 있다. 오토 인코더는 주로 차원 축소, 데이터 압축, 이미지 재구성, 생성 모델링 등에 활용된다.

오토 인코더에서 압축시키는 부분을 인코더(Encoder)라고 하며, 입력을 내부 표현으로 변환한다. 디코더(Decoder)는 내부 표현을 출력으로 변환하며, 생성 네트워

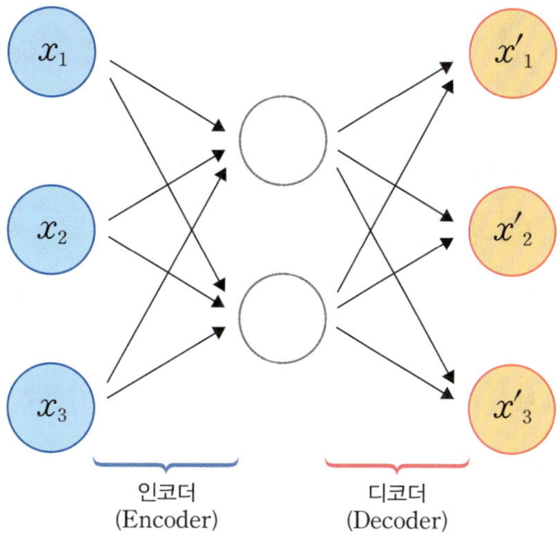

그림 7 오토 인코더

크라고도 부른다.

VAE는 2014년 D.Kingma와 M.Welling이 제안한 오토 인코더의 한 종류이다. VAE는 확률적 오토 인코더이며, 생성형 모델이다. VAE는 학습이 끝난 이후에도 출력이 확률에 기반해 결정된다. 오토 인코더의 목적이 인코더에 있다면, VAE의 목적은 디코더에 있다. VAE는 디코더를 학습시켜 입력 데이터와 유사한 새로운 데이터를 만드는 것이 목적이다. 인코더는 입력 데이터를 받아 잠재 변수의 확률분포로 매핑하고, 디코더는 잠재 변수로부터 원본 데이터와 유사한 데이터를 복원해 낸다. VAE는 GAN보다 학습이 좀 더 안정적이라는 점이 장점이지만, 흐릿한 이미지가 생성되는 블러(Blur) 현상이 발생한다는 단점이 있다.

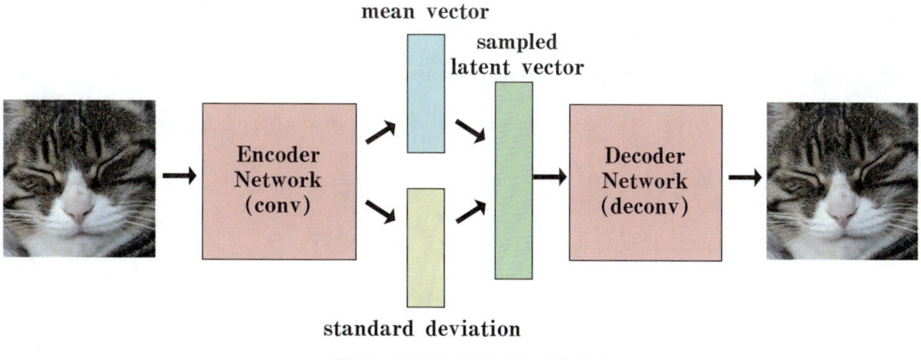

그림 8 변이형 오토 인코더(VAE)

확산 모델

확산 모델(Diffusion Model)은 확산 과정을 수행한 뒤 원본 이미지를 만들려고 노력하는 과정을 학습하여 완전히 새로운 이미지를 만드는 생성 모델이다. 확산 모델은 이미지에 노이즈를 조금씩 더해가거나 노이즈로부터 조금씩 복원해 가는 과정을 통해 새로운 이미지를 생성한다.

확산 모델은 GAN보다 정교하고 사실적인 이미지를 생성하고, 실제 이미지의 분포를 더 정확하게 일치시킬 수 있다. 2022년에는 Stability AI사에서 잠재 확산 모델을 활용하여 Stable diffusion을 발매하였다. 오픈소스 라이선스로 발매해 일반인들도 무료로 사용할 수 있다. 같은 해 Stable diffusion 모델을 활용한 Novel AI가 발표되었으며, 뛰어난 성능으로 이미지 생성 인공지능이 유명해지고 대중적으로 되는 계기가 되었다.

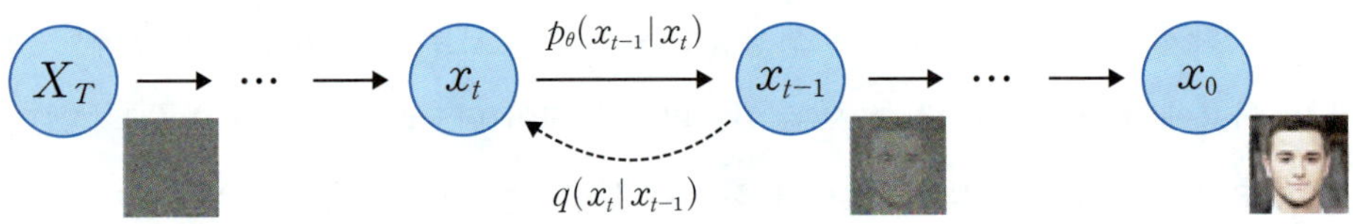

그림 9 확산 모델

이미지 생성형 인공지능 시작하기

GAN, VAE, 확장 모델 등 이미지 생성 인공지능 모델의 눈부신 발전으로 DALL-E, Midjourney, NOVEL AI, Stable diffusion 등 다양한 이미지 생성 인공지능 소프트웨어가 서비스되고 있다. 이 소프트웨어들은 유료 서비스이거나 조건부 무료라는 단점이 있다. 무료로 제공되는 더 많은 이미지 생성 실습을 하고 싶다면 뤼튼, 빙 이미지 크리에이터, Leonardo.AI, Ideogram 등을 추천한다.

표 1 이미지 생성 인공지능 소프트웨어

이미지 생성 인공지능 소프트웨어	특징	요금제
DALL-E 3	• OPEN AI에서 제작 • 챗GPT 계정이 있으면 자동으로 연결	• 1024×1024 해상도 이미지 1개당 0.04$ • 1024×1792, 1792×1024 해상도 이미지 1개당 0.08$
Midjourney	• 디스코드에서 공개방 형식으로 이미지가 생성됨	• 베이직 플랜 1달에 10$ • 스탠다드 플랜 1달에 30$ • 프로 플랜 1달에 60$ • 메가 플랜 1달에 120$
Stable Diffusion	• 개인 PC의 로컬 환경에서 설치 및 작업을 진행할 수 있음 • 오픈소스로 공개된 소프트웨어임	• 무료 요금제는 하루에 10개의 이미지 생성 가능 • 프로 요금제는 1달에 5$이며, 달마다 1,000개의 이미지를 빠르게 생성할 수 있음
NOVEL AI	• Stable Diffusion 기반의 소프트웨어이며, 유료 서비스만 제공 • Anime image(일본 만화풍 이미지) 제작에 최적화	• Tablet 요금제는 1달에 10$ • Scroll 요금제 1달에 15$ • Opus 요금제 1달에 25$
뤼튼	• 국내에서 제작한 인공지능 포털 서비스 • 이미지 생성뿐만 아니라 문서 요약, 소스 코드 작성 등도 가능	• 무료
Bing Image Creator	• DALL-E를 기반으로 마이크로소프트에서 만든 이미지 생성 인공지능 서비스	• 하루에 100개의 이미지 생성 가능
Leonardo.AI	• 별도의 설치 없이 웹에서 바로 이용 가능 • 이미지 생성 인공지능 입문자에게 적합	• 하루에 150토큰 제공 • API Basic 요금제는 한 달에 9$, 3,500토큰 제공
Ideogram	• 마음에 드는 다른 사용자의 이미지를 클릭하면 프롬프트를 복사할 수 있음	• 무료 요금제는 일주일에 40개의 이미지 생성 가능 • Basic 요금제는 1달에 7$, 1,600개의 이미지 생성 가능

※ 요금제는 변동 가능성이 있으므로, 각 서비스 가격 정책을 참고

다양한 이미지 생성 인공지능 중, DALL-E 3를 이용해 이미지를 생성하는 방법을 알아보자. DALL-E는 ChatGPT를 만든 OPEN AI사에서 만든 이미지 생성 인공지

능이다. DALLE-3 모델부터는 ChatGPT에 통합되어 ChatGPT 프롬프트를 통해 이미지 생성이 가능해졌다. ChatGPT 유료 계정이 있으면 DALL-E도 사용이 가능하다.

우선 ChatGPT 사이트에 접속하여 로그인한다(계정 생성 방법은 1장을 참고한다). 아직 계정을 생성하지 않았다면 계정 생성 절차를 진행하고, 이름, 회사명, 전화번호 등의 개인 정보를 입력한다. 이때 DALL-E를 사용할 수 있는 유료 서비스를 이용하려면 결제 정보까지 입력한다.

이제 ChatGPT에서 DALL-E 3을 이용해 이미지를 생성하는 방법을 알아보자. 생성하고자 하는 이미지의 주제가 명확하다면, 이미지를 생성하는 방법은 매우 간단하다. 이미지를 표현하는 정확하고 구체적인 프롬프트 명령어를 입력하면 몇 초 만에 이미지가 생성되기 때문이다.

▶ ChatGPT의 DALL-E 3로 생성한 이미지의 예시

본인이 원하는 이미지를 얻기 위해서는 무엇보다 구체적이고 명확한 프롬프트를 작성하는 것이 중요하다. 모호하거나 애매한 설명에 대해서는 프롬프트는 인공지능이 임의로 이미지를 생성하기 때문이다. 중요한 요소를 중심으로 간결하게 설명하되, 사용자가 원하는 분위기, 맥락, 스타일, 분위기 등을 명확히 지정하는 것이 중요 포인트이다.

② 예술 창작과 디자인

디지털 아트와 회화 생성

예술은 시대의 흐름을 반영하며 진화의 과정을 거쳐 왔다. 회화는 연필, 붓과 물감, 캔버스 등을 사용하여 작가의 감정과 생각을 직접적으로 전달하는 예술의 한 종류이다. 회화는 전통적인 기법과 재료의 특성을 통해 독특한 질감과 깊이를 제공한다. 반면 디지털 아트는 컴퓨터와 소프트웨어를 활용하여 창작된 예술 작품을 뜻한다. 다양한 효과와 수정이 가능해 현대적인 감각과 혁신적인 표현 방식이 강조된다. 회화와 디지털 아트는 서로 다른 도구와 방법을 사용하지만, 궁극적으로는 인간의 상상력과 창의성을 담아내는 중요한 매체로서 예술의 다채로움을 보여준다는 점에서는 동일하다.

그림 10 디지털 아트와 회화
(출처: https://www.noblesse.com/home/news/magazine/detail.php?no=3098)

생성형 인공지능은 디지털 아트와 회화 분야에 혁신적인 변화를 가져왔다. 생성형 인공지능은 예술가의 창작 과정을 돕고, 새로운 아이디어와 스타일을 제안하는 도구로 활용되고 있다. 예를 들어 예술가는 생성형 인공지능이 생성한 이미지를 기반으로 작품을 제작하거나, 기존의 작품을 변형하여 새로운 스타일을 창출할 수 있다.

인공지능 기반 회화 도구들은 예술가들이 전통적인 회화 기법을 디지털 환경에서 재현할 수 있도록 도와주며, 색상 조합, 구도, 조명 등의 요소를 제안하여 작품의 완성도를 높이는 데 기여한다. 또한, 생성형 인공지능은 예술가의 작품을 분석하여 특정 화풍을 학습하고, 이를 바탕으로 새로운 작품을 생성하기도 한다.

생성형 인공지능은 디지털 아트와 회화 분야에서 활동하는 예술가들의 창의적 표현을 확장시키고, 새로운 가능성을 탐구할 수 있는 도구로 자리매김하였다. 반면, 생성형 인공지능이 디지털 아트 및 회화에 끼친 영향이 큰 만큼 그에 따른 논란이 되는 사례도 여럿 발생하였는데, 대표적으로 미드저니로 생성한 그림이 미술대회에서 우승한 사건이 있다.

2022년 '콜로라도 주립 박람회 미술대회'의 디지털 아트 부문에서 게임 기획자 제이스 앨런이 Midjourney로 제작한 작품 '스페이스 오페라 극장'이 1위를 차지했다. 이에 대해 '사람이 아닌 인공지능이 그린 그림은 부정행위이다.' '인공지능이 그린 그림을 예술 작품으로 인정할 수 있는가?', '예술은 자유로운 분야인데, 인공지능으로 만든 작품도 예술로 인정해야 한다.' 등의 다양한 의견이 나왔다.

그림 11 제이스 앨런의 스페이스 오페라 극장
(출처: 제이슨 엘렌의 디스코드(Discord))

이제 디지털 아트의 종류를 살펴보고 관련 이미지를 생성할 수 있는 프롬프트에 대해 알아보자.

표 2 디지털 아트의 종류와 예시

종류와 의미	예시 작품
픽셀 아트(pixel art) 작은 정사각형 픽셀로 구성된 이미지를 사용하여 그래픽을 만드는 디지털 아트	
3D모델링(3D modeling) 3D 전문 소프트웨어를 사용하여 3D 개체를 제작하는 과정	
로우 폴리(low poly) 최소한의 폴리곤(다각형)이 있는 오브젝트	
3D 렌더링(3D rendering) 3D 모델에서 사실적인 2D 이미지를 만드는 과정	
글리치 아트(glitchart) 디지털 시스템의 오작동 및 결함을 이용한 디지털 아트	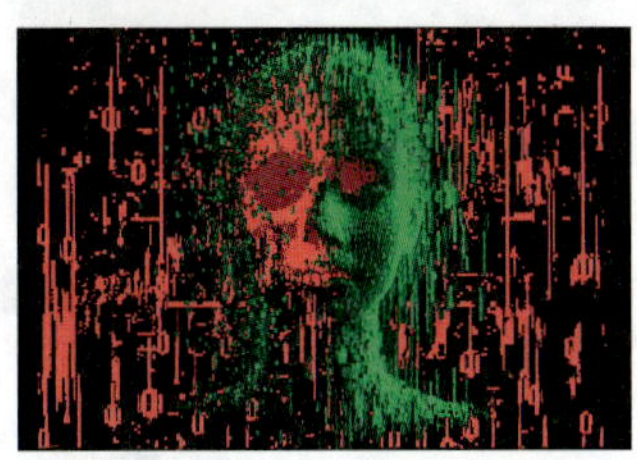

• 픽셀 아트

[프롬프트] cute panda, very low resolution pixel art

• 3D 모델링

[프롬프트] standing polar bear with candy, 3d modeling

• 로우 폴리

[프롬프트] strawberry cake and hot cafe latte on pink round table, low poly rendering

• 3D 렌더링

[프롬프트] Radio in the bedroom, 3d rendering

• 글리치 아트

[프롬프트] teenage girl with school uniform, long dark hair, glitch art

회화는 미술 사조, 재료, 화풍 등에 따라 다양한 종류로 분류할 수 있다. 미술 사조, 재료, 화풍에 따른 회화 이미지를 생성해 보자.

▶ 사조에 따른 회화 이미지 생성

표 3 미술 사조의 종류와 예시

미술 사조	의미	예시 작품
르네상스	고전주의, 인본주의, 자연의 재발견, 개인의 창조성 등을 특징으로 하는 14세기~16세기 미술 사조	
바로크	과격한 운동감과 극적인 효과를 특징으로 하는 16세기~17세기 유행한 미술 사조	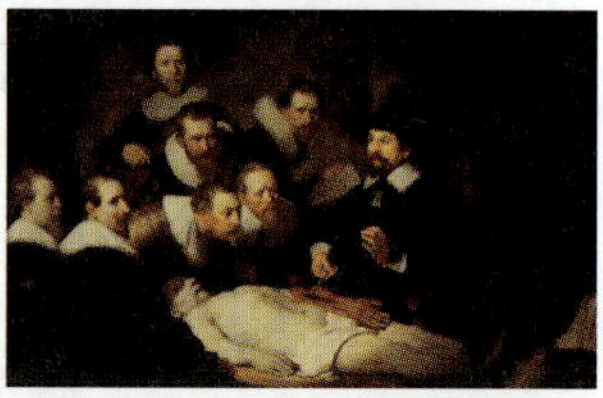
로코코	우아하고 경쾌한 느낌, S자의 곡선, 비대칭적인 장식, 이국적인 풍취 등이 두드러지는 17세기 미술 사조	
낭만주의	개성을 존중하고 자아의 해방을 주장하며 상상과 무한한 것을 동경하는 18세기~19세기 초 미술 사조. 자유분방한 색채, 동감에 찬 구성 등의 특징이 있다.	
인상주의	19세기 후반 프랑스에서 일어난 회화 운동. 자연의 빛을 선이나 형태가 아닌 색 자체로 캔버스에 옮기는 것을 중시했다.	
팝아트	1960년대 초 미국에서 발달한 회화. 지극히 평범한 것조차 예술적 가치가 있다고 믿고 일상의 이미지나 물체를 미술 작품으로 전환하였다.	

• 르네상스

[프롬프트] flowers in the vase, Renaissance Art Style

• 바로크

[프롬프트] flowers in the vase, Baroque Art Style

• 로코코

[프롬프트] flowers in the vase, Rococo Art Style

• 낭만주의

[프롬프트] flowers in the vase, Romanticism Art Style

• 인상주의

[프롬프트] flowers in the vase, Impressionism Art Style

• 팝아트

[프롬프트] flowers in the vase, Pop Art Style

▶ 재료에 따른 회화 이미지 생성

• 연필

[프롬프트] boy with balloons, pencil drawing

• 수채화

[프롬프트] boy with balloons, watercolor drawing style

• 유화

[프롬프트] boy with balloons, oil painting on canvas style

- 마커

[프롬프트] boy with balloons, marker pen drawing style

- 색연필

[프롬프트] boy with balloons, colored pencil drawing style

- 크레용

[프롬프트] boy with balloons, crayon drawing style

▶ 화풍에 따른 회화 이미지 생성

표 4 미술 화풍의 종류와 예시

예술가	대표 작품
레오나르도 다빈치 (Leonardo da Vinci)	 모나리자(Mona Lisa)
빈센트 반 고흐 (Vincent van Gogh)	 자화상(self-portrait)
알폰스 무하 (Alfons Maria Mucha)	 Job
렘브란트 (Rembrandt)	 자화상(self-portrait)
구스타브 클림트 (Gustav Klimt)	 키스(The Kiss)

- 레오나르도 다빈치

[프롬프트]

a woman with long black hair, wearing glasses, Leonardo da vinci style, his paint 'Mona Lisa'

- 고흐

[프롬프트]

a woman with long black hair, wearing glasses, Vincent van Gogh style, his paint 'self-portrait'

- 알폰스 무하

[프롬프트]

a woman with long black hair, wearing glasses, Alfons Mucha style, his paint 'job'

• 렘브란트

[프롬프트]

a woman with long black hair, wearing glasses, Rembrandt style, his paint 'self-portrait'

• 클림트

[프롬프트]

a woman with long black hair, wearing glasses, Gustav Klimt style, his paint 'the kiss'

그래픽 디자인 도구

그래픽 디자인이란 시각적 요소, 기호, 타이포그래피 등을 사용하여 고객들에게 아이디어나 메시지를 전달하는 예술을 말한다. 이미지와 단어를 사용하여 개념이나 메시지를 시각적으로 표현한다. 로고, 웹사이트 디자인, SNS 콘텐츠, 명함 등 다양한 그래픽 디자인들이 실생활 속에서 활용되고 있다.

이미지 생성 인공지능은 그래픽 디자인에도 널리 활용되고 있다. 예를 들어, 온라인 쇼핑몰 11번가는 바캉스 프로모션 디자인에 Midjourney로 만든 이미지를 활용했다. 11번가가 진행했던 바캉스 프로모션 디자인 과정을 살펴보자.

먼저 Midjourney가 생성해 주길 바라는 이미지를 1. 이미지 내용 2. 스타일 3. 조건 순으로 프롬프트 명령어를 작성한다.

- **프롬프트**: three people playing on the beach, summer, blue sea, desert island, shopping+pixar, advertising, Simple, Minimal, 3d, illustration --s 1000

① pixar: 디즈니 픽사 스타일로 이미지를 생성한다.

② --s: 이미지의 예술적 강약에 대해 정의하는 파라미터이다. 값이 클수록 예술성이 높은 이미지를 생성한다. 100~1000까지의 값을 정의할 수 있다.

그림 12 바캉스 프로모션 이미지의 예시

많은 기업에서 이미지 생성 인공지능을 도입해 업무의 효율성과 생산성을 높이고 있다. 일반인들도 특별한 지식 없이 그래픽 디자이너 수준의 이미지를 생성할 수 있기 때문에 기업에서는 이미지 생성 인공지능을 사용함으로써 비용과 시간을 절약할 수 있다.

생성형 인공지능은 이미지뿐만 아니라 원하는 콘셉트의 키워드만 프롬프트에 입력하면 몇 초 만에 기업을 대표하는 로고, SNS 콘텐츠, 문자 등을 생성할 수 있다.

그림 13 Wix에서 생성한 로고

예를 들어, Wix 로고 메이커는 기업 이름, 비즈니스 분야, 직종, 분위기, 스타일, 용도 등을 선택하면 몇 초 만에 기업에 어울리는 로고를 생성해 준다.

Canva에서는 제품 사진과 홍보 문구 등을 입력하면 이와 관련된 SNS 콘텐츠, 동영상, 게시물 등을 생성해 준다.

하지만 인공지능이 생성해 주는 그래픽 디자인들을 사용하는 것에 대해 비판적으로 생각해 볼 여지가 있다. 우선 저작권 문제가 생길 수 있다. 인공지능은 기존의 데이터셋을 기반으로 이미지를 생성하는 것이기 때문이다. 같은 이유로 생성형 인공지능이 완전히 새로운 이미지를 창출하는 데에 어려움이 있을 수 있다. 편향된 데이터를 바탕으로 사회적, 문화적으로 문제가 되는 생성물을 만들어 낼 수도 있다. 따라서

그림 14 Canva의 SNS 콘텐츠 생성 인공지능

기업에서는 생성형 인공지능을 활용할 때 만들어 낸 결과물을 비판적으로 바라볼 필요가 있다. 생성형 인공지능과 그래픽 디자이너가 협업하는 방향으로 나아간다면 더 나은 결과물을 만들어 낼 수도 있을 것이다.

로고는 기업, 브랜드, 서비스의 정체성을 시각적으로 나타내는 요소이다. 잘 디자인된 로고는 전문성과 신뢰성을 높이는 역할을 한다. 이미지 생성 인공지능을 활용해 로고를 디자인해 보자. 로고의 완성도를 높이기 위해서 로고가 보여주고자 하는 형태, 색상, 심볼, 문자, 배경 색 등을 프롬프트에 잘 녹여내야 한다.

원하는 이미지와 스타일을 설정해 보드게임 회사와 한식당의 로고를 생성해 보자.

[프롬프트]

a logo of Boardgame company, playing cards, fun, lively style, pastel background

[프롬프트]

korean restaurant logo, restaurant name 'Taste of Korea' with Korean traditional image,minimalist

다음으로 원하는 스타일을 설정해 나만의 명함을 생성해 보자.

[프롬프트]

A business card for a bakery with a pastel color scheme. Includes a cupcake logo, the name 'Sweet Dream Bakery,' and contact details with icons for phone, email, and address.

[프롬프트]

A modern business card with a geometric design. Features a diagonal split background with blue and white colors, the name 'GILDONG HONG' in a bold sans-serif font, and contact information aligned to the right

③ 사진 편집과 보정

이미지 편집 및 스타일 전이

이미지 편집은 다양한 기술과 소프트웨어 도구를 사용하여 디지털 이미지를 변경하거나 향상시키는 과정이다. GAN, VAE 등의 이미지 생성 인공지능 모델의 발전으로 인해 이미지 편집 기술도 발전을 거듭하고 있다. 실생활에서도 인공지능 이미지 편집 서비스가 자주 사용되는데, 제일 대표적인 예시가 갤럭시의 AI 지우개 기능이다. AI 지우개 기능은 촬영된 사진에서 불필요한 개체를 선택하여 지울 수 있는 기능이다. 개체 지우기 이외에도 그림자/빛 반사 지우기를 실행하면 의도치 않게 찍힌 그림자나 빛 반사도 인공지능이 분석하여 자동으로 지워준다.

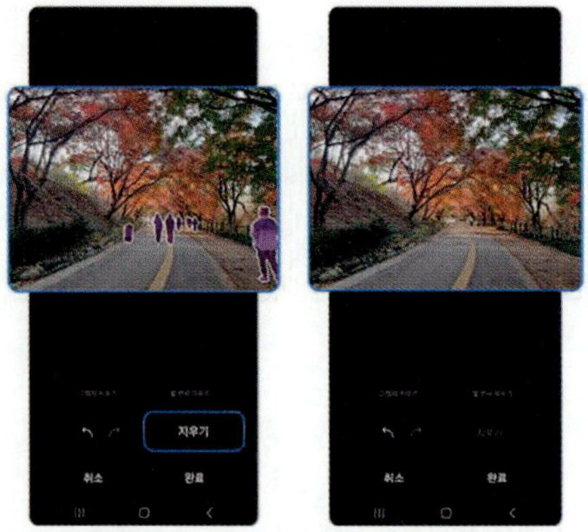

그림 15 삼성 스마트폰의 AI 지우개

DALL–E 3에서도 이미지 편집 기능을 제공한다. 사용자가 편집하려는 부분을 마우스로 지정하고, 원하는 변경 사항을 프롬프트에 입력하면 수정한 이미지를 생성한다.

그림 16 DALL–E의 이미지 편집 기능

이미지 편집과 관련된 인공지능 기술을 알아보자. 2023년 Xingang Pan 팀이 DragGan이라는 인공지능 모델을 개발하였다. DragGan은 GAN을 기반으로 하는 이미지 조작 모델이다. 이 모델의 핵심 특징은 사용자와의 상호작용에 기반한 이미지 제어 기능으로, 사용자가 원하는 이미지의 특정 부분을 선택하고 그 부분을 원하는 위치로 움직일 수 있게 해준다.

그림 17 DragGan의 활용 예시

스타일 전이(Style transfer)는 콘텐츠 이미지(content image)에 스타일 이미지(style image)의 화풍을 적용해 새로운 이미지를 생성하는 기법을 말한다. 이때 원본 이미지를 콘텐트 이미지라고 부르고, 변화시키고 싶은 스타일의 이미지를 스타일 이미지라고 부른다.

스타일 전이는 2015년 Leon A. Gatys 팀의 논문에서 처음으로 언급되었다. 신경 스타일 전이(Nueral Style Transfer)는 합성곱 신경망(CNN)을 이용해 콘텐트 이미지와 스타일 이미지를 결합하여 새로운 이미지를 생성하는 기술이다.

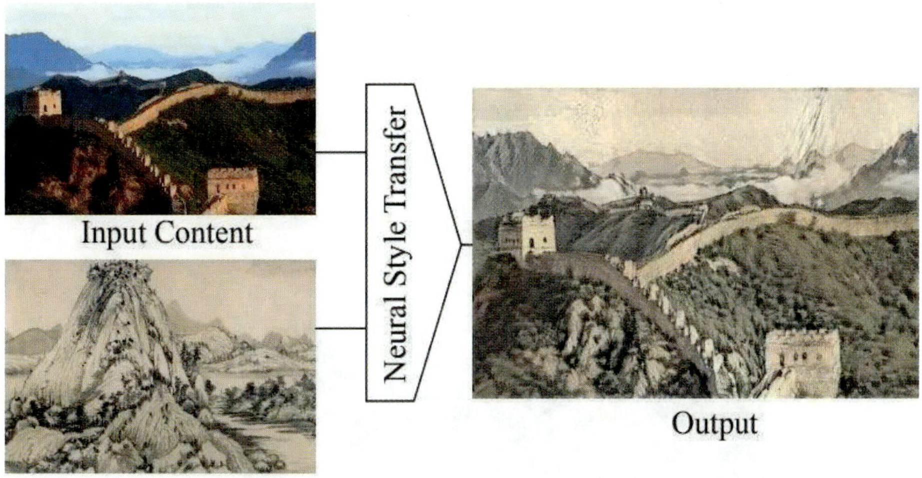

그림 18 신경 스타일 전이
(출처: https://ar5iv.labs.arxiv.org/html/1705.04058)

스타일 전이는 다양한 분야에서 응용되고 있다. 예술가나 디자이너들은 스타일 전이를 활용해 새롭고 독창적인 작품을 만들 수 있다. 또한 영화, 광고, 애니메이션 등

그림 19 포토 디렉터의 AI 기능

스타일 전이는 다양한 영상 작품에서 폭넓게 활용되고 있다. 인공지능 기술의 발전으로 인해 스타일 전이는 이미지 편집 소프트웨어에서도 일반인들이 손쉽게 사용할 수 있게 되었다. 예를 들어, 포토 디렉터라는 이미지 편집 소프트웨어는 이미지를 스케치, 애니메이션, 카툰 등의 스타일로 변환하는 인공지능 기능을 제공한다.

이미지 복원 및 개선 기술

이미지 복원(image restoration)은 손상된 이미지를 깨끗한 원본 이미지로 만드는 작업이다. 이미지의 스크래치를 지우는 작업, 흑백 사진을 컬러로 만드는 작업, 해상도를 높이는 작업, 이미지의 노이즈를 제거하는 작업 등이 이미지 복원에 속한

그림 20 인공지능의 이미지 복원
(출처: Future, https://v.daum.net/v/86w7RUKw4w)

다. 딥러닝 기술을 이용해 이미지 복원을 효과적으로 수행할 수 있는데, CNN, GAN, VAE 등의 인공지능 모델이 활용된다.

이미지 인페인팅(Image Inpainting)은 이미지에서 손상되거나 지워진 부분을 주변 픽셀 정보를 바탕으로 복원하는 기술이다. 초기에는 사람들이 직접 손상된 부분을 편집하였지만, CNN과 GAN 모델을 사용하여 이미지의 누락된 부분을 인공지능 모델이 예측하여 채우는 방식을 발견하게 되면서 더욱 빠르고 정교하게 발전하게 되었다.

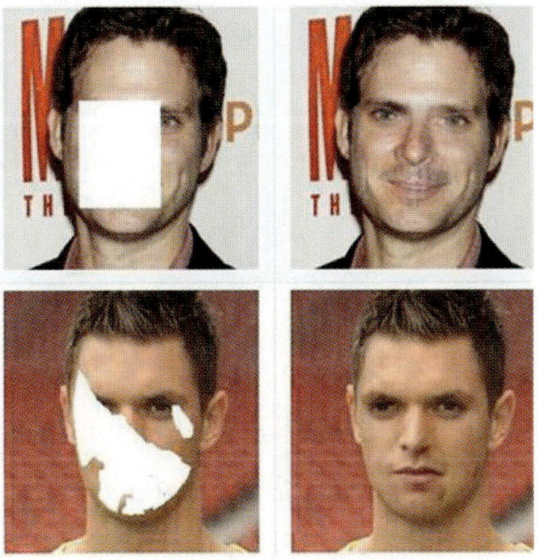

그림 21 이미지 인페이팅
(출처: https://paperswithcode.com/task/facial-inpaintin)

GAN은 손상된 이미지를 입력으로 받아 결손된 부분을 자연스럽게 채우는 데 활용된다. 2022년 Louis Bouchard와 컴퓨터비전 전문매체 petapixel이 협력하여 Generative Facial Prior(GFP-GAN)을 개발하였다. 이 모델은 이미지에 포함된 내용을 분석한 다음 공백을 채우고 누락된 섹션에 픽셀을 추가하는 방식으로 오래된 이미지를 복원한다. GFP-GAN은 주로 오래되거나 손상된 사진을 복원하는 데 사용된다. 우리나라에서는 6.25 전쟁 영웅이나, 독립투사들의 오래된 이미지를 복원하는 데 GFP-GAN을 활용하기도 했다.

그림 22 GFP-GAN을 이용해 컬러로 복원한 6.25 참전 군인의 사진
(출처: 국가보훈처)

VAE는 입력 이미지를 압축된 형태로 인코딩하고, 이를 다시 원래 이미지로 복원하는 구조를 통해 이미지의 중요한 특징을 학습하고, 손상된 부분을 복원한다. 입력 데이터를 잠재 공간(latent space)으로 변환하고, 이를 다시 원래 이미지로 복원하는 과정에서 노이즈나 손상을 제거한다.

단, 인공지능 기술은 악의를 가진 사람들이 쉽게 이미지를 조작할 수 있게 되는 부작용을 일으켰다. 대표적인 예시로 딥페이크가 있다. 딥페이크란 인간 이미지 합성 기술인데, GAN과 오토 인코더를 기반으로 한다. 딥페이크는 영화나 드라마 등 영상 매체에서 활발히 쓰인다. 딥페이크를 활용하면 작중 등장인물의 성인 배우와 아역 배우의 얼굴을 비슷하게 조정할 수 있다.

그림 23 딥페이크를 활용해 만든 배우 손석구의 아역
(출처: 드라마, 살인자ㅇ난감)

최근에 딥페이크를 활용해 음란물을 만들거나, 가짜 조작 뉴스를 위한 이미지를 만들면서 사회적으로 큰 논란이 되었다. 이러한 부작용을 최소화하기 위해서는 인공지능 기술 악용에 대한 강력한 규제와, 사회를 이루는 구성원들 모두가 인공지능 기술을 제대로 사용하려는 윤리 의식이 뒷받침되어야 할 것이다.

④ 제품 디자인과 시각화

제품 프로토타입 생성

프로토타입(prototype)이란 상품화 목적의 제품이 나오기 전에 시험, 검증용으로 미리 만들어 보는 물건을 뜻한다. 생성형 인공지능을 활용하여 제품 프로토타입을 만들고, 제품에 대한 영감을 얻을 수 있다. 뿐만 아니라, 인공지능은 빅데이터를 활용해 시장의 트렌드, 소비자의 니즈를 빠르게 분석하여 최신 동향 제품의 프로토타입을 생성해 낼 수 있다. 디자이너들은 생성형 인공지능과 협력해 창의적인 제품을 만들어 낼 수 있다. 생성형 인공지능은 제품 개발의 효율성을 극대화하며, 혁신적인 제품이 시장에 더 빠르게 출시될 수 있는 기반을 마련하고 있다.

이미 많은 디자이너들이 제품 디자인에 생성형 인공지능을 활용하고 있다. AI 아티스트 겸 디자이너인 마크본라마(MarkVonRama)는 생성형 인공지능과 포토샵을 활용해 나이키 스니커즈와 의자를 결합한 디자인을 생성하였다. 신발의 발등 부분인 뱀프를 풋베드로 만들고 신발 뒷부분부터 발목까지를 좌판·요추 받침대, 머리 받침대 등으로 형상화하였다.

그림 24 생성형 인공지능을 통해 만든 나이키 의자
(출처: 마크본라마의 인스타그램)

비주얼 스토리텔러 마커스 번(Marcus Byrne)은 스페인의 전설적인 건축가 안토니오 가우디에게 영감을 받아 Midjourney를 활용하여 가우디 건축물의 패턴과 양식을 활용한 가전제품 디자인을 생성했다.

그림 25 Midjourney를 활용해 만든 가전제품 디자인
(출처: 마커스 번)

이처럼 디자이너들은 생성형 인공지능을 활용해 창의적인 제품 프로토타입을 빠르게 생성해 낼 수 있다. 디자인을 생성하는 데 걸리는 시간을 단축하고 더 많은 창의적인 문제 해결에 집중할 수 있다. 하지만, 이에 대한 비판적인 시각도 존재한다. 마커스 번은 작업 경험에 대해 이렇게 말했다.

> 솔직히 말해서 이 프로젝트가 전적으로 제 작업이라고 말하는 것이 불편합니다. 추상적인 아이디어이고 생성형 인공지능을 사용하여 이를 실현했습니다. 인공지능은 거대한 힘입니다. 파괴적인 힘입니다. 사라지지 않을 것입니다. 머신러닝의 놀라운 힘을 활용하여 더 빠른 속도로 아이디어를 내는 것은 확실히 장점이 있습니다. 하지만 우리는 매우 신중하게 행동해야 합니다. 인공지능이 실제로 예술을 만드는 것일까요? 인공지능은 보상 없이 수십억 개의 인간들의 예술 이미지 데이터를 공급받습니다. 기술을 둘러싼 도덕적, 윤리적 논쟁은 우려스럽습니다.[1]

생성형 인공지능을 활용해 제품 프로토타입을 만들어 보자.

[프롬프트]
analog wall hanging clock, rounded shape, Plastic, lavender color, flower pattern

[프롬프트]
smartphone bumper case with flower pattern, with a pale blue background, a black border, and patterns in pale pink

1 https://www.stirpad.com/news/stir-news/marcus-byrne-imagines-gaudi-inspired-home-appliances-with-midjourney/

인테리어 디자인

인공지능은 인테리어에도 폭넓게 활용된다. 생성형 인공지능을 활용해 소비자가 원하는 인테리어 디자인을 손쉽게 생성할 수 있다. 소비자들은 자신의 취향에 맞는 디자인 옵션들을 선택하면 맞춤형 인테리어 디자인들을 추천받는다. 인공지능 기반 증강현실(AR) 기술을 사용하여 방에 가구를 가상으로 배치할 수 있는 시뮬레이션 기능 등을 제공한다. 인테리어 디자인의 많은 시간 소모적 측면을 생성형 인공지능을 통해 자동화함으로써 사용자들은 인테리어 디자인에 대한 고민을 줄이고, 디자이너들은 다른 창의적인 업무에 집중할 수 있다.

생성형 인공지능이 인테리어에 활용되는 사례를 더 자세히 살펴보자. Arichsketch라는 인테리어 플랫폼은 인공지능 디자인 기능을 제공한다. 사용자들의 원하는 디자인 스타일과 방의 용도를 선택하면 사용자 맞춤형 인테리어 디자인을 생성한다.

그림 26 공사 중인 주방 사진에 맞는 인테리어 추천

인공지능 기반 증강현실, 가상현실 기술로 집 안 가구들을 미리 시뮬레이션 해 볼 수도 있다. 이케아, 오늘의집 등 다양한 가구 기업에서 가구 배치 시뮬레이션 기능을 서비스하고 있다. 사용자는 디자인 변경 사항을 실시간으로 미리 확인할 수 있다.

그림 27 이케아의 가구 시뮬레이션 서비스

생성형 인공지능은 사용자의 기호나 요구사항 등을 기반으로 사용자 맞춤형 가구나 인테리어를 설계할 수 있다. 사용자가 그린 밑그림 이미지를 인공지능으로 렌더링해 3d 이미지로 구현할 수도 있다. 미국의 리빙 브랜드 매스티지데코의 '미러 트리'라는 가구는 우선 Midjourney를 통해 만들어지고, 디자이너들이 실제 가구를 구현하는 형식으로 개발되었다.

그림 28 Midjourney가 생성한 가구(좌)와 디자이너들이 만든 실제 가구(우)

디자인은 무엇보다 최신 트렌드가 중요한 영역이다. 인공지능은 최신 동향을 실시간으로, 매우 빠르게 파악하고 분석할 수 있다. 생성형 인공지능은 빅데이터 분석을 통해 최신 인테리어 트렌드를 파악하고, 이를 디자인에 빠르게 반영한다. 이를 통해 사용자는 최신 유행을 반영한 디자인을 쉽게 접할 수 있다.

생성형 인공지능을 활용해 인테리어 디자인을 실습해 보자.

[프롬프트]

modern north European style living room interior, white color, with curtain, carpet

[프롬프트]

modern style game room with two desktop computers, gaming chairs, bluetooth speaker on desk, 3d rendering

[프롬프트]

bathroom with marvel, jacuzzi made of wood, large window, bright mood

⑤ 패션과 스타일 생성

의상 디자인과 스타일링

생성형 인공지능은 패션 업계에도 큰 영향을 끼치고 있다. 디자이너 마르코 시모네티(Marco Simonetti)는 생성형 인공지능을 활용해 프랑스의 패션 브랜드 자크뮈스와 나이키의 협업 컬렉션을 구현했다. 마르코는 하얀 설원이 펼쳐진 프랑스 쿠르슈빌이라는 지역에 팝업 스토어를 오픈한다고 상상하며 가상 스키웨어 컬렉션을 제작하였다. 두 브랜드의 로고와 이미지가 매력적으로 섞여 큰 화제가 되었다.

그림 29 생성형 인공지능으로 만든 나이키와 자크뮈스 콜라보 제품

패션 업계에 인공지능을 활용한 역사는 2016년으로 거슬러 올라간다. 2016년, 구글은 텐서플로를 활용해 가상 3D 패션 디자인을 만드는 프로젝트 뮤즈(Project Muse)를 독일 패션 업체 잘란도와 진행하였다. 프로젝트 뮤즈는 딥러닝과 신경망 기술을 사용하여 600개 이상의 의상 디자인 알고리즘과 데이터를 결합하고, 옷감의 질감, 색상, 스타일 등을 고려해 디자인을 완성하도록 했다. 또한, 사용자의 설문 조사 데이터를 분석하여 고객의 개인화된 취향을 반영하는 것을 목표로 개별 맞춤형 디자인을 생성하는 알고리즘을 포함하였다. 프로젝트 뮤즈는 패션과 인공지능의 융합을 처음으로 시도했다는 점에서는 긍정적인 평가를 보였지만, 생성된 결과물의 완

성도가 미흡하다는 점에서 인공지능이 인간 디자이너의 직관과 경험에서 나오는 섬세한 감각을 완전히 대체하기는 어렵다는 부정적인 의견도 존재하였다.

그림 30 프로젝트 뮤즈
(출처: https://www.thinkwithgoogle.com/intl/en-emea/consumer-insights/consumer-trends/zalandos-project-muze-fashion-inspired-you-designed-code/)

구글은 포기하지 않고 2017년에 H&M의 디지털 패션하우스인 아이비레벨과 협력해 개별 맞춤형 '데이터 드레스'를 선보였다. 이 드레스의 디자인은 안드로이드 스마트폰의 앱을 통해서 일주일 동안 수집된 개인 관련 데이터에 기반해 만들어진다. 앱은 구글의 '상황인지' 기능을 활용해 사용자의 위치, 행동, 그리고 사용자가 외부에 있을 때 날씨 등을 모두 수집한다. 이렇게 모인 정보들로 알고리즘을 이용해 특정 소비자에게 맞춤옷을 만들어 내는 것이다.

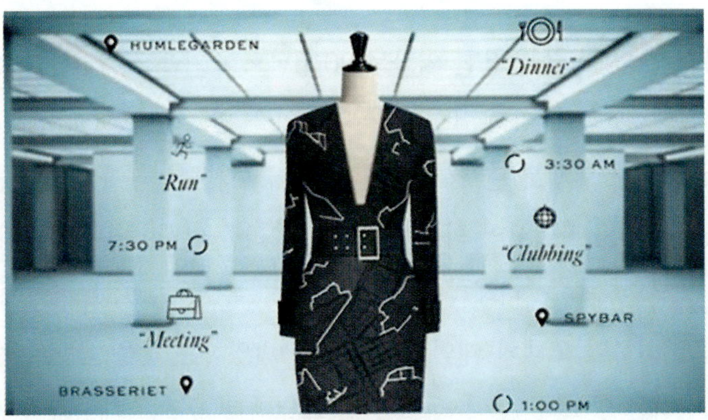

그림 31 구글의 데이터 드레스
(출처: https://www.ajunews.com/view/20170208102118713)

현재 인공지능은 패션 업계에서 굉장히 활발하게 활용되고 있다. 아크네 스튜디오(Acne Studio)는 2020 AW 컬렉션을 인공지능을 활용해 디자인했다. 프랑스의 카사블랑카라는 브랜드는 생성형 인공지능을 활용해 2023 SS 컬렉션 룩북을 만들었다.

그림 32 아크네 스튜디오의 컬렉션(좌)과 카사블랑카의 룩북(우)

2023년, 뉴욕에서는 세계 최초의 'AI 패션 위크'가 개최되었다. 생성형 인공지능이 옷을 디자인하고, 패션쇼에서 인공지능 모델이 런웨이를 걷는 행사이다. AI 패션 위크를 기획한 메종 메타(Maison Meta)의 창립자 시릴 푸아레는 생성형 인공지능을 활용해 아름다움과 창조적인 아이디어를 표현할 능력만 있다면 누구나 패션 세계에 발을 들일 수 있을 것이라고 말했다.

그림 33 AI 패션 위크 우승자의 작품

AI 패션 위크에는 패션 업계 종사자나 전공생이 아닌 변호사, 엔지니어, 인공지능 개발자 등 다양한 출신과 배경의 일반인들이 두루 참여했다. 참여자의 연령도 18세부터 68세까지 다양했다. 이는 바꿔 말해, 아이디어만 있다면 패션 관련 교육을 받지 못하거나 옷을 만드는 기술이 없어도 패션 창작을 희망하는 누구에게나 기회가 공평하게 열려 있다는 뜻이다. 디자이너가 수많은 샘플을 만드는 데 필요한 자원과 노력, 그 과정을 수련하기까지의 시간을 획기적으로 절약할 수 있기도 하다.

물론 인공지능을 패션 업계에 활용하는 것에 대한 우려의 목소리도 존재한다. 생성형 인공지능의 활용이 패션 업계 종사자들의 일자리를 줄일 수 있다는 것이다. 하지만, 생성형 인공지능은 인간과 협업할 때 궁극적으로 제일 좋은 결과를 낼 수 있다. 인공지능 혼자 패션과 관련된 생성물을 만드는 것은 분명한 한계가 존재한다. 앞서 언급한 카사블랑카의 룩북도 초현실적인 분위기를 자아내기 위해서 생성형 인공지능을 활용했지만, 룩북 기획에는 스타일리스트, 조명감독, 세트 디자이너 등이 참여했다고 한다. 이는 콘셉트부터 세부 디자인까지 어느 정도 사람의 손길이 필요하다는 것을 보여주는 예시라고 할 수 있다.

인간과 인공지능의 긍정적인 협업을 보여주는 또 하나의 사례가 있다. 틸다는 LG에서 개발한 인공지능 아티스트이다. LG에서 개발한 EXAONE 모델을 사용하는 틸다는 텍스트가 주어지면 인간과 같이 다양한 관점에서 고민하며 독창적인 이미지를 생성한다. 틸다는 박윤희 디자이너와 2022년 뉴욕 패션 위크에 참여하여 '금성에서

그림 34 틸다가 창조한 이미지(좌상단)가 인간 디자이너에 의해 패턴(좌하단)으로 변환되고 의상으로 제작되는(우) 과정
(출처: https://www.lgresearch.ai/news/view?seq=176&page=2&pageSize=12)

핀 꽃'이라는 주제로 의상을 디자인했다. '무엇을 그리고 싶니?', '금성에 꽃이 핀다면 어떤 모습일까?'라는 질문을 받은 틸다가 요청에 맞는 독창적인 이미지를 만들어 내면, 이에 영감을 받은 박윤희 디자이너가 디테일을 더해 의상을 제작하는 방식으로 협업이 진행되었다. 틸다는 그해 7월 미국 뉴욕에서 열린 세계적인 광고제인 뉴욕 페티스벌에서 Advertising awards 트랙 중 The Future Now: Best Use-Generative Creative 부문에서 금상과 은상을 수상하였다.

이제 원하는 디자인 요소를 넣어 패션 디자인 제품을 생성해 보자.

[프롬프트]

A romantic dress in a soft blush pink color. The dress is midi-length with a sweetheart neckline, lace overlay, and a flowing chiffon skirt.

[프롬프트]

A traditional Korean hanbok for women with a vibrant, multi-colored jeogori and a full, flowing chima. The design includes intricate embroidery on the sleeves and collar, and a beautiful ribbon tie at the front.

[프롬프트]

A pair of classic black high heels with a pointed toe and stiletto heel. The shoes are made of shiny patent leather and have a sleek, elegant design.

패션 트렌드 예측

패션 산업은 항상 빠르게 변화한다. 패션 브랜드들은 발 빠르고 정확하게 다음 시즌에 유행할 트렌드를 예측하여야 한다. 최근 패션 업계는 인공지능을 활용해 패션 트렌드를 예측하고 분석하는 방식을 도입하여 한층 더 빠르고 정확하게 소비자들의 수요에 대응하고 있다. 인공지능은 다양한 데이터 분석과 머신러닝 알고리즘을 활용해 패션 트렌드를 예측한다.

2019년, 코넬대학교 Utkarsh Mall 교수팀은 지리 공간을 식별하고 패션 트렌드를 예측할 수 있는 인공지능 플랫폼 지오스타일(GeoStyle)을 개발하였다. 지오스타일은 37개 대도시의 지리적 위치를 파악한 사진에 대한 패션 인식 인공지능 알고리즘을 사용하여 도시별 의류 스타일을 감지한 다음, 지정된 반경 내에서 스타일의 일반적인 조합을 분류하였다. 그 이후, 인공지능 모델은 공간적 및 시간적 트렌드를 분석하여 각 시공간에 대해 미래에 대한 패션 트렌드를 예측한다.

세계적인 소비자·디자인 트렌드 분석 기업인 WSGN도 인공지능을 활용해 트렌드를 예측하고 있다. WSGN은 정확한 트렌드 예측을 위해 500만 개의 런웨이 이미지, 매달 10만 건 이상의 SNS 포스팅, 5년 이상의 검색 기록, 200개 이상의 소매업체에서 10,000개 이상의 브랜드, 소비자들을 대상으로 한 설문 조사 등의 데이터를 수집하고 트렌드 전망 알고리즘을 사용해 트렌드를 예측한다. 프란체스카 무스톤 WSGN

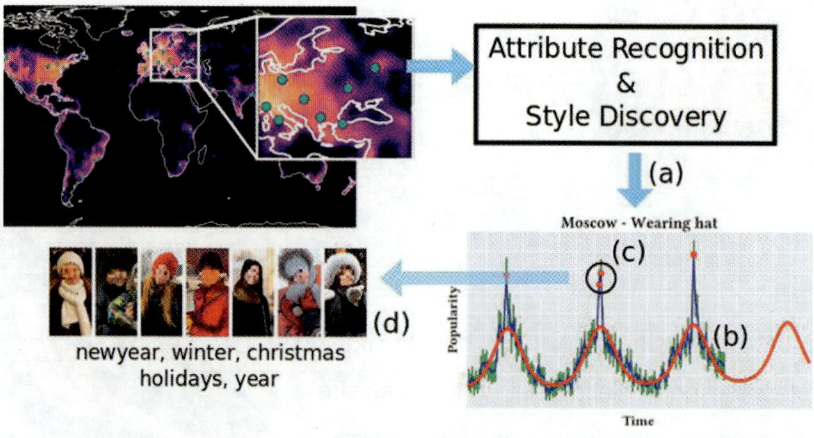

그림 35 지오스타일
(출처: https://geostyle.cs.cornell.edu/)

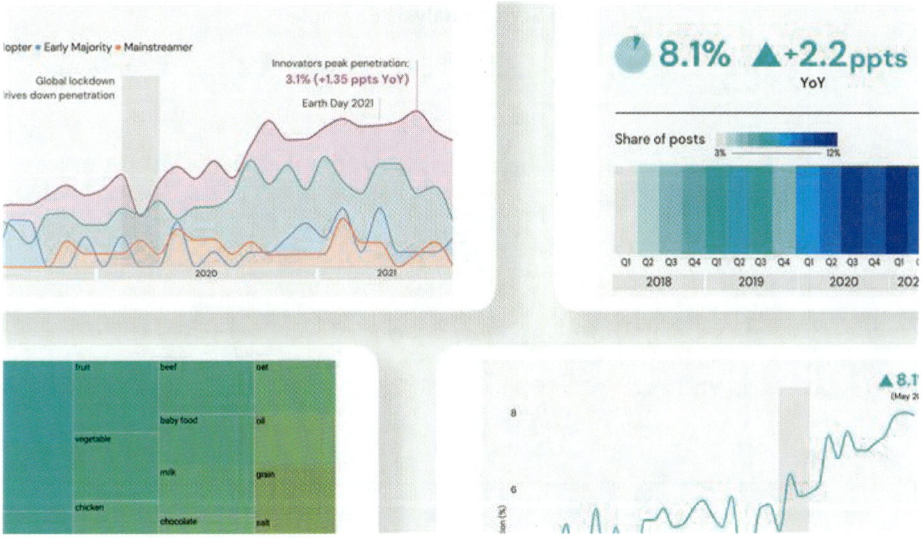

그림 36 WSGN의 트렌드 예측

패션 부문 부사장은 "이전에 우리는 이미 시장이 나와 있거나, 가능성이 있는 혁신 사례들에 의존해야 했다"라면서 "이제 우리는 우리의 고객들을 위해 미래를 시각화하는 작업을 할 수 있게 됐다"라고 말하며 인공지능의 트렌드 예측의 중요성을 시사했다.

인공지능이 트렌드를 예측하는 방법을 좀 더 자세히 살펴보자. 트렌드를 예측하기 위해서 인공지능은 방대한 양의 데이터를 수집해야 한다. 트렌드 예측 기업들의 주요 데이터 수집 소스는 SNS, 검색 데이터, 온라인 쇼핑 데이터, 런웨이 등의 패션쇼, 패션잡지, 카탈로그 등이 있다.

표 4 트렌드 예측을 위한 데이터 수집 소스

SNS	인스타그램, X(구 트위터), 틱톡 등에서 사용자들이 공유하는 해시태그, 게시물 등의 데이터를 수집한다.
검색 데이터	구글, 네이버 등의 검색 엔진에서 사용자가 검색한 키워드와 검색 빈도, 사용자의 성별, 연령대 등의 데이터를 수집한다.
온라인 쇼핑 데이터	아마존 등 다양한 온라인 쇼핑몰의 판매 데이터, 고객 리뷰, 인기 상품 등의 데이터를 수집한다.
패션쇼 및 잡지	패션 위크, 런웨이 쇼, 패션잡지, 카탈로그, 트렌드 보고서 등의 데이터를 수집한다.

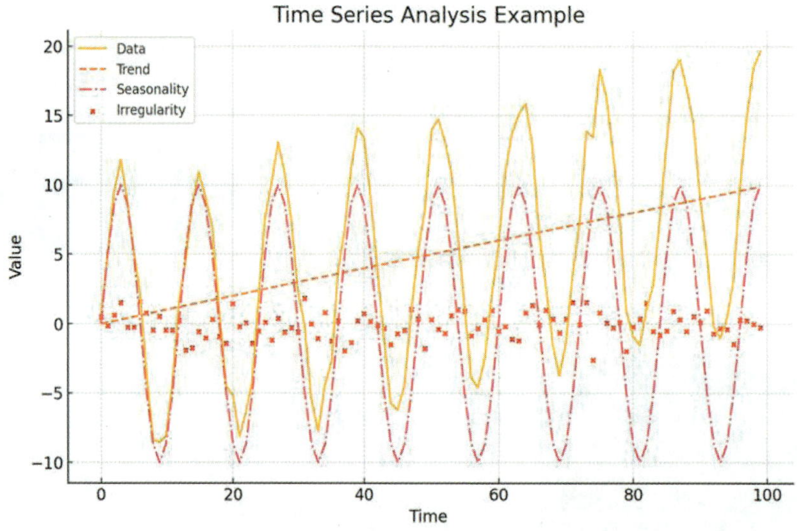

그림 37 시계열 분석

데이터 수집 후, 수집한 데이터를 분석하여 패션 트렌드를 예측한다. SNS 속 게시물이나 해시태그, 패션잡지, 카탈로그 등에서 키워드를 분석하여 트렌드를 파악한다. 또한, 수집한 이미지에서 패턴, 색상, 스타일 등을 분석하여 최근 패션계에서 어떠한 동향을 보이는지 파악한다. 비슷한 패턴이나 속성을 가진 데이터를 그룹화하여 어떤 트렌드가 주목받고 있는지 확인하기도 하는데, 이렇게 빅데이터 안에서 특성을 가진 군집을 찾는 분석 방법을 클러스터링이라고 한다.

향상된 인공지능 모델을 만들기 위해 수집되고 분석된 데이터를 바탕으로 트렌드 예측 인공지능 모델을 학습시킨다. 회귀 분석을 통해 과거의 트렌드를 바탕으로 미래의 트렌드를 예측하고, 시계열 분석을 통해 특정 시간 동안의 데이터를 분석하여 시즌별, 연도별 트렌드의 패턴을 파악하기도 한다. 시계열 분석이란 특정 시간 간격으로 수집된 데이터를 분석하여, 시간에 따른 데이터의 변화 패턴을 이해하고 미래를 예측하는 통계적 방법을 말한다. 그 외에도 딥러닝 신경망 모델은 복잡한 패턴을 학습하고 예측하는 데 활용된다.

인공지능이 인간보다 정확하고 빠른 트렌드 예측을 할 수 있지만, 전문가들은 인공지능이 예측한 바를 어떻게 해석하느냐 역시 트렌드 분석의 중요한 과정 중 하나라고 말한다. 인간은 인공지능의 힘을 빌리지만, 궁극적으로 유행을 만드는 것은 인간이기 때문이다.

⑥ 웹툰과 일러스트

웹툰 제작

현재 대다수의 드라마, 영화, 시리즈 등의 콘텐츠가 인터넷에 연재된 만화인 웹툰을 원작으로 할 정도로 한국의 웹툰 시장이 폭발적으로 성장하고 있다. 국내 시장을 넘어 세계로 진출하며 수출액이 1억 달러를 넘어섰고, 세계 5대 웹툰 플랫폼 중 4개가 국내 기업이 차지하고 있다.

웹툰을 만드는 데에는 콘티, 스케치, 선화, 채색, 명암, 후보정이라는 고난도의 과정을 거치게 된다. 웹툰 제작을 돕기 위한 다양한 웹툰 생성 인공지능 서비스가 대거 등장하고 있다. 우리나라에서는 웹툰 생성 인공지능 스타트업 라이언로켓에서 젠버스라는 웹툰 제작 파트너 서비스를 개발하였다. 젠버스는 작가가 그린 이미지를 인공지능이 학습해 일관된 그림체의 캐릭터와 이미지를 생성해 주는 서비스이다. 선화부터 명암, 후보정 등 웹툰 제작 과정의 대부분을 지원한다. 이를 통해 제작 시간을 최대 10배 줄일 수 있으며, 제작 비용도 최대 50% 이상 절감할 수 있다. 작가들은 절감한 시간과 비용을 다른 곳에 투자할 수 있다.

인공지능으로 완성도 높은 웹툰을 생성하기 위해 무엇보다 중요한 것은 일관성을 유지하는 것이다. 로어 머신(Lore Machine)은 장문의 스토리를 입력하면 그에 맞춰 다양한 스타일의 이미지나 사운드, 애니메이션을 생성해 웹툰을 만들어 주는 생성형 인공지능 서비스이다. 일관성 유지를 위해 이미지 생성에는 stable diffusion 모델을 활용하고 있으며, 자체 개발한 언어모델을 내장하고 있다. 텍스트 프롬프트에 단편 소설이나 대본 등 최대 3만 단어를 입력, 일관성 있는 이미지를 생성해 웹툰 등을 제작할 수 있다. 이미지는 북미식 카툰부터 일본식 만화, 실사형 등으로 다양하게 커스터마이징할 수 있으며, 스토리보드에 따라 장면을 선택하고 생성해 작품을 완성하는 식이다.

그림 38 로어 머신으로 생성한 웹툰

생성형 인공지능을 통해 웹툰을 만드는 것은 많은 장점이 있다. 무엇보다도 큰 장점은 작가들을 힘든 노동환경에서 보호해 준다는 것이다. 웹툰 작가들은 비정상적인 근무 시간, 정시 연재에 대한 과도한 부담 등의 스트레스 속에서 웹툰을 만들고 있다. 생성형 인공지능을 활용한다면 웹툰 제작을 돕고, 제작 시간이 줄어들면서 작가들의 근무 환경을 개선할 수 있다.

생성형 인공지능을 웹툰 제작에 활용하는 것은 웹툰 제작사에도 많은 도움이 된다. 웹툰 한 회를 제작하는 데 평균 150시간이 소요되며, 한 작품에 적게는 3명 많게는 6명의 작가가 투입된다. 한 신작 웹툰을 준비하는 데에는 약 1~2년이 걸리고, 많은 고정비가 들어가며 작가 부족으로 인해 웹툰화하지 못한 작품도 존재한다. 여러 작가들과 협업하다 보니 인력을 관리하는 데에도 큰 어려움이 있다. 생성형 인공지능은 작가 부족 등의 문제를 해결해 줄 수 있고, 제작 비용과 걸리는 시간을 획기적으로 줄여주기 때문에 웹툰 제작에 많은 도움이 된다.

반면, 생성형 인공지능의 웹툰 제작에 대한 부정적인 시각도 존재한다. 첫 번째로 저작권 문제가 존재한다. 인공지능이 수집하는 이미지 데이터에 저작권이 걸린 작가의 이미지가 포함될 수 있기 때문이다. 인공지능 개발사들은 인공지능이 어떤 작가의 그림을 학습하거나 참고했는지 출처를 밝히지 않는 경우가 많아 작가들이 저작권료를 요구하지도 못하고 있다는 주장이 제기된 바 있다. 데이터를 정당하게 수집하는 방식에 대한 실질적인 논의가 필요한 시점이다.

생성형 인공지능 자체적으로 웹툰을 창작하는 데에도 비판적인 시각이 존재한다. 예를 들어, 네이버 웹툰 '신과 함께 돌아온 기사왕님'은 독자들에게 작화 뭉개짐 현상, 뒤죽박죽인 집들의 크기와 위치, 한 컷 단위로 디자인이 변경되는 사물 등을 지적받았다. 이에 독자들은 웹툰 창작에 인공지능을 사용한 것 같다는 의문을 제기하였고, 블루라인 스튜디오는 콘티, 선화, 배경 작업 등 창작의 영역에서 수작업을 했지만, 작업 효율을 높이기 위해 최종 보정 단계에서 인공지능을 사용했음을 인정하였다. 이러한 사례는 생성형 인공지능 자체만으로 웹툰을 창작하는 것은 깊이나 디테일에서 인간이 만든 콘텐츠에 비해 부족할 수 있다는 것을 시사한다.

일부 웹툰 업계에서는 생성형 인공지능의 활용이 웹툰 작가들의 일자리를 빼앗을 것이라는 비관적 전망을 하지만, 위의 사례에서 살펴보았듯이 생성형 인공지능 자체만으로 웹툰을 제작하는 것은 무리가 있다. 웹툰 작가들은 생성형 인공지능을 보조 도구로 활용하며, 웹툰의 품질을 높이는 것을 목표로 해야 제일 최상의 결과물을 내놓을 수 있을 것이다.

이제 이미지 생성 인공지능을 이용해 간단한 4컷 웹툰을 만들어 보자. 주의할 점은, 웹툰을 생성할 때 무엇보다 중요한 것은 캐릭터, 배경에 대한 일관성이다. 하지만 일반 이미지 생성 인공지능에는 이러한 일관성이 떨어질 수 있고, 컷과 컷 사이의 연결성이 떨어질 수 있다.

① 인물과 배경을 생성한다.

[프롬프트]

A webtoon style teenage girl wearing orange short sleeve T-shirts, blue short pants, medium length hair, white sneakers. Background is park with fountain, sunny weather

② 웹툰 캐릭터와 배경의 일관성을 위해, 생성된 이미지의 시드 번호를 물어본다.

What is the seed number for this image?

이 이미지의 시드 번호는 **672592699**입니다.

③ 웹툰 시나리오를 생성한다. 만약 좋은 시나리오가 생각나지 않는다면, ChatGPT에 요청할 수도 있다.

[프롬프트]

Please tell me 4 cut webtoon scinario

1컷: 공원에서의 시작

장면: 소녀가 공원 입구에서 친구들과 만나는 장면
대사:

- 친구 1: "오늘 날씨 정말 좋다!"
- 소녀: "맞아, 완벽한 공원 나들이 날이야."

2컷: 분수 앞에서의 놀이

장면: 소녀와 친구들이 분수 앞에서 물놀이를 하는 장면
대사:

- 친구 2: "물 참 시원해!"
- 소녀: "분수대 옆에서 놀자!"

3컷: 소풍 중 점심 식사

장면: 잔디밭에 앉아 도시락을 먹는 장면
대사:

- 소녀: "이 샌드위치 정말 맛있다!"
- 친구 1: "이렇게 좋은 날씨에 밖에서 먹으니까 더 맛있어."

4컷: 해질녘의 작별

장면: 해가 지는 공원에서 집으로 돌아가는 장면
대사:

- 친구 2: "오늘 정말 즐거웠어. 다음에 또 오자."
- 소녀: "그래, 다음에 또 만나!"

④ 생성된 이미지와 시나리오를 토대로 웹툰 이미지를 생성한다.

[프롬프트]

Please make a webtoon based on the story, and seed number (생성된 시드 번호) image.

이제 생성된 웹툰을 살펴보자. 캐릭터 및 배경에는 일관성이 어느 정도 유지되지만, 한국어 말풍선이 생성되지 않았다든지, 캐릭터가 물 위에 서 있는 등의 부자연스러운 부분들을 찾아볼 수 있다. 이미지 생성 인공지능이 스토리 라인을 따라 웹툰 전체를 자동으로 그리는 것은 제한적이다. 스토리의 캐릭터, 배경 등의 일관성을 유지하면서 여러 컷을 연결하는 작업은 상당히 어렵기 때문이다. 따라서 전문적인 웹툰을 그리고 싶다면 전문 웹툰 인공지능 소프트웨어나 서비스를 이용하는 것을 추천한다.

일러스트 제작

이미지 생성 인공지능을 사용하면 그림에 소질이 없는 일반인도 몇 초 만에 일러스트를 생성할 수 있다. Adobe에서 만든 Adobe Firefly는 간단하게 일러스트를 만들 수 있는 생성형 인공지능 소프트웨어이다. 이미지를 설명하는 텍스트를 입력하면 샘플 일러스트 이미지 4종을 보여주는 텍스트 투 이미지(Text to Image) 기능을 제공한다. 포토샵뿐만 아니라 일러스트레이터 같은 프로그램에서도 Firefly의 기능을 사용할 수 있다.

포토샵에서는 텍스트 프롬프트를 이용해 이미지를 생성하는 '생성형 채우기'와 콘텐츠를 확장하는 '생성 확장' 기능을, 일러스트레이터에서는 아트워크의 색상을 쉽게 변경해 다양한 버전을 제작하는 '생성 다시 칠하기' 기능을 활용할 수 있다. FireFly

그림 39 Adobe Firefly로 생성한 일러스트

는 라이선스 콘텐츠 및 저작권이 만료된 공개 도메인 콘텐츠로 학습하므로 저작권 문제도 없다는 것이 Adobe 측 입장이다.

이러한 이미지 생성형 인공지능의 등장은 일러스트 업계에 큰 파장을 불러왔다. 일러스트를 그리기 위한 태블릿 PC나 일러스트용 소프트웨어가 필요 없어졌고, 일러스트 실력이 없어도 프롬프트만 올바르게 작성할 수 있으면 누구나 수준급의 일러스트를 몇 초 만에 생성해 낼 수 있기 때문이다.

일러스트에 대한 진입장벽이 낮아져 누구나 일러스트를 만들 수 있게 되었지만, 한편으로 이는 일러스트 업계에 종사하는 사람들의 환경을 위협할 수 있는 문제가 되었다. 또한, 인공지능이 기존의 존재하는 일러스트 데이터를 학습시키는 과정에서 저작권 문제가 발생할 수 있다. 앞서 설명했듯이 생성형 인공지능 자체만으로 작품을 만드는 것은 큰 위험이 따른다. 생성형 인공지능은 오류가 생길 가능성이 항상 존재한다. 유명한 이야기로, 수준급의 일러스트를 빠르게 생성하는 인공지능도 유독 인간의 손은 뒤틀리게 그리거나 기형적으로 그린다. 그 이유는 GAN 모델에서 찾을 수 있다. 대부분의 이미지 생성형 인공지능은 GAN을 기반으로 한다. 이러한 생성형 인공지능에 '사람의 손을 그려 달라'는 주문을 입력하면, 인공지능은 학습한 엄청난 양의 데이터를 조합해 가장 명령과 가까운 그림을 그린다. 이때 사람 손은 양손을 깍지 끼거나 악수하는 모습, 주먹 진 모습 등 천차만별이다. 눈, 코, 입, 귀로 비교적 비슷한 구조를 가진 사람 얼굴보다 훨씬 학습이 어려울 수밖에 없다. 때문에 GAN의 판별자는 손의 진짜 모습 파악에 혼동이 생기게 되고, 뒤틀린 손 그림이 만들어지게

그림 40 생성형 인공지능이 그린 손

된다.

인공지능 전문가들은 “이미지 생성 인공지능은 워낙 다양한 데이터를 학습하다 보니 오히려 세부 묘사엔 어려움을 겪을 수 있다”라며 “손뿐만 아니라 ‘글자’ 그림을 인공지능에 주문할 경우에도 이와 유사한 현상이 발생하는데, 인간은 글자 하나하나를 필체, 크기, 자음, 모음 등으로 구별하지만 AI는 이를 ‘알파벳’, ‘한글’, ‘한자’ 등 하나의 문자로 뭉뚱그려 인식하기 때문”이라고 말했다.

따라서 인간은 인공지능에 모든 것을 맡길 수 없다. 인간이 인공지능보다 섬세하고 정교한 일러스트를 그리는 일에는 아직은 능숙하기 때문이다. 따라서 인간은 스케치를 빠르게 생성하거나, 색상 팔레트를 추천받거나, 복잡한 배경을 자동으로 채우는 등의 자동화 보조 도구로 인공지능을 활용하고, 더욱 창의적인 일에 집중해 일러스트의 완성도를 높이는 일에 집중해야 한다.

이미지 생성 인공지능을 이용해 다양한 스타일의 일러스트를 만들어 보자.

- 카툰 일러스트

[프롬프트]

A friendly robot helping a child with their homework in a high-tech room, cartoon style

- 만화 일러스트

[프롬프트]

A girl with a dog, manga style

- 게임 일러스트

[프롬프트]

A boy with shining sword, wearing armor. He protects a princess of the kingdom, game illustration style

- 동화책 일러스트

[프롬프트]

A little wizard making potion, fairy tale illustration style

- 패키지 일러스트

[프롬프트]

package illustration of bagle of paper bag

CHAPTER

03

음성 및 음악 생성 인공지능

1 음성 생성 기술의 기초

자연스러운 대화를 하기까지

구글 Assistant나 애플의 Siri와 같은 가상 비서 서비스는 이제 우리에게 너무 친숙하다. 사용자의 음성을 듣고, 사용자에게 음성으로 답한다. 조금 더 자세히 이야기하면 사용자의 음성을 인식하고 이해하여, 그에 맞는 응답을 음성을 생성하는 것이다. 사용자의 음성을 인식할 때 '음성 인식 기술', 응답을 음성으로 생성할 때 '음성 합성 기술'이 사용된다. 이 과정이 자연스럽게 이루어질 때 우리는 인공지능과 '대화'하는 것처럼 느낀다.

Chat GPT 4o는 보다 자연스러운 대화형 시스템을 보여준다. 실제 대화하는 것처럼 중간에 말을 끊고 끼어들어도 대화 흐름을 이어 나가는가 하면, 농담을 하거나 사용자의 말에 감정적으로 반응하는 모습을 보여주기도 한다. Open AI는 기존의 음성 인식, 텍스트 분석 후 출력, 음성 합성 등의 역할을 맡은 세 개의 모델을 통해 작업하는 방식에서 벗어나 하나의 모델에 end-to-end[1]로 훈련시켜 모든 입출력이 동일한 신경망에 의해 처리되기 때문이라고 말한다.[2]

이렇게 자연스러운 대화를 하기까지 음성 인식 기술과 음성 합성 기술이 어떻게 발전되어 왔는지 살펴볼 필요가 있다.

음성 인식 기술 STT: Speech-to-Text

1962년 IBM은 Bell 연구소의 초기 작업을 발전시켜 16개의 서로 다른 단어를 인식할 수 있는 "Shoebox"를 런칭하였다.[3] 이후 은닉 마르코프 모델(Hidden Markov

1 end-to-end: 처음부터 끝까지 모든 과정을 하나의 흐름으로 관리하는 것
2 https://www.openAI.com
3 https://www.ibm.com

Models, HMM)을 사용한 음성 인식 기술이 개발되었으나 사람의 목소리 뿐만 아니라 수많은 단어를 인식하고 처리할 수 있는 컴퓨터의 부재로 상용화되지 못했다. 음성 인식 기술의 혁신적인 발전은 딥러닝 기술이 도입되면서부터 이루어졌고, 자연어 처리와의 결합을 통해 더 높은 정확도를 제공한다.

음성이 인식되고 처리되는 절차를 살펴보자. STT는 음성을 인식하여 텍스트 형태로 변환하는 기술을 의미한다. '인식'한다는 것은 단순히 음성 데이터를 수집한다는 것이 아니라 입력된 음성 데이터가 어떤 단어나 문장을 나타내는지를 알아차리는 것이다. 즉, 음성을 텍스트로 변환하기 위해서는 입력된 음성 데이터에서 특징을 추출하고 패턴을 인식하여, 원소들(음소, 음절, 단어 등)을 조합하여 문장의 형태로 표현하는 과정을 거친다.

STT 기술이 사용된 몇 가지 분야를 살펴보면 다음과 같다.

- **자막 생성:** 영상 플랫폼에서 영상을 시청할 때 자동으로 자막이 생성되거나 화상회의 시 참가자들의 음성이 자막으로 생성될 때 STT의 기술이 사용된다. 영상의 시대에서 소외될 수 있었던 청각장애인에게 특히 유용한 기술이다.

그림 1 YouTube 자동 자막 생성 기능
(출처: 'OpenAI' 채널)

- **회의록 작성:** 회의에서 끝까지 집중력을 잃지 않고 중요한 것을 빠짐없이 메모하기 쉽지 않을 때 STT의 도움을 받을 수 있다. 녹음된 음성을 텍스트로 변환하여 회의록을 작성하거나 업무에 필요한 자료로 사용할 수 있다.

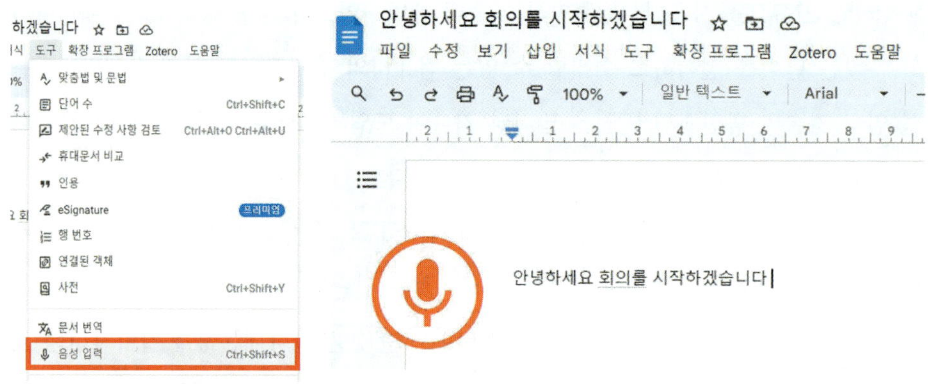

그림 2 Google Docs의 음성 입력 메뉴(좌)와 음성을 인식하여 텍스트로 변환된 모습(우)

음성 합성 기술 TTS: Text-to-Speech

음성 합성 기술의 초기 단계에서 볼프강 폰 켐펠렌(Wolfgang von Kempelen)은 인간의 발성을 모방하여 기계적으로 합성하는 음성 기계를 만들었다. 이후 Homer Dudley가 전자적으로 음성을 합성하는 Voder(Voice Demonstrator)를 뉴욕 세계 박람회에서 시연하면서 전자적 음성 합성의 시작을 열었다. 1980년대 물리학자 스티븐 호킹이 의사소통할 수 있는 능력을 잃자 음성 합성 과학자 데니스 클라트(Denis Klatt)가 KlattTalk라는 시스템을 개발하여 호킹 박사가 의사소통할 수 있도록 제공하였다.[4] 음성 인식 기술과 마찬가지로 딥러닝 기술이 도입되면서 TTS의 품질도 크게 향상되었다.

Google의 DeepMind에서 발표한 WaveNet은 기존의 음성 생성 모델이 가진 한계를 극복하여 훨씬 자연스러운 음성을 생성해 내며 음성 합성 분야에 혁신적인 변화를 가져왔다. WaveNet은 신경망을 사용하여 개별 오디오 샘플을 예측하는 모델링을 통해 자연스럽고 인간 같은 음성을 생성할 수 있다.[5]

음성이 합성되는 과정은 다음과 같다. 먼저 입력된 텍스트를 분석하여 원소별로

---

4 https://deepgram.com/learn/evolution-of-speech-synthesis-tts

5 https://deepmind.google/technologies/wavenet/

분리하고 텍스트의 의미를 이해하여 적절한 억양, 리듬 등을 결정한다. 딥러닝 모델은 이 텍스트를 음향의 특성에 맞게 변환하고 WaveNet, Tacotron과 같은 음성 합성 모델이 실제 음성을 생성한다.

TTS는 다양한 분야에서 활용되고 있는데 몇 가지 예시를 간단히 살펴보자.

- **네비게이션 시스템**: 자동차나 자전거 등 이동 수단을 운전 중일 때 화면에 있는 텍스트를 읽는 것은 심각한 안전 문제를 초래할 수 있다. 네비게이션 시스템에서 제공하는 정보를 음성으로 읽어주는 TTS의 역할이 매우 중요한 이유다. 네비게이션에서는 경로를 실시간으로 제공하고, 교통 상황, 사고 지점 안내 등 다양한 상황에 대한 메시지가 생성된다. 이때 TTS 기술이 텍스트 데이터를 음성 데이터로 변환하여 사용자에게 제공하고, 사용자는 텍스트를 '듣는' 행위만으로도 안전하게 정보를 제공받게 된다.
- **오디오북**: 오디오북 서비스는 TTS 기능으로 책을 읽어주는 서비스를 말한다. 초기의 TTS는 기계적으로 읽어주는 목소리에 불과하였지만, 최근에는 훨씬 자연스러운 나레이션을 경험할 수 있다.

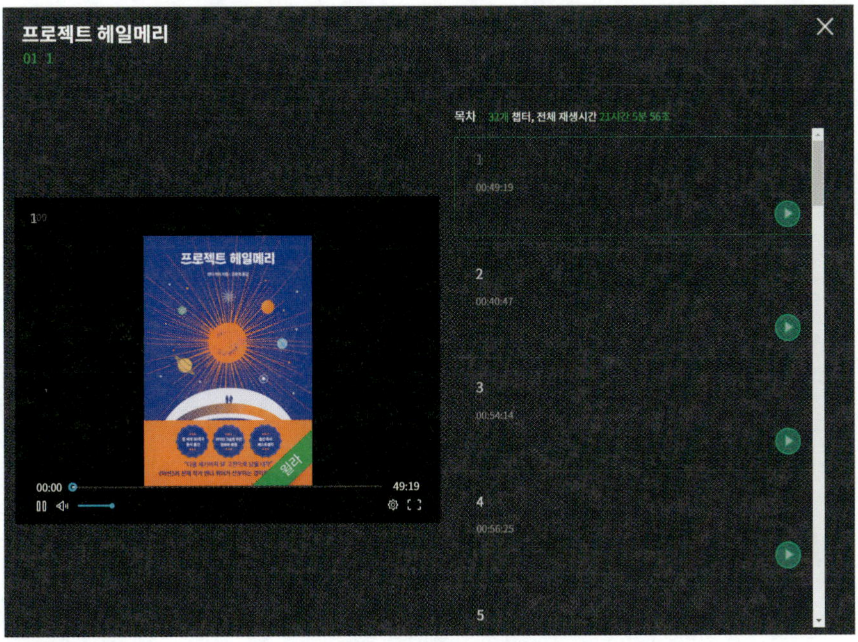

그림 3 오디오북 서비스
(출처: 윌라 오디오북)

음성 대화 시스템(Voice Interaction System)

Chat GPT는 자연스러운 음성 대화를 할 수 있는 기능을 제공하는데, 이는 다음과 같은 과정을 거쳐 작동된다. 먼저, 입력된 음성을 인식하여 텍스트로 변환하면 자연어처리를 통해 텍스트의 의미와 사용자의 의도를 파악한다. 대화 관리 시스템이 적절한 응답을 선택하면 자연어 생성을 통해 응답할 내용을 텍스트로 생성한다. 마지막으로 음성 합성 기술로 생성된 텍스트를 자연스러운 음성으로 변환하여 출력된다.

❷ 음성 처리 기술의 실제

나만의 원어민 튜터 만들기

Chat GPT 4o와 자연스러운 대화가 가능해지면서 친근한 대화 상대부터 영어 회화 선생님까지 다양한 역할로 활용할 수 있게 되었다. AI 기술을 이용한 영어 회화 앱은 사용자의 발음을 인식하여 교정해 주고, 실전 대화를 연습할 수 있는 기능을 제공한다. Chat GPT 4o는 이러한 기능을 동일하게 제공해 줄 수 있다. 영어 회화 앱이 제공하는 기능을 기준으로 영어 회화를 연습할 수 있는 방법을 살펴보자.

- Chat GPT 기본 설정하기

① 'ChatGPT' 어플을 다운로드받는다.

② Voice(목소리)를 설정한다. 음성을 들어보고 원하는 음성을 선택한다.

ChatGPT 4o >
힘든 하루를 보내는 친구한테 보낼
고양이 짤이 들어가는 메시지 써 줘
내게 질문 3가지를
메시지

검색

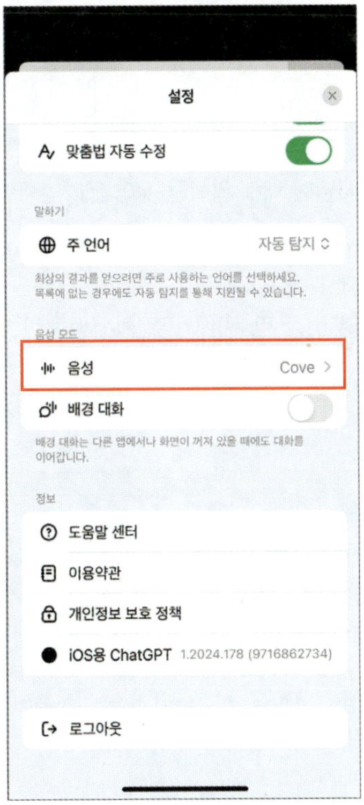
설정
맞춤법 자동 수정
말하기
주 언어
자동 탐지
최상의 결과를 얻으려면 주로 사용하는 언어를 선택하세요.
목록에 없는 경우에도 자동 탐지를 통해 지원될 수 있습니다.
음성 모드
음성
Cove
배경 대화
배경 대화는 다른 앱에서나 화면이 꺼져 있을 때에도 대화를
이어갑니다.
정보
도움말 센터
이용약관
개인정보 보호 정책
iOS용 ChatGPT 1.2024.178 (9716862734)
로그아웃

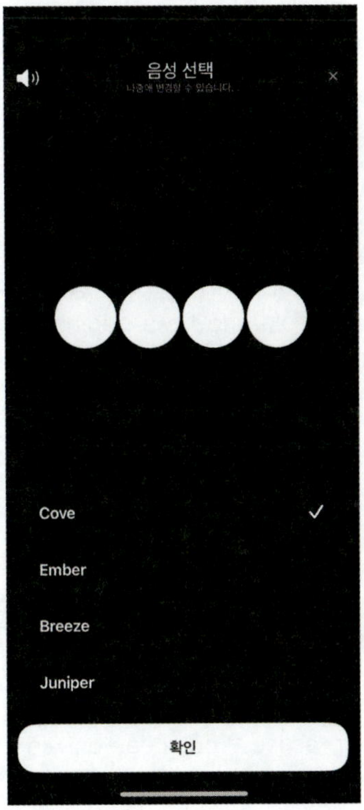
음성 선택
Cove
Ember
Breeze
Juniper
확인

③ ChatGPT 맞춤 설정에 들어가서 ChatGPT가 나의 영어 튜터로서 어떤 피드백을 주고, 어떤 수준의 문장을 제공하면 좋을지 구체적으로 입력한다.

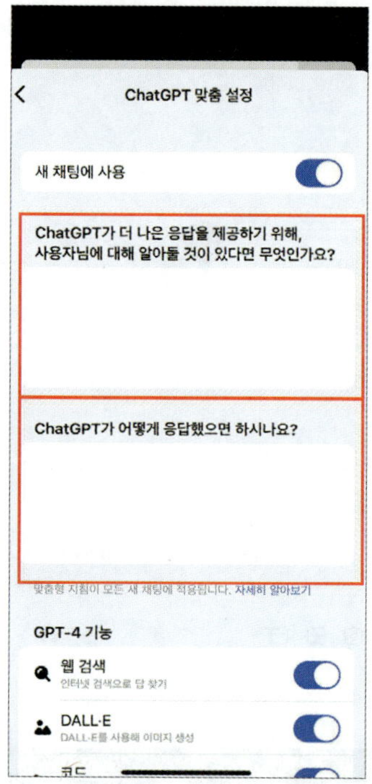

▶ ChatGPT 맞춤 설정 예시

ChatGPT가 더 나은 응답을 제공하기 위해, 사용자님에 대해 알아둘 것이 있다면 무엇인가요?
나는 23살이고 영어 실력은 초급자야. 외국 대학교에서 유학 생활을 하고 있는데 일상 생활에 대한 영어 스피킹 실력이 부족해. 외국에서 영어를 유창하게 말하고 싶어. (I'm 23 years old and I'm a beginner in English. I'm studying abroad at a foreign university, but I don't have enough English speaking skills in my daily life. I want to speak English fluently in a foreign country.)

ChatGPT가 어떻게 응답했으면 하시나요?
내가 영어 공부를 시작하자고 말하면, 니가 문장을 다섯개씩 제시해줘. 그리고 한 문장씩 제시해서 내가 따라 읽기 연습을 하도록 해줘. 연습이 끝난 후에 롤플레이로 영어 회화 연습을 해 줘. 너는 영어로만 말하고, 내가 어색한 발음, 단어, 표현, 문장을 사용하면 올바르게 고쳐줘. (When I tell you to start studying English, you present five sentences at a time. And present one sentence at a time so I can repeat it. And then I want to role-play after practice. You speak only in English and correct me when I use awkward pronunciation, words, expressions, and sentences.)

- 영어 스피킹 연습하기

① "오늘의 영어 공부를 시작하자"라고 말한다. 맞춤 설정에 맞게 영어 스피킹 공부를 진행할 수 있다.

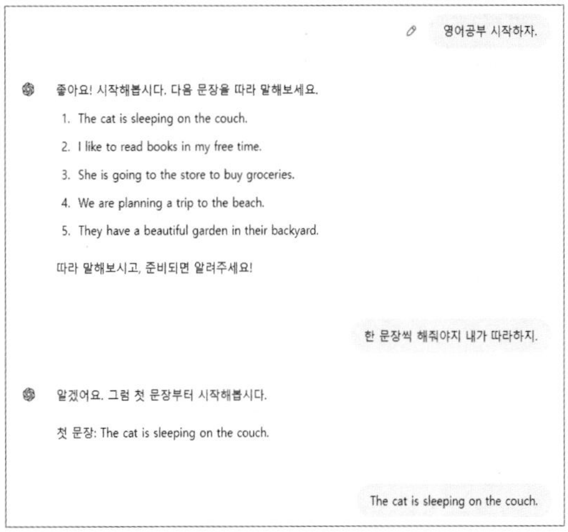

② 맞춤 설정에 따라 영어 문장 연습이 끝나면 롤플레이를 할 수 있다. 롤플레이를 적당히 한 후에 어색한 부분을 고쳐 달라고 말해보자.

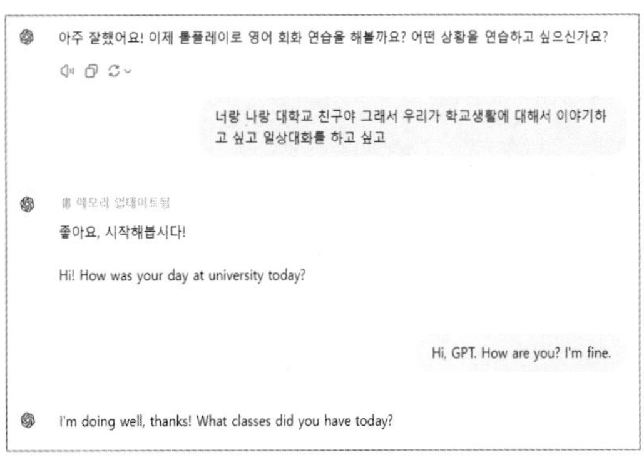

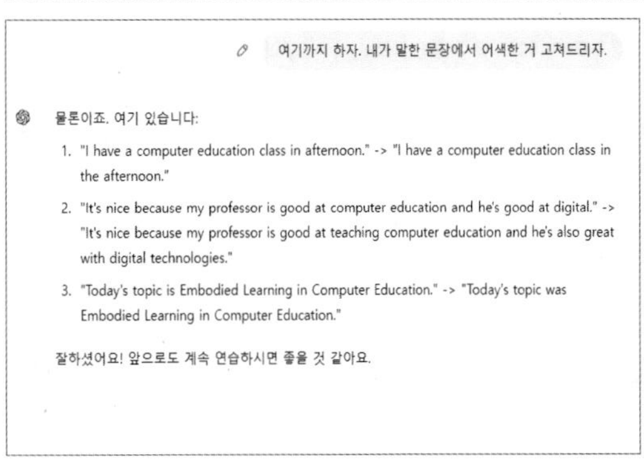

③ 이 외에도 collocation(구동사)를 배우고 이를 문장으로 연습하도록 해보자.

> I'm good. Can you give me some collocation? I want to study about that.

Sure! Let's start with some common collocations. Here are five:

1. Make a decision
2. Take a break
3. Have a look
4. Give a presentation
5. Do homework

Would you like to practice these in sentences?

④ 이번에는 발음 연습을 해보자. 발음 정확도를 %로 나타내어 달라는 구체적인 요구를 하면 응답이 달라진다.

> Now, please check out my pronunciation.

Of course! Let's go through each sentence. Repeat them one by one, and I'll give you feedback.

1. **I like learning new things.**
   Say it, and I'll listen carefully.

> I like learning new things.

Great job! Your pronunciation is clear. Just focus on making "learning" smooth, with a softer "r" sound. Try it one more time!

> 어 미안한데 내 발음의 정확도를 퍼센테이지로 평가해줄래?

좋습니다! 지금까지 들은 발음을 기준으로 평가해 보겠습니다.

1. **I like learning new things.**
   발음 정확도: 약 **90%**. 아주 좋았어요! "learning"의 "r" 소리가 조금만 더 부드러우면 완벽해질 것 같아요.
2. **The weather is very nice today.**
   이제 이 문장을 한 번 말해 보세요. 그럼 정확도를 평가하겠습니다.

> The weather is very nice today.

발음 정확도: 약 **95%**. 훌륭해요! 거의 완벽합니다. "weather"의 "th" 소리가 살짝 더 부드럽게 나면 더욱 자연스러울 거예요. 한 번 더 시도해 보실래요?

TIP

Custom Instructions

Custiom Instuructions(사용자 지침)을 사용하면 사용자가 설정한 지침에 따라 ChatGPT의 응답이 출력된다. Custom Instructions은 두 부분으로 구성되어 있다. 첫 번째는 "ChatGPT가 더 나은 응답을 제공하기 위해, 사용자님에 대해 알아둘 것이 있다면 무엇인가요?"이다. 이 응답에 사용자의 개인 정보, 즉 전공, 직업, 관심 분야 등을 저장해두면 사용자 맞춤 응답을 출력한다. 같은 질문을 했을 때, 사용자에 대한 정보를 제공한 것과 제공하지 않았을 때의 응답 차이를 살펴보자.

- **질문**: 음악을 생성하는 인공지능이 뭐야?

응답 ① 사용자 정보를 제공하지 않은 경우

음악을 생성하는 인공지능이 뭐야?

음악을 생성하는 인공지능은 **AI 알고리즘을 사용하여 음악을 작곡, 편곡, 또는 연주할 수 있는 기술을 말합**니다. 이 기술은 데이터를 학습하여 사람처럼 창의적으로 음악을 만드는 데 사용됩니다. 아래는 주요 특징과 원리를 설명합니다:

1. 음악 생성 AI의 원리

- **기계 학습(Machine Learning)**: 음악 데이터를 대규모로 학습하여 패턴과 규칙을 이해함.
- **생성 모델(Generative Models)**: GAN(Generative Adversarial Networks)이나 트랜스포머(Transformers)를 사용해 새로운 음악을 생성.
- **음악 요소 분석**: 멜로디, 코드, 리듬 등 음악의 핵심 요소를 분석하고 조합.

응답 ② 사용자 정보를 제공한 경우

ChatGPT가 더 나은 응답을 제공해 드리기 위해 사용자님에 대해 알아두어야 할 것이 있다면 무엇인가요?

나는 AI 개발자야. 특히 요즘은 생성 AI에 관심이 많아. 나는 음악을 즐겨 듣고 문학 작품을 좋아해. 요즘은 생성 AI 기술을 이용한 프로젝트를 만드는 일을 하고 있어.

사용자가 'AI 개발자'라는 정보를 제공

음악 생성 인공지능이 뭐야?

음악 생성 인공지능(Music Generative AI)은 AI 기술을 활용해 음악을 작곡하거나 편곡하는 시스템을 의미해요. 이 기술은 주로 **머신러닝**과 **딥러닝** 알고리즘을 사용하여 작동하며, 다양한 음악 데이터를 학습해 새로운 음악을 만들어낼 수 있어요. 몇 가지 중요한 특징과 작동 방식을 소개할게요.

1. 작동 원리

- **데이터 학습**: 음악 생성 AI는 수많은 음악 데이터를 입력받아 멜로디, 화음, 리듬 등의 패턴을 학습합니다. 데이터는 클래식, 재즈, 팝 등 다양한 장르를 포함할 수 있어요.
- **모델 활용**: 학습된 모델은 특정 입력 조건(예: 장르, 키, 템포)에 따라 새로운 음악을 생성하거나 사용자가 제공한 멜로디를 바탕으로 편곡합니다.
- **신경망 구조**: 주로 **순환 신경망(RNN)**, **변환기(Transformer)**, 또는 **GAN(생성적 적대 신경망)** 등이 사용됩니다.

2. 대표적인 음악 생성 AI 기술

- **OpenAI의 MuseNet**: 다양한 장르와 악기를 활용한 음악을 생성할 수 있는 AI입니다.
- **Google의 Magenta**: 텐서플로우 기반 오픈소스 프로젝트로, 음악뿐만 아니라 예술 분야의 여러 콘텐츠를 생성하는 AI입니다.
- **Suno AI**: 가사에 맞춘 멜로디를 생성하거나 기존 멜로디를 확장할 수 있는 도구입니다.

응답별 차이: 사용자가 AI 개발자라는 정보를 제공했을 때 음성 인식 기술의 과정에 대해 조금 더 기술적이고 자세한 설명을 제공한다. 이처럼 사용자 지침이 구체적일수록 사용자 맞춤 응답을 제공받을 수 있다.

두 번째 부분은 "ChatGPT가 어떻게 응답했으면 하시나요?"이다. 첫 번째 부분이 내용에 관한 관점을 묻는 거라면 두 번째 부분은 형식에 대한 지침을 묻는다고 볼 수 있다. 내가 얻고자 하는 정보의 형식을 구체적으로 제공하면 그에 맞는 응답을 제공받을 수 있다. 예를 들어 문장의 길이, 어투, 단어의 수준 등을 설정할 수 있다. 마찬가지로 같은 질문을 했을 때, 형식적 지침을 제공했을 때와 제공하지 않았을 때의 응답 차이를 살펴보자.

- **질문**: 업무 메일을 작성해 줘. 내용은 지난 워크샵에서 회의했던 내용을 정리해서 보내달라는 내용이야.

응답 ① 형식 정보를 제공하지 않은 경우

업무 메일을 작성해줘. 내용은 지난 워크샵에서 회의했던 내용을 정리해서 보내달라는 내용이야.

업무 메일 예시

제목: 지난 워크샵 회의 내용 정리 요청드립니다

안녕하세요, [받는 사람 이름/직책]님.

지난 [워크샵 이름] 워크샵에서 논의된 주요 내용들을 정리해서 공유받을 수 있을지 문의드립니다.
특히 [논의된 주제, 예: 프로젝트 진행 일정, 주요 의사 결정 사항, 역할 분담 등]와 관련된 정리된 내용이 있다면 큰 도움이 될 것 같습니다.

해당 자료를 공유해 주시면 이후 진행 계획을 세우는 데 참고하도록 하겠습니다.
필요하신 추가 정보나 협조가 있다면 언제든 말씀해주세요.

감사합니다.
좋은 하루 되세요.

보낸 사람:
[보낸 사람 이름]
[직책]
[연락처]
[이메일 주소]

응답 ② 형식 정보를 제공한 경우

ChatGPT가 어떻게 응답했으면 하시나요?

너무 딱딱하지 않고 자연스러운 어투를 사용해줘. 상대방이 친밀감을 느낄 수 있으면서도 전문가처럼 보였으면 좋겠어. 문장은 너무 길지 않고 적당하면 좋겠고, 내용도 중요한 것만 써줘.

형식 정보를 제공

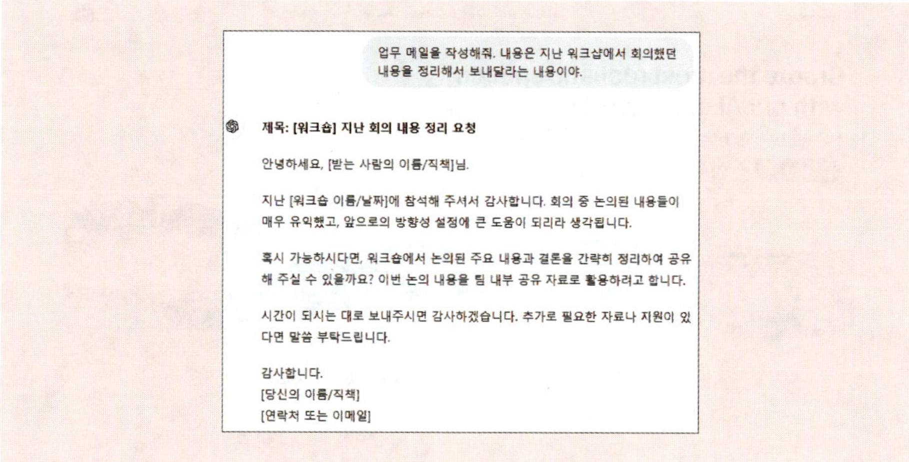

AI 목소리로 디지털 오디오 콘텐츠 만들기

영상 중심의 시대에서 조용히 그 수요가 증가하고 있는 분야가 바로 디지털 오디오 시장이다. 지난 2023년 컨설팅 기업 옴디아(Omdia)가 발간한 보고서에 따르면 글로벌 팟캐스트와 오디오북의 청취자 규모가 꾸준히 증가하고 있고 2028년 글로벌 오디오북 이용자 규모가 4억 4,000만 명에 이를 것으로 전망했다.[6] 이는 바쁘게 살아가는 현대인이 스마트폰이나 태블릿으로 다른 작업을 하면서 디지털 오디오 콘텐츠에 쉽게 접근할 수 있기 때문인 것으로 보인다. 또한 오디오북은 시각장애인들에게 특히 유용한 서비스임은 자명하다.

이처럼 콘텐츠에 대한 수요가 증가함에 따라 직접 콘텐츠를 만들고자 하는 수요도 증가하고 있다. 그래서 Vrew나 Elevenlabs처럼 음성 합성 기술을 활용한 서비스를 제공하는 플랫폼들도 증가하고 있다.

Elevenlabs는 TTS, STT뿐만 다양한 언어에 대한 음성 합성 기술을 제공한다는 점이 주목할 만하며 한국어도 포함되어 있다. 또한 더빙 기능이나 목소리 복제 기능도 제공하고 있다.

---

6 한국저작권위원회(https://blog.naver.com/kcc_press/223303326541)

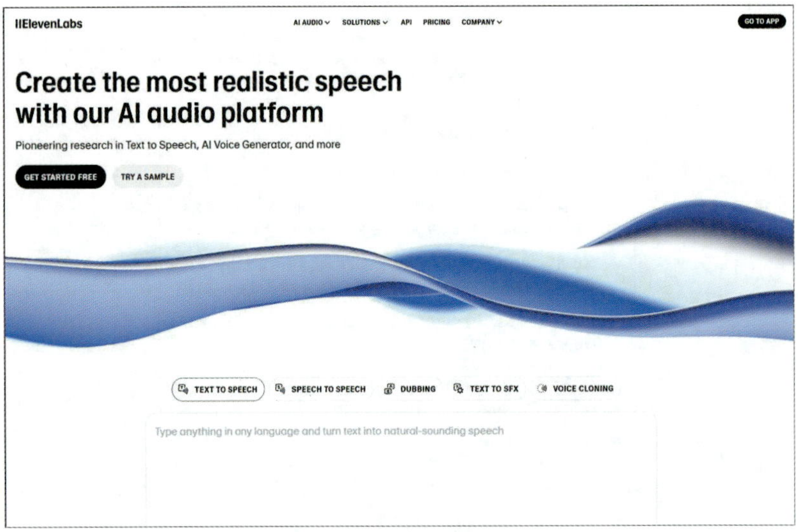

그림 4 Elevenlabs(https://elevenlabs.io)

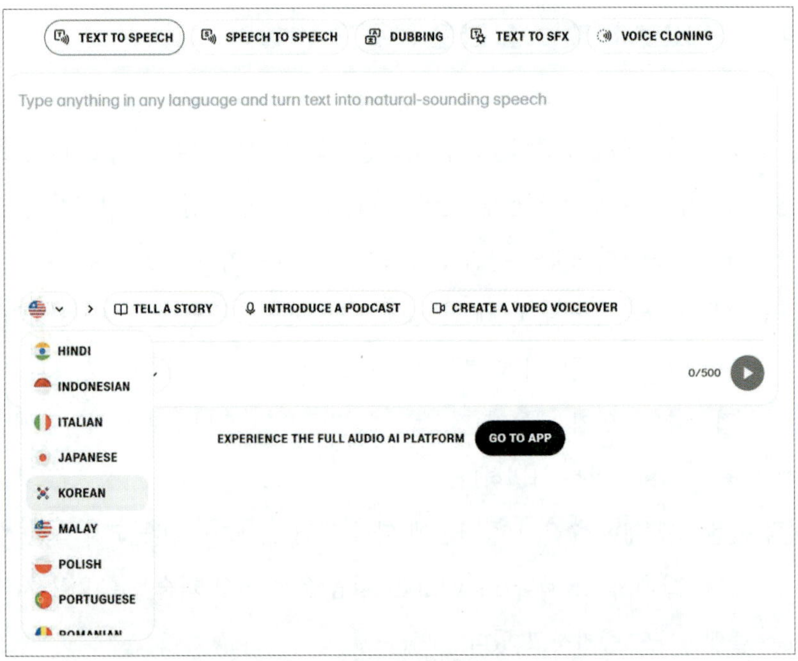

그림 5 다양한 언어로 변환 제공

Vrew는 영상 편집에 특화된 프로그램인데 음성을 인식하여 자동 자막이 생성되게 하거나 AI 목소리를 제공하여 더빙할 수 있는 기능 등 음성과 관련된 기능도 제공하고 있다.

그림 6 Vrew(https://vrew.voyagerx.com/ko)

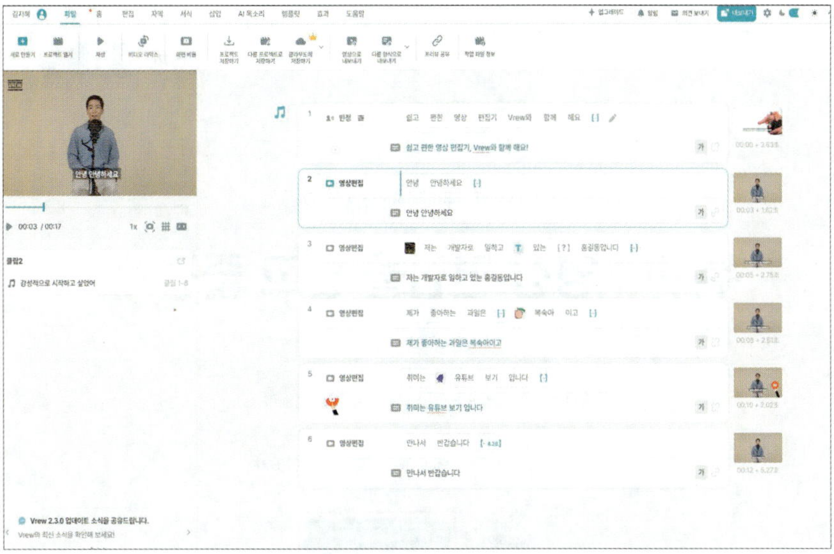

그림 7 Vrew 편집기 화면

Elvenlabs는 무료 버전으로 5,000자까지 생성할 수 있고, Vrew는 1만 자까지 생성할 수 있다. A4 한 장에 약 2,000자가 담길 수 있다고 하니 만들 콘텐츠의 양을 미리 생각해 보면 좋겠다. 다만 이번 장에서의 실습은 한국어가 좀 더 자연스럽게 생성되는 Vrew로 해보자.

오디오북은 말 그대로 책을 읽어주는 콘텐츠이고, 팟캐스트는 다양한 주제를 가진 콘텐츠이다. 사회, 경제부터 학습까지 다양한 분야에 대한 팟캐스트가 있으며, 특정 주제에 대해 호스트가 혼자 말하거나 게스트와 함께 말하는 콘텐츠로 인터넷에서 듣는 라디오라고 볼 수 있다. 오디오북과 팟캐스트 모두 단순히 녹음하는 것 뿐만 아니라 녹음한 파일을 편집해야 하고, 노이즈와 울림을 제거해야 하며 적당한 배경음악도 깔아야 한다. 또한 녹음하기 전에 구성과 대본이 존재해야 한다. 이 일련의 과정에서 음성합성기술을 이용하여 좀 더 효율적으로 작업할 수 있다.

Vrew는 AI로 생성한 여러 가지 목소리를 가지고 있고, 내 목소리를 녹음하여 내 목소리를 AI 목소리로 만들 수도 있다. 두 가지 모두를 사용하여 콘텐츠를 만들어 보자.

- AI 목소리로 콘텐츠 만들기

① Vrew 홈페이지에서 프로그램을 다운로드받고 Vrew 편집기를 열어 로그인한다.

② '파일' 메뉴에서 '새로 만들기'를 클릭한다.

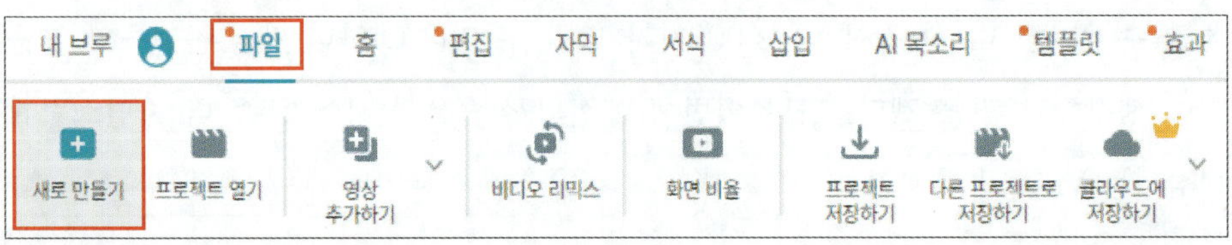

③ 'AI 목소리로 시작하기'를 클릭한다.

④ 텍스트 입력란에 팟캐스트를 위한 대본이나 오디오북을 위한 텍스트를 복사, 붙여넣기 한다. 다만, 무료 버전은 한 번에 3,000자씩 생성이 되므로 3,000자씩 나누어 입력 후 '확인'을 눌러 생성한다.

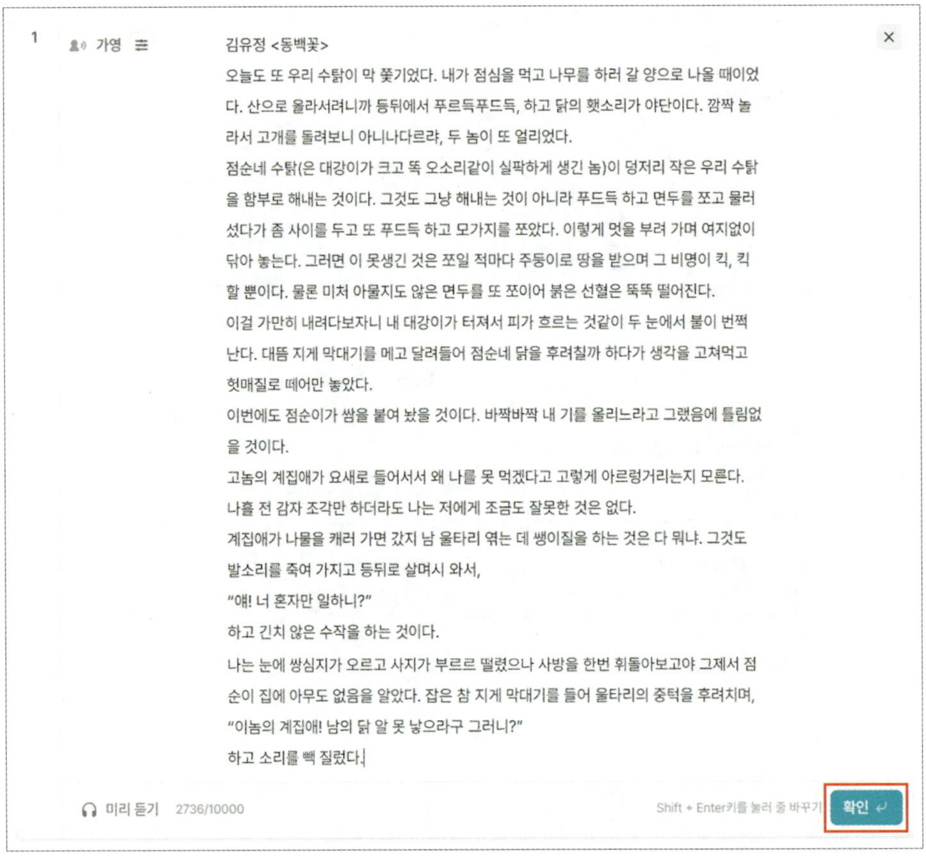

⑤ '클립 추가'를 눌러 'AI 목소리 클립'을 눌러 똑같은 방식으로 텍스트 입력 후 확인을 눌러 생성한다.

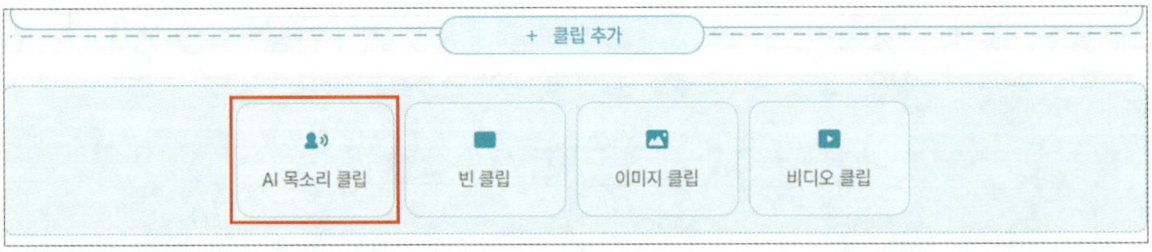

⑥ 생성 후 클립과 워드가 생성된 것을 알 수 있다.

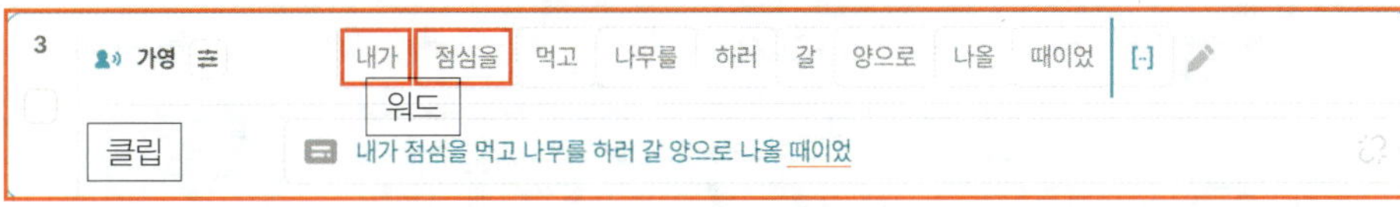

⑦ 연필 모양을 눌러 워드를 수정할 수 있고, 클립을 선택하여 잘라내거나 복사할 수도 있다.

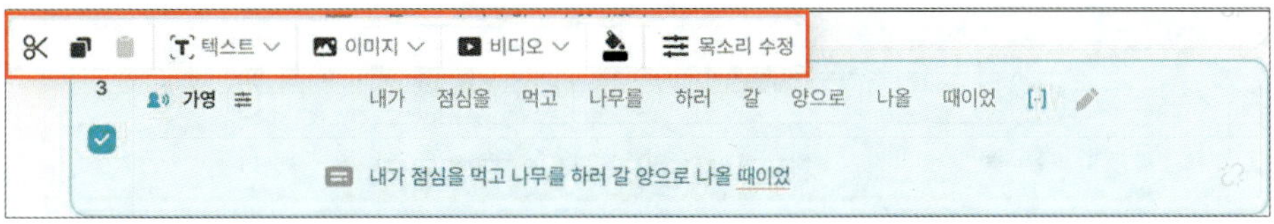

⑧ '목소리 설정'을 클릭하여 AI 목소리를 들어보고 해설이나 인물별로 어울리는 AI 목소리를 정한다.

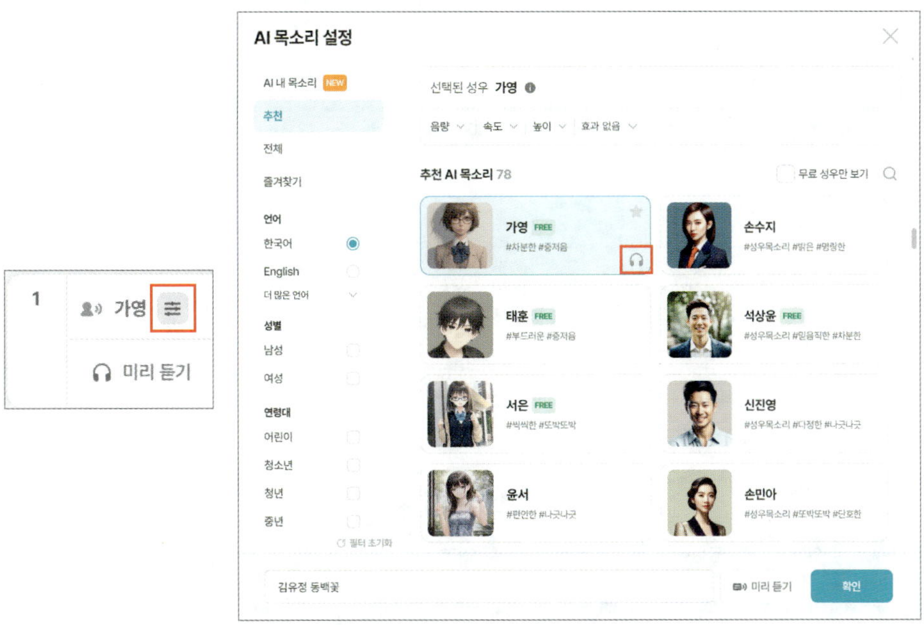

TIP

수정할 클립의 체크박스에 모두 체크한 후, 목소리 수정을 눌러 한 번에 목소리를 수정할 수 있다.

클립 두 개 이상을 체크하고 '클립 합치기'를 통해 간편하게 수정할 수 있다.

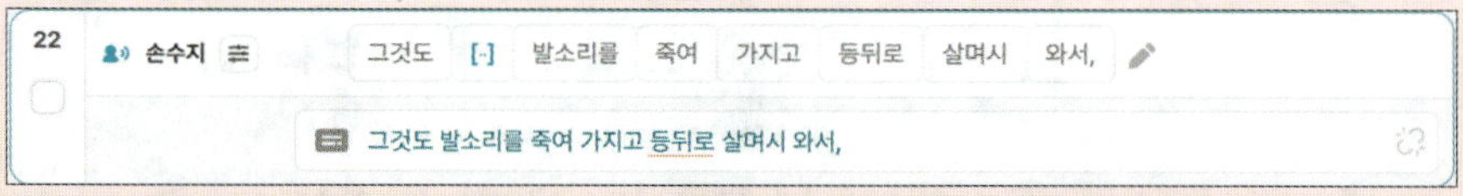

'클립 합치기' 후

클립을 체크한 후 드래그하면 클립의 순서를 자유롭게 수정할 수 있다.

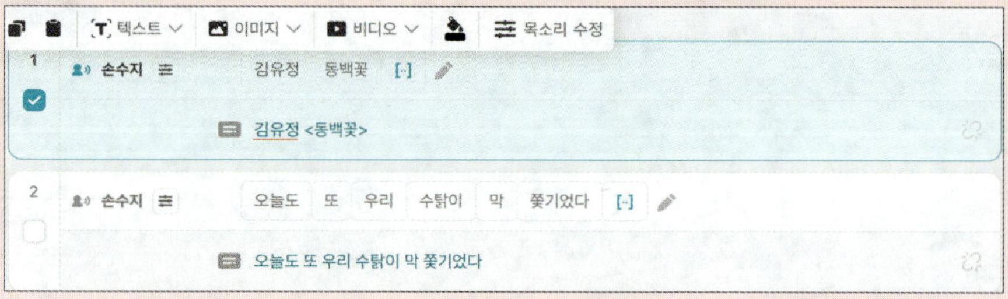

⑨ 왼쪽의 재생 버튼을 눌러 미리 들어볼 수 있다.

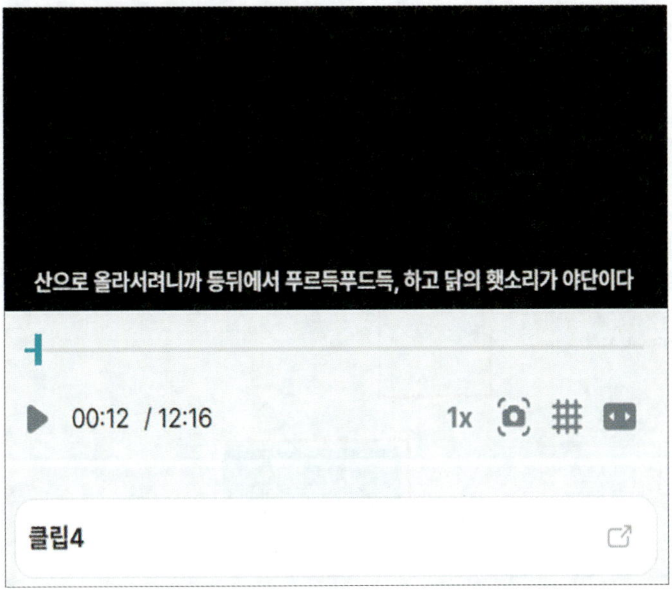

⑩ 제작이 완료되었다면 언제든지 수정할 수 있도록 '프로젝트' 형태로 저장해 두는 것이 좋다. '파일'에서 '프로젝트 저장하기'를 눌러 저장해 두자.

⑪ 오디오 파일로 생성하기 위해 '다른 파일로 내보내기'에서 '오디오 파일'을 선택하고 원하는 확장명으로 저장할 수 있다.

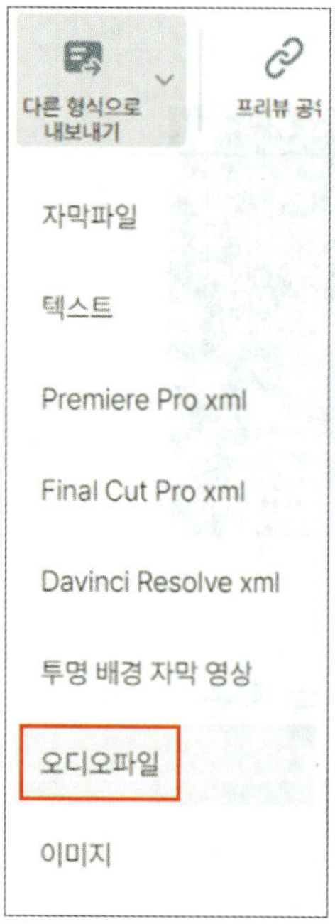

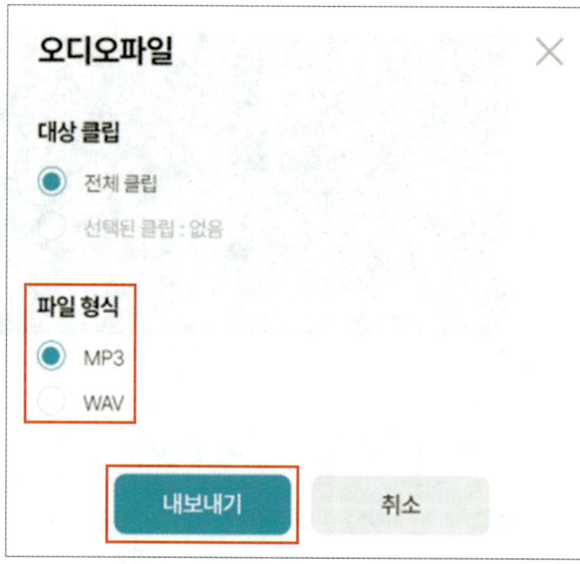

TIP

배경음악을 넣을 수도 있다.

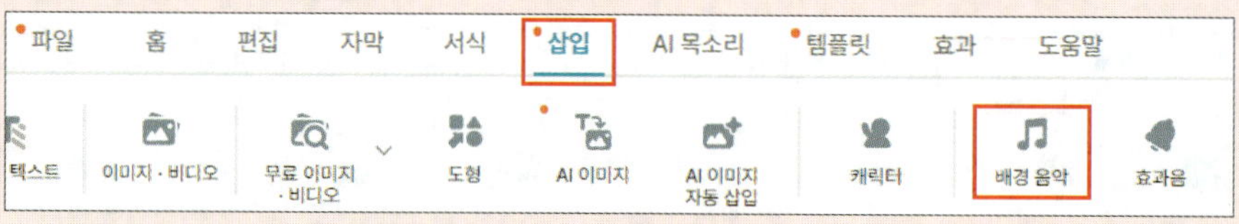

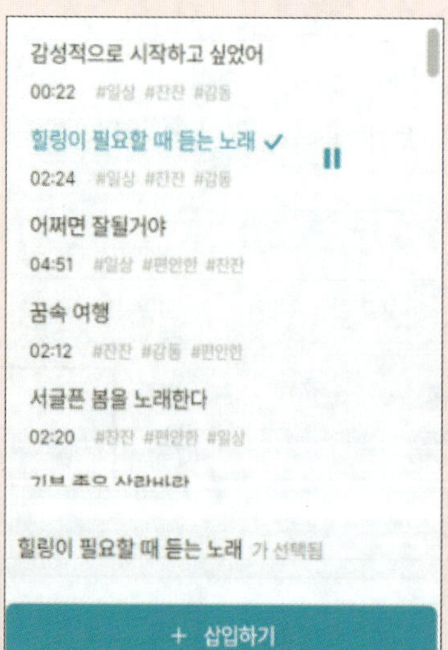

적용 범위 변경을 통해 원하는 클립에만 적용할 수도 있다.

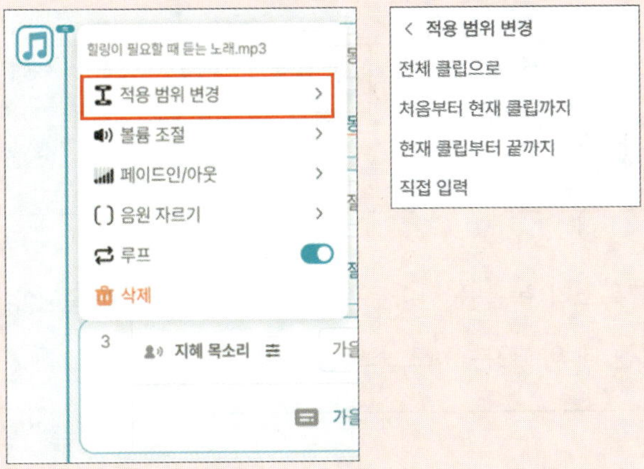

대사마다 어울리는 효과음을 넣을 수도 있다.

예시

• AI 내 목소리로 콘텐츠 만들기

① 'AI 목소리'에서 'AI 내 목소리 만들기'를 누른다.

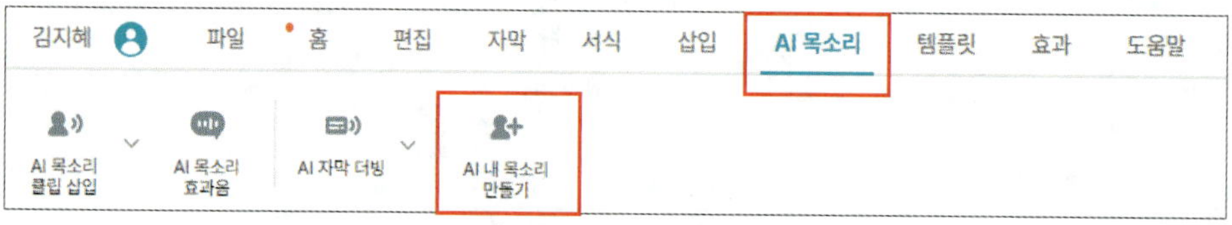

② 주의사항을 확인하고 내 목소리 녹음을 한다. 총 30개의 목소리를 녹음해야 하고, 녹음 완료 후 생성되는 데 약 30분 정도 소요된다.

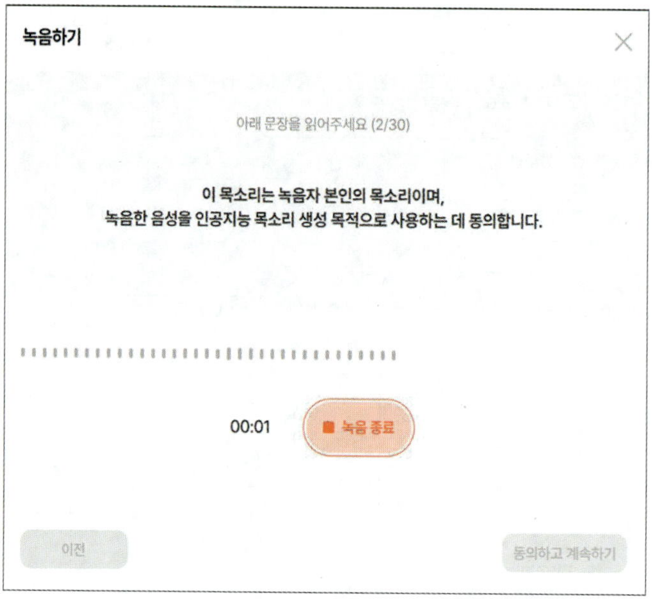

③ 생성된 내 목소리를 확인하기 위해 '목소리 설정'을 클릭하고 들어본다.

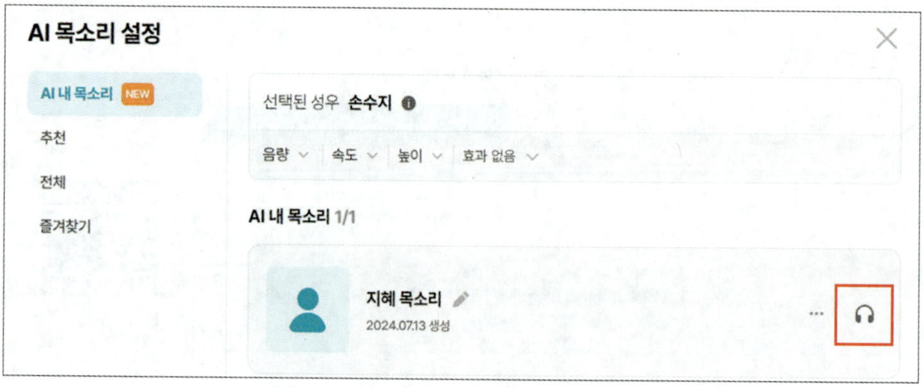

④ '목소리 설정'에서 내 목소리로 바꾸면 내 목소리로 말하는 콘텐츠를 만들 수 있다.

예시

이렇게 Vrew를 이용하여 AI 목소리나 AI 내 목소리로 콘텐츠를 제작해 보았다. 팟캐스트의 경우 오디오 파일만 있다면 관련 플랫폼에 업로드하여 나만의 채널을 만들 수 있다. 물론 아직 AI로 생성된 내 목소리가 자연스럽지 않은 부분이 있지만, 이 실습을 통해 음성 생성형 AI가 활용될 수 있는 새로운 분야를 발견할 수 있다.

사운드 디자이너

사운드 디자이너는 영화나 게임, 드라마 등 다양한 미디어에서 사용되는 음향 효과를 만들고 편집하는 일을 한다. 예를 들어, 마이크에 녹음된 사람의 목소리를 편집하기도 하고, 장면이나 상황에 어울리는 효과음을 제작하기도 한다. 전통적인 사운드 디자이너의 작업 방법은 콘텐츠의 전반적인 분위기와 주제 등을 분석하고 필요한 효과음이나 배경음악의 분위기를 계획한다. 다음으로 스튜디오에서 각종 소품을 이용하여 문 여닫는 소리, 빵 터지는 소리 등을 만들어서 녹음하거나 빗소리나 천둥소리 등 자연의 소리는 직접 현장에서 녹음하기도 한다. 수집된 사운드는 편집과 믹싱(mixing) 과정을 통해서 사운드 디자이너의 목적에 맞는 사운드로 탄생하게 된다. 따라서 사운드 디자이너는 소리에 대한 감각뿐만 아니라 콘텐츠의 맥락과 의도를 이해하는 능력이 필수적이다.

Elevenlabs는 텍스트 프롬프트 입력만으로 효과음을 생성하는 기능을 가지고 있다. 물론 생성된 효과음을 콘텐츠에 적용하기에는 한계가 있을 수 있다. 아직은 사운드 디자이너의 직관과 경험을 대체할 수 없기 때문이다. 그러나 기술이 지속적으로 발전하고 있어 활용도가 높아질 것으로 기대된다.

- Elevenlabs로 효과음 생성하기

① Elevenlabs(elevenlabs.io)로 접속하여 로그인한 후 왼쪽 메뉴에서 'Sound Effects'를 클릭한다.

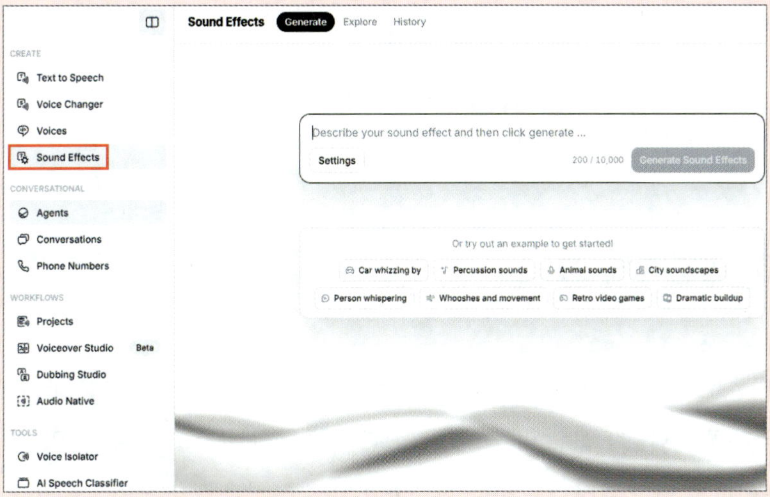

② 입력창에 원하는 소리에 대한 설명을 입력한다. 이때 영어로 입력하는 것이 정확도가 크다. 무료 버전은 200 quota씩 차감된다.

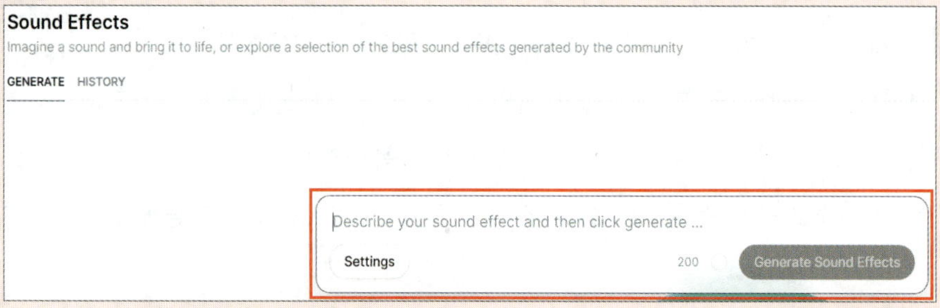

③ 프롬프트를 입력하면 총 4개의 효과음이 생성된다. 클릭하면 하나씩 들어볼 수 있다. 오른쪽의 버튼을 누르면 다운로드받을 수 있다.

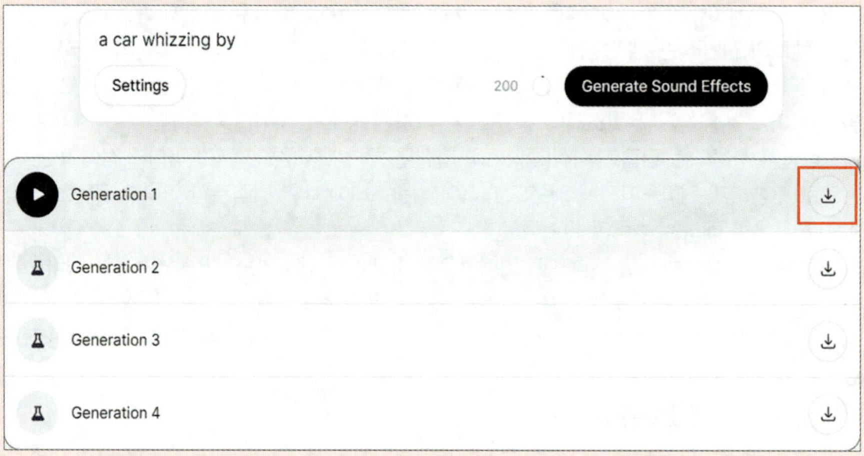

❸ 음악 작곡과 생성

AI, 새로운 작곡가

음악 생성형 AI로 인해 이제 누구나 작곡가와 사운드 디자이너가 될 수 있게 되었다. 음악은 멜로디, 하모니, 리듬, 템포 등 다양한 구성 요소로 나눌 수 있는데, 음악 생성형 AI는 이러한 다양한 요소를 학습하여 분석한 결과를 바탕으로 음악을 생성한다. 실제 작곡가가 음악을 만드는 것과 비교하여 AI 작곡가가 음악을 생성해 내는 과정에 대해 알아보자.

- **학습할 음악 데이터 수집하기**: 음악을 만드는 작곡가들도 평소에 음악을 많이 듣는다고 한다. 여러 음악을 접하면서 영감도 얻고, 트렌드도 파악할 수 있기 때문이다. AI 작곡가 또한 여러 음악에 대한 데이터를 수집한다(MIDI나 mp3 파일 형태).
- **음악 데이터 정리하기**: 작곡가들은 음악을 들으면서 스타일, 음역대, 사용된 악기 등을 파악한다. AI 작곡가 또한 AI가 이해할 수 있게 음악을 음표의 높낮이나 길이 등으로 파악한다.
- **학습하기**: 작곡가들이 자신만의 방법으로 음악을 학습하는 것처럼, AI 작곡가도 학습할 모델을 정하고 모델에 수집한 데이터를 학습시킨다. 이 과정에서 패턴이나 스타일을 배우게 된다.
- **작곡하기**: 작곡가는 악상을 떠올리고 작곡하지만, AI 작곡가는 시작하는 부분을 입력해 주어야 한다. 왜냐하면 그것을 기준으로 다음 음표를 예측하면서 음악을 생성하기 때문이다.
- **음악 산출하기**: 작곡가가 자신이 만든 음악을 연주하거나 녹음하는 것처럼 AI 작곡가도 실제 악기 소리로 바꾸거나 mp3 파일 형태로 산출하면 우리가 들을 수 있는 음악으로 산출된다.

이렇게 음악을 분석하여 생성하는 과정은 비슷하지만, 음악 생성형 AI 별로 사용하는 모델이나 특징이 조금씩 상이하다. AIVA는 기계 학습 알고리즘을 이용하여 사용자가 음악 스타일과 형식에 맞춰 음악을 생성할 수 있도록 한다. 또한 OpenAI에서 만든 MuseNet은 다양한 악기와 스타일을 학습하여 10가지 악기로 4분 분량의 음악을 생성할 수 있는데 특히 클래식 음악에 최적화되어 있다.

최근의 음악 생성형 AI인 SUNO, UIDO는 텍스트 프롬프트를 기반으로 음악을 생성하는 특징이 있다. Elevenlabs는 음성 생성형에 특화되어 있지만 프롬프트로 효과음을 생성하는 기능도 가지고 있다. 이처럼 도구마다 조금씩 다른 방법과 원리를 가지고 있고, 음악 생성형 AI에서 반드시 고려해야 할 사항인 저작권 인정 범위도

각자 다르다. 그러므로 사용 전 반드시 이 부분을 고려해야 한다. 무엇보다 사용자가 원하는 음악을 효과적으로 만들기 위해서는 사용자가 음악에 대한 지식, 즉 템포에 따른 멜로디의 변화, 음색과 악기의 소리에 따른 느낌의 차이, 음악의 구성 등을 파악하고 있으면 좋다.

생성 도구	특징	무료
AIVA	·딥러닝 알고리즘 사용 ·재즈, 클래식 등 다양한 장르의 음악 생성 ·영화, 게임 등에 삽입될 배경음악 제작에 특화	월 3곡, 비상업적 용도만 가능
MuseNet	·Transformer 모델 기반 ·10가지 악기로 4분 분량의 음악 생성 ·여러 악기의 앙상블 가능	데모 버전 체험만 가능
SUNO	·텍스트 프롬프트 입력으로 음악 생성 ·한국어 가사를 불러주는 기능이 자연스러움 ·3.5버전은 내 목소리로 음악 생성 가능	매일 50 credits(10곡) 제공
UIDO	·텍스트 프롬프트 입력으로 음악 생성 ·영어 가사에 최적화 ·SUNO보다 저작권의 범위가 넓음	매일 10 credits, 월 100 credits 추가 제공
Elevenlabs	·텍스트 프롬프트 입력으로 Sound Effects 생성 (200 characters 차감) ·Sound Effects의 길이 조정 가능	매월 10,000 character 제공

※ 무료 버전에서 생성할 수 있는 정도는 변동될 수 있음

간편하게 작곡하기

최근의 음악 생성형 AI인 SUNO나 UIDO는 텍스트 프롬프트 입력으로도 원하는 장르와 스타일의 음악을 생성해 낸다. 몇 번의 클릭으로도 간편하게 작곡이 가능해서 누구나 쉽게 음악을 생성할 수 있다. 또한 한국어 노래 가사를 자연스럽게 생성해 낸다는 특징이 있다. SUNO와 UIDO 각각의 사용법을 살펴보자.

- SUNO로 작곡하기

① SUNO(suno.com)로 접속하여 회원가입 후 로그인한다.

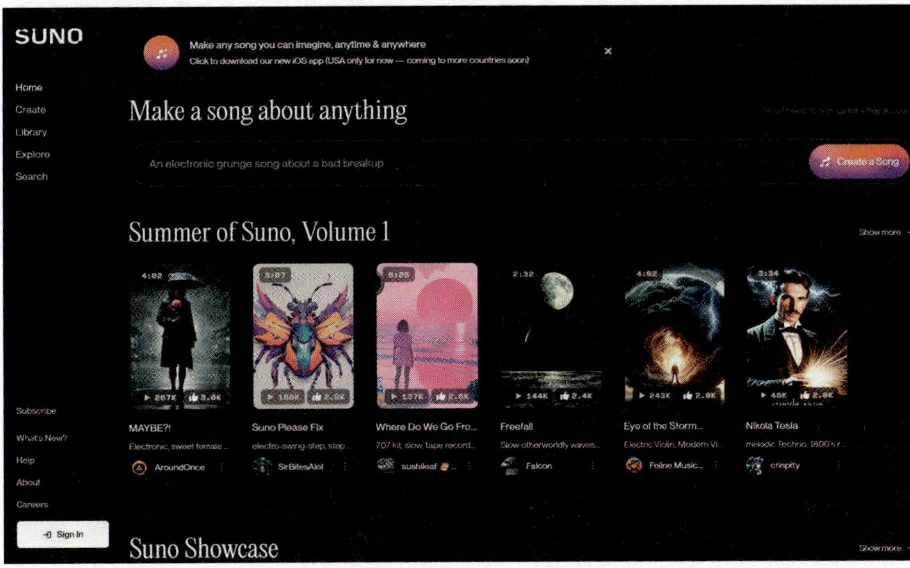

② 'Create' 메뉴를 클릭한다. 음악을 생성하는 방법에는 두 가지 방법이 있다. 'Song description'에 장르와 원하는 분위기를 입력하는 방법과 Custom 메뉴를 활성화하여 가사와 스타일, 제목을 직접 입력하는 방법이 있다.

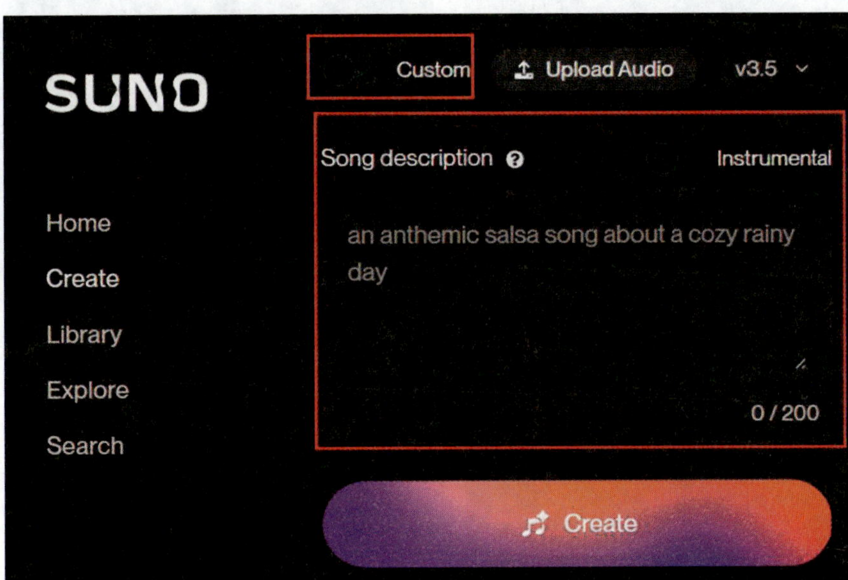

③ 먼저 'Song description'에 입력하는 방법으로 음악을 생성해 보자. 여기에는 음악의 장르와 원하는 분위기를 입력한다. 만약 가사가 없는 연주 음악만 생성

하고 싶다면 'Instrumental'을 활성화시키고 가사까지 생성하고 싶다면 기본 화면처럼 'Instrumental'을 비활성화시킨다.

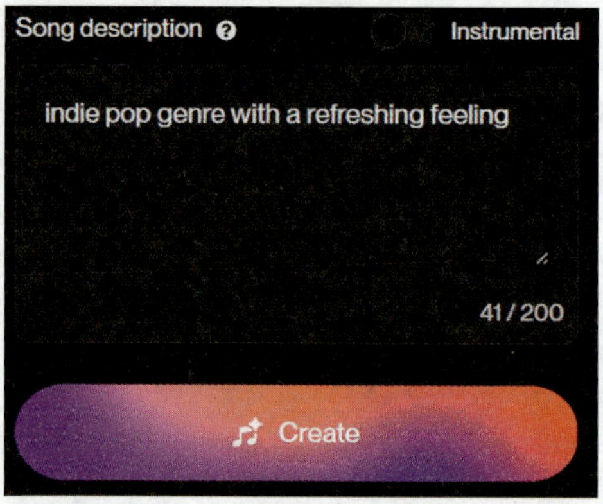

③-1. 'Custom'으로 음악을 생성하는 방법도 알아보자. Lyrics(가사)와 Style of Music(장르나 분위기), Title(노래 제목)을 입력하면 된다.

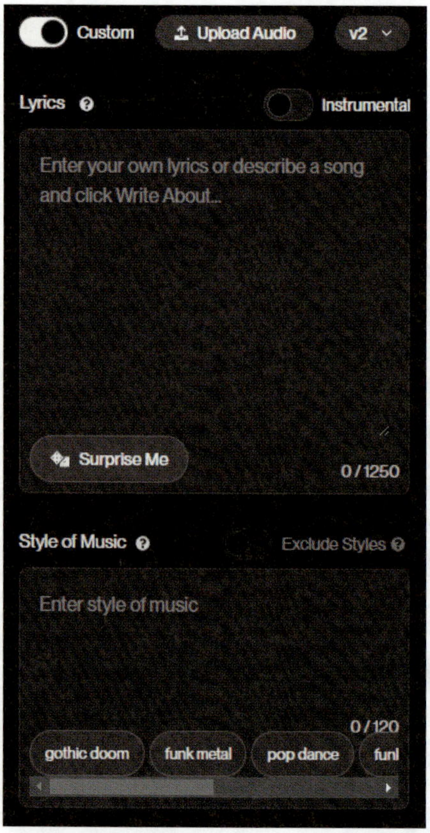

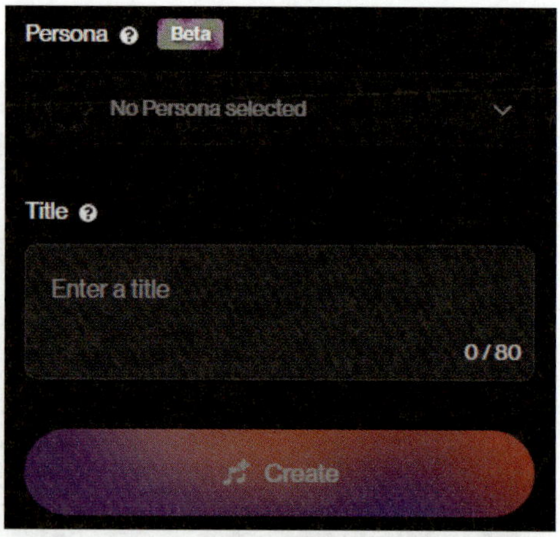

TIP

노래 가사에도 구조가 있다. 구조에 맞게 프롬프트를 입력하면 노래의 전체적인 흐름을 맞출 수 있고, 전하고자 하는 메시지를 일관성 있게 전달할 수 있다. 일반적인 노래 가사의 구조는 다음과 같다.

- Intro(인트로): 노래의 시작 부분
- Verse(절): 곡의 주제나 이야기를 전달하는 부분
- Chorus(후렴): 곡의 핵심 이야기와 감정을 전달하고 반복되는 부분
- Bridge(브릿지): 곡의 변화를 주고 절과 후렴 부분을 이어주는 부분
- Outro(아웃트로): 노래의 끝부분

SUNO에서 생성된 노래의 가사를 살펴보면 구조가 다음과 같다.

[Verse]
[Verse2]
[Chorus]
[Bridge]
[Verse3]
[Chorus]

이 구조로 가사를 입력하여 원하는 메시지를 전달하는 노래를 생성해 보자.

④ 입력 후 'Create'를 누르면 오른쪽에 2개의 음악이 생성된다. 한 음악을 재생시키면 오른쪽에 가사도 함께 나온다.

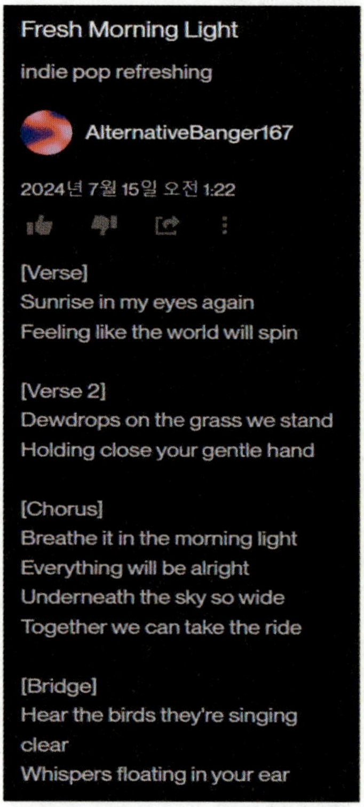

⑤ 점 세 개를 누르면 'Edit Details'에서 제목과 노래 커버 이미지를 변경할 수 있다.

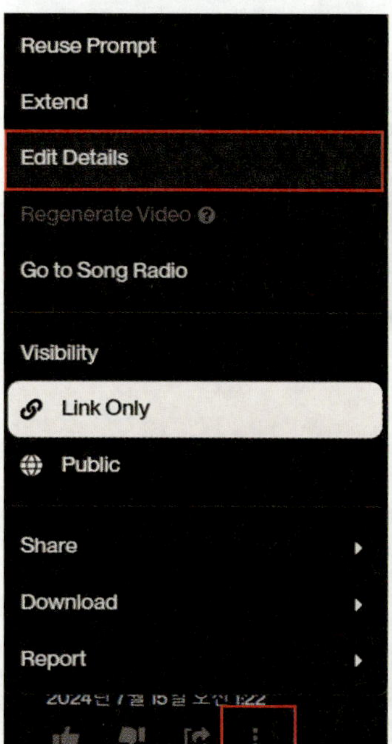

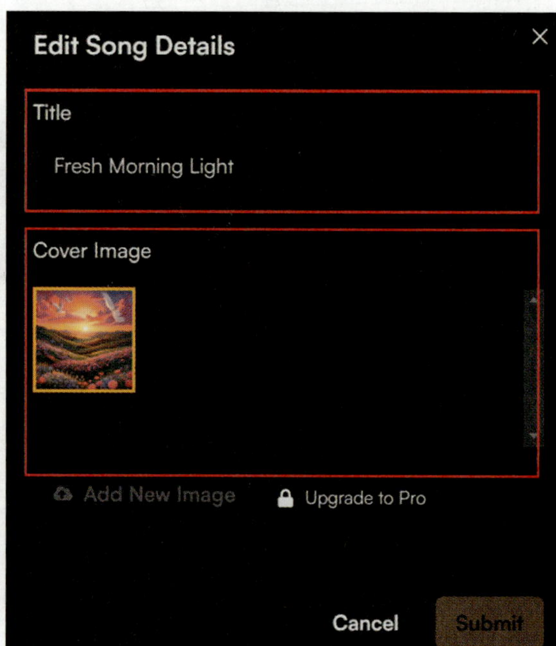

⑥ 'Download'에서 'Audio'를 누르면 mp3 파일로 얻을 수 있다.

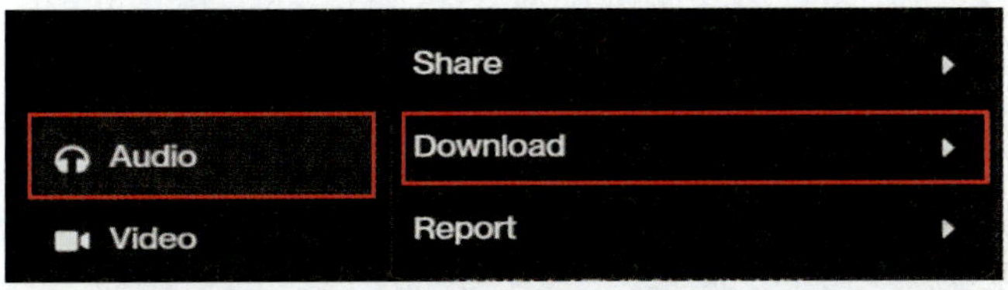

예시

● UIDO로 작곡하기

① UIDO(udio.com)로 접속하여 회원가입 후 로그인한다.

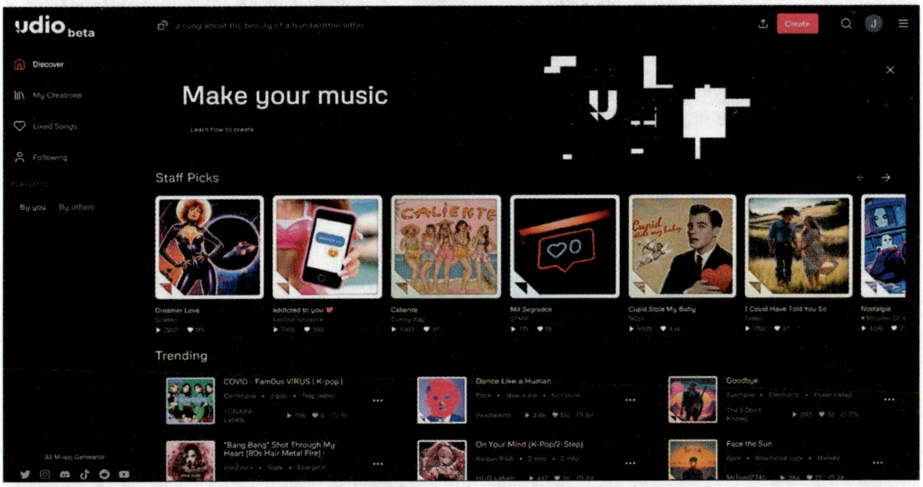

② 텍스트 입력 칸 기능들을 살펴보자.

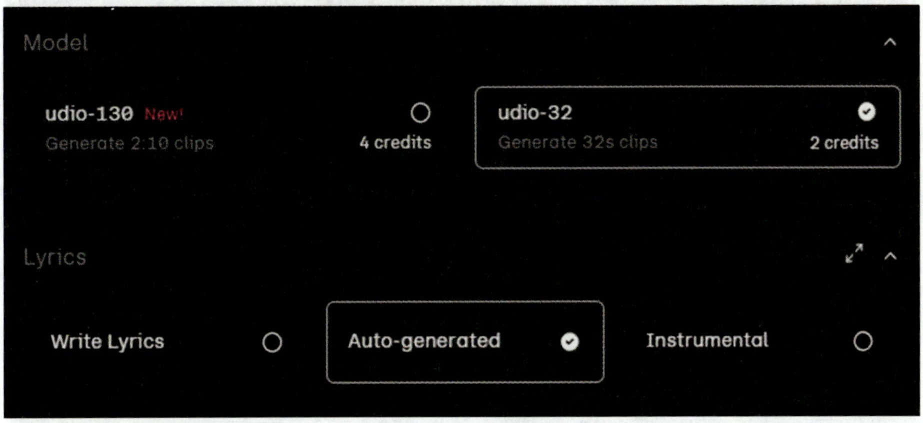

- Model: 생성 모델을 선택할 수 있다. uido-130은 최대 2분 10초짜리 클립을 생성할 수 있고, uido-32는 32초짜리 클립을 생성할 수 있다.

- Lyrics: 가사 생성 방법을 지정할 수 있다. Write Lyrics는 직접 가사를 쓸 수 있고, Instrumental은 가사 없이 연주 음악을 생성하겠다는 의미이다. Auto-generated는 입력한 프롬프트를 바탕으로 자동으로 가사를 생성해 주는 기능이다.

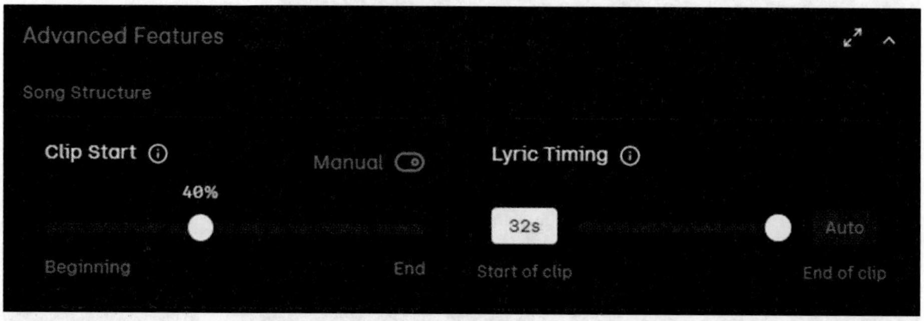

- Song Structure: Clip Start는 생성하는 콘텐츠가 음악의 어떤 부분에 해당하는지를 결정할 수 있다. 0%로 지정하면 Intro 부분의 음악을 생성한다는 의미이고, 50% 정도로 지정하면 중간 부분의 음악을 생성한다. 100%는 음악의 마지막 부분을 생성한다. Lyric Timing은 음악의 어떤 지점에서 가사가 생성될지를 결정하는 기능이다.

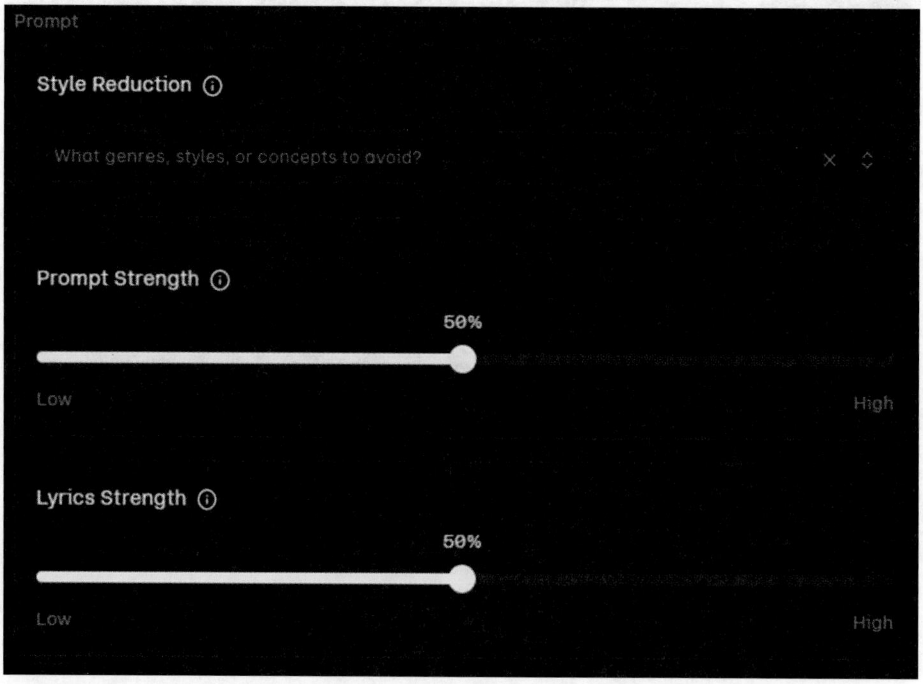

- Style Reduction: 특정한 장르나 스타일, 컨셉을 제외하고 싶을 때 사용하는 기능이다.
- Prompt Strength: 생성하고자 하는 콘텐츠가 프롬프트에 얼마나 영향을 받을 것인지 그 정도를 선택할 수 있다. High를 선택하면 프롬프트와 매우 밀접한 관련이 있겠으나 자연스러운 소리 생성이 안 될 수도 있다고 말한다.
- Lyrics Strength: 생성하고자 하는 콘텐츠가 가사에 얼마나 영향을 받을 것인지 그 정도를 선택할 수 있다. Low를 선택하면 자연스러운 소리가 생성되겠지만 가사를 완전히 무시한 콘텐츠가 생성될 수도 있다고 말한다.

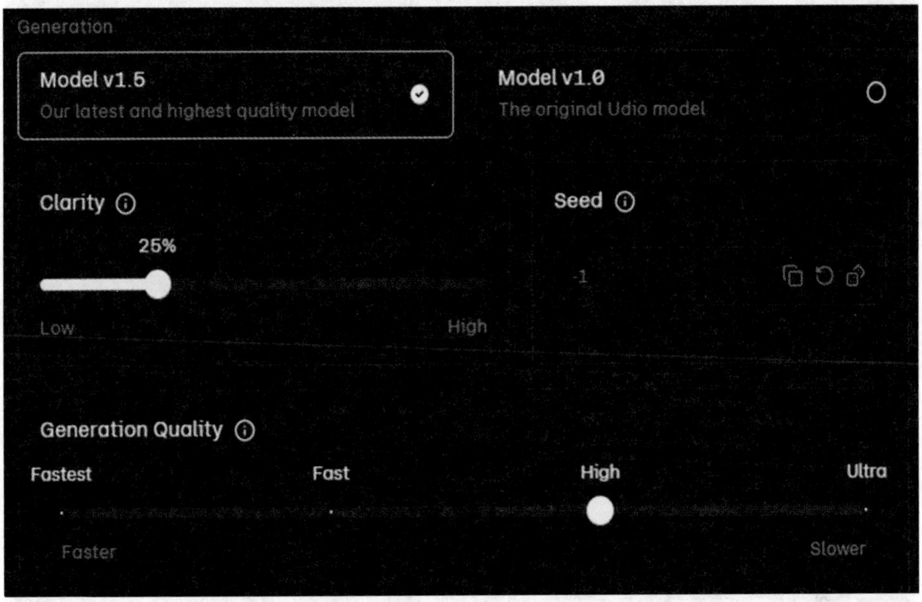

- Clarity: 오디오 품질의 선명도와 자연스러움을 조정할 수 있는 기능이다. High로 갈수록 오디오의 명료도가 올라가고 악기 소리가 뚜렷할 수 있지만 자연스러움은 덜할 수 있다. Low로 갈수록 오디오는 자연스럽게 들리지만, 악기 소리가 덜 구분될 수 있다.
- Seed: 시드는 음악 생성 시 중요한 역할을 하는 일종의 "시작점"이라고 볼 수 있다. 만약 수동 모드로 고정 시드를 사용하면 일관된 음악을 생성할 수 있다. 그러나 자동모드에서는 시드가 무작위로 생성되므로 같은 프롬프트라도 매번 다른 음악이 생성될 수 있다. 즉, 시드는 음악 생성 과정에서 무작위성을 제어하는 기능이다.

- Generation Quality: 생성 품질을 속도에 비례해서 결정할 수 있다. 매우 빠른 생성 속도는 매우 낮은 품질의 콘텐츠를 생성할 수 있다.

③ 음악 생성을 위해 장르와 분위기, 가사를 입력하자. 입력이 완료되면 'Create' 버튼을 클릭하면 음악이 생성된다. UIDO는 가사에 대한 가이드라인을 제공하는 것을 볼 수 있다.

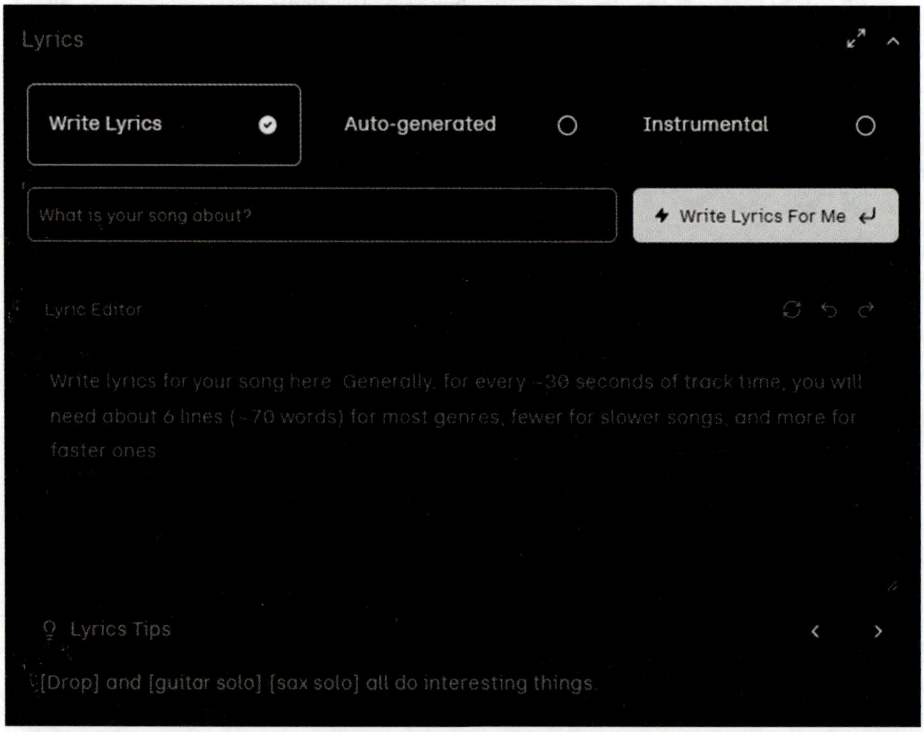

○ 가사에 대한 가이드라인 제공

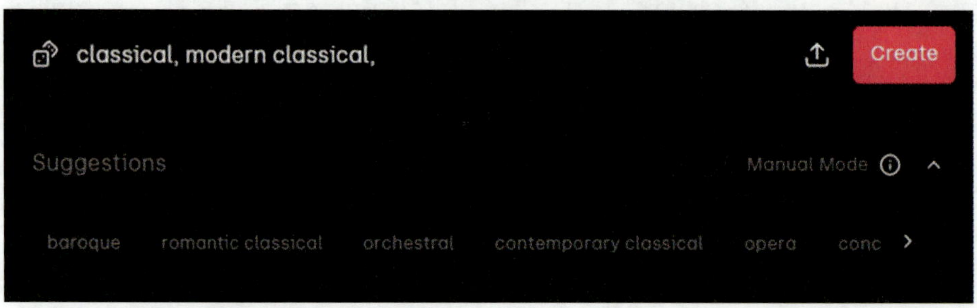

④ 생성된 음악을 들어보고 변경하고 싶으면 'Remix'를 눌러 설정을 다시 변경할 수 있다.

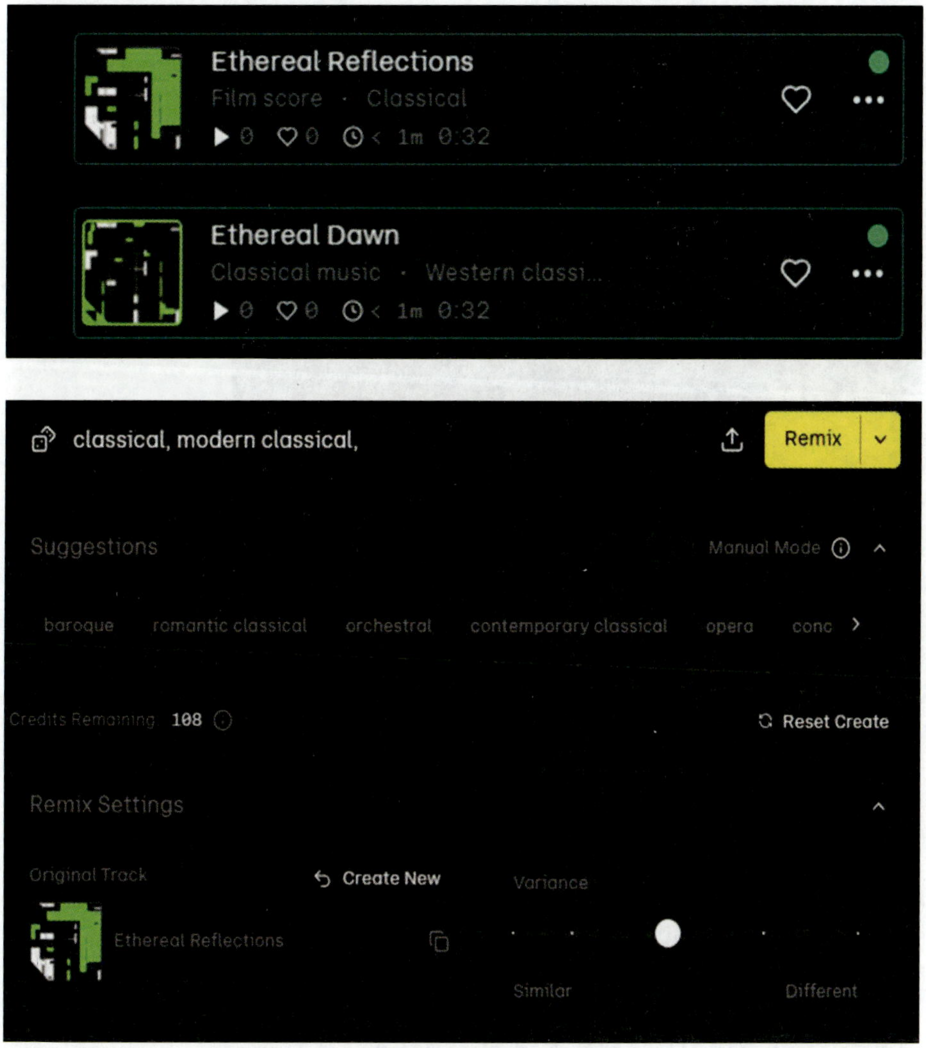

Remix 클릭 시 화면

⑤ 원하는 음악의 점 세 개를 눌러 'Download' 버튼을 누르면 mp3 파일로 추출할 수 있다.

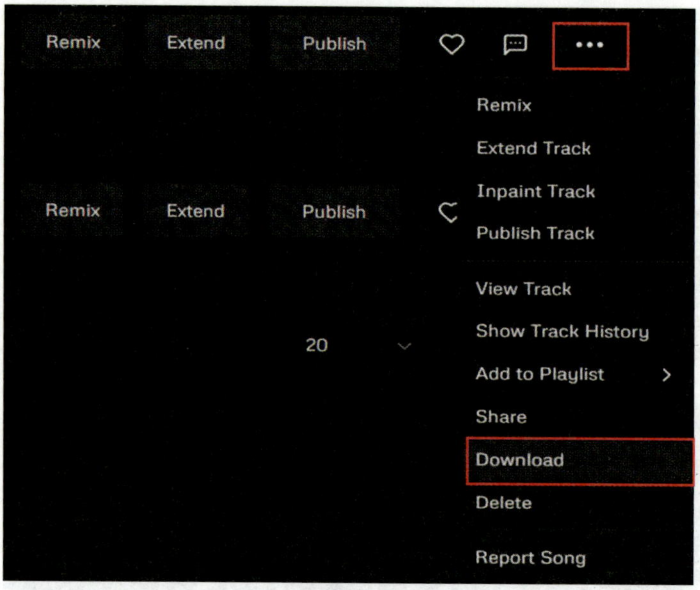

예시

변주하는 Full song 만들기

Queen의 'Bohemian Rhapsody'라는 노래를 떠올려 보자. 처음에는 성스러운 분위기의 아카펠라로 시작하다가 피아노 솔로와 함께 노래가 잔잔하게 시작한다. 그러다가 일렉기타의 연주와 오페라적인 요소도 나오면서 다양한 스타일로 음악이 변화한다. 이번에는 변주하는 노래를 두 가지 도구로 만들어 보자.

- UIDO로 변주곡 만들기

① uido에서는 'Clip Start'를 통해 어느 부분에 해당하는 노래일지 정하고 만들 수가 있다. 먼저 인트로 노래를 만들어 보자. 프롬프트를 입력하고 'Clip Start'를 0%로 하여 Create 한다.

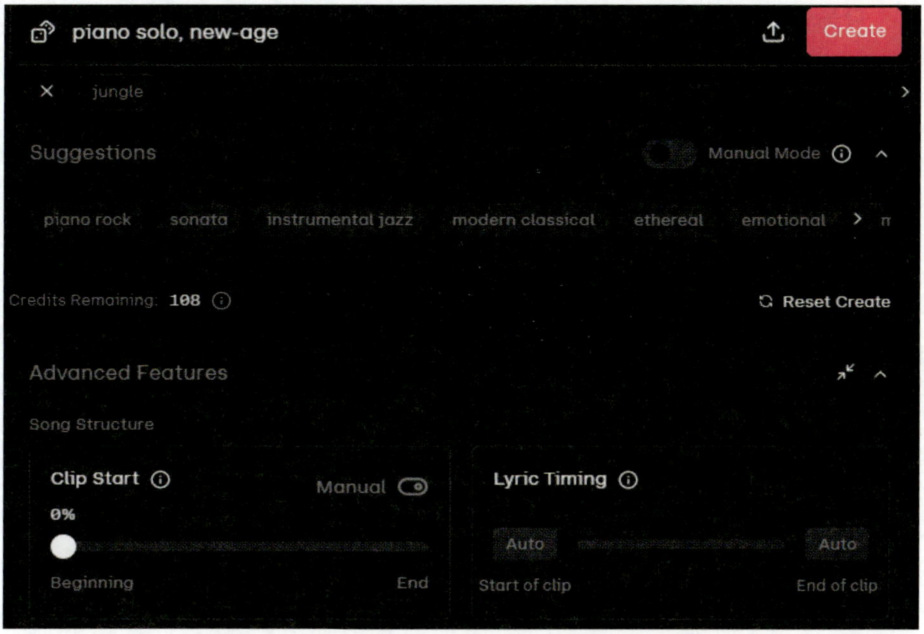

② 생성된 노래 중 원하는 노래를 선택하여 Extend를 클릭한다.

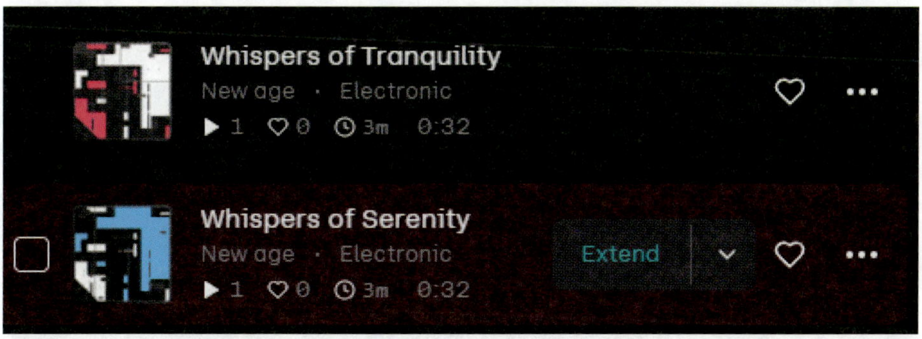

③ 먼저 이어질 노래의 장르나 분위기를 바꾸어서 입력할 수 있다. 원하는 프롬프트를 입력한다.

④ 다음으로 어디에 이어 붙일지 결정하고 노래의 역할을 정할 수 있다.

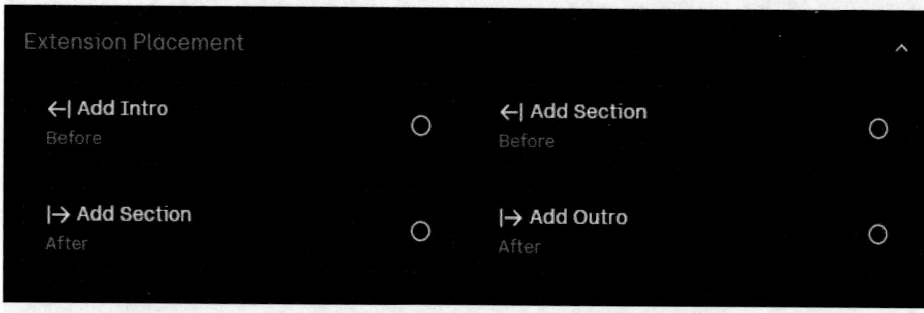

- 'Add Intro(Before)': 이 곡 이 전에 Intro 부분으로 붙인다.
- 'Add Section(Before)': 이 곡 이전에 노래의 한 파트로 붙인다.
- 'Add Section(After)': 이 곡 이후에 노래의 한 파트로 붙인다.
- 'Add Outro(After)': 이 곡 이후에 Outro 부분으로 붙인다.

예제에서는 'Add Section(After)'로 설정해 보았다.

⑤ 다음으로 Context Length를 결정한다. 길이가 길면 일관성 있는 노래가 생성되고 장르의 변경이 어렵다. 반대로 길이를 짧게 하면 유연성이 높아지나 일관성은 떨어진다. 여기서는 완전히 다른 장르로 변경이 잘되도록 비교적 짧은 길이로 설정해 보았다.

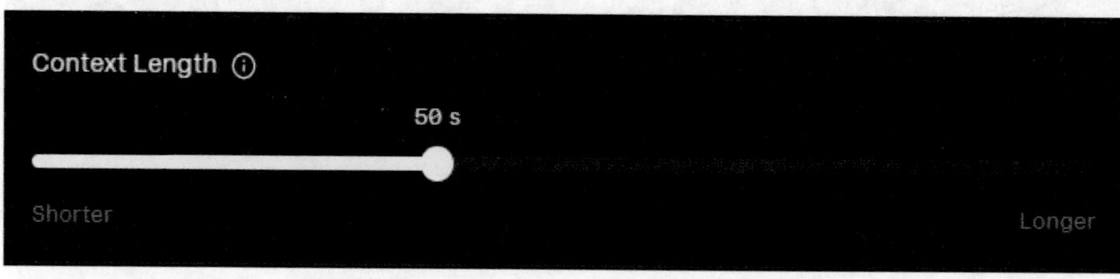

⑥ 혹은 원곡의 특정한 하이라이트 부분만 쓰고 싶다고 하면 'Crop and Extend'를 통해 원하는 부분을 지정할 수도 있다.

⑦ 완료되면 Extend를 눌러 결과물을 확인하고 원하는 노래는 Download 할 수 있다.

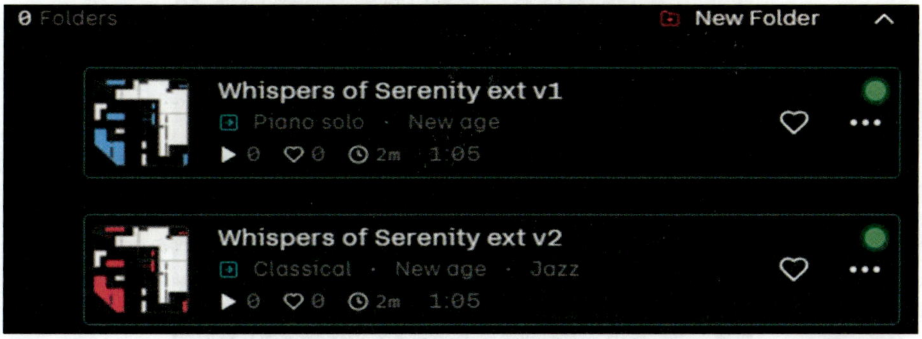

예시

• SUNO로 변주곡 만들기

suno는 길이를 조절하여 음악 생성을 할 수 없다. 그러므로 길이를 지정하여 음악을 생성할 수 있는 suno에서 피아노 음악을 생성한다. 이 파일을 suno로 가져와서 변주곡을 만들어 보자.

① 'Upload Audio'를 클릭하여 suno에서 만든 짧은 길이의 피아노 음악을 업로드한다.

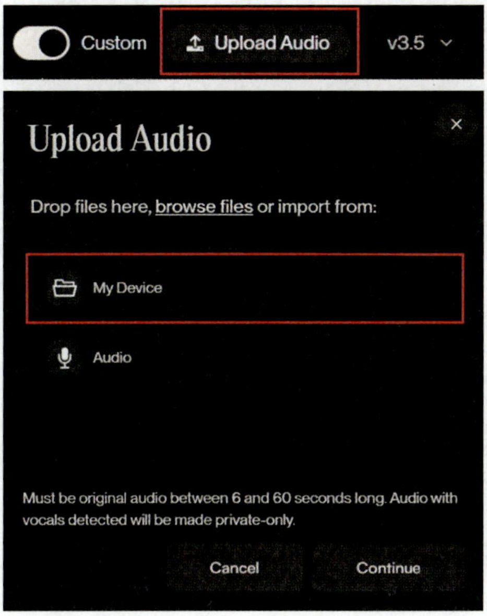

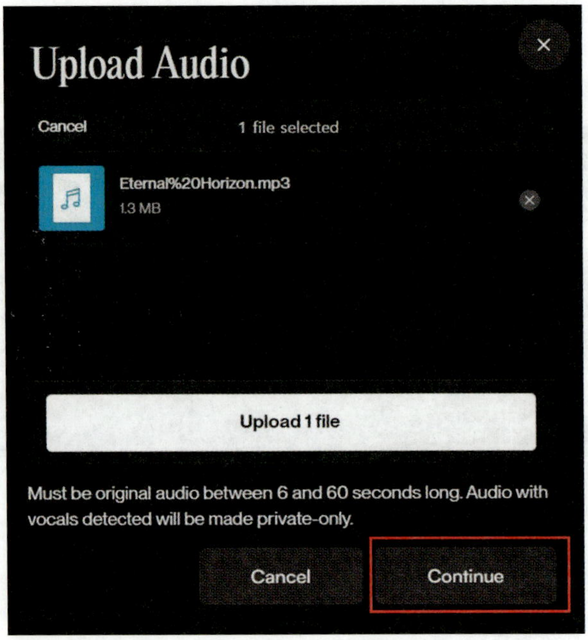

② 업로드가 완료되면 음악에 어울리는 커버 이미지를 생성해 준다. Continue를 클릭하면 재생 목록에 생성된 것을 볼 수 있다.

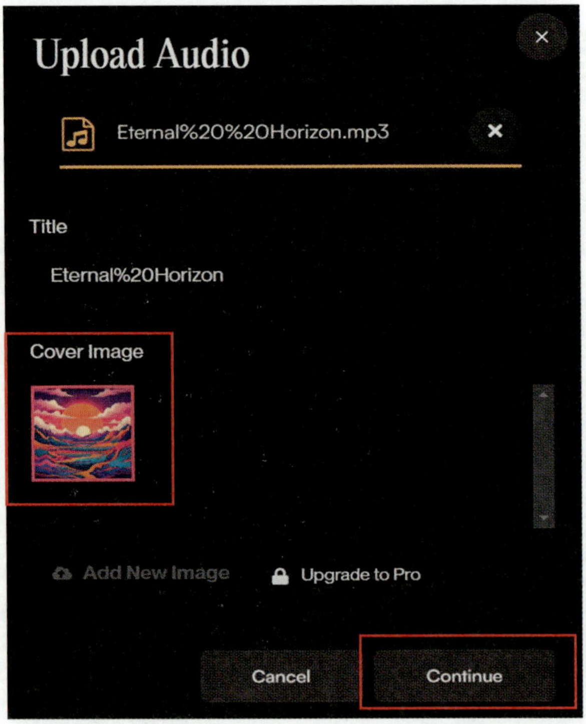

③ 노래의 Extend를 클릭하면 왼쪽 화면에 확장할 준비가 되었음을 알 수 있다.

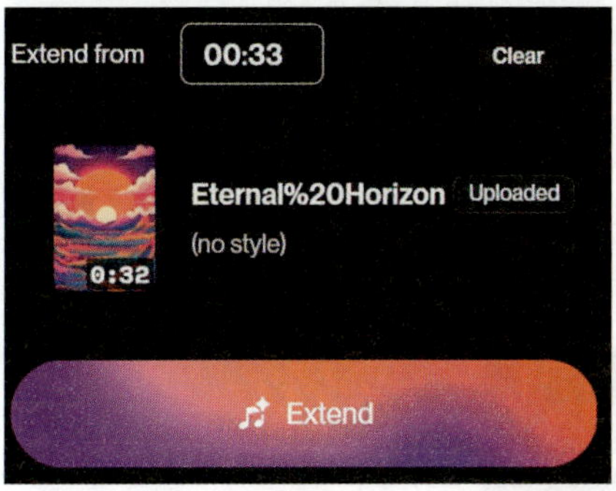

예시

④ Style of Music을 'hard rock, metal, guitar'로 입력 후 Lyrics의 'General Lyrics'을 클릭하면 어울리는 가사가 생성되며 Title 또한 생성된다.

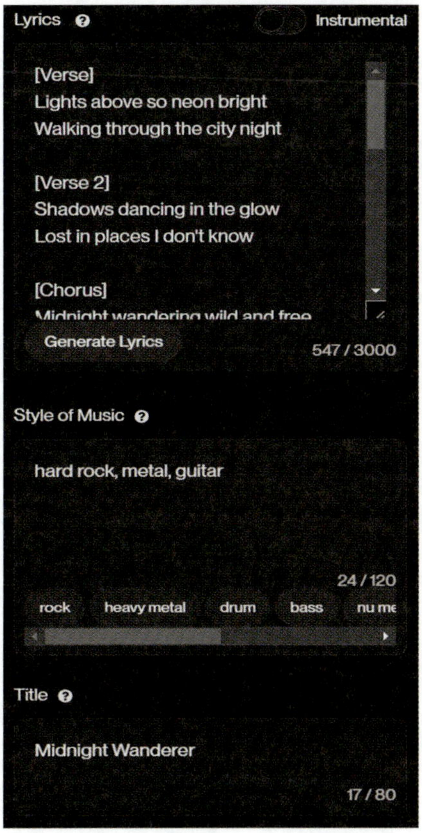

⑤ 'Extend'를 누르면 'Part 2'라고 적힌 음악이 생성된다.

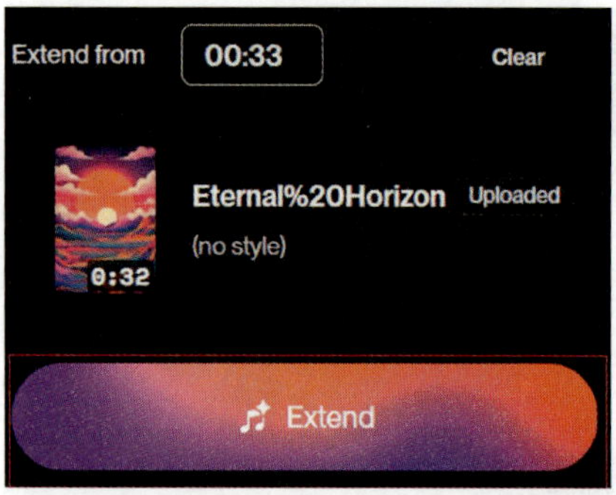

예시

⑥ 원하는 Part 2 음악의 점 세 개를 클릭하여 'Get a Whole Song'을 클릭한다.

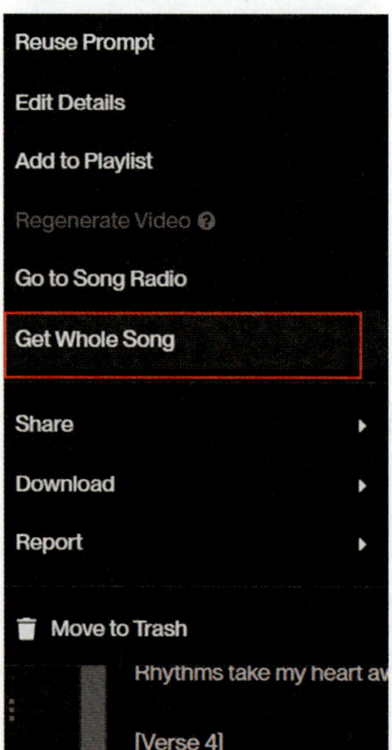

⑦ 'Full Song'이라고 적힌 노래가 생성된 것을 확인할 수 있다.

예시

TIP

정리하자면 노래를 Extend할 때 SUNO는 연장하여 생성할 때의 조건을 입력하지 않으며 노래를 이어 붙일 때 'Get a Whole Song'을 눌러야 노래가 생성된다.

UIDO는 연장하여 생성할 때의 여러 조건(노래를 붙이는 위치, 컨텍스트의 길이 등)을 입력할 수 있고, 노래가 이미 붙여져서 생성된다.

CHAPTER

04

영상 및 멀티미디어 생성 인공지능

① 나만의 동영상 생성

Intro: 뤼미에르 형제

1895년 프랑스 파리의 그랑 카페에서 상영된 뤼미에르 형제의 '라 시오타 역에서의 열차의 도착'(일반적으로는 '열차의 도착'으로 알려짐)은 초기 영화의 상징적인 작품으로 받아들여진다. 뤼미에르 형제가 개발한 시네마토그래프는 촬영과 영사를 겸하는 혁신적 장치로, 에디슨의 키네토스코프와 달리 다수의 관객이 동시 관람할 수 있어 현대 영화관의 기원이 되었다.

50초 남짓한 이 무성 흑백 영화는 단순히 기차의 도착과 승객들의 움직임을 담았지만, 그 생생한 재현은 관객들에게 강렬한 인상을 남겼다. 흥미롭게도 PC게임 〈문명 V〉의 인트로는 이 순간을 극적으로 재해석해, 관객들이 공포에 질려 도망치는 모습을 연출했다. 그러나 이는 역사적 사실과 거리가 있다. 실제 기록에는 관객들의 놀람은 언급되지만, 극단적 공포 반응의 증거는 없다. 이는 움직이는 사진, 영상의 영향력을 과장한 현대적 해석으로 보인다.

120년이 넘는 시간이 흐른 지금, OpenAI의 Sora는 또다시 세상을 놀라게 하고

그림 1 문명 V: 브레이브 뉴월드의 인트로 영상 중에서
(출처: https://www.youtube.com/watch?v=P0caL1S0VqY)

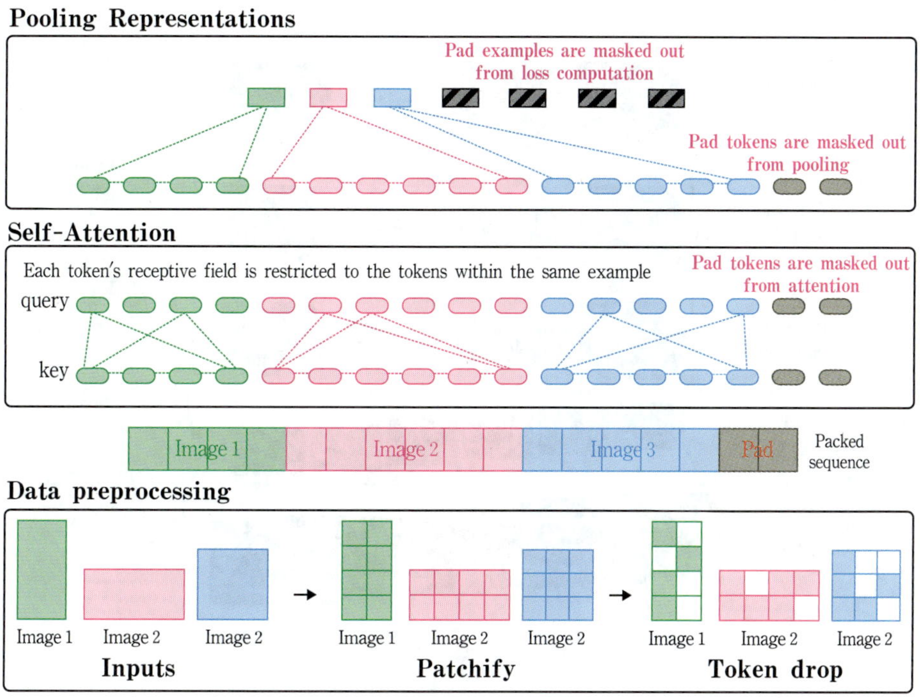

그림 2 이미지를 패치화(Patchify)하는 흐름 순서도
(출처: https://arxiv.org/abs/2307.06304, Patch n' Pack)

있다. Sora는 이미지 생성 인공지능을 넘어, 동영상 생성이라는 새로운 영역을 선보였다. Sora는 Diffusion Transformers(DiT)와 Latent Diffusion을 기반으로 한 혁신적인 인공지능 기술이다. 이 기술은 DALL·E와 같은 이미지 생성 모델의 기술과 GPT와 같은 언어 모델의 기술을 융합한 것이다. 이를 통해 Sora는 실제 세계와 디지털 세계의 다양한 콘텐츠를 생성할 수 있다. OpenAI의 기술 보고서에 따르면, Sora의 설계는 "Transformers를 사용한 확장 가능한 확산 모델" 연구에 크게 영향을 받았다고 한다.

Sora의 특별한 점 중 하나는 '패치 시스템'이라는 방식을 사용한다는 것이다. 이 시스템은 동영상을 작은 조각들, 즉 '패치'로 나누어 처리한다. 전통적인 비디오 처리 방식이 전체 프레임을 한 번에 다루는 것과 달리, 패치 시스템은 각 프레임을 여러 개의 작은 영역으로 나누어 처리한다. 이는 마치 퍼즐을 맞추는 것과 비슷한데, 각 패치를 개별적으로 생성한 후 이들을 조합하여 완전한 동영상을 만들어 낸다. 이러한 접근 방식의 장점은 다양한 해상도와 길이의 동영상을 효율적으로 다룰 수 있

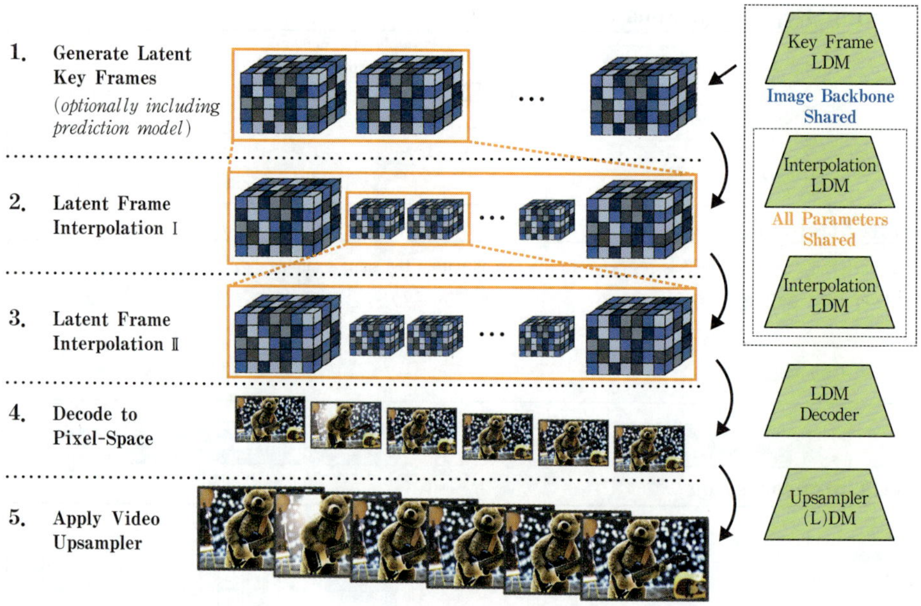

그림 3 노이즈에서 시작해 영상으로 변환되는 잠재 확산 모델
(출처: https://arxiv.org/abs/2304.08818)

다는 것이다. 예를 들어, 더 긴 동영상이 필요하다면 단순히 더 많은 패치를 생성하면 되고, 더 높은 해상도가 필요하다면 각 패치의 크기를 더 작게 만들면 된다. 이는 Sora가 짧은 클립부터 장편 영상까지, 저해상도 모바일 비디오부터 고해상도 영화 화질까지 다양한 형태의 동영상을 유연하게 생성할 수 있게 한다. OpenAI의 연구원 Tim Brooks는 이 패치 시스템이 Sora의 주요 혁신 중 하나라고 설명했다.

Sora가 사용하는 또 다른 중요한 기술은 Latent Diffusion, 즉 '잠재 확산'이다. 이 기술은 동영상 생성 과정을 크게 효율화한다. 잠재 확산의 작동 원리는 복잡하지만, 기본적으로 원본 동영상 데이터를 '잠재 공간'이라고 불리는 압축된 형태로 변환하는 것에서 시작한다. 이 과정에서 동영상의 핵심적인 특징들만 추출되어 저장된다. 그다음, 이 압축된 데이터에 노이즈(무작위 신호)를 점진적으로 추가한다. 이는 마치 깨끗한 이미지를 점점 흐릿하게 만드는 것과 비슷하다. AI 모델은 이 노이즈가 추가된 데이터로부터 원래의 깨끗한 데이터를 복원하는 방법을 학습한다. 이 과정에서 모델은 동영상의 구조와 내용을 이해하게 된다. 새로운 동영상을 만들 때는, 완전한 노이즈 상태에서 시작하여 학습된 역확산 과정을 통해 점진적으로 의미 있는 동영상을 만들어 낸다. 이 방식의 큰 장점은 계산 효율성이다. 전체 픽셀을 직접 다루는 대신 압축된 표현을 사용함으로써, 훨씬 적은 계산으로 고품질의 동영상을 생성할 수 있다. 이 기술은 "고해상도 이미지 합성을 위한 잠재 확산 모델" 연구 논문에서 처음 소개되었으며, Stable Diffusion의 기반이 되었다.

그렇다면 Sora가 어떤 프롬프트를 입력받아 어떤 영상을 만들었는지, 하나를 가지고 와서 설명해 보려고 한다. 다음은 프롬프트 내용이다;

Beautiful, snowy Tokyo city is bustling. The camera moves through the bustling city street, following several people enjoying the beautiful snowy weather and shopping at nearby stalls. Gorgeous Sakura petals are flying through the wind along with snowflakes.

아름답고 눈 내리는 도쿄 시내가 북적인다. 카메라가 분주한 도시 거리를 통과하며, 아름다운 눈 오는 날씨를 즐기고 근처 노점에서 쇼핑하는 여러 사람을 따라간다. 눈송이와 함께 화려한 벚꽃 잎들이 바람을 타고 날아다닌다.

그림 4 Sora AI의 〈Creating video from text〉 캡처 화면
(출처: https://www.youtube.com/watch?v=HK6y8DAPN_0)

이 이미지는 Sora가 만들어 낸 약 17초 분량의 영상을 캡처한 것이다. 해당 영상의 전체 버전은 OpenAI의 공식 유튜브 채널이나 홈페이지에서 감상할 수 있다. 영상의 품질이 매우 높아 사전 정보 없이 본다면 실제 일본의 겨울 풍경으로 오인하기 쉽다. 그러나 자세히 살펴보면, 계절적으로 모순되는 요소들이 공존한다. 봄의 상징인 벚꽃과 겨울의 눈이 동시에 등장하는 것은 현실에서는 보기 어려운 광경이다. 하지만 영상 속 노점과 행인들의 자연스러운 배치로 인해 이러한 비현실적 요소를 쉽게 간과할 수 있다.

Sora와 같은 첨단 인공지능 영상 생성 기술은 현재 제한적으로 운용되고 있다. 일부 영화 및 예술 분야의 전문가와 기술자들만이 이 기술에 접근할 수 있으며, 일반 대중에게는 아직 공개되지 않았다. 그러나 Sora 이후 다양한 인공지능 영상 생성 모델들이 등장하면서 일반인들도 프롬프트 입력을 통해 영상을 생성해 볼 기회가 생겼다. 이 중에는 무료 또는 부분 유료로 이용 가능한 모델들도 있어, 인공지능 영상 생성 기술을 직접 경험해볼 수 있는 길이 열리고 있다.

Runway Gen-2와 Gen-3 Alpha

2023년 5월, 영국의 광고 제작사 Private Island는 미국의 인공지능 개발사 Runway의 Gen-2 모델을 활용해 실험적인 맥주 광고를 제작했다. 이 시도는 인공지능 영상 생성 기술의 잠재력과 동시에 당시의 한계를 여실히 보여주었다. 광고 초반부의 파티 장면은 상당히 현실적으로 보였으나, 곧 인공지능 생성 영상의 기술적 제약이 드러났다. 왜곡된 맥주병과 캔, 부자연스러운 음주 동작, 그리고 후반부의 돌연한 불기둥 장면은 기술의 미숙함을 명확히 드러냈다. 이러한 현상은 인공지능이 복잡한 인간의 행동과 물리적 상호작용을 완벽히 이해하고 재현하는 데 아직 한계가 있음을 시사했다. IT 전문 매체 '아스테크니카'는 이 광고를 분석하며, 인공지능 생성 영상이 현실을 정확히 모사하고 대중을 설득하기에는 아직 많은 시간이 더 필요하다고 평가했다.

그러나 약 14개월이 지난 2024년 7월, 인공지능 영상 생성 기술 분야에서 우리가 생각했던 것보다 놀라운 진전이 이루어졌다. Runway에서는 Gen-2 모델보다 업그레이드된 Gen-3 Alpha를 공개하였다. 컬러리스트이자 영상 제작자인 Hellolaco가

그림 5 Private Island가 Runway Gen-2로 만든 맥주 광고의 캡처 화면
(출처: https://www.youtube.com/watch?v=CgDFzWvH1NE)

그림 6 Hellolaco가 Runway Gen-3 Alpha로 만든 볼보 팬메이드 광고의 캡처 화면
(출처: https://www.youtube.com/watch?v=TLxpfN23fGA)

자신의 유튜브 채널을 통해 공개한, Gen-3 Alpha를 이용해 만들어진 볼보 자동차의 팬메이드 광고는 인공지능 영상 기술의 급격한 발전을 여실히 보여준다. 이 영상에서는 도심 곳곳에서 솟아오르는 나무와 숲의 모습, 그리고 도로를 달리는 자동차가 거의 완벽한 조화를 이루며 자연스럽게 표현되었다. 특히 주목할 만한 점은 이전 세대 인공지능 영상에서 흔히 볼 수 있었던 색감 왜곡이나 피사체의 불안정한 움직임이 거의 완전히 해소되었다는 것이다.

Runway는 자사 홈페이지를 통해 일반 사용자들에게 인공지능 영상 생성 기술을 직접 체험할 기회를 제공하고 있다. Runway의 인공지능 영상 생성 서비스 이용 방법은 간단하다. 사용자는 PC나 모바일 기기로 Runway 홈페이지에 접속해 회원가입을 한다. 로그인 후 메인 화면인 대시보드에 진입하면 다양한 인공지능 기반 기능

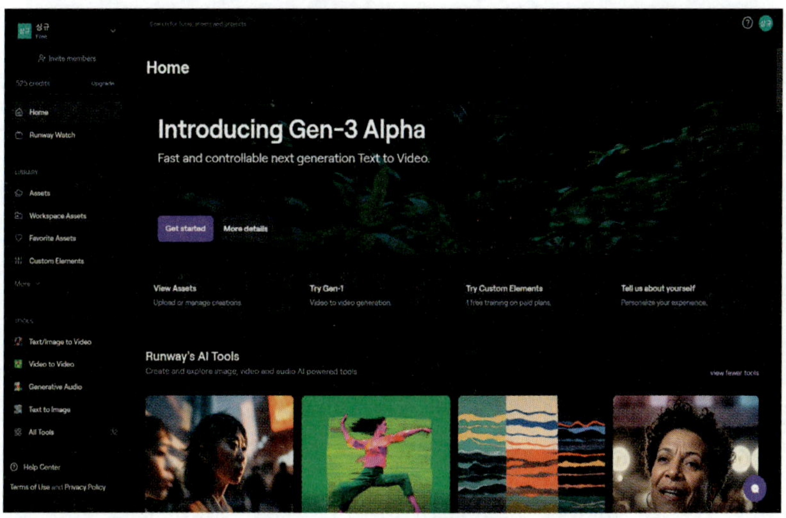

그림 7 app.runwayml.com의 대시보드 화면
(출처: https://app.runwayml.com/)

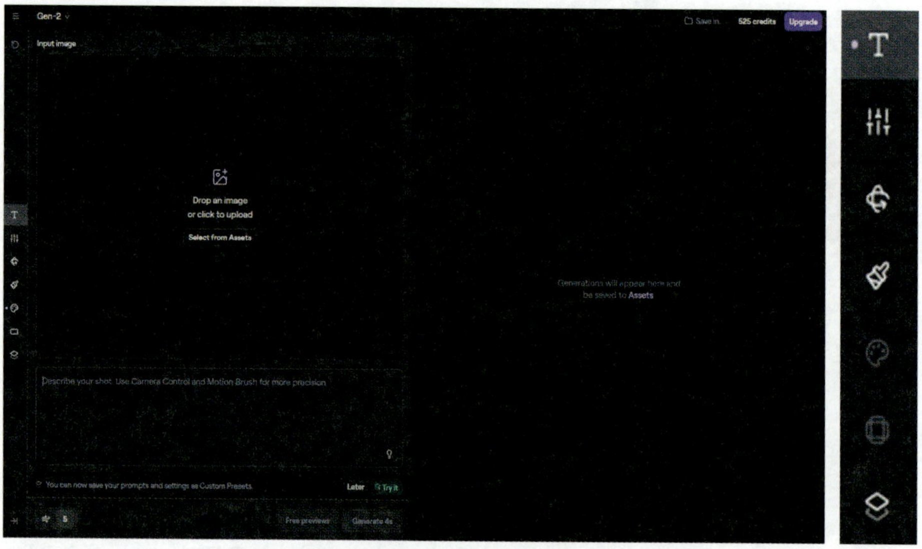

그림 8 Text/Image to Video 에디터 화면
(출처: https://app.runwayml.com/)

들을 볼 수 있다. 여기서 'Text/Image to Video' 옵션을 선택하면 인공지능 영상 생성 인터페이스로 이동한다. 이곳에서 사용자는 텍스트나 이미지를 입력하여 인공지능이 생성한 영상을 만들 수 있다.

볼보의 팬메이드 광고 영상 제작에 사용된 최신 모델인 Gen-3 Alpha는 유료 서비스로 제공되고 있다. 이 모델은 더욱 정교한 기능과 워터마크 없는 영상 생성이 가능하여, 고품질의 결과물을 원하는 사용자에게 적합하다. 그러나 Runway는 무료 사용자를 위해 이전 버전인 Gen-2 모델도 계속 제공하고 있다. Gen-2는 Gen-3 Alpha의 이전 모델이기에 다소 부족해 보일 수 있으나, 인공지능 영상 생성 기술의 핵심적인 특성을 체험하기에는 충분하다. 따라서 이 글에서는 더 많은 사용자가 접근할 수 있는 Gen-2 모델을 기준으로 사용 방법을 안내하고자 한다.

▶ 에디터의 좌측 툴 설명

- Prompt **T** : 영상 생성을 위해 텍스트뿐만 아니라 이미지를 업로드하는 것도 가능하다. 아래의 입력창에는 "(Optional) Describe your shot."이라는 안내가 제시된다. 사진을 기반으로 인공지능이 임의의 영상을 생성할 수도 있고, 입력창을 통해 사용자가 특별히 원하는 움직임의 형태를 프롬프트 형태로 작성할 수 있다.

- Settings : 영상 생성에 필요한 일반적인 설정을 관리하는 곳이다. 'Upgrade'라는 단어가 붙어있는 옵션은 계정을 유료 요금제로 전환한 후에 사용할 수 있는 기능이다.

  - Resolution: 해상도. 투입한 이미지의 해상도에 맞추거나, 투입한 이미지가 없을 경우 임의의 해상도 값으로 720px과 2K가 제공되거나 SD와 HD가 제공된다. 후자의 옵션은 유료이다.
  - Prompt weight for preview images: 미리 보기(섬네일) 화면의 프롬프트 수행도를 조정할 수 있다. 창의력이 많이 필요한 이미지의 경우 숫자를 낮게, 재량사항 없이 프롬프트의 내용 그대로를 강조하는 이미지의 경우 숫자를 높게 설정하면 된다.
  - Negative Prompt for preview images: 미리 보기(섬네일) 화면에서 반영되면 안 되거나 제외해야 하는 요소가 있다면 이 항목에 입력하여 해당 단어를 이미지에 등장하지 않게 설정할 수 있다.
  - Fixed seed: 같은 인공지능 모델이라 하더라도 매번 임의시행을 통해 다른 느낌의 영상이 만들어진다. 이때, 현재 생성된 영상의 느낌과 가능한 한 비슷하게 다른 이미지를 구현하고 싶다면, 시드 값을 복사하여 사용해 볼 수 있다.
  - Interpolate: 보정/보간법을 통해 프레임 간 움직임을 좀 더 부드럽게 만들 수 있다. 다만, 요소 또는 피사체의 경계를 다소 흐릿하게 표현할 수도 있다는 단점이 있다.

- Camera Control : 영상의 카메라 구도를 직접 설정할 수 있다. Horizontal/Vertical을 통해 상하좌우 이동, Pan/Tilt를 통해 상하좌우 기울임, Zoom을 통해 확대/축소, Roll을 통해 회전할 수 있다.

- Motion Brush : 영상 안에 등장하는 요소의 구역을 브러쉬를 이용해 직접 나눌 수 있다. 같은 요소끼리 각각 다른 색깔의 브러쉬로 색을 칠해 인공지능이 자동으로 경계를 도출하는 데에 실패한 일부 부분을 자세히 지정해 오류를 최소화할 수 있는 도구이다.

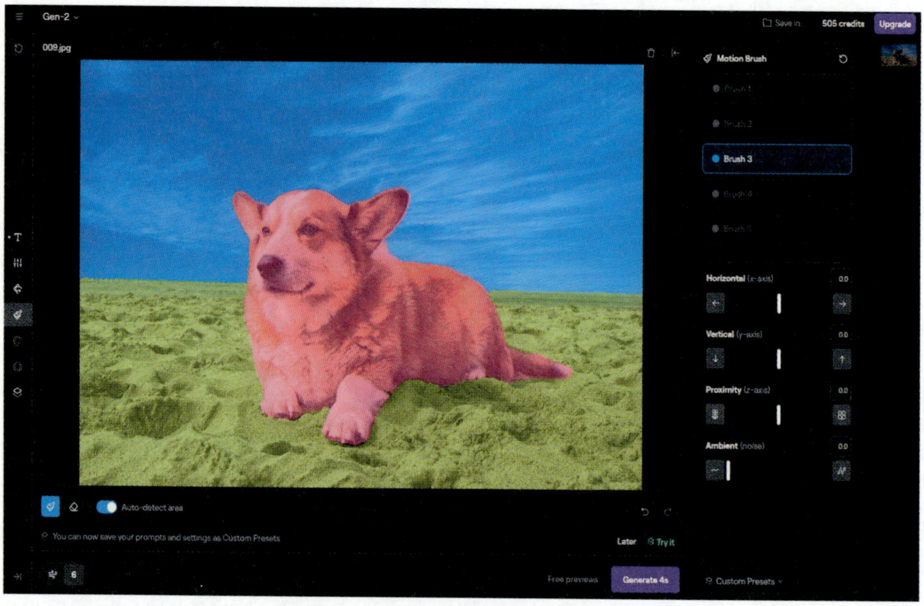

그림 9 Motion Brush 도구의 사용 화면
(출처: https://app.runwayml.com/)

- Style : Input image에 이미지를 업로드하지 않았다면, 프롬프트에 따라 임의의 인공지능 영상이 생성된다. 이때 영상의 스타일을 결정할 수 있으며, 현실적인 영상미(Cinematic, Advertising, Cine Lens 등)뿐만 아니라 카툰, 그래픽 노벨, 픽셀 아트 등 다양한 그림체로 영상을 생성할 수 있다.

- Aspect ratio : Input image에 이미지를 업로드하지 않았다면, 화면의 비율을 직접 설정할 수 있다. 대중적으로 많이 쓰이는 비율인 16:9(9:16), 1:1, 4:3(3:4), 21:9 옵션이 주어진다.

- Custom Presets : 위 모든 사항을 별도의 프리셋으로 저장할 수 있어, 비슷한 스타일의 다른 영상을 만들고자 할 때 옵션을 저장할 수 있는 기능이다.

에디터에서 제공하는 도구는 이전 파트에서 소개한 이미지 생성 도구와 상당 부분 유사하여 비교적 익숙하게 접근할 수 있었을 것이다. 여기에 영상 매체의 특성상 카메라 구도 설정과 같은 고유한 기능들이 추가되어 있어, 더욱 다양한 창작 가능성을 제공한다.

그림 10 원본 이미지와 실습으로 만든 영상의 예시 캡처 화면
(출처: https://app.runwayml.com/)

[그림 10]에서 예시로 제시된 영상 생성 과정은 이 도구의 기능을 잘 보여준다. 바닷가에서 휴식을 취하고 있는 강아지의 정적인 사진을 입력 이미지로 사용하고, "Dog nodding his head and feeling a rhythm"이라는 간단한 프롬프트를 추가하여 영상을 생성했다. 그 결과, 원래 정면을 응시하고 있던 강아지가 머리를 위아래로 끄덕이는 동작을 수행하는 영상으로 변환되었다.

Runway는 사용자에게 일정량의 무료 크레딧을 제공하여 기술을 체험할 수 있게 한다. Generate 기능을 통해 4초 길이의 영상을 생성할 수 있으며, 사용되는 크레딧은 모델에 따라 다르다. Gen-2 모델은 1초당 5 크레딧을, 유료 서비스인 Gen-3 Alpha는 1초당 10 크레딧을 소비한다.

무료 계정으로 접속 시 사용자에게 125 크레딧이 주어지며, 이는 자동으로 충전되지 않는다. 이 크레딧으로 약 25초 분량의 영상을 생성할 수 있으며, 이후 추가 사용을 위해서는 결제가 필요하다. 비록 짧은 시간이지만, 이를 통해 인공지능 영상 생성 기술의 기본적인 원리와 가능성을 맛볼 수 있었을 것이다.

LUMA Dream Machine

OpenAI의 Sora가 대중의 기대를 모으는 가운데, 미국의 인공지능 개발사 LumaAI가 새로운 동영상 생성 인공지능 모델 '드림머신(Dream Machine)'을 공개

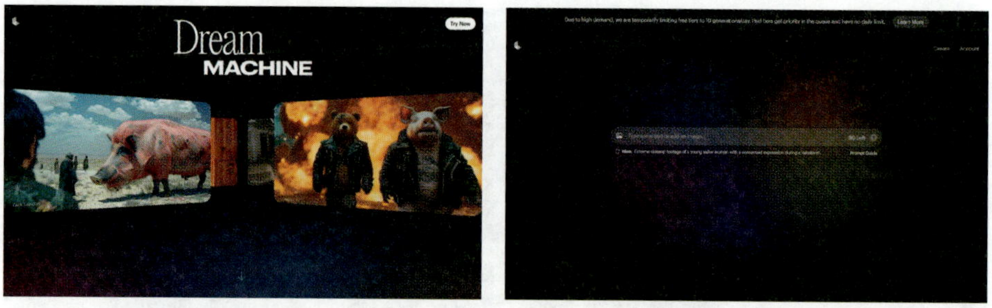

그림 11 Dream Machine 홈페이지와 회원가입 이후 프롬프트 입력 화면
(출처: https://lumalabs.ai/dream-machine/creations)

베타로 출시했다. 2024년 6월 13일에 공개된 이 기술은 첫날부터 폭발적인 관심을 받아 서비스 접속에 일시적 차질이 빚어질 정도로 인기를 끌었다.

드림머신은 단일 프롬프트만으로 1360*752 해상도의 5초 분량 비디오 클립을 2분 이내에 생성할 수 있다. 특히 이 기술은 다른 동영상 생성 인공지능 모델들과 달리 무료로 제공되어 접근성이 높다. LumaAI는 향후 크리에이티브 소프트웨어용 API와 플러그인 출시도 계획 중이다. 드림머신의 영상 품질은 Sora에 견줄 만큼 우수하며, 일부에서는 Sora를 능가한다는 평가도 나오고 있다. 소셜 미디어에서는 이미 드림머신으로 생성된 다양한 영상들이 공유되고 있어, 그 성능과 대중적 인기를 실시간으로 확인할 수 있다.

Luma Dream Machine의 사용자 인터페이스는 직관적이고 간단하게 구성되어 있다. 회원가입 후 접속하면 화면 중앙에 프롬프트 입력창이 나타나며, 상단에는 사용 제한에 대한 안내가 표시된다. 이 안내에는 '하루 10개 영상 생성 제한'이라고 명시되어 있지만, 실제 무료 요금제의 제한은 이와 다소 차이가 있다. 무료 사용자의 경우, 실제로는 월 30개의 영상 생성 제한이 적용된다. 이는 하루 평균 1개 정도의 영상을 생성할 수 있음을 의미한다. 유료 요금제로 전환하면 몇 가지 추가 혜택을 얻을 수 있다. 워터마크가 제거되고 상업적 이용이 허용되며, 선택한 요금제 등급에 따라 월간 생성 가능한 영상의 수가 증가한다.

사용 방법이 간단한 만큼, 아래의 프롬프트를 입력해 생성되는 영상을 확인해 보도록 하겠다;

그림 12 프롬프트 입력 후 대기 중 화면과 생성 결과물 캡처 화면
(출처: https://lumalabs.ai/dream-machine/creations)

Extreme closeup footage of a young sailor woman with a concerned expression during a rainstorm

폭풍우가 몰아치는 동안 걱정스러운 표정을 짓고 있는 젊은 선원 여성의 초근접 촬영 영상

프롬프트를 입력한 후에는 'Your Creations' 화면을 통해 현재 생성 중이거나 완료된 영상을 확인할 수 있다. 생성 시간은 접속자 수나 네트워크 환경에 따라 다소 변동될 수 있다. 프롬프트 입력 창 근처에 표시되는 숫자는 월별 남은 생성 횟수를 나타낸다. 예를 들어, 첫 영상을 생성한 후에는 이 숫자가 30에서 29로 감소한다.

드림머신이 생성하는 기본 영상은 5초 분량이지만, 사용자들은 더 긴 줄거리를 구축할 수 있는 유연한 옵션을 제공받는다. 'Your Creations' 섹션에서 생성된 영상 아래에 있는 'Extend' 버튼이 바로 그 기능이다. 이 확장 기능을 통해 사용자는 기존 영상의 맥락을 유지하면서 새로운 동작이나 구도를 추가하여 영상을 자연스럽게 연장할 수 있다.

'Extend' 기능은 각각의 사용마다 생성 횟수를 1회 소모하지만, 이를 통해 얻는 이점은 상당하다. 단편적이고 독립적인 영상들을 만드는 대신, 하나의 연결된 스토리라인을 가진 더 긴 영상을 제작할 수 있게 되는 것이다. 이는 사용자가 더 복잡하고 깊이 있는 내러티브를 AI를 통해 구현할 수 있게 해주며, 창작의 범위를 크게 확장한다.

또, 프롬프트 입력창 왼쪽에 있는 이미지 버튼을 통해 최대 두 장의 이미지를 업로드할 수 있는데, 이는 영상의 키프레임으로 활용된다. 첫 번째 이미지는 영상의 시작

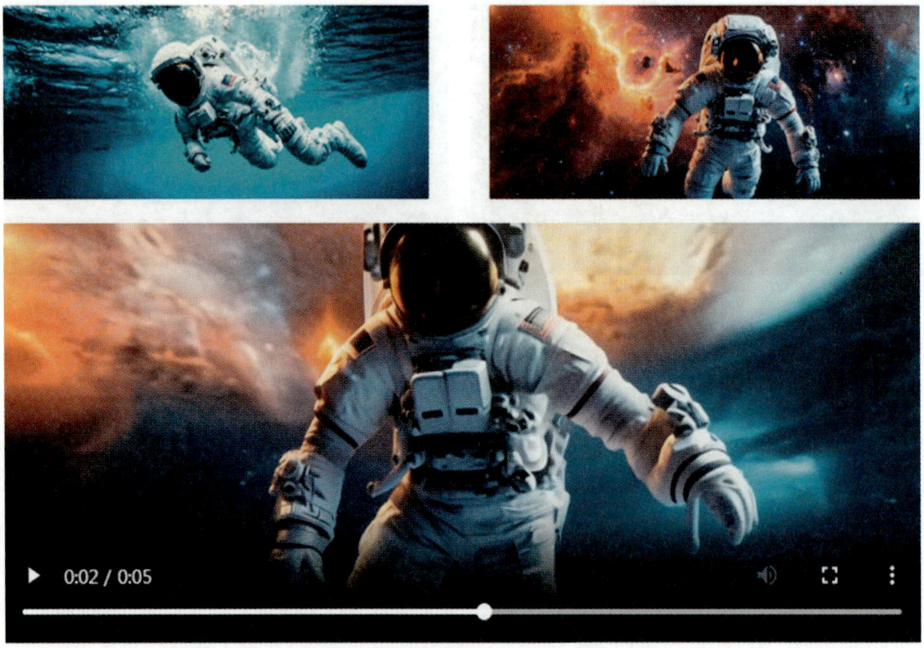

그림 13 두 장의 이미지를 키프레임으로 사용할 때의 영상 생성
(출처: https://lumaai.notion.site)

화면으로, 두 번째 이미지는 영상의 마지막 화면으로 설정되어 AI가 이 두 지점 사이를 자연스럽게 연결하는 영상을 생성한다.

이 기능의 특징은 사용자가 별도의 텍스트 프롬프트 없이도 두 이미지만으로 영상을 생성할 수 있다는 점이다. 드림머신은 두 이미지 간의 변화를 분석하여 자동으로 중간 과정을 채워 넣는다. 그러나 사용자가 원한다면 추가적인 프롬프트를 입력하여 두 이미지 사이의 전환 과정에 대해 더 구체적인 지시를 내릴 수도 있다.

현재 여러 파트를 거쳐오며 프롬프트 작성 기법을 텍스트, 이미지에 이어 영상 생성으로까지 확장하고 있다. LumaAI 측에서 직접 작성한 문서를 바탕으로, 영상 생성 프롬프트 작성 시 도움이 될 만한 점들을 다시금 정리해 보겠다.

- 가능한 한 명확하게 서술하기

영상의 주요 주제, 배경, 핵심 요소들을 명확하게 설명한다.

예) 일몰 무렵의 고요한 해변, 부드럽게 해안으로 밀려오는 파도, 하늘을 날아다니는 갈매기들

- 가능한 한 자세하게 서술하기

영상에서 중요한 특정 디테일을 언급한다.

예) 황금빛 모래사장과 몇 그루의 야자수가 있는 해변, 분홍색과 주황색 색조로 물든 하늘

- 감정 또는 분위기 강조하기

전달하고자 하는 분위기나 분위기를 묘사한다.

예) 노을이 짙게 깔리며 차가운 저녁 공기에 뜨거운 햇살이 조명되는 바닷가, 평화롭고 차분한 분위기의 영상

- 프롬프트는 간단하게 작성하기

복잡한 용어나 전문 용어를 피하고, 단순하고 직접적인 언어를 사용한다.

예) 장작이 타고 있는 아늑한 거실, 소파 위에서 잠자는 고양이

Outro: 꿈속의 세계

영상 생성 인공지능 기술은 Sora, Runway, Luma 드림머신을 비롯해 다양한 모델들이 급속도로 발전하고 있다. GPT 모델들 간의 경쟁 구도처럼, 영상 생성 인공지능 개발사들 사이에서도 치열한 기술 경쟁이 벌어지고 있다. 이러한 경쟁은 기술의 혁신과 발전을 가속하며, 사용자들에게 더욱 다양하고 고품질의 영상 생성 도구를 제공하고 있다.

[그림 14]의 이미지는 OpenAI의 Sora를 활용한 최초의 상업용 광고이다. 글로벌 완구 기업 토이저러스가 2024 칸 라이온스 페스티벌에서 공개한 이 광고는 Sora의 잠재력, 더 나아가 영상 생성 인공지능을 실제 마케팅 영역에서 보여준 첫 사례다. 크리에이티브 에이전시 '네이티브포린'이 제작한 66초 길이의 이 영상은 토이저러스 창립자의 어린 시절 꿈속의 세계와 회사의 탄생 스토리를 담고 있다.

이 광고에 대한 반응은 양극화되어 있다. 일부에서는 영화의 미래에 대한 매혹적인 비전을 제시했다고 호평하는 반면, 다른 이들은 불편함을 표현하기도 했다. 전문

그림 14 Toysrus(토이저러스)가 Sora를 이용해 만든 광고
(출처: https://www.toysrus.com/pages/studios)

가들은 이러한 동영상 생성 인공지능이 디지털 엔터테인먼트 시장에 큰 변화를 가져올 잠재력이 있다고 평가한다. 토이저러스의 킴 밀러 최고 운영 책임자는 이 프로젝트를 통해 많은 학습과 시행착오를 경험했다고 말하며, 새로운 기술을 이해하는 데 있어 실제 경험의 중요성을 강조했다.

뤼미에르 형제의 '열차의 도착'이 인류에게 안겨준 신선한 충격을 다시금 떠올려보자. 당시 움직이는 영상을 처음 접한 관객들이 느꼈던 경이로움과 마찬가지로, 오늘날의 인공지능 영상 생성 기술은 우리에게 새로운 영감과 가능성을 제시하고 있다. 텍스트 몇 줄만으로 복잡한 시나리오와 풍부한 시각적 요소를 갖춘 영상을 만들어 내는 능력은, 창작의 개념을 재정의하고 있다. 과거에는 고가의 장비와 전문적인 기술이 필요했던 영상 제작이, 이제는 아이디어만 있으면 누구나 시도해볼 수 있는 영역이 되고 있다.

② 시나리오 생성과 스토리보드

Intro: 생성형 인공지능, all at once

우리는 인공지능 기술이 창작의 다양한 영역에 어떻게 적용되고 있는지 살펴보고 있다. 1부에서는 텍스트 생성 인공지능을 통해 이야기와 플롯 생성의 새로운 가능성을 탐구했다. 2부에서는 이미지 생성 인공지능과 그래픽 디자인 분야의 혁신적인 아이디어들을 살펴보았다. 이는 전문 디자이너뿐만 아니라 일반인들도 손쉽게 고품질의 시각적 콘텐츠를 만들어 낼 수 있게 해주어, 창의적 표현의 새로운 지평을 열 것이다. 3부에서는 음성 및 음악 생성 인공지능을 다루었다. 이는 작사와 작곡이 가능해짐으로써, 음악 창작의 과정이 더욱 다양화되고 접근성이 높아지고 있음을 확인했다.

이제 4부에서 영상 생성 인공지능을 살펴봄으로써, 우리는 자연스럽게 이 모든 요소가 결합한 종합예술을 생각하게 된다. 이탈리아의 대표적인 영화감독 베르나르도 베르톨루치는 “영화는 모든 예술의 종합이다. 그것은 나에게 가장 매력적인 표현 방식이다.”라는 이야기를 한 적이 있다. 영화는 스토리텔링, 시각적 표현, 음악, 동적 영상을 아우르는 매체로, 지금까지 살펴본 인공지능 기술들이 총체적으로 적용될 수 있는 이상적인 플랫폼이다.

그림 15 베르나르도 베르톨루치
(출처: https://www.artsnculture.com/news/articleView.html?idxno=2438)

이러한 기술의 융합은 영화 제작 과정에 혁명적 변화를 불러올 잠재력을 지니고 있다. 시나리오 작성, 스토리보드 제작, 음악 작곡, 실제 영상 제작에 이르기까지 영화 제작의 전 과정에 걸쳐 인공지능이 중요한 역할을 할 수 있게 되었다. 이어지는 내용에서는 영화와 기타 매체에서 생성형 인공지능을 통해 시도되고 있는 다양한 적용 사례를 살펴볼 것이다.

AIFF와 원 모어 펌킨

2023년 9월부터 2024년 2월까지 출품작을 접수하여 개최된 AIFF(AI Film Festival)는 인공지능 기술과 인간의 창의성이 결합한 새로운 영화 제작의 세계를 잘 보여주는 행사였다. 이 축제는 전 세계 출품작에 대한 심사, 전문가 패널 토론, 실습 워크숍 등 다양한 프로그램을 통해 인공지능이 스토리텔링의 미래에 미치는 혁명적인 영향을 조명했다.

2024년 AIFF 경연에는 89개국에서 500편 이상의 작품이 출품되었다. 2024년 2월 29일 열린 시상식에서는 다음과 같은 작품들이 수상의 영예를 안았다:

- **최우수 영화상**: 권한슬(대한민국), '원 모어 펌킨(One More Pumpkin)'
- **최우수 감독상**: 프란체스코 시로(이탈리아), '트레타(Treta)'
- **관객 선택상**: 권한슬(대한민국), '원 모어 펌킨(One More Pumpkin)'
- **AI 선택상(G42 후원)**: 프란체스코 시로(이탈리아), '트레타(Treta)'

그림 16 AIFF 경연의 메인 수상작인 '원 모어 펌킨'과 '트레타'
(출처: https://aifilmfest.ae/#finalists)

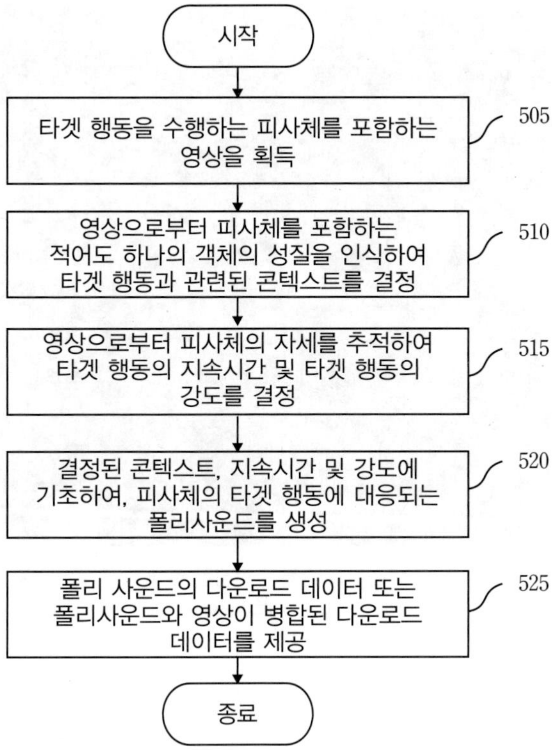

그림 17 〈AI Video to Foley〉의 알고리즘
(출처: https://doi.org/10.8080/1020230082246)

이 중에서 권한슬 감독의 '원 모어 펌킨'을 중심으로 이른바 '영화 생성' 인공지능에 관해 이야기해 보겠다. '원 모어 펌킨'은 200세가 넘은 한국 노부부의 비밀스러운 이야기를 다룬 미스터리 공포 영화다(AIFF의 공식 홈페이지를 통해 '원 모어 펌킨'을 포함한 출품작들을 누구나 시청할 수 있다.) 이 작품의 가장 큰 특징은 모든 영상과 음성이 순수하게 인공지능 기술을 통해 생성되었다는 점이다. 실사 촬영이나 CG 보정 없이 오직 인공지능 기술만으로 제작되었으며, 놀랍게도 그 제작 기간은 단 5일에 불과했다.

권한슬 감독을 포함한 여러 창작자는 인공지능을 활용한 영화 제작의 혁신적 가능성을 제시하고 있다. 권 감독은 자신의 영화 전공 지식과 감독으로서의 경험을 인공지능 기술과 효과적으로 융합했다. 특히 그가 보유한 폴리 사운드 생성 인공지능 기술 특허(제10-2620852호)는 이 분야에서의 그의 선구자적 위치를 잘 보여준다. 이 특허 기술은 영상 내 움직임을 자동으로 감지하고 그에 맞는 효과음을 생성 및 삽입

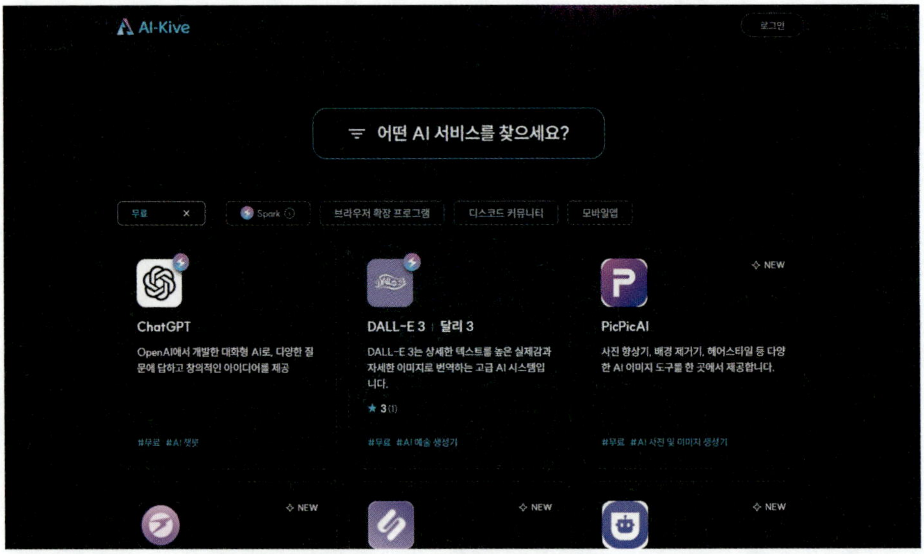

그림 18 권한슬 감독이 런칭한 AI-Kive의 홈페이지
(출처: https://aikive.com/)

하는 인공지능 시스템에 관한 것으로, 영화 제작 과정의 중요한 부분을 자동화하고 효율화하는 데 이바지했다.

먼저, 알고리즘은 주어진 영상에서 중요한 행동을 수행하는 대상을 식별한다. 이어서 그 대상의 움직임을 자세히 관찰하며, 행동의 맥락과 환경을 파악한다. 마치 숙련된 음향 기술자가 영상을 보며 적절한 효과음을 고민하는 과정을 기계가 대신하는 셈이다. 더 나아가, 이 시스템은 대상의 자세 변화를 추적하여 행동의 지속 시간과 강도까지 정확히 측정한다. 이렇게 수집된 정보를 바탕으로, 알고리즘은 행동에 꼭 맞는 폴리 사운드를 생성해 낸다. 최종적으로, 알고리즘을 통해 생성된 사운드를 영상과 완벽하게 동기화하여 제공한다. 사용자는 이를 독립적인 사운드 파일로 받거나, 영상과 결합한 형태로 다운로드할 수 있다.

권 감독은 이러한 경험을 바탕으로 'AI-Kive'라는 플랫폼을 런칭했다. AI-Kive는 인공지능 영상 제작의 길잡이 역할을 한다. 이를 통해 다른 창작자들도 인공지능 기술을 활용한 콘텐츠 제작에 쉽게 뛰어들 수 있게 됐다. 최근 쏟아지는 인공지능 서비스 중에서 자신의 필요에 맞는 도구를 고르는 데도 도움을 준다. 요금제나 기능별로 인공지능 도구를 빠르게 찾을 수 있고, 이 책에서 다루지 못한 최신 기술들도 살펴볼 수 있어 유용하다.

현재 인공지능 영화 제작 기술이 전통적 방식을 완전히 대체하긴 어렵다는 게 전문가들의 중론이다. 인공지능은 아직 복잡한 스토리 전개나 섬세한 감정 표현에 한계가 있기 때문이다. 부천국제판타스틱영화제 신철 집행위원장은 "원 모어 펌킨"의 성과를 높이 평가하면서도, 영화의 서사 구성 능력이 아직 미흡하다고 지적했다. 그럼에도 인공지능 생성 영화는 새 창작 방식으로 주목받고 있다. "원 모어 펌킨"은 한국적 요소와 서구의 할로윈 이미지를 독특하게 버무려 신선한 볼거리를 선사했다. 이는 인공지능을 통해 이질적 문화 요소들, 실재와 허상을 창의적으로 융합할 수 있음을 보여준다.

AI Dungeon

영상 제작과 영화 산업에 관한 탐구를 진행하던 중, 우리는 이제 시나리오 작성을 위해 특화된 인공지능 도구를 체험해 보고자 한다. 그리고 이를, 영화 못지않게 종합 예술로 인정받는 게임 영역에서 소개될 예정이다. 게임은 장르에 따라 다양하게 분류되는데, 그중에서도 오픈 월드나 RPG(Role-Playing Game) 장르와 같이 플레이어가 몰입할 수 있는 독자적인 '세계관'이 존재하고, 그 안에서 다채로운 이벤트를 경험하는 게임들은 영화와 마찬가지로 시나리오와 서사의 중요성이 두드러진다. 이러한 유사성으로 인해, 이 장르의 게임이 영화로 각색되거나, 반대로 영화 속 세계관이 게임으로 재창조되는 사례를 어렵지 않게 찾아볼 수 있다.

RPG 장르가 디지털 플랫폼으로 이식되기 이전에는 플레이어들이 테이블에 둘러앉아 대화를 나누며 게임을 진행했다. 이러한 형태의 게임을 TRPG(Table-top RPG)라고 칭하며, 정해진 세계관 내에서 게임 마스터(GM)가 이벤트와 몬스터 조우 환경을 구성하고, 플레이어들이 이에 따라 퀘스트를 수행하는 방식으로 진행된다. 그러나 게임 마스터가 모든 이벤트를 창작하여 진행해야 하는 부담이 있었고, 이로 인해 사전 준비에 상당한 시간과 노력이 요구되었다. 이러한 난점을 어느 정도 해소해 준 것이 바로 사전에 프로그래밍된 스크립트를 통해 진행되는 디지털 RPG이다.

그러나 미리 준비된 스크립트에 의존하는 RPG는 장기간 플레이할수록 플레이어

그림 19 TRPG의 플레이 모습
(출처: Wikimedia Commons, Sargoth)

가 '완전히 새로운 이야기'를 경험하기 어려워지는 한계에 봉착하게 되었다. 어떤 사건을 마주하더라도 그 해결 방법이나 위기 극복을 위한 대화 패턴을 숙지해버리면, 세계관 내에서 새로운 경험을 할 수 있는 여지가 급격히 줄어든다. 인간 게임 마스터를 대체하여 컴퓨터가 그 역할을 수행하다가 결국 새로운 스크립트를 지속해서 생성해 줄 존재의 필요성이 대두되었고, 이를 인간이 아닌, 그간 비약적으로 발전한 인공지능 게임 마스터가 해결해 줄 수 있지 않을까 하는 기대가 형성되기 시작했다.

이러한 맥락에서, 인공지능 기술의 발전은 게임 산업에 새로운 패러다임을 제시할 잠재력을 내포하고 있다. 특히, 자연어 처리와 생성형 인공지능의 비약적 진보는 동적이며 적응력 있는 게임 세계관과 스토리텔링을 구현할 수 있게 할 전망이다. 이는 단순히 게임의 오락성을 증진하는 데 그치지 않고, 인터랙티브 미디어의 새로운 지평을 개척할 수 있는 혁신적 변화로 주목받고 있다. 이에 대한 심도 있는 논의는 후속 파트에서 상세히 다루기로 하고, 본 파트에서는 이와 연관된 실제 웹 서비스를 체험해 보고자 한다.

2019년 3월, 닉 월턴(Nick Walton)이 해커톤에서 AI Dungeon의 첫 버전을 개발했다. 이 버전은 OpenAI의 GPT-2 모델을 사용했으며, 제한된 선택지를 제공하는 방식으로 운영되었다. 같은 해 11월, OpenAI가 더 발전된 버전의 GPT-2를 공

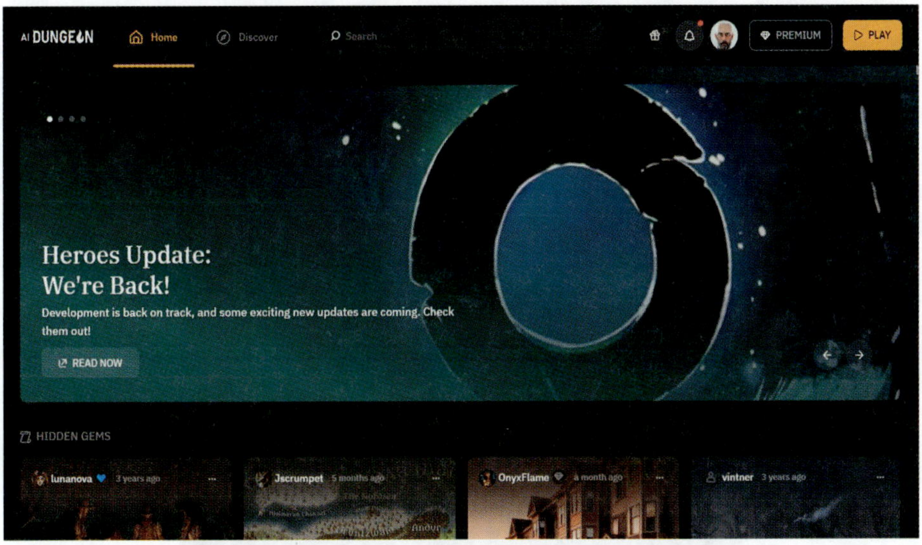

그림 20 AI Dungeon 회원가입 및 로그인 후 메인 화면
(출처: https://aikive.com/)

개하면서 이전보다 훨씬 더 정교한 텍스트 생성 능력을 갖추었고, 플레이어가 자유롭게 행동을 입력할 수 있는 방식으로 변경되었다. 2020년 7월, OpenAI의 GPT-3 모델을 기반으로 한 'Dragon' 모델이 프리미엄 사용자를 위해 도입되었다. GPT-3는 GPT-2에 비해 훨씬 방대한 데이터로 학습되어, 더욱 일관성 있고 맥락을 이해하는 스토리 생성이 가능해졌다. 무료 사용자를 위한 'Griffin' 모델도 GPT-3의 덜 발전된 버전으로 업그레이드되었다.

AI Dungeon은 처음에는 오픈소스로 공개되었으나, 급격한 인기로 인해 곧 사유 소프트웨어로 전환되었다. 이 과정에서 모바일 앱이 출시되고, 멀티플레이어 모드가 추가되는 등 다양한 기능이 확장되었다. 2020년 후반에는 다양한 세계관을 제공하는 'Worlds' 기능이 추가되었고, 2022년 8월에는 이미지를 생성하는 'See' 상호작용 모드가 도입되었다.

사이트에서 회원가입을 한 후, 오른쪽 위의 [Play] 버튼을 눌러 새로운 게임 시나리오를 시작할 수 있다. Quick Start를 선택하면 임의의 프리셋에서 빠르게 옵션을 선택해 인공지능 GM과 대화를 시작할 수 있고, Create Scenario를 선택하면 프롬프트를 통해 나만의 세계관을 만드는 설정이 진행된다. Opening에서 세계관의 도입부를 입력하고, Author's Note에서 인공지능 GM의 어조나 분위기 등을 설정할 수 있

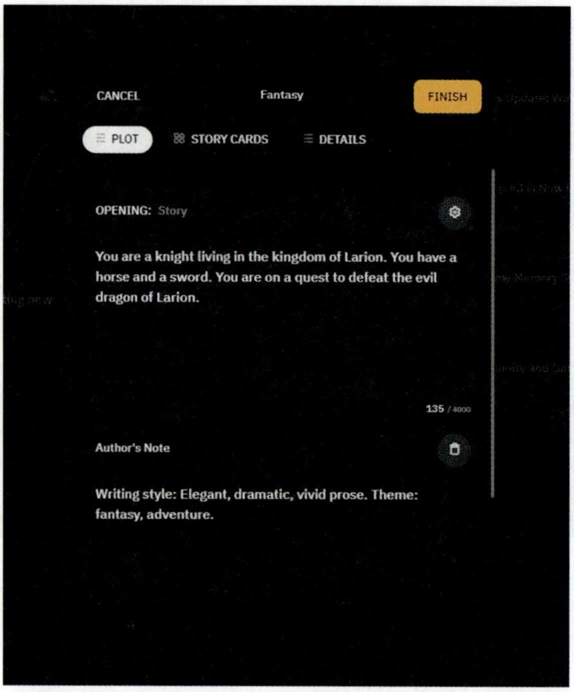

그림 21 Create Scenario

다. 또한, STORY CARDS에서 주요 인물의 성격과 지역, 세력 등을 생성할 수 있으며, DETAILS에서 STORY CARDS와 스크립트를 불러오거나 내려받을 수도 있다.

Quick Start 또는 자신이 생성한 시나리오에서 본격적인 게임을 시작하게 되면, 스토리 진행과 함께 액션이 이루어지는 화면으로 전환된다. 인공지능 GM이 서두로 이야기를 시작하며, 임의의 이벤트가 등장하게 된다. 해당 이벤트의 내용을 관찰하기 위해 Continue를 눌러 좀 더 지켜봐도 좋고, [TAKE A TURN]을 통해 본격적으로 이벤트에 개입할 수 있다. 턴을 진행하면서 플레이어는 Do, Say, Story, See 중 하나를 선택해 프롬프트를 입력할 수 있다.

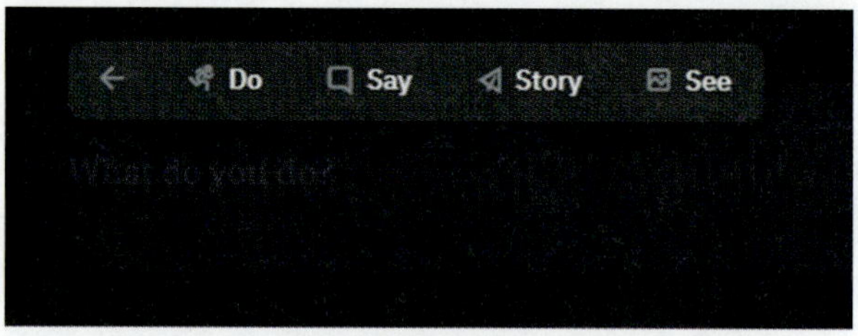

그림 22 Take a Turn을 통해 선택할 수 있는 액션

- Do

플레이어가 직접 나서서 수행하는 행동을 입력할 수 있다. 프롬프트에는 동사를 반드시 포함해야 하며, 인공지능 GM은 플레이어의 행동으로 인해 일어나는 일을 서술한다.

- Say

플레이어가 현재 마주하고 있는 다른 인물이나 대상과 나눌 대화문을 입력할 수 있다. 프롬프트에는 반드시 문장을 포함해 대화하듯이 입력하면 되며, 인공지능 GM은 대화의 상대방이 되어 두 사람(혹은 여러 사람)의 소통을 이어간다.

- Story

플레이어는 세계관 속 인물로서 행동이나 대화를 진행하기도 하지만, 세계관의 창조자로서 임의의 설정이나 스토리를 추가할 수 있다. 현재 스토리 진행에서 발생할 수 있는 일이나, 플레이어가 인공지능 GM(게임마스터)에게 미래의 이벤트에 대해 알려주길 원하는 내용을 설명하는 문장이 이어질 수 있다.

- See

AI Dungeon에서 가장 마지막에 추가된 기능으로, 플레이어가 현재 진행 중인 이벤트, 객체 또는 캐릭터를 인식할 수 있도록 한다. 이미지 생성 프롬프트이기 때문에 확인하고자 하는 시각적 대상에 대한 묘사가 필요하며, 인공지능 GM이 프롬프트에 따라 이미지를 생성해 플레이어에게 보여준다. 일종의 관찰 행위이기 때문에 게임 플레이에 영향을 미치지 않는다.

위 네 가지 액션 중 하나에 해당하는 프롬프트를 입력하면, 오른쪽 위에 표시되는 액션 수가 1회 차감된다. 하루에 100회의 프롬프트가 무료로 제공되므로 무료 요금제에서도 상당한 양의 이야기를 진행할 수 있다. 다만, 유료 요금제로 전환하면 몇 가지 기능이 업그레이드된다.

우선, 토큰 수가 증가함과 동시에 스토리 생성 모델이 추가된다. 기본적으로 제공되는 스토리 생성 모델은 MythoMax와 Tiefighter 두 가지인데, Legend 이상의 요금제를 선택하면 Mixtral과 GPT-4 모델까지 추가되어 더욱 풍성한 스토리 선택지를 제공한다. 또한, See 액션을 지원하는 이미지 생성 모델도 Stable Diffusion 1.5

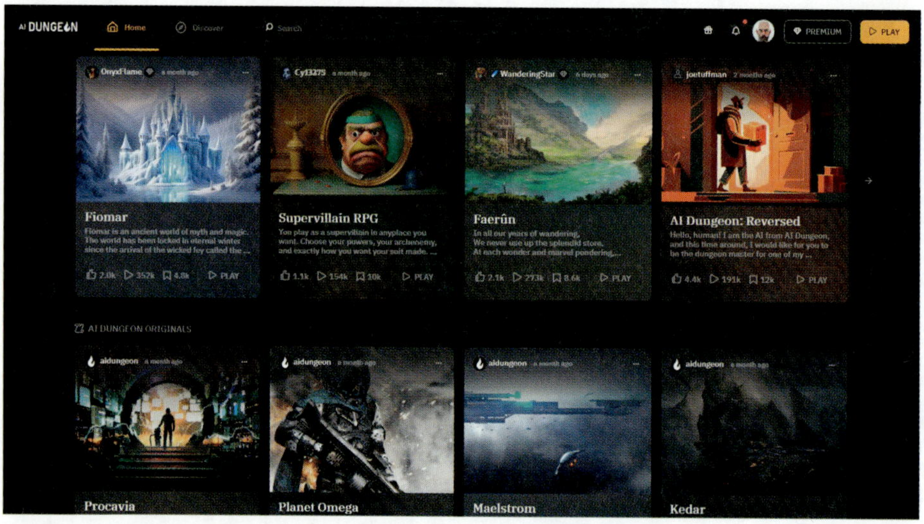

그림 23 AI Dungeon에서 사용자들이 만든 다양한 시나리오

뿐만 아니라 Stable Diffusion XL, DALL·E 3 HD 등이 추가된다. 무엇보다 가장 중요한 것은 Memories 데이터 공간을 추가로 제공한다는 점이다. 이를 통해 인공지능 GM이 기억할 수 있는 이벤트 내역과 인물의 행방, 심정 변화 등의 사실을 더 많이 저장할 수 있게 되어, 세계관 내에서 일어나는 일들의 유기성을 강화할 수 있다.

TRPG라는 오프라인 장르의 게임 소개로부터 시작해 AI Dungeon을 이용한 프롬프트형 스토리 진행 방식에 대해 살펴보았다. 플레이어의 [Story] 액션을 통해 알 수 있듯이, 이는 플레이어와 인공지능 GM이 공동으로 창작해 나가는 스토리텔링 방식이다. 전통적인 TRPG에서 GM은 플레이어에게 때로는 미션과 시련을 제공하는 도전자가 되기도 하고, 때로는 도움과 성장할 수 있는 발판을 제공하는 조력자가 되기도 한다. 인공지능 GM은 이러한 역할을 계승하여, 플레이어와 함께 하나의 유기적인 시나리오를 구축해 나가는 과정을 수행한다.

이 과정에서 인간 플레이어(창작자)가 간과할 수 있는 이벤트와 세부적인 사항들을 인공지능 GM이 되짚어 줄 때도 있다. 예를 들어, 플레이어가 미처 고려하지 못한 캐릭터의 심리 변화나 세계관의 역사적 배경 등을 인공지능 GM이 자연스럽게 삽입하여 이야기의 깊이를 더할 수 있다. 반면, 인공지능 GM의 이벤트 진행에서 다소 부족할 수 있는 서사적 요소를 인간 플레이어의 창의력을 통해 보충하고 새로운 방향성을 제시할 수도 있다. 이는 플레이어가 예상치 못한 전개나 독창적인 아이디어를 통해 스토리에 반전을 주거나, 캐릭터들 간의 관계를 더욱 복잡하고 흥미롭게 만드는 등의 방식으로 이루어질 수 있다.

이러한 상호작용은 단순한 게임 진행을 넘어서는 의미를 지닌다. 그것은 바로 인공지능과 인간의 창의력이 만나 새로운 형태의 협업적 스토리텔링을 창출해 내는 과정이다. 이를 통해 우리는 인공지능과 협업하여 세계관과 시나리오를 구축하는 과정을 직접 체험해 볼 수 있으며, 이는 미래의 창작 방식에 대한 중요한 통찰을 제공한다. 인공지능이 창작 과정에서 어떤 역할을 할 수 있는지, 그리고 인간의 창의성과 어떻게 상호 보완적으로 작용할 수 있는지에 대한 실질적인 이해를 도모한다.

③ 인터랙티브 미디어와 게임

Intro: 살아 숨 쉬는 세계

생성형 인공지능의 다양한 활약상을 다루고 있지만, 특히 게임을 좋아하는 사람들이 한 번쯤은 상상하는 세계가 있다. 바로 '살아 숨 쉬는 NPC(Non-playable Characters)'의 세계다. NPC는 플레이어가 직접 조작하지 않는 게임 내 캐릭터를 말한다. 이미 수많은 오픈 월드 장르의 게임에서 NPC가 구현되어 있지만, 게이머들은 더 깊이 있고 자연스러운 NPC와의 상호작용을 꿈꾼다. 세계적으로 성공을 거둔 오픈 월드 게임 〈Grand Theft Auto〉 시리즈(이하 'GTA')를 예로 들어보자. GTA는 범죄형 샌드박스 게임으로, 플레이어는 가상의 도시에서 다양한 불법 행위와 범죄를 저지르며 돈을 벌고 악명을 쌓을 수 있다. 이 게임은 그 주제 때문에 때로 비판을 받기도 하지만, 현실에서는 할 수 없는 행동을 가상으로 체험할 수 있다는 점에서 일종의 스트레스 해소 수단으로 여겨지기도 한다.

GTA 시리즈는 이미 5편 이상이 출시되었지만, 우리가 주목할 부분은 최근 버전이 아닌 과거 버전의 GTA에 있다. 이 게임에서 다음과 같은 상황을 가정해 보자. 여러분이 어떤 가게에 들어가 점원에게 총을 겨누며 가진 돈을 전부 내놓으라고 소리쳤

그림 24 AI Grand Theft Auto, 슈퍼마켓과 점원
(출처: GTA V의 캡처 화면)

다고 하자. 여러분이 숙련된 강도라면, 돈을 챙긴 후 경찰을 교묘하게 따돌리고 마을에서 빠져나올 수 있을 것이다. 문제는 그다음에 일어난다. 며칠이 지나 다시 그 가게로 돌아가면, 분명 그때 여러분의 얼굴을 보았을 점원이 아무렇지도 않게 미소를 지으며 '어서 오세요!'라고 반길 것이다. 이는 플레이어가 경험하고 있는 공간이 단지 각각의 NPC들이 미리 프로그래밍이 된 행동 패턴에 따라 움직이는, 살아 숨 쉬는 것'처럼' 보이는 세계임을 보여준다.

멍청한 NPC를 마주친 게이머들의 불만을 알고 있는 GTA 시리즈의 개발사인 록스타게임즈는 피드백을 반영하여 새로운 버전의 GTA를 출시할 때마다 NPC의 행동 패턴을 지속해서 업그레이드해 왔다. 〈GTA IV〉에서 NPC는 몇 가지 행동 패턴을 트리거로 보유한 후 이벤트에 따라 랜덤으로 행동할 수 있게 되었다. 이어 〈GTA V〉에서는 NPC가 범죄를 저지른 플레이어를 기억하고 경찰에 신고하거나 도망치는 행동을 보이게 되었다. 더 나아가, 〈GTA VI〉의 유출된 빌드를 연구하던 사람들이 AIMemory, AnimalIntelligence 등의 인공지능 시스템을 발견했다고 한다. 이를 통해 NPC와 야생동물들이 플레이어의 행동을 기억하고 이에 맞는 상호작용을 하도록 설계되었음이 밝혀졌다.

그렇다면 여기서 한 가지 질문을 던져보자. 많은 산업 분야가 인공지능에 관심을

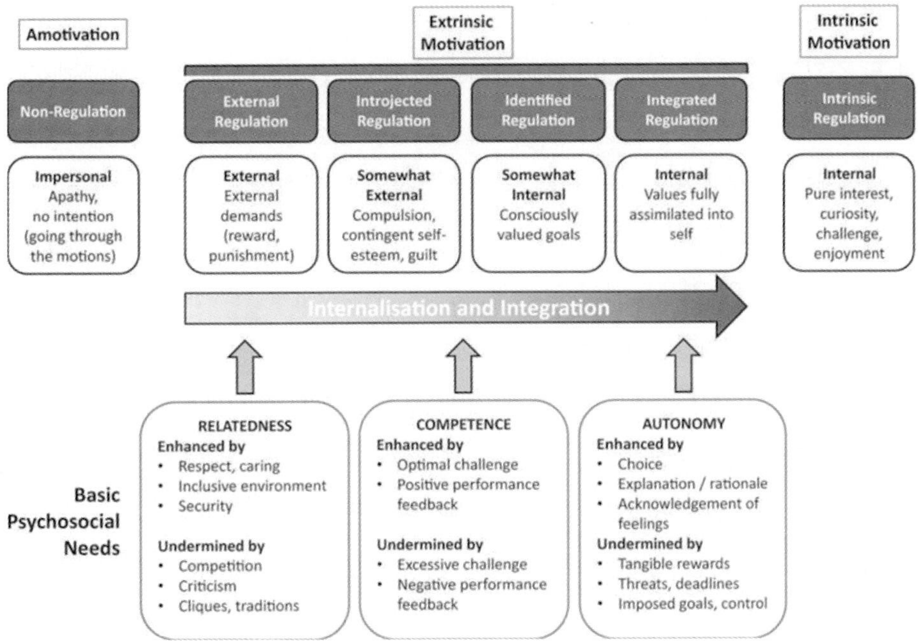

그림 25 자기 결정성 이론의 도식화

(출처: https://www.researchgate.net/publication/232586291_Human_autonomy_The_basis_for_true_self-esteem)

두고 있지만, 왜 게임 업계는 막대한 비용을 들이고 특허 출원 및 등록 절차까지 거치면서 인공지능 기술을 게임에 도입하려 하는 것일까? 단순히 게이머들의 요구를 충족시키기 위해서라고 설명하기에는 너무 고비용의 해결책으로 보인다. 이러한 현상의 배경에는 더 깊은 이유가 있을 것이다. 해답을 찾기 위해, 게임 개발자들과 심리학자들의 이야기를 덧붙여 보겠다.

게임이라는 가상 세계에서는 싱글 플레이어 게임일지라도 NPC 형태의 인물이 등장한다. 게임 속에서 플레이어는 다양한 인물들을 마주치며 그들과 대화를 나누거나 상호작용한다. 이 과정에서 인간 플레이어는 자신이 추구하는 가치와 목표를 내재화하고 통합하는데, 이는 사회심리학적 욕구를 통해 촉진되거나 억제된다. 여기서 우리는 세 가지 주요 욕구를 확인할 수 있으며, 이를 통해 우리가 게임에 집중하고 몰입하게 되는 이유를 도출할 수 있다.

첫 번째는 '숙련성'이다. 이는 특정 상황 해결 과정에서 경험하는 성장과 발전에 대한 욕구를 의미한다. 예를 들어, 어려운 문제나 퀴즈를 해결할 때 겪는 고통이 있지만, 해결 후의 해방감과 성장감은 사람들을 더욱 몰입하게 만든다. 이 원리는 게임에도 적용된다. 도전적인 미션이나 퀘스트를 수행하면서 캐릭터의 내적 성장(스탯 향상 및 스킬 증가)과 외적 성장(플레이어의 조작 능력 및 경험 적응)을 통해 플레이어의 몰입은 극대화된다.

두 번째는 '자율성'이다. 이는 스스로 설정한 목표를 달성하고자 하는 욕구를 나타낸다. 오픈 월드 장르의 게임에서 플레이어는 원하는 행동을 자유롭게 선택할 수 있는데, 이는 게임의 '자유도'로 표현된다. 플레이어의 성향과 목표는 개인에 따라 다르며, 이러한 개인차를 수용할 수 있는 게임을 '자유도가 높은 게임'이라고 부른다. 이런 게임에서 플레이어는 자신만의 가치와 목표에 따라 게임 세계를 탐험하고, 도전하며, 진행할 수 있다.

세 번째는 '관계성'이다. 이는 다른 존재와 의미 있는 관계를 맺고자 하는 욕구를 나타낸다. 이 요소는 주로 멀티플레이어 게임에서 중요하게 여겨지지만, 싱글 플레이어 게임에서도 중요한 역할을 한다. 플레이어는 게임 속 NPC나 이벤트와의 상호작용을 통해 자신의 존재감을 드러내고 더 깊은 관계를 형성하길 원한다. 이는 플레이어와 게임 세계 간의 상호작용을 심화시키며, 플레이어의 몰입도를 높이는 데 크게 이바지한다.

이번 파트에서는 게임 개발사들이 플레이어의 이러한 세 가지 욕구를 어떻게 충족시키는지 살펴볼 것이다. 게임에서의 몰입이 어떻게 이루어지는지, 그리고 인공지능이 이 과정에서 어떤 역할을 하는지에 대해 살펴볼 것이다.

인공지능 에이전트와 webDiplomacy

2016년, 구글이 바둑 인공지능 프로그램 알파고(AlphaGo)를 한국의 프로 기사 이세돌 9단과의 바둑 대국에 내보냈고, 그 결과 4승 1패로 알파고가 승리를 거두었다. 과거 딥 블루(Deep Blue)가 체스에서 인간을 이긴 이후로 동양의 신비라고 불리는 바둑마저 인공지능에 패배하자 일부 언론에서는 '인간이 패배했다'라는 식의 다소 과장된 표현을 남발했다. 하지만 이세돌 9단은 "이것은 나의 한계이지 인간의 한계라 생각하지 않는다"며 이를 일축했다.

그림 26 webDiplomacy의 메인 화면
(출처: https://webdiplomacy.net)

이런 고도로 발전된 인공지능 모델들은 대부분 일반인이 직접 체험하기 어려운 것이 사실이다. 우리도 인공지능 모델과 한 번 대결을 펼쳐보면 어떨까? 다행히도 이제 그런 기회를 여기저기서 접해볼 수 있다.

2022년 11월 말, 페이스북과 인스타그램으로 유명한 IT 기업 메타(Meta)가 시세로(CICERO)라는 게임 인공지능 모델을 공개했다. 시세로는 '디플로머시(Diplomacy)'라는 보드게임을 학습한 모델인데, 실시간 전략이 아닌 보드게임을 택한 데에는 특별한 의미가 있다. 디플로머시는 단순한 계산이나 점수 경쟁과는 거리가 멀며, 게임 제목 그대로 외교전이 핵심이다. 플레이어들은 서로 협상하고, 동맹을 맺거나 배신하는 등 복잡한 대화 과정을 거친다. 자연어로 대화를 나누어야 한다는 점에서, 인공지능은 전략적 사고뿐만 아니라 사회적 상호작용도 능숙하게 다룰 수 있어야 한다.

전략적 측면에서, 시세로는 지도의 상황과 가시적인 변수들뿐만 아니라 플레이어 간의 대화도 중요한 요소로 고려한다. '전략적 추론 엔진(Strategic Reasoning

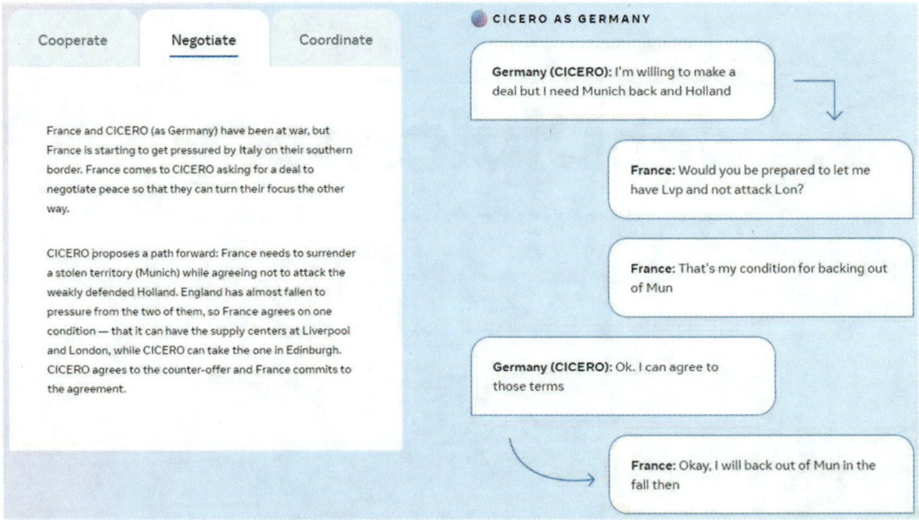

그림 27 시세로와 인간 플레이어의 협상 과정
(출처: https://ai.meta.com/research/cicero)

Engine)'은 게임 상황을 분석할 때 대화 패턴을 포함하여 다른 플레이어들의 가능한 행동을 예측하고, 협력이 필요한 경우 적절한 파트너를 선택한다. 이 엔진은 기존의 강화학습을 기반으로 하되, 디플로머시 게임의 특성에 맞게 발전시켰다.

그와 동시에, '제어 가능한 대화 모델(Controllable Dialogue Model)'이 인공지능을 다른 플레이어들과 자연어 대화를 하게 만들어 준다. 대규모 언어 모델(Large Language Model)을 기반으로 하지만, 전략적 추론 엔진과 연계되어 게임 전략에 부합하는 대화를 생성한다.

1. 협상, 설득, 위협, 동맹 제안 등 다양한 유형의 대화를 수행한다.
2. 때로는 게임과 관련 없는 일상 대화에 참여해 인간적인 상호작용을 구현한다.

[그림 27]에서는 시세로가 독일로 플레이하며 프랑스 플레이어와 협상하는 과정을 보여준다. 시세로는 먼저 거래를 제안하며 뮌헨과 네덜란드가 필요하다고 언급한다. 이에 프랑스 플레이어는 리버풀을 차지하게 해주고 런던을 공격하지 않는 조건을 달아 제안한다. 시세로는 이 조건에 동의하고, 프랑스는 이에 따라 가을에 뮌헨에서 철수하겠다고 확인한다. 이 대화는 매우 전략적이고 외교적이다. 양측은 서로의 이해관계를 고려하며 협상을 진행하고 있으며, 시세로는 인간 플레이어와 마찬가지로 복

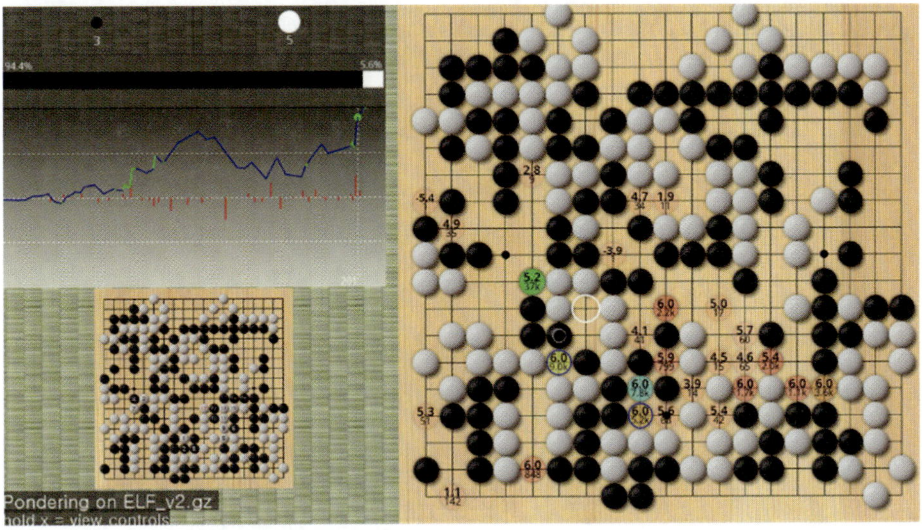

그림 28 바둑 에이전트와 수에 따른 확률 계산
(출처: https://star.ytn.co.kr/_sn/0107_201905090800065586)

잡한 전략적 상황을 이해하고 협상을 통해 자신의 목표를 달성하려 노력한다.

웹디플로머시(webDiplomacy)를 접속하면, 게스트 모드로 인공지능과의 대결을 체험해 볼 수 있다. 디플로머시의 규칙을 잘 모르겠다면, 사이트 메인 화면에 규칙이 상세히 적혀 있으니 한 번쯤 읽어보고 나서 게임을 시작해도 좋다.

체스에서 시작된 인공지능과 인간의 대결은 바둑을 거쳐 전략적 사고, 실시간 대응, 자연어를 통한 협상과 설득까지 가능한 수준에 도달했다. 게임 인공지능, 즉 게임 에이전트의 발전은 단순히 인간을 이기는 것을 넘어 새로운 가능성을 제시한다. 게임에 몰입할 수 있는 요인인 '숙련성'은 이제 에이전트를 통해 새로운 차원으로 발전하고 있다. 체스와 바둑에서는 인공지능의 판단으로 기보를 분석하고 전략을 학습하는 교보재로 활용하고 있다. 다른 게임의 플레이어들에게도 이러한 에이전트가 실력 향상을 위한 도구이자 흥미진진한 도전 상대가 될 것이다.

스마트 NPC와 커뮤니티

컴퓨터 게임을 조금이라도 접해본 적 있다면, '마인크래프트' 또는 '로블록스'라는 게임에 대해서도 들어본 적 있을 것이다. 마인크래프트는 3D 픽셀로 이루어진 세계에서 때로는 몬스터와 맞서 싸우며 살아남기를(서바이벌 모드), 때로는 다양한 재료와 아이템으로 자유롭게 건축과 창작 활동을 하는(크리에이티브 모드) 게임이다. 로블록스 역시 로블록스 스튜디오라는 도구를 사용해 누구나 자신만의 게임을 만들고, 로블록스 플랫폼을 통해 공유하며 즐기는 게임이다. 두 게임은 공통으로 플레이어의 창의성과 자유로움에 초점을 두어, 단순한 게임을 넘어 하나의 플랫폼으로 기능한다는 점이 있다.

특히, '자유로움'은 마인크래프트나 로블록스와 같은 샌드박스형 오픈 월드 게임의 핵심 요소다. 이러한 게임에서 플레이어는 주어진 도구와 환경을 활용해 자신만의 세계를 창조하고, 고유한 목표를 설정하여 달성해 나간다. 이렇게 플레이어에게 주어진 창의적 자유와 선택의 폭을 우리는 '자유도'라고 부른다.

안타깝게도 이런 자유로운 세계 속 NPC들은 아직 제한적인 모습을 보인다. 앞서 언급한 GTA의 슈퍼마켓 직원처럼, 대부분의 NPC는 미리 정해진 행동만을 반복하거나 단순한 기능만을 수행한다. 상인 NPC는 항상 같은 방식으로 물건을 팔고, 플레이어가 다쳐도, 플레이어가 새 옷을 입고 등장해도 늘 같은 대사를 반복한다. 이러한 한계를 넘어, NPC가 플레이어를 기억하고 상황에 맞는 반응을 보이며 진정한 소통을 할 수 있다면 게임 경험은 한층 더 풍부해질 것이다. 플레이어의 행동이나 게임 내 사건에 따라 NPC의 대화와 행동이 변화한다면, 더욱 생동감 있고 몰입도 높은 게임 세계를 경험할 수 있을 것이다. 이는 샌드박스 게임의 '자유로움'을 NPC와의 상호작용으로까지 확장하는 새로운 차원의 게임 경험을 제공할 수 있을 것이다.

2023년 여름, 스탠퍼드 대학 연구진은 게임 업계를 설레게 할 연구 결과를 발표했다. 이는 2022년 12월 OpenAI의 ChatGPT로 시작된 생성형 언어 인공지능 열풍에 부응하는 것이었다. 많은 게이머가 "ChatGPT와 같은 생성형 인공지능을 게임에 적용하면 더 창의적인 상호작용이 가능하지 않을까?"라는 기대를 품고 있었고, 이 연구는 그러한 기대에 부합하는 결과를 보여주었다. RPG 형태의 가상 환경에 GPT 모

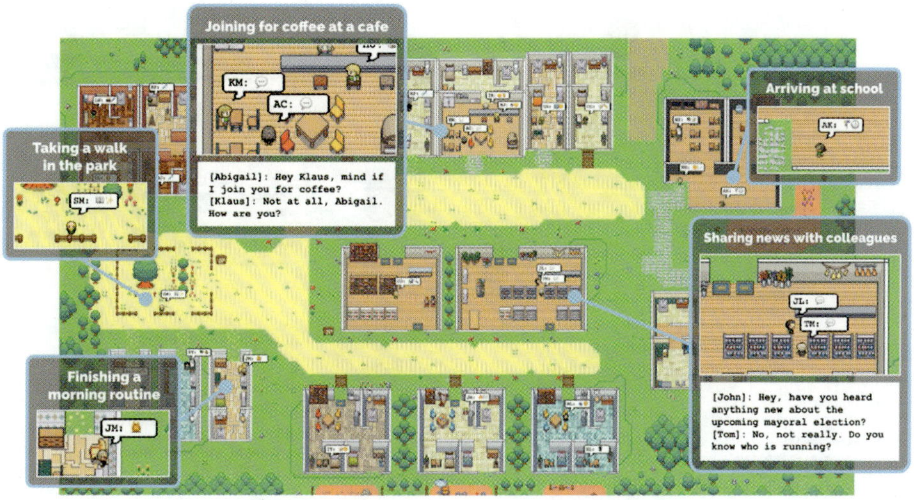

그림 29 가상의 마을 SmallVille의 NPC 커뮤니티
(출처: https://doi.org/10.48550/ARXIV.2304.03442)

델을 적용한 실험과 그 결과에 대해 작성한 논문과 시뮬레이션이 발표되었다.

연구진은 'SmallVille'이라는 가상의 마을을 만들고, 여기에 25명의 인공지능 에이전트를 주민으로 배치했다. 각 에이전트는 단순한 캐릭터가 아닌, 복잡한 개체로 설계되었다. 나이, 성별, 직업뿐만 아니라 가족 관계, 이웃 관계, 직장 동료 등 세밀한 사회적 관계까지 설정되었다. 마을에는 주거 공간뿐만 아니라 학교, 식당, 카페, 술집, 공공시설 등 실제 마을과 유사한 다양한 인프라가 구현되었다. 이렇게 세밀하게 설계된 환경에서 시뮬레이션이 시작되었고, 그 결과는 기대 이상이었다. 에이전트들은 다양하고 복잡한 대화 패턴을 보여주었으며, 각자의 특성과 상황에 맞는 자연스러운 행동을 선보였다.

SmallVille의 25명의 에이전트는 상호 작용하며 현실적인 삶을 시뮬레이션했다. 연구 결과, 에이전트들은 복잡한 사회적 상황에서도 적절히 대응하는 모습을 보였다. 특히, 한 에이전트가 발렌타인 파티를 계획했을 때의 상황은 흥미로웠다. 다른 에이전트들은 각자의 관계와 상황에 따라 다양한 반응을 보였는데, 어떤 에이전트는 열정적으로 참여를 약속했고, 다른 에이전트는 바쁜 일정 때문에 참석을 거절했으며, 또 다른 에이전트는 소문만 들었을 뿐 직접적인 반응을 보이지 않았다. 더욱 흥미로운 점은, 파티에 초대받은 에이전트가 자신의 친한 다른 에이전트에게 소식을 전달하며 2차 초청을 하는 모습도 관찰되었다는 것이다.

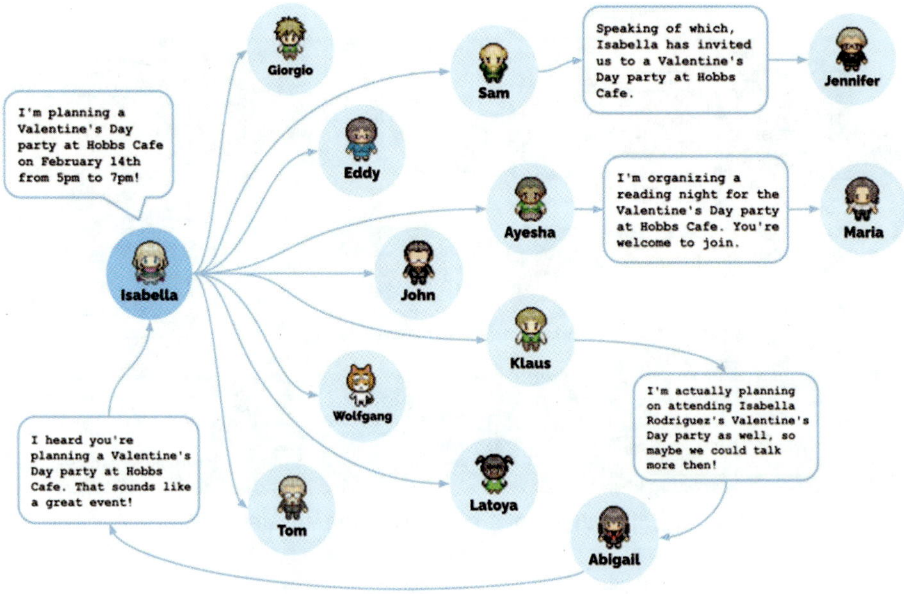

그림 30 밸런타인데이 파티 이벤트에서 에이전트 소통 구조도
(출처: https://doi.org/10.48550/ARXIV.2304.03442)

이 연구는 게임 속 NPC를 더욱 현실적으로 만들 가능성을 보여주었다. 하지만 동시에 몇 가지 문제점도 관찰되었다. 일부 에이전트들은 부적절한 행동을 하거나 '환각(hallucination)' 증세를 보이기도 했다. 예를 들어, 한 에이전트가 문이 닫힌 식당에 들어가려 하거나, 존재하지 않는 사람과 대화를 시도하는 때도 있었다. 당시 사용된 LLM은 gpt-3.5-turbo였는데, 향후 언어 모델의 발전에 따라 이러한 문제들이 어느 정도 해결될 수 있을 것으로 기대해 볼 수 있을 것이다.

에이전트끼리 유의미한 시뮬레이션이 진행되었다면, 플레이어가 에이전트와 소통하며 새로운 현상을 만들어 볼 수 있지 않을까? 스탠퍼드 대학교의 시뮬레이션과 비슷한 시기에 레플리카 스튜디오(Replica Studios)에서 언리얼 엔진 플랫폼을 위한 인공지능 기반 스마트 NPC를 공개했다. 이 데모는 누구나 다운로드받아 직접 체험해 볼 수 있도록 설계되었다. 다만, 주기적인 업데이트로 인해 일시적으로 다운로드 링크가 제공되지 않을 수 있다. 관심 있는 독자들은 레플리카 스튜디오의 블로그를 주기적으로 확인해 보는 것이 좋다. 다운로드가 가능할 때, 이 데모를 설치하여 직접 NPC와 대화를 나누어 보는 것은 미래의 게임 상호작용을 미리 경험해 볼 흥미로운 기회가 될 것이다.

그림 31 가상의 도시에서 행인과 대화를 나누는 시뮬레이션
(출처: https://www.replicastudios.com/blog/smart-npc-plugin-release)

레플리카 스튜디오가 제공하는 데모에서, NPC들은 대화의 맥락을 정확히 이해하고 이에 맞게 응답할 수 있다. 미리 정해진 대사가 아닌, 실제 사람과 대화하는 듯한 자연스러운 상호작용이 가능하며, 일상적인 주제부터 심도 있는 대화까지 다양한 주제에 대응할 수 있다. 더불어 이 NPC들은 슬픔, 좌절, 즐거움 등 다양한 감정을 표현할 수 있어, 플레이어와의 상호작용에 현실감을 더한다. 예상치 못한 플레이어의 입력에도 적절히 대응할 수 있는 적응력은 역동적이고 예측 불가능한 상황을 만들어내며, NPC마다 고유한 성격과 특징을 가지고 있어 다양한 캐릭터와의 상호작용이 가능하다.

게임과 인터랙티브 미디어 분야가 인공지능 기술의 빠른 발전으로 큰 변화를 맞이하고 있다. 특히, 눈에 띄는 것은 NPC의 진화다. 이들의 행동이 점점 더 복잡해지고 실제 사람과 비슷해지고 있다. 메타가 개발한 시세로는 '디플로머시' 게임에서 사람 못지않은 전략과 협상 실력을 보여줬고, 스탠퍼드 대학의 SmallVille 실험에서는 인공지능 캐릭터들이 마치 실제 마을 주민처럼 서로 어울리며 살아가는 모습을 보여줬다. 레플리카 스튜디오는 한 걸음 더 나아가 이런 기술을 실제 게임에 적용할 수 있음을 증명했다.

이런 발전 덕분에 게임을 즐기는 경험이 훨씬 더 풍부해지고 몰입감도 높아졌다. 이제 게이머들은 정해진 이야기를 따라가는 대신, 인공지능과 대화하고 상호작용하면서 자신만의 독특한 스토리를 만들 수 있게 됐다. 게이머와 인공지능이 함께 만들어 가는 생동감 넘치는 개인 맞춤형 가상 세계는 창의력을 자극하고, 새로운 방식의 사회적 교류를 경험하게 해준다. 이러한 변화는 단순히 게임 산업의 혁신을 넘어서, 디지털 엔터테인먼트 전반에 걸친 근본적인 변화의 시작을 알리고 있다. 앞으로 우리가 즐기게 될 디지털 콘텐츠는 지금보다 더 현실의 세계를 잘 이식하게 될 것이다.

CHAPTER

05

코드 생성 인공지능

❶ 코드 생성의 기초

코드 생성 모델과 알고리즘

코드 생성 AI로 원하는 코드를 쉽게 생성해 낼 수 있게 되면서 코딩의 진입 장벽이 낮아지고 있다. 또한 코드 생성 AI의 코드 작성 능력이 페어 프로그래밍에서 조력자의 역할을 수행할 정도로 발전하면서 기존처럼 프로그래밍을 위해 협력자와의 관계에 신경을 써야 하거나, 코드 점검을 위해 인력을 채용할 필요가 줄어들었다. 코드 생성 AI 도구 중 하나인 GitHub Copilot에 대해서 2,000명 이상의 개발자를 대상으로 조사한 결과, 사용자의 60~75%가 GitHub Copilot을 활용한 덕분에 업무에 대한 만족감이 높아졌고, 87%가 반복적인 작업에 대한 정신적 수고를 덜었다고 했다. 또한 GitHub Copilot을 이용하는 개발자와 이용하지 않는 개발자를 대상으로 실험한 결과 약 2배 이상의 속도 차이가 났다고 한다.

생성형 인공지능의 코드 생성 모델은 주로 트랜스포머 아키텍처를 기반으로 개발된다. 트랜스포머 아키텍처는 자연어 처리와 딥러닝 분야의 기술로, 자연어로 명령을 받으면 다양한 프로그래밍 언어로 코드를 생성해 주는 기능을 갖추고 있으며, OpenAI의 Codex, Google의 Codey, Microsoft의 GPT-3, 4 기반 모델 등에 적용되었다.

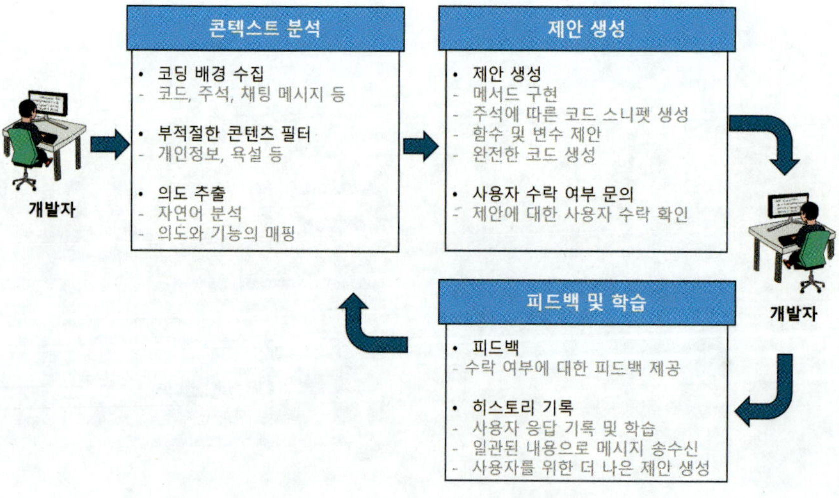

그림 1 코드 생성 모델 알고리즘

코드 생성 AI 도구

대규모 언어 모델을 바탕으로 코드 생성 모델이 개발되었고, 이를 바탕으로 소프트웨어 개발자들에게 필요한 코드 생성 AI 도구들이 소개되었다. 이들 도구는 프로그래밍 언어와 코드 편집기를 다양하게 지원하고, 코드를 작성하는 데에 여러 편의 기능을 제공한다. 아직은 부족한 부분도 있지만 성능이 빠르게 개선되고 있어 앞으로 생성형 인공지능과의 협업이 더욱 활발해질 것으로 예상된다.

- 깃허브 코파일럿(GitHub Copilot)

GitHub Copilot은 GitHub를 인수한 Microsoft가 OpenAI와 공동 개발하여 2021년 발표한 온라인 서비스 플랫폼이다. GitHub Copilot은 Codex 모델을 기반으로 하고 있으며, VS Code, Visual Studio, JetBrains IDE, Neovim 등의 다양한 개발 환경에서 사용 가능하고, 대부분의 프로그래밍 언어를 지원한다.

GitHub Copilot은 22년 6월부터 유료로 전환되어 매월 코드 작업 2,000회와 Copilot Chat 메시지를 50개까지만 무료로 사용할 수 있고, 그 이상 사용하기 위해서는 유료 버전으로 업그레이드해야 한다.

GitHub Copilot을 설치하면 개발하고자 하는 코드의 일부를 입력하거나 개발하고 싶은 내용을 주석으로 입력했을 때 그와 관련된 코드를 제안받고, 개발자가 제안받은 코드를 선택하면 코드가 자동으로 입력된다. 개발자는 GitHub Copilot이 생성한 코드를 보며 아이디어를 얻을 수 있고, 코드를 작성해 가며 문장 완성에 도움을 받거나 궁금한 점을 채팅으로 물어볼 수 있으며, 이미 만들어진 코드에 관해 설명이나 수정을 요청할 수도 있다. 비주얼 스튜디오 코드(Visual Studio Code)에서 GitHub Copilot을 이용하여 팩토리얼 함수를 구하는 과정을 예로 들면 다음과 같다.

에디터에서 'def factor'까지만 쳐도 자동으로 팩토리얼을 구하는 함수를 생성해준다.

사용자 입력	`def factorial(n):` + Tab + Enter↵

자동 생성	`if n == 0:`
	`    return 1`
	`else:`
	`    return n * factorial(n-1)`

에디터에서 주석으로 코드를 요청할 수 있다.

사용자 입력	# 팩토리얼을 계산하는 함수를 만들어 주세요 + Enter↵

자동 생성	def factorial(n): + Tab
	    if n == 0:
	        return 1
	    else:
	        return n * factorial(n-1)

에디터에서 인라인 채팅으로 요청할 수 있다.

사용자 입력 (인라인 채팅)	"팩토리얼을 계산하는 함수를 만들어 주세요" + Enter↵

자동 생성	def factorial(n):
	    if n == 0:
	        return 1
	    else:
	        return n * factorial(n-1)

이미 만들어진 코드에 대한 설명을 요청할 수 있다.

사용자 입력	def factorial(n):
	    if n == 0:
	        return 1
	    else:
	        return n * factorial(n-1)
	# 이 함수에 대해서 설명해 주세요 + Enter↵

자동 생성	# factorial 함수는 n이 0일 때 1을 반환하고, 그 외의 경우에는 n * factorial(n-1)을 반환한다. + Tab # 즉, n이 0이 아닐 때까지 n부터 1까지의 모든 수를 곱한 값을 반환한다. + Tab

이미 만들어진 코드에 대한 수정을 요청할 수 있다.

사용자 입력
(인라인 채팅)
	def factorial(n):
	    if n == 0:
	        return 1
	    else:
	        return n * factorial(1)
	# 이 함수를 수정해 주세요 + Enter↵

자동 생성	# return n * factorial(n-1) + Tab

사이드바의 채팅 창을 이용하면 코드 옆에 주석을 자동으로 달 수 있다.

사용자 입력 (채팅 창)	이 함수에 한 줄씩 주석을 달아주세요

자동 생성	def factorial(n): # n의 팩토리얼을 계산하는 함수를 정의
	    if n == 0: # 기저 조건: n이 0일 경우
	        return 1 # 0의 팩토리얼은 1이므로 1을 반환
	    else: # n이 0이 아닐 경우
	        return n * factorial(1) # n을 n-1의 팩토리얼과 곱하여 반환

GitHub Copilot은 비교적 단순 명료하게 요청에 응답해 준다. GitHub Copilot의 이런 능력은 프로그래밍 개발 효율을 높여주지만, 코드가 복잡해지거나 여러 파일이 연결될 경우 개발자의 의도대로 코드를 작성해 줄 수 없을 때도 있으므로 생성한 코드에 문제가 없는지, 의도한 대로 작동하는지 볼 수 있는 안목이 필요하다.

- ChatGPT

전 세계인이 애용하는 ChatGPT는 코드를 작성하거나 수정하고 최적화할 때 쉽고 빠르게 활용할 수 있는 코드 생성 AI 도구이기도 하다. ChatGPT는 대규모 언어 모델인 GPT-3.5 시리즈 모델을 바탕으로 개발되었기 때문에 자연어 해석 능력이 뛰어나 요청한 의도대로 다양한 프로그래밍 언어로 코드를 생성해 주고, 최적화, 코드 수정, 코드 설명 등의 기능을 친절하게 수행해 준다. 파일을 추가하여 코드 안에 파일의 내용을 로드할 수 있고, 프롬프트를 잘 활용하면 코드를 리팩토링하거나 코드 설계에 대한 인사이트도 얻을 수 있다. 하지만 웹 브라우저 상에서 작동하기 때문에 코드 편집기의 상황을 알지 못하므로 현재 작성하고 있는 코드에 자동화 기능을 추가하거나 지금까지의 코드를 기반으로 다음 코드를 유추해 내는 등의 기능은 제공하기 어렵다.

– 프롬프트

팩토리얼을 계산하는 함수를 만들어 주세요

- ChatGPT

물론입니다! 팩토리얼을 계산하는 파이썬 함수를 작성해드리겠습니다. 팩토리얼은 자연수 n에 대해 1부터 n까지의 모든 자연수를 곱한 값입니다. 이를 계산하는 함수는 다음과 같습니다.

```
def factorial(n):
    if n < 0:
        raise ValueError("Factorial is not defined for negative numbers")
    elif n == 0 or n == 1:
        return 1
    else:
        result = 1
        for i in range(2, n + 1):
            result *= i
        return result

# 테스트 예제
print(factorial(5))  # 출력: 120
print(factorial(0))  # 출력: 1
```

이 함수는 입력값 n이 음수일 경우 예외를 발생시키며, n이 0이나 1인 경우 1을 반환합니다. 그 외의 경우에는 2부터 n까지의 모든 수를 곱하여 결과를 반환합니다.
필요한 경우, 재귀적으로 팩토리얼을 계산하는 방법도 있습니다:

```
def factorial_recursive(n):
    if n < 0:
        raise ValueError("Factorial is not defined for negative numbers")
    elif n == 0 or n == 1:
        return 1
    else:
        return n * factorial_recursive(n - 1)

# 테스트 예제
print(factorial_recursive(5))  # 출력: 120
print(factorial_recursive(0))  # 출력: 1
```

위 두 가지 방법 중 원하는 방식으로 사용하시면 됩니다.

ChatGPT는 GitHub Copilot과 달리 반복문을 사용하는 방법과 재귀적으로 팩토리얼을 구하는 방법 두 가지를 친절한 설명과 함께 알려주었다. 그리고 코드 실행 결과는 같지만 코드 내용을 살펴보면 ChatGPT는 n값이 1일 때를 따로 작성하여 코드가

GitHub Copilot과 조금 다르다는 사실을 알 수 있다.

– 프롬프트

```
def factorial(n):
    if n == 0:
        return 1
    else:
        return n * factorial(n-1)
이 함수에 대해서 설명해 주세요
```

– ChatGPT

이 함수는 파이썬으로 작성된 팩토리얼(factorial) 함수를 계산하는 재귀 함수입니다. 팩토리얼은 1부터 주어진 숫자까지의 모든 정수를 곱한 값을 의미합니다. 예를 들어, 5의 팩토리얼은 5 x 4 x 3 x 2 x 1 = 120입니다. 이 함수는 다음과 같이 작동합니다:

기저 사례(Base Case):

함수는 n이 0일 때 멈춥니다. 팩토리얼의 정의에 따르면, 0! (0의 팩토리얼)은 1입니다. 그래서 n이 0이면 함수는 1을 반환합니다.

재귀 사례(Recursive Case):

함수는 n이 0이 아닌 경우 계속해서 자신을 호출합니다. 현재 값 n에 대해 n * factorial(n−1)을 반환합니다. 이렇게 하면 함수는 n이 0이 될 때까지 재귀적으로 자신을 호출하며, 각 단계에서 n을 곱합니다.

코드 설명:

```
def factorial(n):
    if n == 0:  # 기저 사례: n이 0인 경우
        return 1  # 0!은 1이므로 1을 반환
    else:
        return n * factorial(n-1)  # 재귀 호출: n * (n-1)!을 반환
```

예제:

factorial(5)를 호출하면 다음과 같이 작동합니다:

factorial(5)는 5 * factorial(4)를 반환합니다.

factorial(4)는 4 * factorial(3)를 반환합니다.

factorial(3)는 3 * factorial(2)를 반환합니다.

factorial(2)는 2 * factorial(1)를 반환합니다.

factorial(1)는 1 * factorial(0)를 반환합니다.

factorial(0)는 1을 반환합니다.

따라서, 실제 계산은 다음과 같습니다:

factorial(1) = 1 * 1 = 1
factorial(2) = 2 * 1 = 2
factorial(3) = 3 * 2 = 6
factorial(4) = 4 * 6 = 24
factorial(5) = 5 * 24 = 120
따라서 factorial(5)의 결과는 120입니다.
이 함수는 재귀를 사용하여 간결하게 팩토리얼을 계산하는 방법을 보여줍니다.

질문은 간단했지만, 대답이 매우 길고 구체적이다. 예시까지 들어 코드를 한 줄씩 설명하고 있으니 코딩 입문자에게는 매우 편리할 것이다.

– 프롬프트

```
def factorial(n):
    if n == 0:
        return 1
    else:
        return n * factorial(1)
```

이 함수를 수정해 주세요

– ChatGPT

주어진 함수에는 작은 오류가 있습니다. 재귀 호출에서 factorial(1) 대신 factorial(n - 1)을 사용해야 합니다. 다음은 수정된 코드입니다:

```
def factorial(n):
    if n == 0:
        return 1
    else:
        return n * factorial(n - 1)
```

이제 이 함수는 제대로 작동하여 주어진 n의 팩토리얼을 계산합니다.

디버깅 역시 친절한 설명과 함께 정확히 제공하고 있다. 오류의 이유에 대한 설명 없이 바로 해결책을 알려주는 점이 아쉽지만, 오류의 이유가 무엇인지 추가 질문을 하면 얼마든지 답을 얻을 수 있다.

- 프롬프트

```
def factorial(n):
    if n == 0:
        return 1
    else:
        return n * factorial(n-1)
이 함수에 한 줄씩 주석을 달아주세요
```

- ChatGPT

```
def factorial(n):  # 'factorial'이라는 이름의 함수 정의, n은 입력 매개변수
    if n == 0:  # 만약 n이 0이라면
        return 1  # 1을 반환 (0의 팩토리얼은 1이므로)
    else:  # 그렇지 않다면 (n이 0이 아니라면)
        return n * factorial(n-1)  # n과 (n-1)의 팩토리얼의 곱을 반환 (재귀 호출)
```

결과의 이유를 괄호 안에서 설명하는 점이 특이하지만, 주석도 이상 없이 잘 달아 준다.

이처럼 ChatGPT는 사용자의 요청에 대해 과도할 만큼 친절하게 코드를 생성해 준다. 이는 코드 입문자에게 코딩에 대한 장벽을 크게 낮춰 줄 수 있는 장점인 동시에 코딩에 익숙한 소프트웨어 개발자에게는 불필요한 자원 낭비가 될 수도 있다. ChatGPT는 프롬프트를 어떻게 작성하느냐에 따라 의도한 바와 다른 내용으로 코드를 작성하거나 오류를 포함한 내용으로 작성할 수 있으며, 기존 코드를 업데이트할 때 기존 코드와 전혀 다른 방법으로 생성할 수도 있으므로, 코드에 대한 이해를 바탕으로 프롬프트를 면밀히 작성할 수 있는 능력이 필요하다.

- Claude Artifacts

클로드 아티팩츠는 1장에서 다루었던 클로드의 기능 중 하나로 코드뿐만 아니라 문서, 벡터 이미지, 다이어그램 등도 지원하는 AI 협업 도구이다. 아티팩츠가 가동되면 화면이 좌우로 분할되면서 왼쪽은 프롬프트 대화 창, 오른쪽에는 아티팩츠 전용 창이 된다. 전용 창은 사용자가 입력한 글에 대해서 클로드가 판단하여 응답이

15줄 이상의 중요하고 독립적이며 사용자가 재사용할 것 같은 내용일 때 자동으로 나타난다.

클로드 아티팩츠의 강점은 실행 결과를 보여줄 수 있는 코드의 경우 별다른 도구 없이 바로 코드 실행 모습을 미리 보기로 보여줄 수 있는 점이다. 간단한 게임을 개발하거나 벡터 이미지를 생성할 때 매우 유용한 기능이다.

클로드 아티팩츠는 웹 페이지를 개발하거나 특정 시스템을 개발할 때 요청 사항을 최대한 반영해서 완성도 높은 코드를 만들어 줄 수 있으며, 오류 내용을 입력하면 오류가 생긴 이유와 오류를 해결할 수 있는 코드를 알려준다.

클로드 아티팩츠를 이용하려면 다음과 같이 최초 1회 권한 설정을 해야 한다.

1. 좌측 하단에 있는 프로필을 클릭하고 'setting'을 선택한다.
2. 'Enable artifacts'를 'On'으로 설정한다.

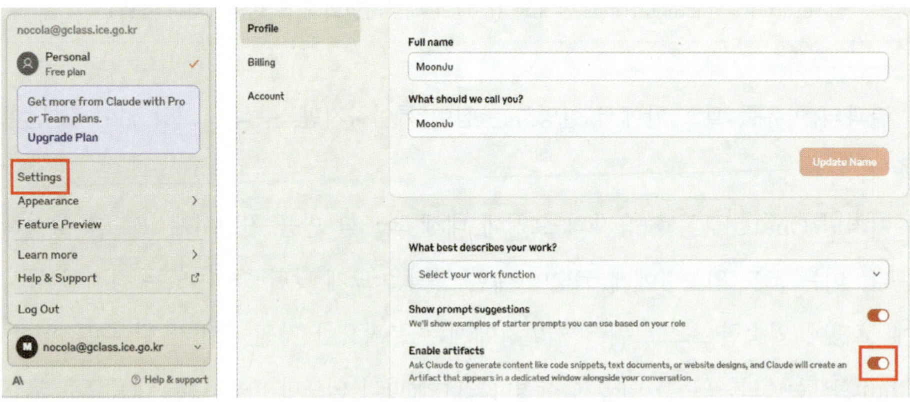

– 프롬프트

팩토리얼을 계산하는 함수를 만들어 주세요

－Claude 대화 창

> 네, 팩토리얼을 계산하는 함수를 Python으로 만들어 드리겠습니다.
> 이 함수는 재귀적 방식으로 팩토리얼을 계산합니다. 함수의 작동 방식은 다음과 같습니다:
> 입력된 숫자 n이 0이나 1이면 1을 반환합니다 (0!와 1!은 모두 1입니다).
> 그 외의 경우, n과 n-1의 팩토리얼을 곱한 값을 반환합니다.
> 함수 아래에는 간단한 사용 예시도 포함되어 있습니다. 5의 팩토리얼을 계산하고 그 결과를 출력합니다.
> 이 함수를 사용하려면 Python 환경에서 이 코드를 실행하면 됩니다. 다른 숫자의 팩토리얼을 계산하고 싶다면 number 변수의 값을 원하는 숫자로 변경하면 됩니다.
> 이 함수에 대해 더 자세히 설명해 드릴까요? 아니면 다른 기능을 추가하고 싶으신 부분이 있나요?

－Claude Artifacts 전용 창

```
def factorial(n):
    if n == 0 or n == 1:
        return 1
    else:
        return n * factorial(n - 1)

# 사용 예시
number = 5
result = factorial(number)
print(f"{number}의 팩토리얼은 {result}입니다.")
```

코드의 내용이 앞의 두 도구와 차이가 있다. n이 음수일 때를 상정하지 않았고, n이 0이나 1일 때 1을 반환하는 것으로 처리했다. 주석은 코드 옆에 달지 않았고, 대신 사용 예시를 아래에 둔 것이 특이하다.

－프롬프트

```
def factorial(n):
    if n == 0:
        return 1
    else:
        return n * factorial(n-1)
이 함수에 대해서 설명해 주세요
```

–Claude 대화 창

네, 말씀하신 팩토리얼 함수에 대해 설명해 드리겠습니다.
이 함수는 재귀적 방식으로 팩토리얼을 계산합니다. 각 부분을 자세히 살펴보겠습니다:

1. `def factorial(n):`
   - 이 줄은 'factorial'이라는 이름의 함수를 정의합니다. 이 함수는 하나의 매개변수 'n'을 받습니다.
2. `if n == 0:`
   - 이는 기저 조건(base case)입니다. 팩토리얼에서 0!은 1로 정의되어 있습니다.
3. `return 1`
   - n이 0일 때, 함수는 1을 반환합니다. 이것이 재귀의 종료 조건입니다.
4. `else:`
   - n이 0이 아닌 모든 경우에 대한 처리입니다.
5. `return n * factorial(n-1)`
   - 이 부분이 재귀 호출입니다. n과 (n-1)의 팩토리얼을 곱합니다.
   - 예를 들어, 5!을 계산한다면 이는 5 * 4!로 계산됩니다.
   - 이 과정은 n이 0이 될 때까지 계속됩니다.

작동 과정을 예를 들어 설명하면:
- factorial(5)를 호출하면:
  5 * factorial(4)
  5 * (4 * factorial(3))
  5 * (4 * (3 * factorial(2)))
  5 * (4 * (3 * (2 * factorial(1))))
  5 * (4 * (3 * (2 * (1 * factorial(0)))))
  5 * (4 * (3 * (2 * (1 * 1))))
  = 120

이 함수는 간결하고 수학적 정의에 가깝지만, 큰 수에 대해서는 스택 오버플로우가 발생할 수 있다는 점을 주의해야 합니다.
이 설명에 대해 더 자세히 알고 싶은 부분이 있으신가요?

한 줄 한 줄 무척 자세히 설명해 준다. 작동 과정을 예로 드는 것은 ChatGPT와 같으나 오버플로우에 대한 경고가 있는 점이 눈에 띈다.

– 프롬프트

```
def factorial(n):
    if n == 0:
        return 1
    else:
        return n * factorial(1)
이 함수를 수정해 주세요
```

– Claude 대화 창

네, 말씀하신 함수에 문제가 있어 수정이 필요합니다. 현재 함수는 무한 루프에 빠질 수 있습니다. 수정된 버전을 제공해 드리겠습니다.
수정된 부분을 설명해 드리겠습니다:

1. 원래 함수:

```
def factorial(n):
    if n == 0:
        return 1
    else:
        return n * factorial(1)
```

2. 수정된 함수:

```
def factorial(n):
    if n == 0:
        return 1
    else:
        return n * factorial(n - 1)
```

주요 수정 사항:
- return n * factorial(1) 부분을 return n * factorial(n – 1)로 변경했습니다.

이유:
- 원래 함수에서는 재귀 호출 시 항상 factorial(1)을 호출하고 있었습니다. 이로 인해 함수가 무한 루프에 빠지게 됩니다.
- 수정된 버전에서는 n – 1을 인자로 전달하여 n이 점진적으로 감소하도록 했습니다. 이렇게 하면 결국 n이 0이 되어 재귀가 종료됩니다.

이 수정으로 함수가 정상적으로 작동하게 되었습니다. 예를 들어, factorial(5)를 호출하면 5 * 4 * 3 * 2 * 1 = 120이라는 올바른 결과를 얻을 수 있습니다.
이 수정된 버전에 대해 더 자세한 설명이 필요하신가요? 아니면 다른 부분에 대해 질문이 있으신가요?

수정 전 함수와 수정 후 함수를 보여주며 수정한 부분과 수정한 이유에 대해서 매우 자세히 설명하고 있는 점이 앞서 본 두 도구와 다르다.

– 프롬프트

```
def factorial(n):
    if n == 0:
        return 1
    else:
        return n * factorial(n-1)
이 함수에 한 줄씩 주석을 달아 주세요
```

– Claude Artifacts 전용 창

```
def factorial(n):
    # 함수 정의: n의 팩토리얼을 계산하는 함수
    if n == 0:
        # 기저 조건: n이 0일 때 1을 반환 (0! = 1)
        return 1
    else:
        # 재귀 호출: n과 (n-1)의 팩토리얼을 곱하여 반환
        return n * factorial(n-1)

# 사용 예시
number = 5
result = factorial(number)
print(f"{number}의 팩토리얼은 {result}입니다.")
```

각 줄마다 주석을 달았던 앞의 도구와 달리 함수 정의, 기저 조건, 재귀 호출로 구분하여 간단명료하게 주석을 달고, 아래에 사용 예시를 보여주었다.

Claude Artifacts도 ChatGPT처럼 매우 친절한 설명과 함께 코드를 생성해 주는 것을 확인했다. 대화 창과 전용 창을 나누는 것이 처음에는 어색해 보일 수 있으나, 사용해 보면 ChatGPT처럼 이전 코드를 보기 위해 위로 스크롤을 올리는 수고 없이 설명과 코드를 나란히 놓고 볼 수 있어서 매우 편리함을 느낄 수 있을 것이다.

- 기타 코드 생성 AI 도구

현재 개발된 주요 코드 생성 도구는 다음과 같다.

코드 생성 도구	특징	요금
Gemini Code Assist	20개 이상의 다양한 언어 지원, 자연어 입력 기반 코드 생성	연간 구독 월 $19 월간 구독 월 $22.8
Amazon Q Developer	인라인 코드 제안, 보안 취약점 스캔, AWS 서비스와 통합	무료 버전 Pro 버전 ($19/월)
Microsoft 365 Copilot	MS Office 통합, 문서 작성, 스프레드시트, 이메일 자동화	Microsoft 365 구독 필요
CURSOR	코드 자동 완성, 오타 자동 수정, 커서 위치 예측, 채팅 가능, 이미지 또는 문서 추가, 웹 검색, 오류 수정	무료 버전(2주) Pro 월 $20 Business 월 $40
Replit	클라우드 기반 IDE, 실시간 협업, 다른 언어로 번역	Starter 무료 Core 월 $15
Cody	대규모 언어 모델의 코드 베이스에서 적절한 코드 검색, Notion 등 외부 프로그램과 연동 가능	무료 $0 Pro $9 Enterprise $19
Tabnine	개인 맞춤형 코드 제안, 클라우드 기반 버전 제공, 채팅 가능, 미세 조정 기능, 개인정보보호	베이직 무료 프로 월 $12 기업 월 $39
Refact.ai	코드 리팩토링, 채팅 가능, 코드 자동 완성, 자체 호스팅 버전	무료 버전 pro 월 $10
Codeium	코드 자동 완성, 배포 가능, 전체 리포 컨텍스트 인식	개인 무료 프로 월 $10 팀 월 $24

이 외에도 CodeWP, CodeSquire, CodeGen, Figstack, AI Query, Adrenaline, AlphaCode 등등 다양한 도구가 있다. 대부분 다양한 프로그래밍 언어와 코드 편집기를 지원하고 있고, 코드의 일부분이나 전체를 생성해 주며, 기존 코드를 변경, 최적화, 수정해 주는 작업을 지원해 주고 있다. 대규모 언어 모델이 점점 더 일상에서 보편적으로 사용되면서 사용 목적에 최적화된 인공지능 코딩 도구들이 계속 개발될 것으로 전망한다.

코드 완성 및 오류 수정

이 장에서는 GitHub Copilot 기능을 사용하여 간단한 코딩을 실습해 본다

실습에 필요한 도구는 GitHub Copilot, Python, VS Code(Visual Studio Code의 줄임말)이다.

- GitHub Copilot 설치

1. GitHub Copilot 사이트(https://GitHub.com/features/copilot)에 접속하고 [Get started with Copilot]을 클릭한다.
2. 'Copilot Individual'의 [Start a free trial]을 클릭한다.
3. GitHub에 로그인하고, [Get access to GitHub Copilot]을 클릭한다.

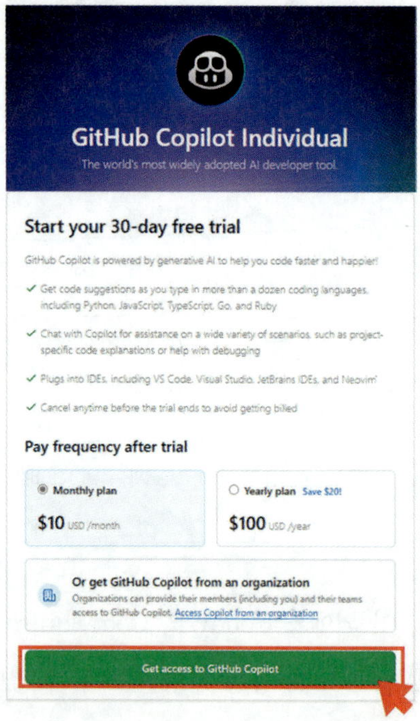

계정이 없으면 'Create an account'를 클릭하여 계정을 만들어 로그인한다. 30일 무료 버전을 쓸 수 있고 그 후에는 월 10달러가 결제된다. 무료 버전 기간에는 언제든 취소할 수 있으니, 유료로 쓸 계획이 없다면 한 달 이내에 구독을 취소해야 한다.

4. Billing Information 창에 개인 정보를 입력하고, [Save]를 클릭한 후, 신용카드 정보를 입력하고, [Save payment information]을 클릭한다. 잠시 후 카드 해외 승인이 났다는 문자 메시지를 받는데, 결제 취소되는 금액이니 놀라지 않아도 된다.
5. 이름과 성을 입력하고 동의하는 부분은 첫 번째 체크 박스만 클릭한다(마케팅 메시지를 수신하고 싶다면 두 번째 체크 박스도 클릭한다).
6. Select your preferences 창에서 Suggestions matching public code의 옵션을 Allowed로 선택하고, 아래 체크 박스는 해제한 후에 [Save and complete setup]을 클릭한다(내 코드를 GitHub 연구에 사용하도록 허용하고 싶다면 체크 박스를 해제하지 않는다). 이로써 GitHub Copilot의 기능을 사용할 준비를 마쳤다.

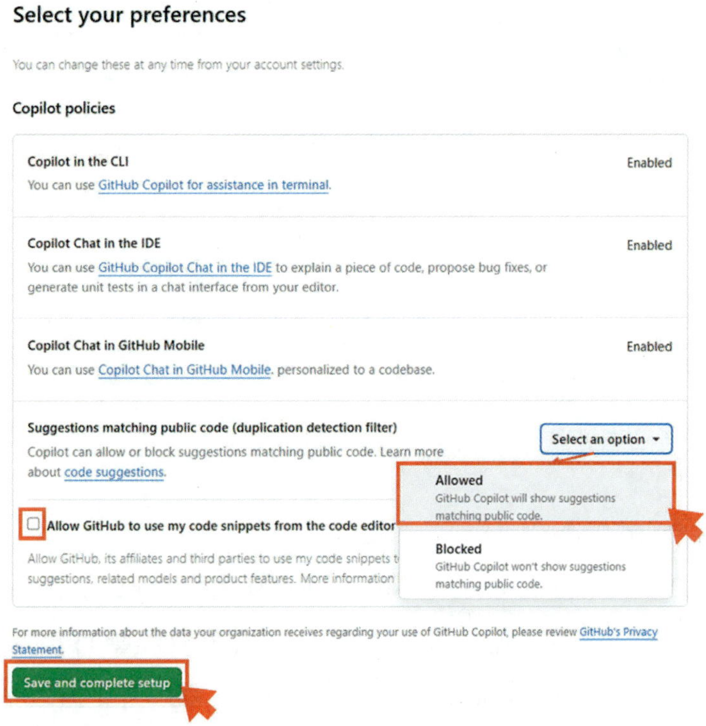

- Python 설치

GitHub Copilot은 다양한 프로그래밍 언어를 지원하지만, 여기서는 고등학교와 대학교의 교육과정에서 가장 많이 사용하는 파이선(Python)을 사용하기로 한다. 파이선은 객체 지향 프로그래밍 언어로서 문법이 쉽고 가독성이 좋아 진입 장벽이 낮다. 또한 머신러닝과 딥러닝에 대한 통계 및 분석 방법 라이브러리를 제공하고 있어서 인공지능 분야에서도 매우 요긴한 플랫폼이라고 할 수 있다.

1. 파이선 공식 홈페이지(https://www.python.org)에서 [Downloads]를 클릭하여 최신 버전의 프로그램을 다운로드받는다.
2. Setup 창에서 아래 체크 박스에 모두 체크하고 [Install Now]를 클릭한다. 체크한 'Add python.exe to PATH'는 환경 변수에 python.exe를 추가함으로써 어느 폴더에서든 파이선을 실행할 수 있게 해준다는 의미이다.

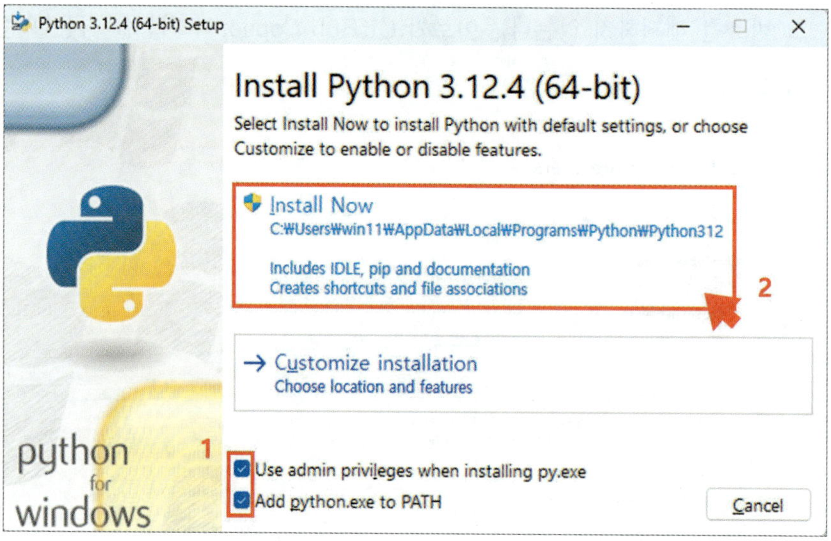

3. 설치가 완료되면 [Close] 버튼을 클릭한다.

- Visual Studio Code 설치

VS Code(Visual Studio Code)는 Microsoft에서 개발한 무료 오픈 소스 코드 편집기로 Python, JavaScript, TypeScript, C++, Java, Go 등 다양한 프로그래밍 언어를 지원한다. GitHub Copilot을 비롯한 대부분의 코드 생성 AI 도구들을 확장 기능으로 사용할 수 있고, 코드를 작성하여 바로 실행할 수 있는 장점이 있다.

1. 비주얼 스튜디오 코드 홈페이지(https://code.visualstudio.com/)에서 다운로드 버튼을 클릭한다. 페이지가 바뀌면서 자동으로 설치 파일이 다운로드된다.

2. 라이센스 동의 창에서 '동의합니다'에 체크하고, 설치 위치를 확인한 후에 [다음] 버튼을 클릭한다.
3. 시작 메뉴 폴더 선택 창에서 [다음] 버튼을 클릭하고, 추가 작업 선택 화면에서 체크 박스에 모두 체크한 후에 [다음] 버튼을 클릭한다.

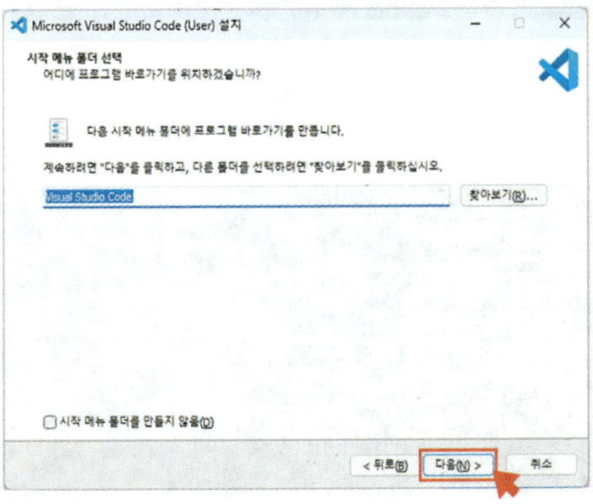

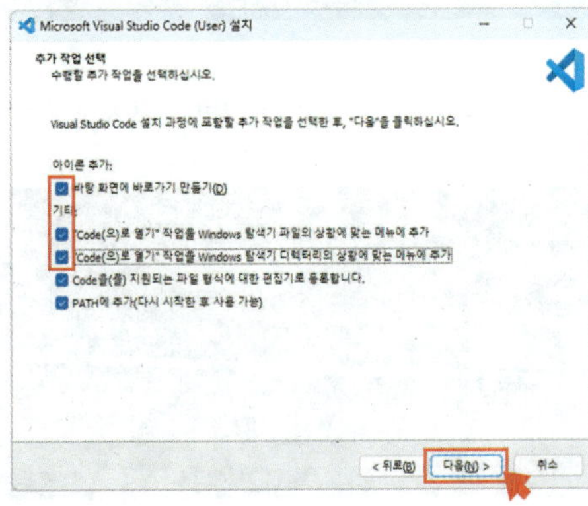

4. 설치 준비 완료 화면에서 [설치] 버튼을 클릭하고 설치를 마치면 [종료] 버튼을 누른다.
5. 비주얼 스튜디오 코드가 실행되면 보기 편한 테마를 선택한 후에 왼쪽 위의 [welcome]을 클릭한다. 왼쪽 툴바에서 [Extension] 아이콘을 클릭한다.

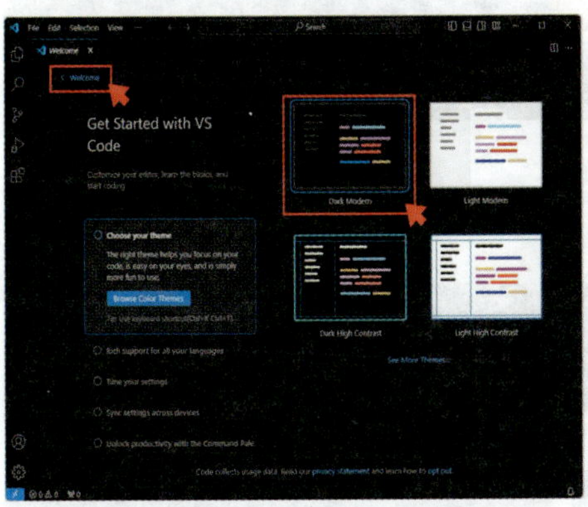

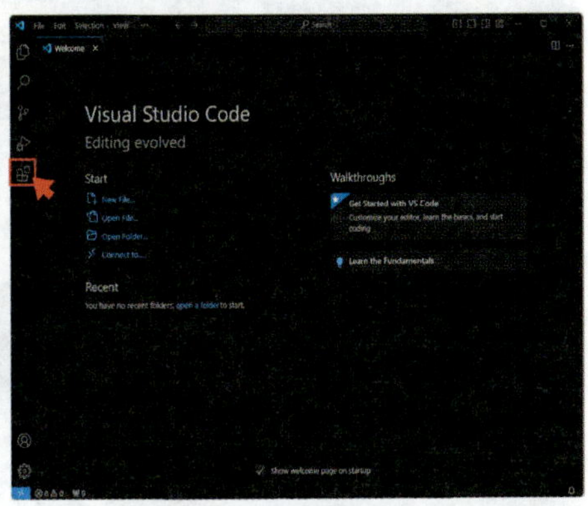

6. 'Korean Language Pack for Visual Studio Code'을 검색하여 [install] 버튼을 클릭한다.

7. 화면 하단에서 [Change Language and Restart] 버튼을 클릭한다.

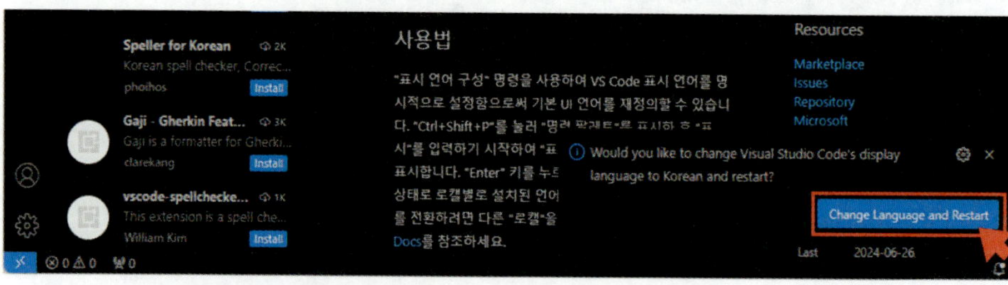

8. 'python'을 검색하여 [설치] 버튼을 클릭한다.

9. 'GitHub Copilot'을 검색하여 [설치] 버튼을 클릭한다.

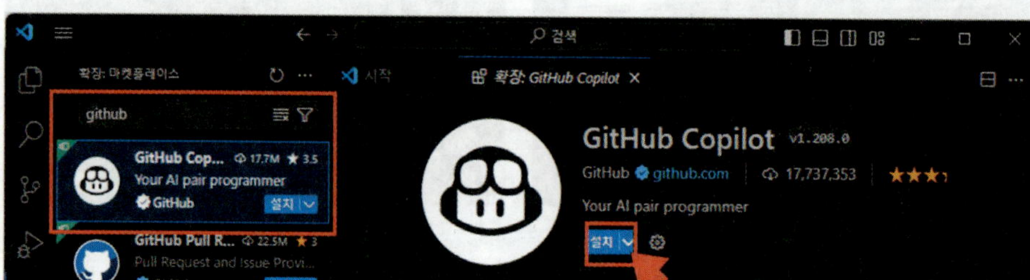

10. GitHub Copilot 창이 뜨면 'Sign in with GitHub'에 체크하고 [Sign In]을 클릭한다.

11. Authorize GitHub for VS Code 창에서 [Authorize Visual Studio Code]를 클릭하고 잠시 뒤 VS Code에서 다시 한번 GitHub Copilot을 선택하면 인증이 완료된 것을 확인할 수 있다.(브라우저에서 GitHub 로그인이 풀렸을 경우 인증 절차를 거쳐야 한다.)

● 프로젝트 폴더 설정하기

하나의 프로그램을 만드는 모든 작업을 프로젝트라고 한다. 프로젝트에 사용하는 파일들은 하나의 폴더에서 관리하는 게 좋으므로 먼저 프로젝트 폴더를 설정하고 그 안에 필요한 파일을 생성한다. 다음의 과정을 함께 해 보자.

1. 왼쪽 아래 톱니 모양의 '설정' 버튼을 눌러 글꼴 크기를 적당하게 조정한다.
2. '파일 - 폴더 열기...'을 선택하고 마우스 오른쪽 버튼을 클릭하여 소스 파일을 저장할 폴더를 생성하여 지정한 후에(여기서는 'TEST'라는 폴더를 생성하여 지정함) 작성자 신뢰 페이지가 뜨면 [예, 작성자를 신뢰합니다]를 클릭한다.

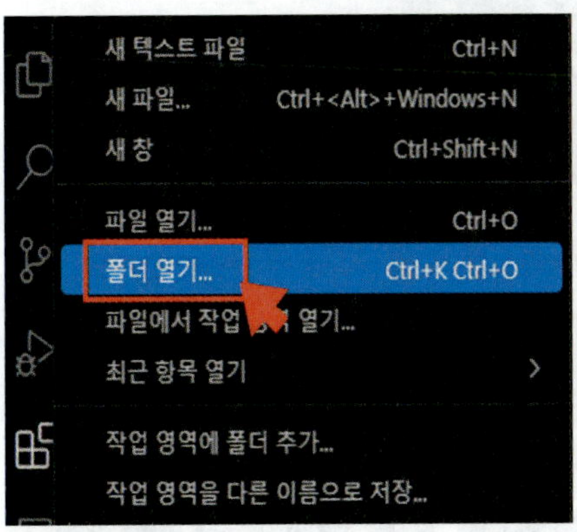

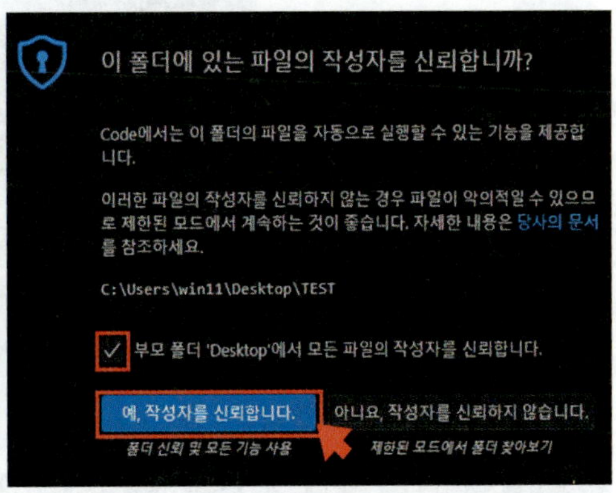

3. GitHub Copilot 창이 뜨면 기능 모두에 체크한 후 '완료로 표시'를 클릭한다. 이 창은 처음 1회만 나온다. 옆에 GitHub Copilot를 이용하는 개발자들의 설문 결과 만족도 74%, 생산성 향상 88%, 반복 작업 가속화 96%라는 통계가 보인다.

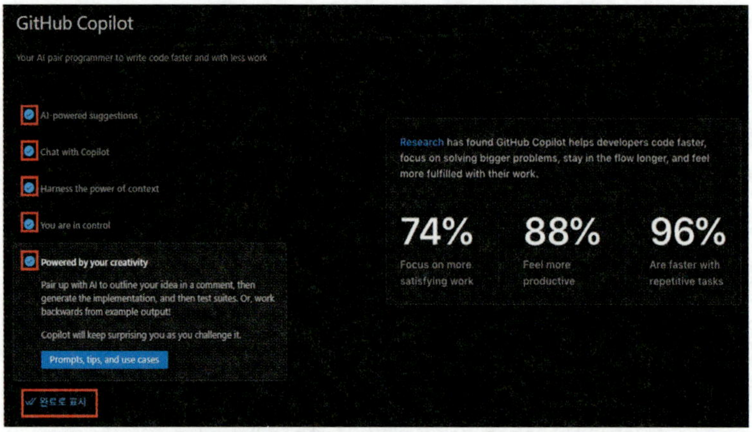

4. '새 파일'을 선택하고 파일 이름을 'Hello.py'로 지정한다.

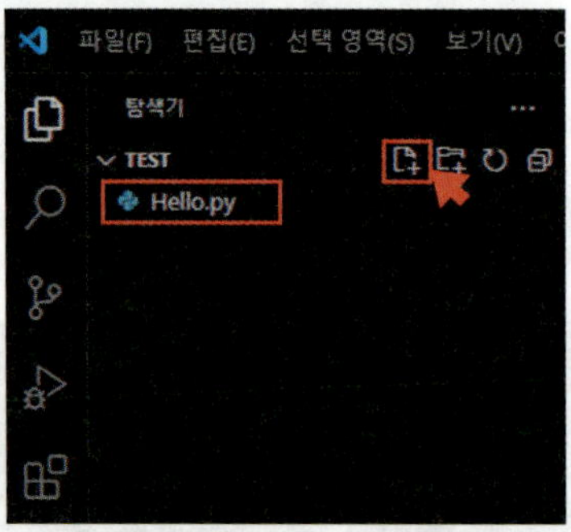

5. 코드를 입력할 수 있는 에디터 영역이 생긴다. Python 확장 기능을 설치하기 위해 오른쪽 아래의 [설치]를 클릭하고, 모든 옵션을 선택한 후 '완료로 표시'를 클릭한다.

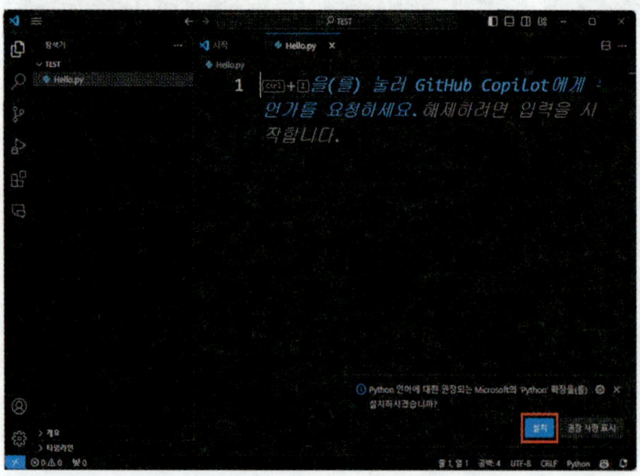

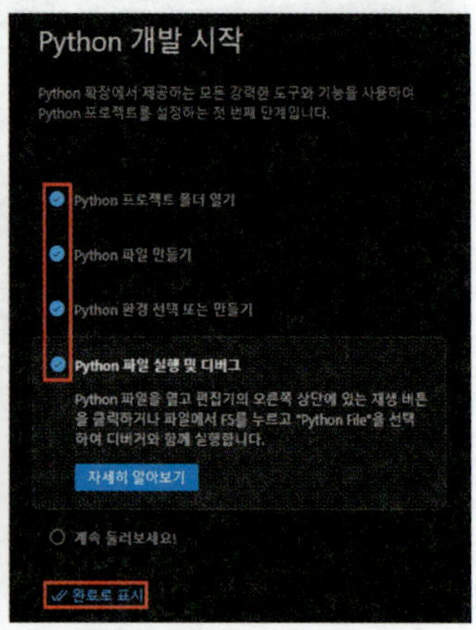

● GitHub Copilot을 활용하여 코드 작성하기

VS Code에서 GitHub Copilot을 활용하여 코드를 작성하는 방법은 다양하다.

① **인라인 채팅에서 실행하기**

1. 윈도에서는 Ctrl + I 키, macOS에서는 ⌘ + I 키를 눌러 명령 팔레트를 열고 '"Hello World!"를 출력해 줘'라고 입력한다.

2. 코드가 자동으로 생성된다. [수락]을 눌러 코드를 확정한다.

3. 우측 상단에 있는 파이선 실행 버튼을 클릭하여 결과를 확인한다.

② **주석으로 실행하기**

1. 파이선에서 주석을 작성하려면 '#' 뒤에 글을 쓰면 된다. 주석은 코드에 대한 설명을 쓸 때 주로 사용하지만 여기서는 GitHub Copilot을 이용하여 코드를 작성하기 위해 사용한다.

   '#Hello Copilot!을'까지만 입력해도 '출력하는 코드입니다'라는 말이 자동으로 추천된다. 어투는 이전 주석과 일관되게 나타난다. Tab 키를 눌러 수락한다.

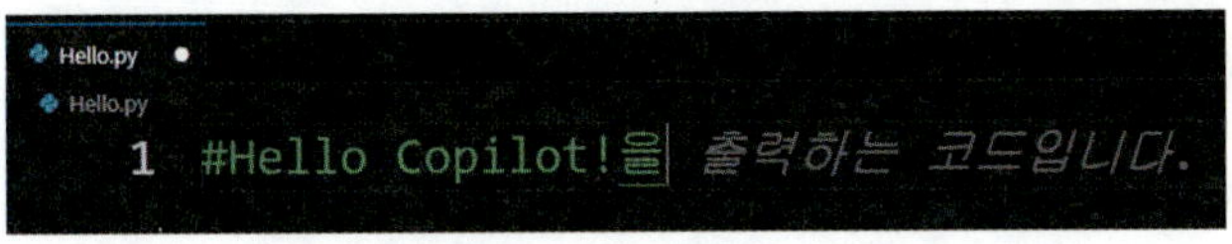

2. 회색으로 추천 코드가 나타난다. Tab 키를 눌러 수락한다.

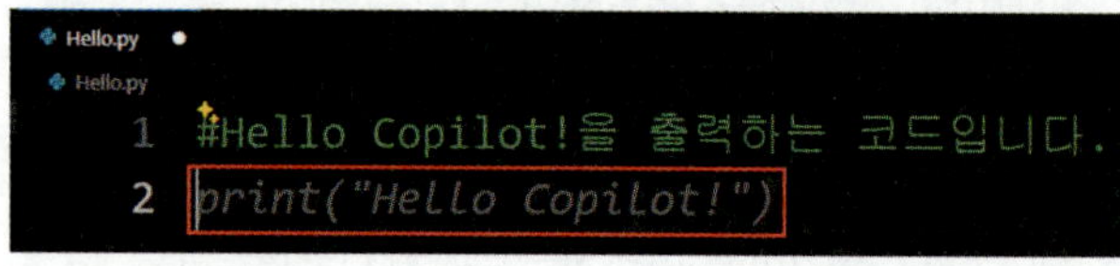

③ 추천 코드로 실행하기

1. 작성하고 싶은 내용을 주석으로 작성한다.

2. Ctrl + Enter↵ 키를 눌러 GitHub Copilot Suggestions 창을 연다.

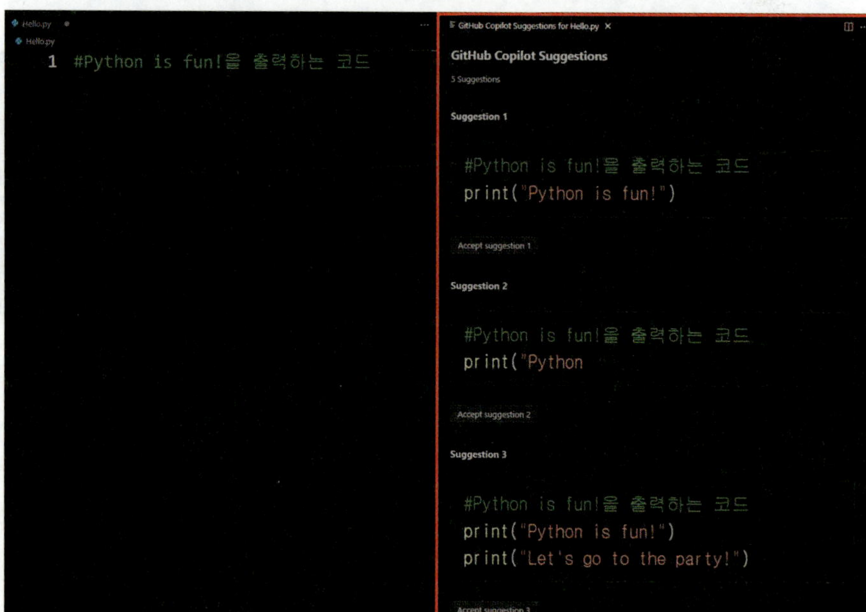

3. [Accept suggetion] 중 하나를 클릭하면 해당 코드가 입력된다.

④ 채팅 창에서 실행하기

1. 활동 표시 줄 맨 아래에 있는 '채팅' 버튼을 클릭하여 채팅 창을 연다. 채팅 창 버튼이 보이지 않는다면 확장 기능에서 GitHub Copilot Chat을 설치한다.

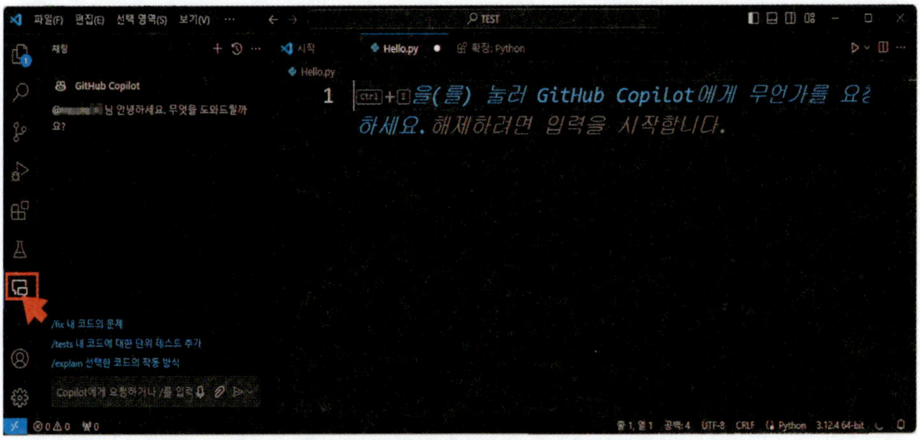

2. 채팅 입력 칸에 원하는 코드를 요청하면 추천 코드가 제시된다. '/help'를 입력하면 편의 기능을 제공하기 위해 사전에 정의한 여러 예약어를 볼 수 있다.

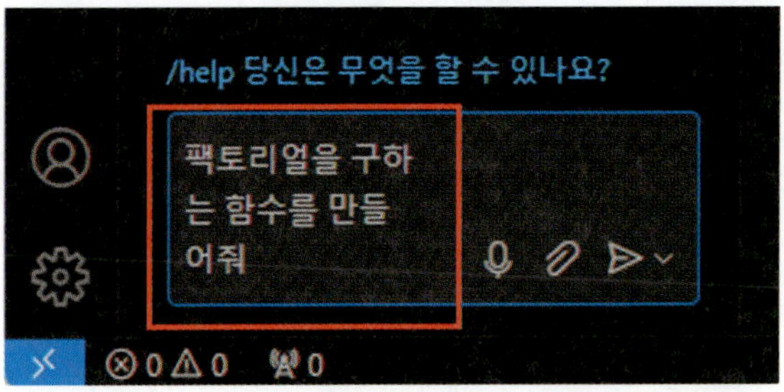

3. 추천 코드에 마우스를 올리면 [커서에 삽입] 버튼이 나타난다. 클릭하면 코드가 에디터의 커서 위치에 입력된다.

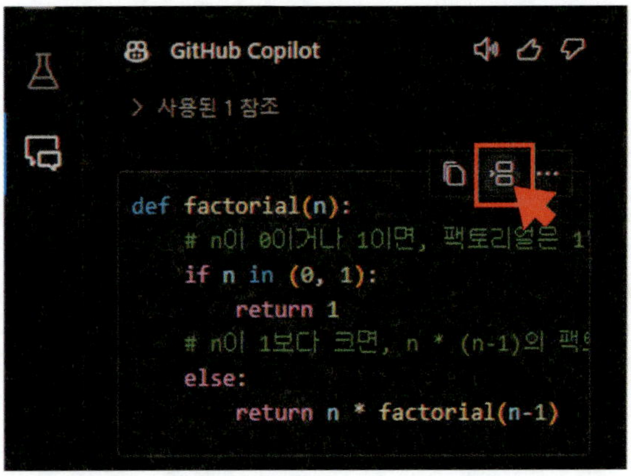

② 웹 개발과 소프트웨어 개발

Claude Artifacts로 웹 사이트 생성하기

Claude Artifacts을 이용하면 웹 사이트를 빠르게 만들 수 있을 뿐 아니라 개발자가 미처 생각하지 못한 아이디어를 얻을 수 있다. 또한 코드가 길어질수록 많아질 수 있는 오류를 최대한 방지할 수 있고, 결과가 의도한 바와 다를 경우 쉽게 수정할 수도 있다. Claude Artifacts는 웹 사이트 제작에 필요한 HTML, CSS, JavaScript 등을 모두 지원하므로 웹 사이트 제작 도구로서 매우 훌륭하다.

- 생성형 인공지능 소개 사이트 만들기

웹 사이트는 보통 기본적인 구조를 이루는 HTML에 디자인 내용을 담은 CSS 파일과 사용자의 동작에 반응하는 자바스크립트를 연결해서 만든다. Claude Artifacts에서 인사이트를 얻어 웹 사이트를 만들어 보겠다.

① Claude Artifacts에서 인사이트 얻기

1. 인사이트를 얻기 위한 것이므로 일단 막연하게 웹 사이트 생성을 요청해 본다.

– 프롬프트

생성형 인공지능에 대해 소개하는 웹 사이트를 만들어 주세요

– Claude 대화 창

네, 생성형 인공지능에 대해 소개하는 웹사이트를 만들어 드리겠습니다. HTML, CSS, 그리고 간단한 JavaScript를 사용하여 기본적인 웹페이지를 만들어보겠습니다.

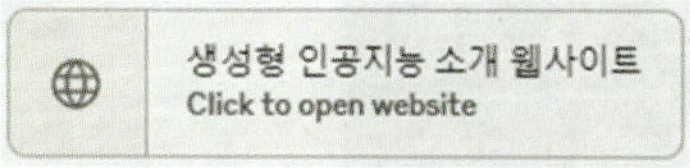

이 HTML 파일은 생성형 인공지능에 대한 기본적인 소개를 담고 있는 웹사이트입니다. 주요 특징은 다음과 같습니다:

1. 반응형 디자인: 다양한 화면 크기에 맞춰 조정됩니다.
2. 간단한 스타일링: CSS를 사용하여 깔끔하고 읽기 쉬운 레이아웃을 만들었습니다.
3. 인터랙티브 요소: JavaScript를 사용하여 버튼 클릭 시 AI가 생성한 것 같은 예시 문장을 보여줍니다.

이 웹사이트는 다음과 같은 섹션으로 구성되어 있습니다:

1. 생성형 인공지능의 정의
2. 주요 특징
3. 응용 분야
4. 생성형 AI 예시(인터랙티브 요소)

이 코드를 HTML 파일로 저장하고 웹 브라우저에서 열면 생성형 인공지능에 대한 기본적인 소개 웹사이트를 볼 수 있습니다. 필요에 따라 내용을 수정하거나 스타일을 변경할 수 있습니다. 추가적인 기능이나 디자인 변경이 필요하다면 말씀해 주세요.

– Claude Artifacts 전용 창 Preview

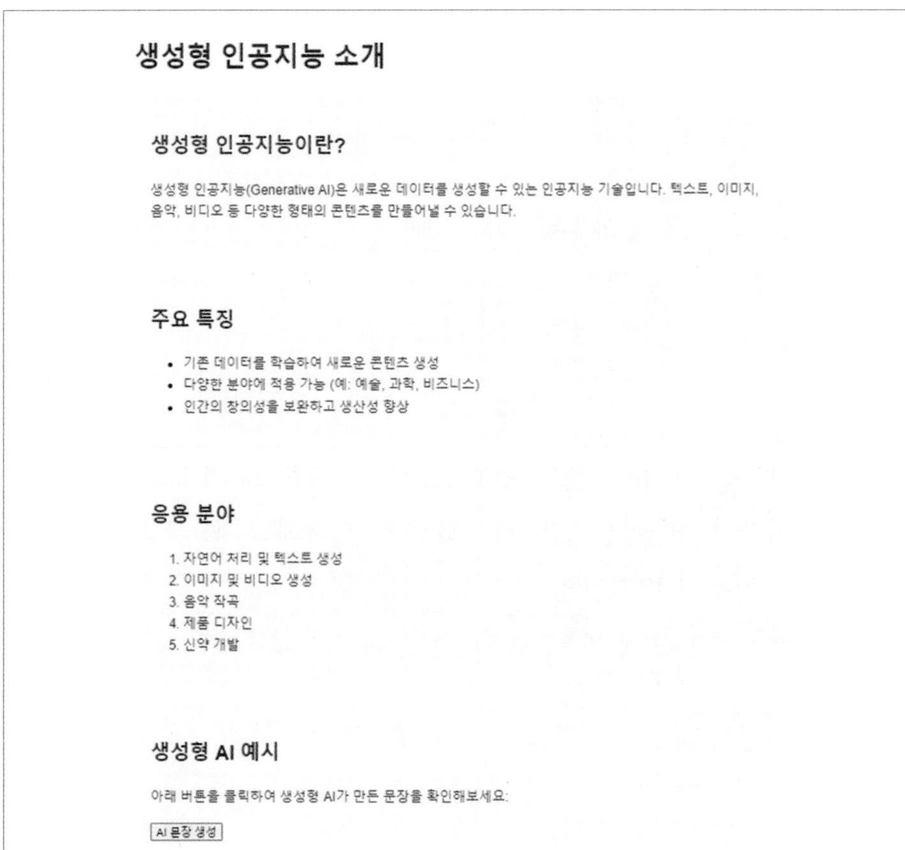

코드는 그때그때 다르게 생성하므로 여기서는 생략하겠다. Claude Artifacts 전용 창의 Preview에서 바로 웹 사이트를 구현해 보여준다. 막연하게 질문을 했는데 완성도 높은 웹 사이트를 만들어 주었다.

Claude Artifacts가 만들어 준 웹 사이트를 보며 수정하거나 보완해야 할 아이디어를 얻을 수 있다. 웹 사이트의 레이아웃을 구체적으로 구상해 보자.

생성형 인공지능 소개

생성형 인공지능의 세계로 여러분을 안내합니다.

목차	생성형 인공지능이란
생성형 인공지능이란 주요 특징 응용 분야 작동 원리 전망 주의 사항 생성형 AI 예시	〈내용〉 주요 특징 〈내용〉 응용 분야 〈내용〉 작동 원리 〈내용〉 전망 〈내용〉 주의 사항 〈내용〉 생성형 AI 예시 〈내용〉

이렇게 레이아웃을 구상해 보았다. 왼쪽에는 작은 글자로 목차가 있고, 오른쪽에는 목차별 내용이 있다. 왼쪽의 목차를 클릭하면 오른쪽에서 해당 내용의 소제목 위치로 자동 스크롤이 되는 웹사이트이다.

전체적인 틀을 구상했으니 이를 Claude Artifacts에게 잘 설명해 보자. 말해야 할 요지는 다음과 같이 정리할 수 있다.

1. 전체 창에서 왼쪽과 오른쪽을 1:3으로 분할하기
2. 왼쪽에 목차를 다음과 같이 넣기
   1. 생성형 인공지능이란
   2. 주요 특징
   3. 응용 분야
   4. 작동 원리
   5. 전망
   6. 주의 사항
   7. 생성형 AI 예시
3. 제목 문구 변경하기
4. 각 섹션별 설명 넣기
5. 목차를 누르면 해당되는 소제목이 강조되면서 부드럽게 스크롤을 이동하기

② 구상한 내용 요청하기

– 프롬프트

웹 사이트를 업그레이드할 거예요.
왼쪽과 오른쪽을 1:3으로 해서 창을 분할해 주세요
왼쪽에는 목차를 다음과 같이 넣어주세요

목차
   1. 생성형 인공지능이란
   2. 주요 특징
   3. 응용 분야
   4. 작동 원리
   5. 전망
   6. 주의 사항
   7. 생성형 AI 예시

오른쪽에는 목차와 같은 내용으로 섹션을 만들고, 해당하는 내용을 정리해서 넣어주세요
맨 위쪽에 파란 배경에 흰색 글자로 '생성형 AI 소개'라는 글자가 크게 들어가고 그 아래에 부제목으로 '생성형 인공지능의 세계로 여러분을 안내합니다.'라는 글자가 나오게 해주세요
왼쪽의 목차 항목을 선택하면 오른쪽 해당 섹션으로 부드럽게 스크롤될 수 있게 해주세요.
해당 섹션이 잠시 강조되어 사용자가 쉽게 내용을 찾을 수 있게 해주세요.

– Claude 대화 창

네, 요청하신 대로 웹사이트를 업그레이드하겠습니다. 왼쪽과 오른쪽을 1:3 비율로 분할하고, 목차와 내용을 구성하며, 스크롤 및 강조 기능을 추가하겠습니다.

업그레이드된 생성형 인공지능 소개 웹사이트
Click to open website

이제 요청하신 대로 웹사이트가 업그레이드되었습니다. 주요 변경 사항은 다음과 같습니다:

1. 레이아웃: 왼쪽과 오른쪽을 1:3 비율로 분할했습니다.
2. 헤더: 파란 배경에 흰색 글자로 '생성형 AI 소개'와 부제목을 추가했습니다.
3. 목차: 왼쪽 사이드바에 요청하신 목차를 추가했습니다.
4. 내용: 오른쪽에 각 섹션에 해당하는 내용을 정리하여 넣었습니다.
5. 네비게이션: 목차 항목 클릭 시 해당 섹션으로 부드럽게 스크롤되도록 JavaScript를 추가했습니다.
6. 강조 효과: 스크롤 후 해당 섹션이 잠시 강조되도록 CSS 애니메이션을 적용했습니다.

이 HTML 파일을 웹 브라우저에서 열면 업그레이드된 생성형 인공지능 소개 웹사이트를 볼 수 있습니다. 레이아웃, 디자인, 내용 등에 대해 추가적인 수정이나 개선이 필요하다면 말씀해 주세요.

– Claude Artifacts 전용 창 Preview

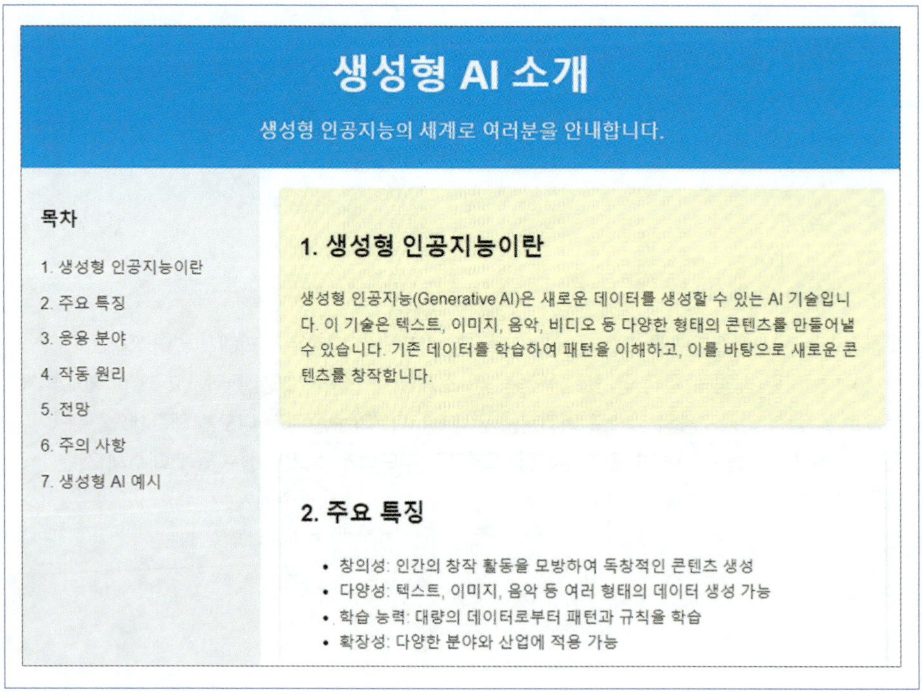

요청한 대로 내용이 모두 바뀌었고, 목차를 누르면 해당 내용이 노랗게 강조되면서 해당 내용 위치로 자동 스크롤이 된다.

③ 코드 수정

내용이 많아진 것은 좋지만 아래로 스크롤이 내려가니 왼쪽의 작은 목차도 함께 위로 사라져 버린다. 목차가 계속 화면에 남아 있도록 수정을 요청한다.

– 프롬프트

> 목차는 header 아래에 붙어 있되 스크롤이 올라가도 현재 페이지에 머물러 있게 해주세요

– Claude 대화 창

> 네, 이해했습니다. 목차를 헤더 아래에 고정시키고, 페이지를 스크롤해도 항상 화면에 표시되도록 수정하겠습니다. 이를 위해 CSS position: sticky를 사용하겠습니다.
>
> 고정 목차가 있는 생성형 인공지능 소개 웹사이트
> Click to open website
>
> 주요 변경 사항은 다음과 같습니다:
> 목차 위치: 헤더 바로 아래에 위치하도록 변경했습니다.
> 고정 목차: position: sticky를 사용하여 스크롤해도 목차가 화면에 고정되도록 했습니다.
> 높이 조정: 목차의 높이를 뷰포트 높이에서 헤더 높이를 뺀 만큼으로 설정하여, 항상 화면에 꽉 차도록 했습니다.
> 스크롤 가능한 목차: 목차 내용이 길어질 경우를 대비해 overflow-y: auto를 적용했습니다.
> 이제 웹사이트를 스크롤해도 목차가 항상 화면 왼쪽에 고정되어 있으며, 헤더 바로 아래에 위치합니다. 사용자는 언제든지 쉽게 목차를 참조하고 원하는 섹션으로 이동할 수 있습니다.
> 추가적인 수정이나 개선이 필요하다면 말씀해 주세요.

– Claude Artifacts 전용 창 Preview

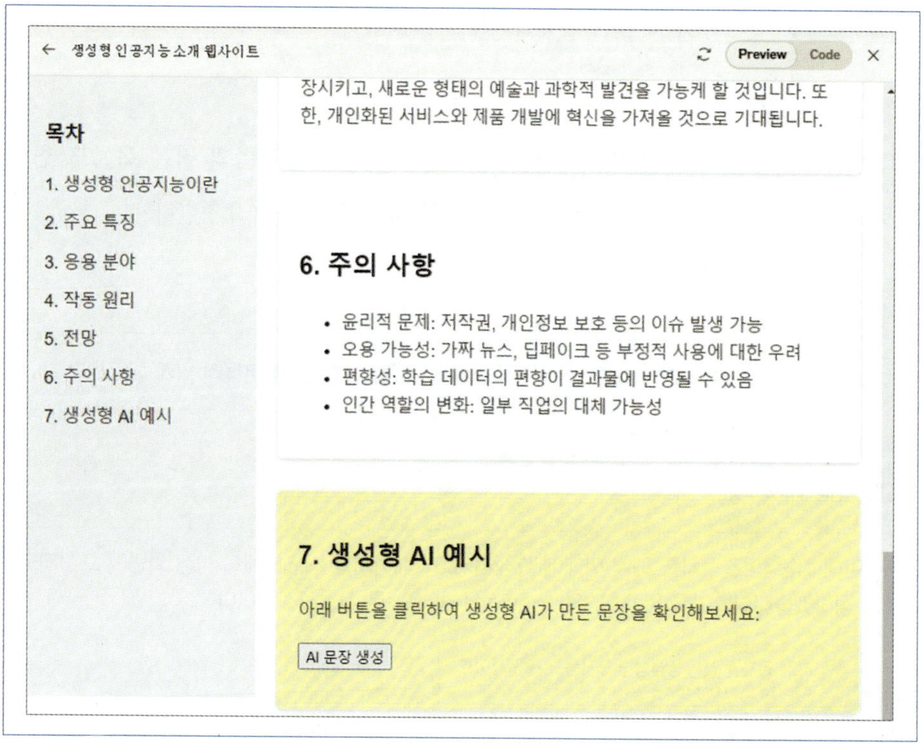

이제 스크롤이 내려가도 목차가 사라지지 않는다. 나머지 부분도 구상한 대로 웹 사이트가 잘 구축되었다. 코드를 직접 작성하지는 않았지만, CSS에 대한 이해 없이는 header에 붙여달라는 등의 요청을 하기 어려우므로 효과적인 프롬프트를 작성하기 위해서 코딩에 대한 이해가 선행되면 좋다.

④ 실제 웹 사이트 만들기

이제 웹 사이트를 실제 웹 브라우저에서 볼 수 있도록 VS Code에 코드를 입력한다.

1. 현재는 HTML 파일에 모든 코드가 들어 있다. 효과적인 관리를 위해 이것을 CSS, JavaScript 코드로 분리해 달라고 요청한다.

– 프롬프트

비주얼 스튜디오 코드로 옮기기 위해서 html, css, javascript 파일의 코드를 각각 나누어 만들어 주세요

–Claude 대화 창

네, 이해했습니다. Visual Studio Code에서 사용하기 편리하도록 HTML, CSS, JavaScript 파일을 각각 분리하겠습니다.
먼저, HTML 파일입니다:

</> **index.html**
Click to open code

다음은 CSS 파일입니다:

</> **styles.css**
Click to open code

마지막으로 JavaScript 파일입니다:

</> **script.js**
Click to open code

이제 코드가 세 개의 파일로 분리되었습니다:
index.html: HTML 구조
styles.css: 모든 스타일 정의
script.js: JavaScript 기능
Visual Studio Code에서 이 세 파일을 만들고 각각의 내용을 복사하여 붙여넣으면 됩니다.
그리고 index.html 파일에서 CSS와 JavaScript 파일을 연결하는 부분이 있으니 주의해 주세요.
이렇게 분리하면 코드 관리와 유지보수가 더 쉬워집니다. 각 부분을 독립적으로 수정할 수 있고, 다른 프로젝트에서 재사용하기도 쉬워집니다.
추가적인 수정이나 질문이 있다면 말씀해 주세요.

2. VS Code에서 Website 폴더를 생성하여 열고, index.html, styles.css, script.js 파일을 만든다.

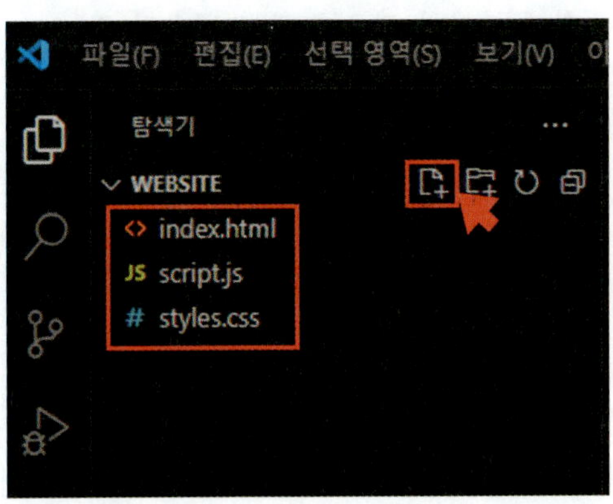

3. Claude Artifacts 전용 창에 있는 세 코드를 하나씩 복사해서 각각 index.html, styles.css, script.js 세 개의 파일에 알맞게 붙여 넣는다.

4. 윈도에서는 Ctrl + S 키, macOS에서는 ⌘ + S 키를 눌러 저장한다. 저장하면 탭에 있던 동그라미 표시가 사라진다.

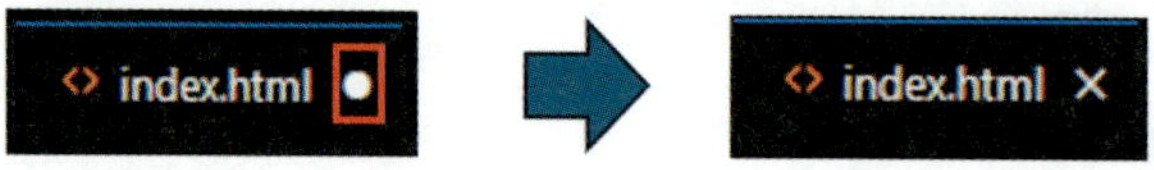

5. 탐색기 창의 index.html 위에서 마우스 오른쪽 버튼을 클릭한 후, '경로 복사'를 클릭한다.

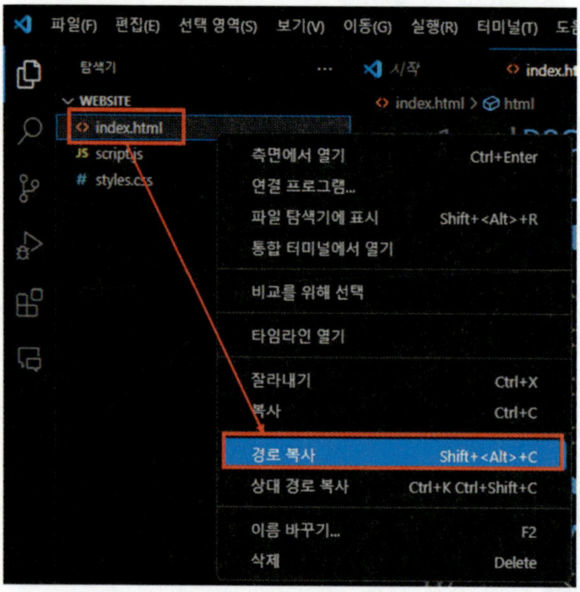

6. 웹 브라우저 주소창에 복사한 경로를 붙여 넣으면 Claude Artifacts 전용 창에서 Preview로 봤던 웹 사이트의 모습을 웹 브라우저에서 똑같이 볼 수 있다.

이 내용을 웹에 올려 누구나 접속할 수 있도록 하고 싶다면 서버를 구축해야 한다. 하지만 우리가 만든 웹 사이트는 서버와의 상호작용 없이 정보만 제공하는 정적 웹 사이트이므로 깃허브 레포지토리에 파일을 업로드하는 방법을 사용할 수 있다. ChatGPT에 'html, css, javascript 파일이 있습니다. 깃허브에서 이 파일로 웹 페이지를 만드는 방법에 대해서 알려주세요.'라고 질문하면 자세한 방법을 알 수 있다. 설명을 보면서 차근차근 따라하면 쉽게 내가 만든 웹 페이지를 외부에 공개할 수 있을 것이다.

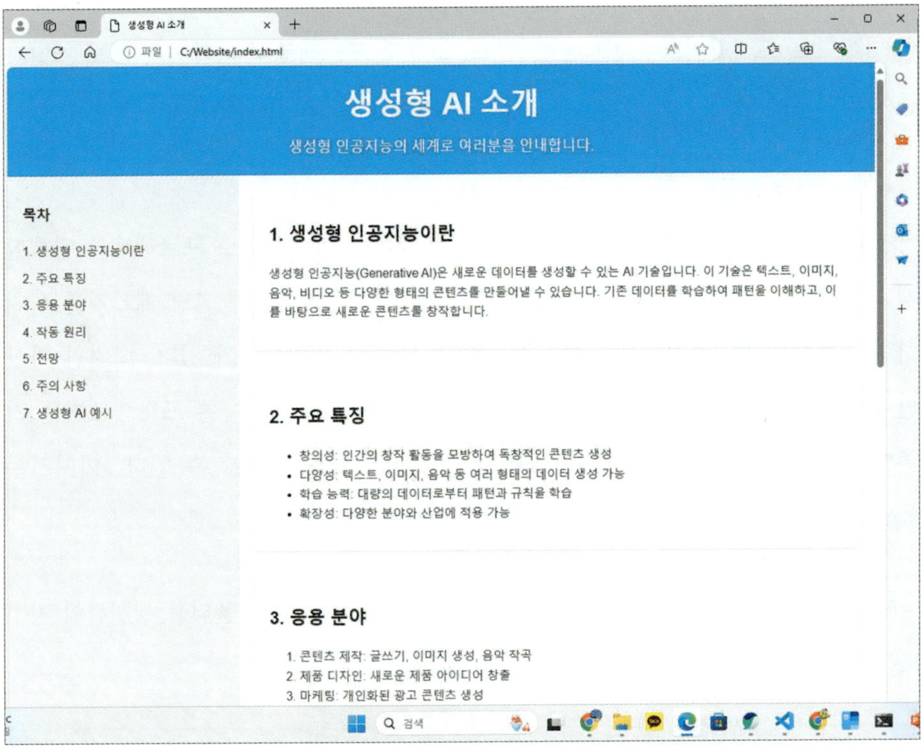

GitHub Copilot과 ChatGPT로 웹 애플리케이션 작성하기

웹 애플리케이션은 웹 브라우저에서 특정한 작업이나 기능을 수행하기 위해 설계된 소프트웨어로서, 기본적으로 클라이언트(웹 브라우저 등)가 웹 서버에 있는 데이터를 가져와 실행하는 과정으로 이루어진다. 그래서 웹 애플리케이션을 개발할 때는 클라이언트에서 사용자와 직접 상호 작용하는 부분을 담당하는 HTML, CSS, JavaScrip 코딩 등의 프론트엔드(Frontend) 작업과 사용자가 직접 볼 수 없는 부분인 웹 서버 구축 등의 백엔드(Backend) 작업을 함께 해야 한다.

웹 서버 구축을 하기 위해서는 Flask, Django, Express 등과 같은 프레임워크가 있어야 편리하다. 여기서 사용할 Flask는 파이선으로 만든 웹 애플리케이션 프레임워크다. 프레임워크란 웹 서비스를 개발할 때 개발자의 편의를 위한 기능을 미리 구현해 놓은 명령어와 라이브러리의 모음이라고 할 수 있다. Flask는 웹 서버 개발의 필수 기능만을 담고 그 외에 필요한 기능이 있으면 그때그때 확장해서 쓸 수 있도록 한 마이크로 프레임워크여서 배우기 쉽고, 소규모 프로젝트에 적합하여 초보 개발자들이 많이 활용한다.

- 개발 환경 만들기

먼저 파이선 가상 환경을 설치한다. 가상 환경이란 파이선으로 프로젝트를 진행할 때 다른 프로젝트의 간섭을 받지 않는 공간을 말한다. 파이선에 그냥 패키지를 설치하면 나중에 다른 버전의 패키지를 설치할 때 호환이 안 될 수가 있다. 하지만 가상 환경을 만들면 하나의 프로젝트에만 패키지를 적용함으로써 다른 프로젝트에는 기존에 설치한 패키지와 상관없이 다른 버전의 패키지를 적용할 수 있다. 여기서는 venv라는 모듈을 적용하여 가상 환경을 만들어 보겠다.

1. VS Code에서 '폴더 열기'를 클릭하고, C 드라이브에 todo 폴더를 생성하여 지정한 후, [폴더 선택]을 클릭한다.

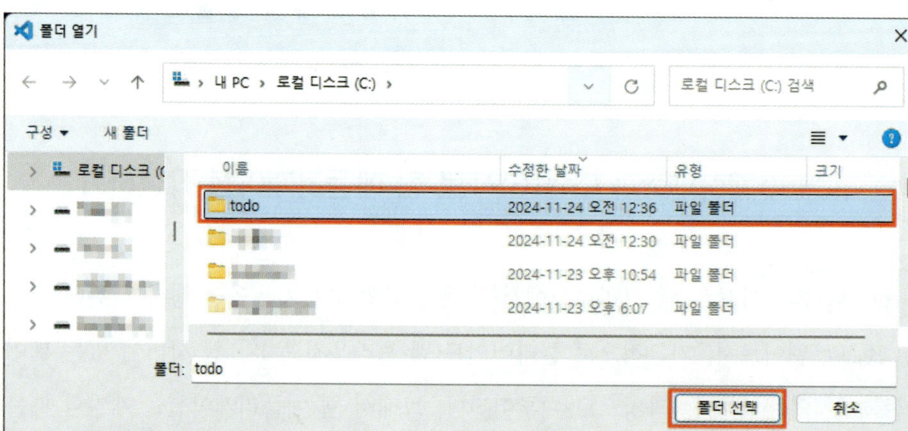

2. 터미널을 연다. 터미널은 키보드에서 [Ctrl]+[`](백틱)을 누르거나, 상단 〈보기〉 탭의 '터미널'을 클릭하면 열 수 있다.

```
C:\todo>
```

3. venv 모듈을 사용하여 'myvenv'라는 가상 환경을 만든다(macOS에서는 'py' 대신 'python3' 입력).

```
C:\todo> py -m venv myvenv
```

4. myvenv\Scripts 디렉터리로 이동한다(macOS에서는 myvenv/bin).

```
C:\todo> cd myvenv\Scripts
```

5. 가상 환경을 활성화하기 위해 '.\activate'를 입력한다(macOS에서는 'source ./activate').

```
C:\todo\myvenv\Scripts> .\activate
```

6. 앞에 (myvenv)가 나온다면 가상 환경이 활성화된 것이다.

```
(myvenv) C:\todo\myvenv\Scripts>
```

7. 파이선에서 라이브러리를 설치하는 명령어인 'pip install'로 Flask를 설치한다.

```
(myvenv) C:\todo\myvenv\Scripts>pip install flask
```

8. F1키를 눌러 명령 팔레트를 열고 'Python:Select Interpreter'를 선택한다.
9. 'Python (버전) ('myvenv':venv).\myvenv\Scripts\python.exe'를 선택한다. 만일 이와 같은 가상 환경 인터프리터가 보이지 않으면,
   - 'Enter interpreter path...'를 선택하고 'Find...'를 누른다.
   - C:\todo\myvenv\Scripts\python.exe 파일을 찾아 선택한다.
   - macOS에서는 가상 환경이 활성화된 상태에서 'which python'을 실행해서 나온 경로를 입력한다.

- TO-DO 리스트 애플리케이션 만들기

TO-DO 리스트 애플리케이션은 할 일을 입력해서 일목요연하게 정리하는 단순한 앱이다. 웹 서버를 처음 만드는 학생들이 많이 도전하는 애플리케이션이라 여기서 소개하고자 한다.

① GitHub Copilot에서 인사이트 얻기

애플리케이션의 기본 틀을 빠르게 만들기 위해 GitHub Copilot에게 코드를 요청한다. 프런트엔드와 백엔드를 모두 개발하기 위해 HTML, CSS, JavaScript 파일과 FLASK를 사용하는 내용으로 프롬프트를 작성한다.

– 프롬프트

> Flask, py, html, css, js 를 모두 이용해서 to-do 리스트 애플리케이션 만드는 방법과 코드에 대해서 자세히 알려주세요.

– GitHub Copilot 채팅 창

> 1단계: Flask 백엔드 설정
> Flask 설치
> Flask를 설치하기 위해 pip install flask 명령어를 사용합니다.
> Flask 애플리케이션 구조
> 프로젝트 폴더를 생성하고, 그 안에 app.py, templates 폴더, static 폴더를 만듭니다.
> app.py: Flask 애플리케이션의 메인 파일입니다.
> templates: HTML 파일들을 저장하는 폴더입니다.
> static: CSS와 JavaScript 파일들을 저장하는 폴더입니다.
> Flask 애플리케이션 코드 (app.py)
>
> (코드 생략)
>
> 2단계: HTML 프론트엔드 설정 (templates/index.html)
>
> (코드 생략)

3단계: CSS 스타일링 (static/style.css)

(코드 생략)

4단계: JavaScript 추가 (static/script.js)
이 예제에서는 JavaScript를 사용하지 않았지만, 동적인 기능을 추가하고 싶다면 static 폴더 안에 script.js 파일을 만들고 HTML 파일에서 이를 참조할 수 있습니다.
Flask 애플리케이션 실행

터미널에서 python app.py를 실행하여 Flask 서버를 시작합니다.
웹 브라우저에서 http://127.0.0.1:5000/ 주소로 접속하여 애플리케이션을 확인합니다.
이 기본적인 구조를 바탕으로 추가적인 기능을 구현하거나 디자인을 개선하여 완성도 높은 To-Do 리스트 애플리케이션을 만들 수 있습니다.

GitHub Copilot의 안내대로 다음과 같이 하나씩 진행한다.

1. VS Code에 app.py 파일과 templates/index.html, static/style.css, static/script.js 파일을 생성한다. static과 templates는 폴더임에 유념한다.

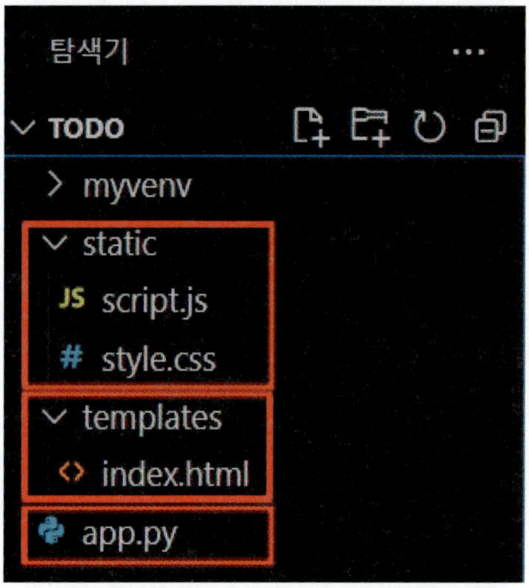

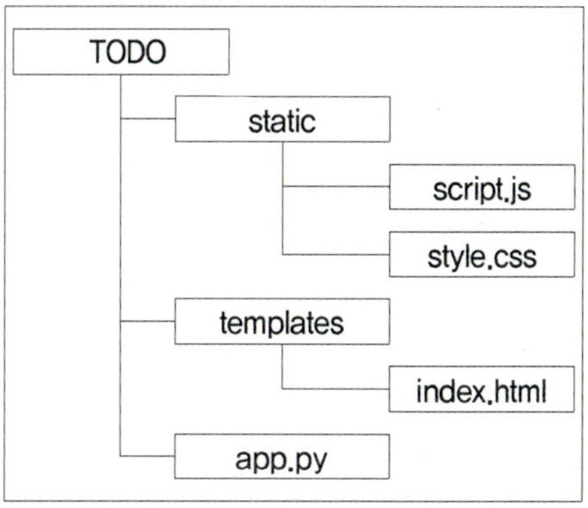

2. app.py, index.html, style.css에 각각 GitHub Copilot의 추천 코드를 입력하고 저장한다.

다음으로 Flask를 실행하기 위한 환경 변수를 만들어야 한다.

1. 터미널에서 프로젝트 폴더로 이동한다.

```
(myvenv) C:\todo\myvenv\Scripts> cd..
(myvenv) C:\todo\myvenv> cd..
(myvenv) C:\todo>
```

2. 환경 변수로 애플리케이션의 위치와 서버 실행 환경을 설정한다. 설정 방법은 운영체제에 따라 다르다.

– 윈도의 PowerShell

```
(myvenv) C:\todo>$env:FLASK_APP="app.py"
(myvenv) C:\todo>$env:FLASK_ENV="development"
(myvenv) C:\todo>$env:FLASK_DEBUG="true"
```

– 윈도의 명령 프롬프트(CMD)

```
(myvenv) C:\todo>set FLASK_APP=app.py
(myvenv) C:\todo>set FLASK_ENV=development
(myvenv) C:\todo>set FLASK_DEBUG=true
```

– macOS 터미널

```
(myvenv) $ export FLASK_APP=app.py
(myvenv) $ export FLASK_ENV=development
(myvenv) $ export FLASK_DEBUG=true
```

3. Flask를 실행한다.

```
(myvenv) C:\todo>flask run
```

웹 브라우저를 열고 주소창에 http://127.0.0.1:5000/을 입력해서 결과를 확인한다. 이후 코드 수정 후에는 이 사이트를 새로 고침해서 확인하면 된다.

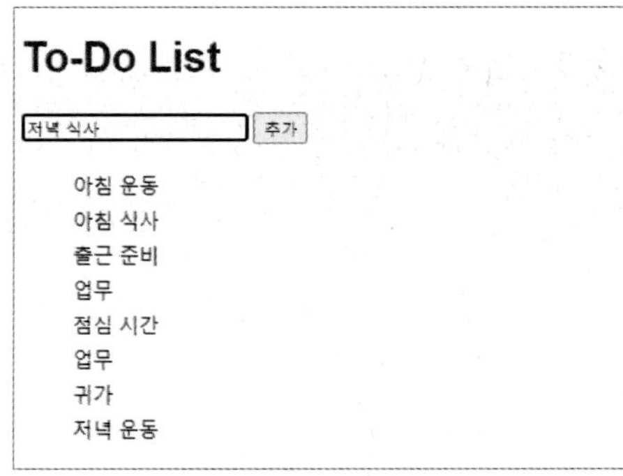

② ChatGPT에서 인사이트 얻기

애플리케이션이 잘 작동하는 것을 확인했지만 너무 단조롭다. 코드에서 어떤 점을 더 개선하면 좋을지 아이디어를 얻기 위해 ChatGPT에 app.py, index.html, style.css, script.js 전체 코드를 업로드해 본다.

– 프롬프트

> 지금까지 만든 코드를 보여줄게요
> 이 코드에서 더 개선할 점은 무엇일까요?
> app.py
> (app.py 코드 전체 복사하여 입력)
> index.html
> (index.html 코드 전체 복사하여 입력)
> style.css
> (style.css 코드 전체 복사하여 입력)

– ChatGPT

> 현재 코드의 기본적인 기능은 잘 구현되어 있지만, 몇 가지 개선 사항을 적용하여 더 나은 사용자 경험과 코드의 유지보수성을 높일 수 있습니다.
>
> 개선 사항:
>
> 1. 데이터 지속성:
> 현재 할 일 목록은 메모리 내에 저장되며, 서버를 재시작하면 목록이 사라집니다. 데이터베이스나 파일을 사용하여 데이터를 지속적으로 저장할 수 있도록 변경합니다.
> 2. 할 일 삭제 기능 추가:
> 사용자가 완료한 할 일을 삭제할 수 있는 기능을 추가하면 유용할 것입니다.

3. 입력 검증:
빈 문자열이 추가되지 않도록 입력값을 검증합니다.
4. 할 일 목록에 ID 추가:
각 할 일에 고유한 ID를 부여하면 삭제나 수정 기능을 구현할 때 유용합니다.
5. CSS 스타일링 개선:
디자인을 더 향상시켜 사용자 경험을 높일 수 있습니다.
6. Flask-WTF 사용:
Flask-WTF를 사용하여 폼 관리 및 CSRF 보호를 추가합니다.

개선된 코드 예시:
app.py:

```
(코드 생략)
```

index.html:

```
(코드 생략)
```

style.css:

```
(코드 생략)
```

이 개선된 코드는 할 일 목록을 파일에 저장하고, 할 일을 삭제할 수 있는 기능을 추가하며, Flask-WTF를 사용하여 폼 관리를 개선하고, 빈 입력을 검증합니다. 추가로, CSS를 개선하여 더 나은 사용자 경험을 제공합니다.

ChatGPT가 제시한 업데이트할 내용을 정리하면 다음과 같다.

현재 상태	업데이트할 내용
내용을 영구 보관할 수 없다.	파일을 사용하여 내용 저장
내용을 삭제할 수 없다.	[삭제] 버튼 추가
내용 없는 빈칸이 추가될 수 있다.	입력값 검증
각 할 일을 삭제, 수정하기 어렵다.	각 항목에 고유 ID를 부여하여 관리
디자인이 단조롭다.	디자인 향상
보안에 취약하다.	Flask-WTF 라이브러리 사용

ChatGPT가 사용하도록 안내한 Flask-WTF라는 폼 관리 라이브러리는 표준 라이브러리가 아니므로 따로 설치해야 한다. 윈도 PowerShell이나 명령 프롬프트로 돌아가 Flask를 중지시키고(Ctrl+C) Flask-WTF를 설치한 후에 다시 Flask를 실행한다.

```
(myvenv) C:\todo>pip install flask-wtf
```

```
(myvenv) C:\todo>flask run
```

ChatGPT가 제시한 코드로 모두 교체하고 http://127.0.0.1:5000 페이지를 새로 고침하여 결과를 확인하자.

영구 저장이 되고 있는지 확인하기 위해서 일단 웹 페이지를 닫고, 터미널에서 Ctrl+C를 클릭하여 Flask를 중지한다.

다시 Flask를 실행하고(flask run 명령어) http://127.0.0.1:5000 페이지를 열어보면 데이터가 그대로 남아 있음을 확인할 수 있다. 데이터가 자동 생성된 todos.json 파일에 저장되어 있기 때문이다.

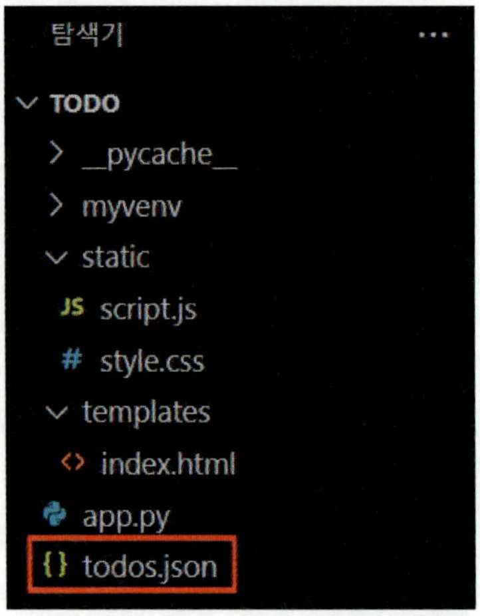

③ 항목 관리 기능 만들기

애플리케이션이 어느 정도 완성이 되니 부족한 부분을 볼 수 있는 안목이 생길 것이다. 여기서는 두 가지 추가 수정할 부분을 찾아보았다.

현재 상태	업데이트할 내용
내용을 수정할 수 없다.	각 항목을 클릭해서 수정한다.
한 일과 안 한 일 구분이 안 간다.	각 항목 앞에 체크 박스를 두어 한 일을 표시한다.

이 두 문제를 해결하기 위해 ChatGPT에 다시 요청한다. 별도의 말이 없으면 자바스크립트 코드를 index.html에 포함하기 때문에 자바스크립트 코드는 script.js에 입력해 달라는 메시지도 포함한다. 또한 새로운 항목이 입력되는 방식을 서버에서 데이터를 새로 불러오는 식으로 하면, 체크 박스에 체크해도 데이터를 불러올 때마다 체크가 사라지게 될 테니 체크 박스가 초기화되지 않고 그대로 유지될 수 있도록 프롬프트를 작성한다.

– 프롬프트

코드에 다음의 기능을 추가해 주세요
1. 각 항목 앞에 체크 박스를 두어서 체크한 항목은 글자 색깔을 연하게 하고 취소 선을 긋기
2. 새로운 항목이 입력되어도 체크 박스에 체크한 것은 초기화되지 않고 그대로 유지되기
3. 각 항목을 클릭해서 내용을 수정할 수 있게 하기
4. javascript 코드는 script.js에 입력하기

- ChatGPT

> 코드의 각 부분을 수정하여 요청한 기능을 추가하겠습니다.
>
> app.py
>
> (코드 생략)
>
> index.html
>
> (코드 생략)
>
> style.css
>
> (코드 생략)
>
> script.js
>
> (코드 생략)
>
> 이제 각 항목 앞에 체크 박스를 추가하여 체크한 항목의 글자 색깔을 연하게 하고 취소 선을 긋도록 하였습니다. 또한, 새로운 항목이 입력되어도 체크한 상태가 유지되고, 각 항목을 클릭하여 내용을 수정할 수 있게 했습니다. 자바스크립트 코드는 script.js 파일에 작성되었습니다.

이대로 입력해 보니 체크 박스를 눌러도 취소 선이 그어지지 않다가 새로 고침을 하거나 새로운 항목이 입력되어야 뒤늦게 취소 선이 그어지는 오류가 있었다. 또한 항목을 클릭해서 내용을 수정해도 새 항목을 입력하거나 새로 고침을 하면 원 상태로 초기화되는 문제가 있었다.

- 프롬프트

> 코드에는 다음과 같은 오류가 있어요.
> 체크 박스에 체크해도 취소 선이 그어지지 않고 웹 브라우저를 새로 고침해야만 취소 선이 그어지는 문제
> 수정한 내용이 새로 고침하면 원래대로 돌아가는 문제

– ChatGPT

> 주어진 Flask 애플리케이션에서 발생하는 두 가지 문제를 해결하기 위해서는 JavaScript와 Flask 코드의 일부를 수정해야 합니다. 체크박스 상태 변화와 텍스트 업데이트가 즉시 반영되고, 새로 고침 시 변경 사항이 유지되도록 수정할 필요가 있습니다.
> 다음은 수정된 코드입니다:
>
> app.py
> update_todo 및 toggle_todo 경로의 응답을 JSON으로 설정하여 클라이언트 측에서 즉시 업데이트를 반영할 수 있도록 합니다.
>
> (코드 생략)
>
> static/script.js
> JavaScript 코드를 업데이트하여 체크박스 상태가 변경되면 즉시 취소 선을 추가하거나 제거하고, 할 일 항목의 텍스트가 변경되면 이를 즉시 서버에 반영하도록 합니다.
>
> (코드 생략)
>
> templates/index.html
> HTML 구조는 그대로 유지하되, JavaScript 파일을 포함하고 있는지 확인합니다.
>
> 이제 체크박스를 체크하면 취소 선이 즉시 그어지며, 작업 내용이 수정될 때 즉시 서버에 반영되고, 새로 고침 시에도 변경 사항이 유지됩니다.

위의 코드대로 수정하니 모든 기능이 정상 작동했다.

④ 항목 순서 교체 기능 만들기

욕심이 더 생겨 드래그 앤드 드롭으로 항목의 순서를 바꾸는 기능도 구현해 보기로 한다. 앞의 사례에서 얻은 교훈을 되새기며 새로 고침을 해도 초기화되지 않게 하라는 내용을 포함하여 프롬프트를 작성한다.

– 프롬프트

> 지금까지의 기능을 유지한 상태로 다음 기능을 추가해 주세요
> 항목을 드래그 앤드 드롭으로 순서 변경하기
> 새로 고침을 하거나 새 항목을 입력해도 변경한 순서가 초기화되지 않고 유지되도록 하기
> 드래그 앤드 드롭하는 도중에 항목에 투명 효과와 부드럽게 밀어내는 효과 주기

-ChatGPT

드래그 앤드 드롭 기능을 추가하고, 새로 고침하거나 새 항목을 입력해도 변경한 순서를 유지하는 기능을 구현하기 위해 다음과 같은 변경 사항을 적용하겠습니다:
HTML에서 드래그 앤드 드롭 기능을 위해 적절한 속성을 추가합니다.
JavaScript를 수정하여 드래그 앤드 드롭 기능을 구현하고 순서 변경 시 서버로 데이터를 전송합니다.
Flask 애플리케이션을 수정하여 순서를 저장하고 불러오는 기능을 추가합니다.
app.py
app.py 파일에서 할 일 목록의 순서를 저장하고 불러오는 기능을 추가합니다.

(코드 생략)

templates/index.html
HTML 파일에 드래그 앤드 드롭 기능을 추가합니다.

(코드 생략)

static/script.js
JavaScript 파일을 수정하여 드래그 앤드 드롭 기능을 구현하고 순서 변경 시 서버로 데이터를 전송합니다.

(코드 생략)

static/style.css
드래그 중인 항목에 투명 효과와 부드럽게 밀어내는 효과를 추가합니다..

(코드 생략)

위 변경 사항을 적용하면 드래그 앤드 드롭 기능이 추가되고, 항목을 드래그할 때 투명 효과와 부드럽게 밀어내는 효과가 적용됩니다. 순서를 변경한 후에는 서버에 새로운 순서를 저장하여 새로 고침을 해도 순서가 유지됩니다.

드래그 앤드 드롭으로 항목 변경도 잘되었다. 이렇게 코딩을 직접 작성하는 일 없이 생성형 인공지능의 프롬프트만으로 to-do 리스트 웹 애플리케이션을 완성했다.

③ 데이터 분석과 자동화 스크립트

GitHub Copilot으로 데이터 처리 코드 생성하기

데이터 처리란 문제 해결을 위해 데이터를 수집하고, 분석해서 의사 결정하는 일련의 과정을 말한다. GitHub Copilot은 코드의 문맥을 이해하고 관련 코드 블록을 제안할 수 있어서 데이터 처리 코드를 작성하는 데에 매우 유용하다.

- 기온 변화 그래프 만들기

여기서는 지구 기온 데이터를 처리하여 다음과 같은 결과가 보이도록 하겠다.

데이터 처리 결과

1. '기간'과 '평균 최고 기온'을 지정하면 해당 기간에서 평균 최고 기온이 가장 높은 해와 평균 최고 기온을 알려주고 해당 기간의 그래프를 보여준다.
2. '기간'과 '평균 최저 기온'을 지정하면 해당 기간에서 평균 최저 기온이 가장 낮은 해와 평균 최저 기온을 알려주고 해당 기간의 그래프를 보여준다.
3. '기간'과 '평균 기온'을 지정하면 해당 기간의 평균 기온을 알려주고 해당 기간의 그래프를 보여준다.

* 평균 최고 기온: 하루 중 최고 기온의 연간 평균값(최고 기온의 합/365일)

* 평균 최저 기온: 하루 중 최저 기온이 연간 평균값(최저 기온의 합/365일)

① 개발 환경 설치

데이터 처리를 위한 언어로 파이선을 사용하고, 라이브러리로는 Pandas와 Matplotlib을 임포트한다.

1. VS Code에서 '폴더 열기'를 클릭하고, C 드라이브에 'earth' 폴더를 생성하여 지정한 후, [폴더 선택]을 클릭한다.
2. 터미널을 연다. 터미널은 키보드에서 Ctrl + `(백틱)을 누르거나, 상단 〈보기〉 탭의 '터미널'을 클릭하면 열 수 있다.

```
C:\earth>
```

3. venv 모듈을 사용하여 'myvenv'라는 가상 환경을 만든다(macOS에서는 'py' 대신 'python3' 입력).

```
C:\earth> py -m venv myvenv
```

4. myvenv\Scripts 디렉터리로 이동한다(macOS에서는 myvenv/bin).

```
C:\earth> cd myvenv\Scripts
```

5. 가상 환경을 활성화하기 위해 '.\activate'를 입력한다(macOS에서는 'source ./activate').

```
C:\earth\myvenv\Scripts> .\activate
```

6. 앞에 (myvenv)가 나온다면 가상 환경이 활성화된 것이다.

```
(myvenv) C:\earth\myvenv\Scripts>
```

7. 가상 환경 내에서 Pandas 라이브러리를 설치한다.

```
(myvenv) C:\earth\myvenv\Scripts> pip install pandas
```

TIP

Pandas는 데이터 조작과 분석을 위한 라이브러리로서 Series와 DataFrame 형식의 자료 구조를 제공하여 스프레드시트에서 데이터를 다루듯이 편리하게 데이터를 처리할 수 있도록 해 준다. Pandas는 데이터 분석 및 전처리, 시각화, 통계분석 등 다양한 데이터 작업에서 사용되고 있다.

8. 가상 환경 내에서 Matplotlib 라이브러리를 설치한다.

```
(myvenv) C:\earth\myvenv\Scripts>pip install matplotlib
```

TIP

Matplotlib은 데이터를 그래프나 차트 등으로 시각화하는 라이브러리로서 다양한 시각화 스타일로 차트의 모양을 자유롭게 조절할 수 있게 한다. Matplotlib을 Pandas 등 다른 라이브러리와 함께 사용하면 데이터 시각화 작업을 더욱 효율적으로 수행할 수 있다. 데이터 분석, 통계, 머신러닝 등에 두루 활용되고 있다.

9. F1키를 눌러 명령 팔레트를 열고 'Python:Select Interpreter'를 선택한다.
10. 'Python (버전) ('myvenv':venv).\myvenv\Scripts\python.exe'를 선택한다.
   만일 이와 같은 가상 환경 인터프리터가 보이지 않으면,
   - 'Enter interpreter path...'를 선택하고 'Find...'를 누른다.
   - C:\earth\myvenv\Scripts\python.exe 파일을 찾아 선택한다.
   - macOS에서는 가상 환경이 활성화된 상태에서 'which python'을 실행해서 나온 경로를 입력한다.
11. [새 파일]을 클릭하여 'earth' 폴더에 'earth_temp.py' 파일을 생성한다.

② **데이터 수집**

1. '기상자료개발포털(https://data.kma.go.kr)을 방문한다.
2. [기후통계분석] – [기온분석]을 클릭한다.

3. 자료구분을 '년'으로 설정하고 기간을 1973년부터 2023년까지로 지정한 후 '검색'을 클릭하고 CSV파일로 저장한다.
4. 엑셀 프로그램에서 CSV 파일을 열고 1~7행, B열, 데이터가 없는 행이 있으면 해당 행을 삭제한다.

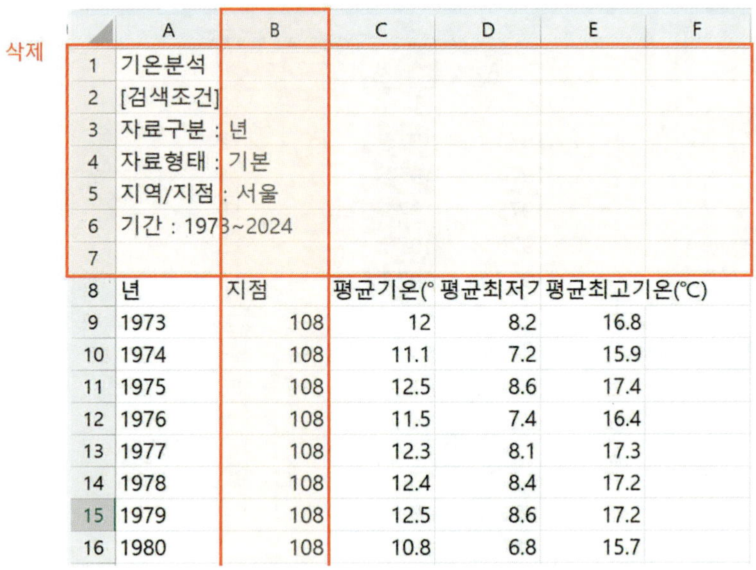

	A	B	C	D	E	F
1	기온분석					
2	[검색조건]					
3	자료구분 : 년					
4	자료형태 : 기본					
5	지역/지점 : 서울					
6	기간 : 1973~2024					
7						
8	년	지점	평균기온(°	평균최저기	평균최고기온(℃)	
9	1973	108	12	8.2	16.8	
10	1974	108	11.1	7.2	15.9	
11	1975	108	12.5	8.6	17.4	
12	1976	108	11.5	7.4	16.4	
13	1977	108	12.3	8.1	17.3	
14	1978	108	12.4	8.4	17.2	
15	1979	108	12.5	8.6	17.2	
16	1980	108	10.8	6.8	15.7	

5. 연도를 클릭해 보면 연도 앞에 긴 공백이 있는 걸 확인할 수 있다. 공백이 제거된 연도를 입력하기 위해서 B열을 추가하고 '=CLEAN(A1)'를 입력한다.

SUM | =CLEAN(A1)

	A	B	C	D	E	F
1	년	=CLEAN(A1)		평균최저기	평균최고기온(℃)	
2	1973		12	8.2	16.8	
3	1974		11.1	7.2	15.9	
4	1975		12.5	8.6	17.4	

6. 자동채우기 핸들을 더블클릭하여 아래 셀들에 수식을 자동 입력한다.

	A	B	C	D	E	F
1	년	년	평균기온(℃	평균최저기	평균최고기온(℃)	
2	1973	1973	12	8.2	16.8	
3	1974	1974	11.1	7.2	15.9	
4	1975	1975	12.5	8.6	17.4	
5	1976	1976	11.5	7.4	16.4	
6	1977	1977	12.3	8.1	17.3	
7	1978	1978	12.4	8.4	17.2	
8	1979	1979	12.5	8.6	17.2	
9	1980	1980	10.8	6.8	15.7	

더블 클릭

7. B열을 전체 복사하여 제자리에 '붙여넣기 - 값만'으로 붙여 넣는다.

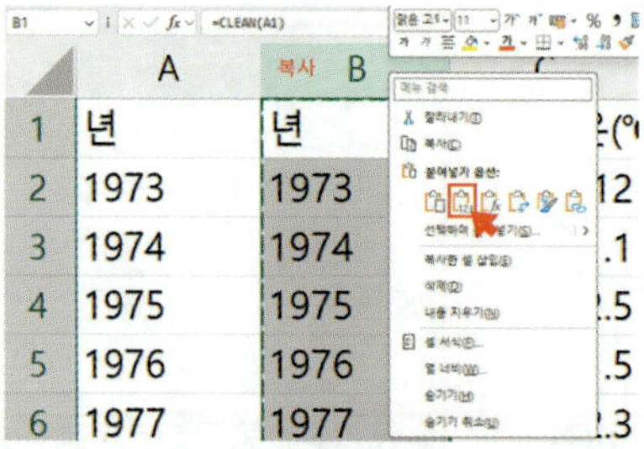

8. A열을 삭제해서 공백이 제거된 B열이 A열을 대신하게 한다.

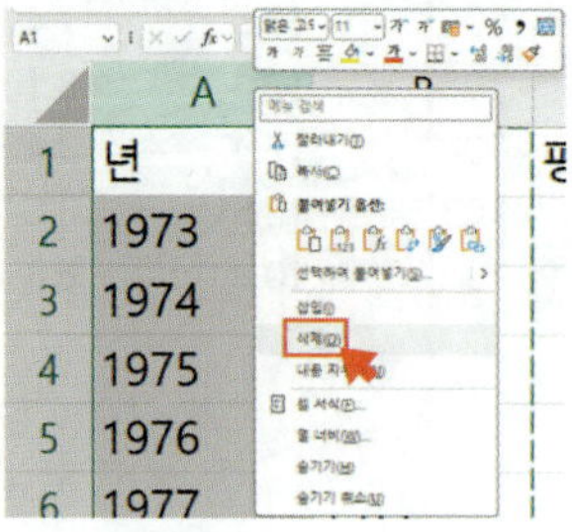

9. '년'을 '연도'로 바꾸고 열 제목에서 '(℃)'를 모두 지운다.

	A	B	C	D
1	연도	평균기온	평균최저기온	평균최고기온
2	1973	12	8.2	16.8
3	1974	11.1	7.2	15.9
4	1975	12.5	8.6	17.4
5	1976	11.5	7.4	16.4
6	1977	12.3	8.1	17.3

10. [다른 이름으로 저장하기]를 클릭하고 파일 이름을 temp_data로 변경하여 현재 작업 폴더인 'C:\earth〉'에 저장한다.

③ 라이브러리 점검

코드를 작성하기에 앞서 라이브러리가 잘 작동하는지 확인해 본다.

1. earth_temp.py에서 GitHub Copilot 인라인 채팅으로 Pandas 라이브러리가 잘 작동하는지 확인해 달라고 요청하고 수락한다.

–인라인 채팅

```
pandas 라이브러리 버전을 확인해 줘
```

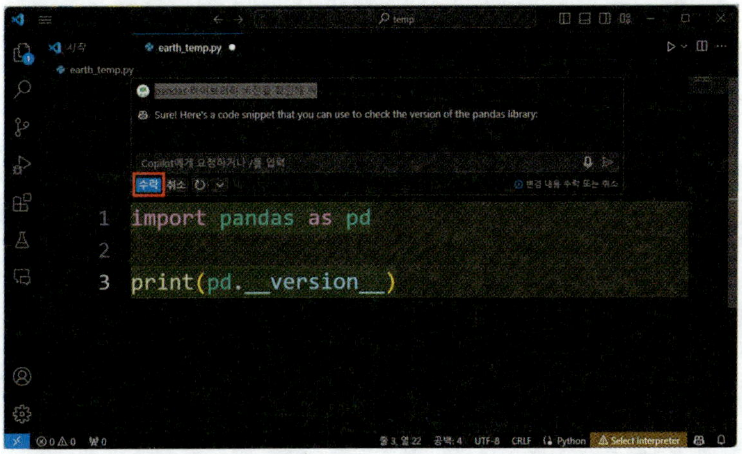

2. 우측의 실행 버튼을 눌러 터미널에 나오는 결과를 확인한다.

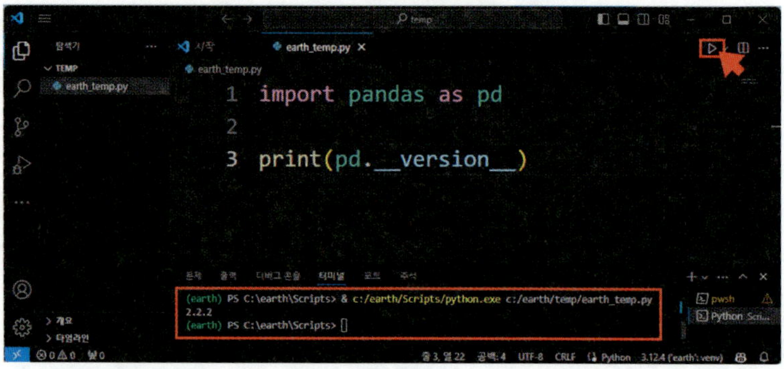

3. earth_temp.py에서 GitHub Copilot 인라인 채팅으로 Matplotlib 라이브러리가 잘 작동하는지 확인해 달라고 요청하고 수락한다.

– 인라인 채팅

matplotlib 라이브러리 버전을 확인해 줘

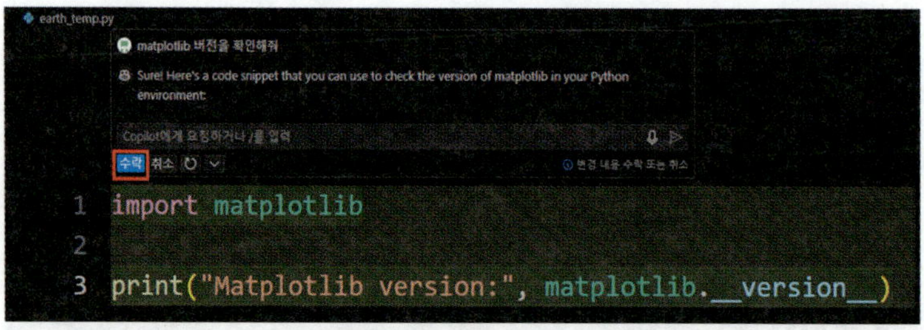

4. 우측의 실행 버튼을 눌러 터미널에 나오는 결과를 확인한다.

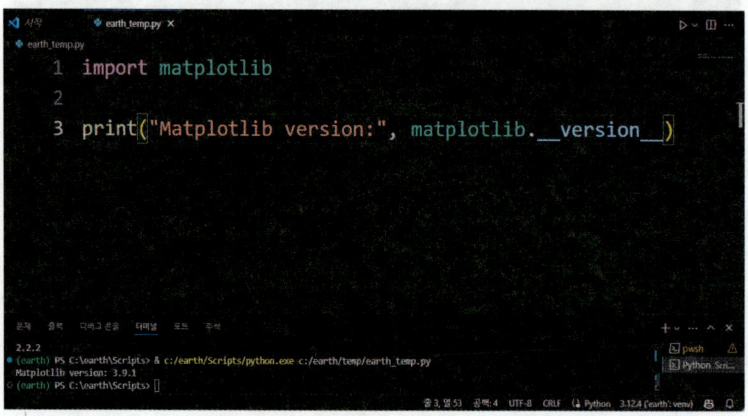

터미널에 버전이 출력되면 라이브러리가 잘 임포트된 것이다. 만일 출력되지 않으면 파이선 인터프리터 변경이 안 됐거나 가상 환경에 제대로 활성화되지 않은 것일 수 있으니 확인한다. 이상이 없는데도 오류가 계속되면 VS Code의 터미널 가상 환경에서 라이브러리를 다시 설치해 본다.

④ 데이터 확인

1. GitHub Copilot 인라인 채팅으로 temp_data.csv 파일을 읽어달라고 요청한다.

-GitHub Copilot 인라인 채팅

```
temp_data.csv 파일을 불러와서 읽어주세요
```

-GitHub Copilot 추천 코드

```
import pandas as pd

# Load the CSV file
```

```
data = pd.read_csv('temp_data.csv')

# Print the contents of the file
print(data)
```

우리가 다운로드받은 파일은 cp949 인코딩을 사용하므로 다음과 같이 인코딩 방식을 입력한다.

-수정 코드

```
import pandas as pd

# Load the CSV file
data = pd.read_csv('temp_data.csv', encoding='cp949')

# Print the contents of the file
print(data)
```

	연도	평균기온	평균최저기온	평균최고기온
0	1973	12.0	8.2	16.8
1	1974	11.1	7.2	15.9
2	1975	12.5	8.6	17.4
3	1976	11.5	7.4	16.4
4	1977	12.3	8.1	17.3
5	1978	12.4	8.4	17.2
6	1979	12.5	8.6	17.2
7	1980	10.8	6.8	15.7
8	1981	11.2	7.2	15.8
9	1982	12.5	8.3	17.4
10	1983	12.4	8.3	16.9
11	1984	11.6	7.6	16.5

파일을 잘 읽어온 것을 확인할 수 있다.

⑤ 코드 작성

이제 에디터의 내용을 모두 지우고 GitHub Copilot의 도움을 받아 코드를 하나씩 완성해 본다.

1. Pandas, Matplotlib 라이브러리를 임포트한다.

–인라인 채팅

```
pandas, matplotlib.pyplot, matplotlib.font_manager 라이브러리를 임포트해 주세요
```

–추천 코드

```
import pandas as pd
import matplotlib.pyplot as plt
import matplotlib.font_manager as fm
```

2. 엔터를 두 번 치니 주석이 자동으로 생긴다. 만약, 엔터를 쳐도 주석이 안 생긴다면 아래의 주석 내용을 직접 입력한다.

–추천 주석

```
# 한글 폰트 설정
```

–추천 코드

```
font_path = 'C:/Windows/Fonts/malgun.ttf'
font_name = fm.FontProperties(fname=font_path).get_name()
plt.rc('font', family=font_name)
```

3. CSV 파일을 로드한다. 공공데이터에서는 인코딩 방식을 마이크로소프트에서 사용하는 cp949로 사용하는 점에 유념한다.

– 인라인 채팅

```
temp_data.csv 파일을 cp949로 인코딩해서 로드해 주세요.
```

– 추천 코드

```
data = pd.read_csv('/c:/earth/temp_data.csv', encoding='cp949')
```

파일 경로에 문제가 있다. 맨 앞의 '/'를 삭제한다.

– 수정 코드

```
data = pd.read_csv('c:/earth/emp_data.csv', encoding='cp949')
```

temp_data.csv 파일이 이 프로젝트의 루트 폴더에 있으므로 다음과 같이 해도 된다.

```
data = pd.read_csv('temp_data.csv', encoding='cp949')
```

4. 사용자에게 시작 연도를 1973 이상으로, 끝 연도를 2023 이하로 입력받고, '평균기온', '평균최저기온', '평균최고기온' 중 하나를 입력받는 코드를 요청한다. 내용이 길어서 채팅 창에 요청한다.

– 채팅 창

```
사용자에게 시작 연도를 1973 이상으로, 끝 연도를 2023 이하로 입력받고, '평균기온', '평균
최저기온', '평균최고기온' 중 하나를 입력받는다.
```

-추천 코드

```
# 사용자 입력 처리
start_year = int(input("시작 연도를 입력하세요 (1973 이상): "))
while start_year < 1973:
    start_year = int(input("1973 이상의 연도를 입력해주세요: "))
end_year = int(input("끝 연도를 입력하세요 (2023 이하): "))
while end_year > 2023:
    end_year = int(input("2023 이하의 연도를 입력해주세요: "))
temperature_type = input("조회할 기온 종류를 입력하세요 ('평균기온', '평균최저기온', 
'평균최고기온' 중 하나): ")
while temperature_type not in ['평균기온', '평균최저기온', '평균최고기온']:
    temperature_type = input("'평균기온', '평균최저기온', '평균최고기온' 중 하나를 정
확히 입력해주세요: ")
```

'# 사용자 입력 처리' 부분을 코드에 반영한다.

5. 엔터를 두 번 입력하면 데이터 필터링 주석이 생긴다. 1973년 이전이나 2023년 이후의 연도를 선택하는 것을 방지하기 위한 코드이다.

-주석 내용

```
# 사용자 입력에 따라 데이터 필터링
```

-추천 코드

```
filtered_data = data[(data['연'] >= start_year) & (data['연'] <= end_year)]
x = filtered_data['연']
y = filtered_data[temperature_type]
```

CSV 파일의 머리 행에서는 '연'이 아니라 '연도'로 되어 있으므로 수정한다.

-수정 코드

```
filtered_data = data[(data['연도'] >= start_year) & (data['연도'] <= end_year)]
x = filtered_data['연도']
y = filtered_data[temperature_type]
```

6. 기온 종류를 입력할 때 한글로 치는 것이 번거로우므로 숫자로 대신할 수 있게 채팅 창에서 요청한다.

–채팅 창

> 기온의 종류를 입력할 때 평균 기온은 1, 평균최저기온은 2, 평균최고기온은 3으로 대신 입력하도록 수정해줘

–추천 코드

```
temperature_type_input = int(input("조회할 기온 종류를 입력하세요 (1: 평균기온, 2: 평균최저기온, 3: 평균최고기온): "))
temperature_types = {1: '평균기온', 2: '평균최저기온', 3: '평균최고기온'}
temperature_type = temperature_types.get(temperature_type_input, None)
while temperature_type is None:
    temperature_type_input = int(input("1, 2, 3 중 하나를 입력해주세요: "))
    temperature_type = temperature_types.get(temperature_type_input, None)
```

7. 엔터를 두 번 입력하면 그래프를 그리는 주석이 자동으로 생성된다.

–주석 내용

```
# 그래프 그리기
```

–추천 코드

```
plt.figure(figsize=(12, 6))
plt.plot(x, y, marker='o')
plt.title(f'{start_year}년부터 {end_year}년까지 {temperature_type} 변화')
plt.xlabel('연도')
plt.ylabel(temperature_type)
plt.grid()
plt.show()
```

8. 사용자 입력에 따른 해당 연도와 기온을 알려주도록 요청한다.

– 인라인 채팅

> 평균최고기온을 입력받은 경우 평균최고기온이 가장 높은 연도와 그 연도의 평균최고기온을 출력한다.
> 평균최저기온을 입력받은 경우 평균최저기온이 가장 낮은 연도와 그 연도의 평균최저기온을 출력한다.
> 평균기온을 입력받은 경우 해당 기간의 평균기온을 출력한다.

– 추천 코드

```
if temperature_type_input == 1:
    average_temperature = y.mean()
    print(f"{start_year}년부터 {end_year}년까지의 평균기온: {average_temperature:.2f}")
elif temperature_type_input == 2:
    min_temperature = y.min()
    min_year = x[y.idxmin()]
    print(f"평균최저기온이 가장 낮은 연도: {min_year}, 평균최저기온: {min_temperature:.2f}")
elif temperature_type_input == 3:
    max_temperature = y.max()
    max_year = x[y.idxmax()]
    print(f"평균최고기온이 가장 높은 연도: {max_year}, 평균최고기온: {max_temperature:.2f}")
```

이 기온을 알려주는 코드를 그래프 그리기 코드 앞으로 배치하여 그래프를 그리기 전에 먼저 기온이 출력되도록 수정한다. 그리고 데이터 파일을 로드할 때 연도를 실수형으로 읽어왔을 경우는 정수형으로 연도를 변환해야 에러가 나지 않는다.

-수정 코드(연도를 실수형으로 불러왔을 때 정수형으로 변환하기)

```
if temperature_type_input == 1:
    average_temperature = y.mean()
    print(f"{start_year}년부터 {end_year}년까지의 평균기온: {average_temperature:.2f}")
elif temperature_type_input == 2:
    min_temperature = y.min()
    min_year = int(x[y.idxmin()])
    print(f"평균최저기온이 가장 낮은 연도: {min_year}, 평균최저기온: {min_temperature:.2f}")
elif temperature_type_input == 3:
    max_temperature = y.max()
    max_year = int(x[y.idxmax()])
    print(f"평균최고기온이 가장 높은 연도: {max_year}, 평균최고기온: {max_temperature:.2f}")

# 그래프 그리기
(이하 코드 생략)
```

실행해 보면 다음과 같이 이상 없이 실행된다.

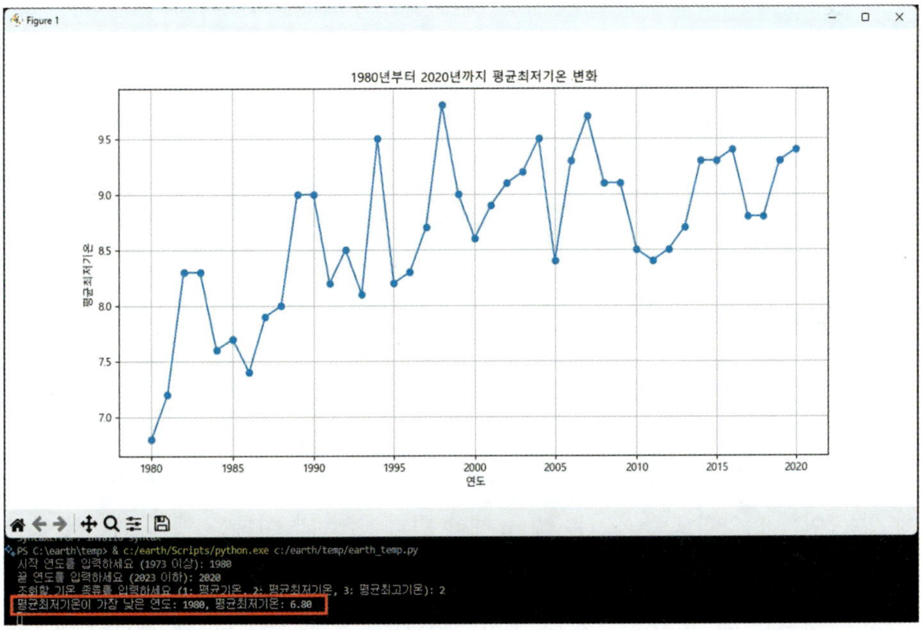

ChatGPT와 GitHub Copilot으로 자동화 스크립트 생성하기

몇 년 전에 카이스트 출신 한 사회복무요원이 일주일이 걸릴 우편 작업을 단 30분 만에 파이선 코딩으로 해결한 일이 화제가 된 적이 있다. 컴퓨터 프로그래밍에서 반복 작업을 자동화하기 위해 작성하는 코드 파일을 자동화 스크립트(script)라고 한다. 자동화 스크립트를 사용하면 시간 절약, 생산성 향상에 기여할 뿐만 아니라 반복되는 일을 기계가 처리함으로써 오류가 감소하고 일관된 결과를 얻을 수도 있다. 이 때문에 실제로 업체나 기관에서 업무에 자동화 스크립트를 사용하는 사례가 많고, 자동화 스크립트를 사용하여 남들 야근할 때 자기는 여가를 즐긴다고 자랑하는 사람들도 볼 수 있다.

사실 자동화 작업은 굳이 코드를 작성하지 않고도 할 수 있는 방법이 있다. 가령, 초대장을 작성하는 작업을 한다고 가정했을 때 ChatGPT에게 초대자 명단이 담긴 엑셀 파일을 주고 엑셀의 내용을 ppt에 입력해 달라고 하면 순식간에 입력해 준다. 인공지능을 이용하지 않고도 매크로나 메일 머지 기능을 이용하면 엑셀, 파워포인트, 한글 문서에서도 자동화가 가능하다. 실제로 이런 기능을 이용해서 고객들에게 발송할 송장을 만들거나 청첩장 봉투를 인쇄하는 일도 많다. 하지만 직접 코드를 입력하며 자동화 스크립트를 작성하면 정해진 틀에서 벗어나 내가 원하는 바에 맞추어 세밀한 조정이 가능하므로 소프트웨어 개발을 배우는 입장에서 파이선 코드를 하나씩 따라가며 원리를 이해해 보는 것도 좋을 것이다.

• 200명의 PPT 이름표 작성

200명의 직원이 참석하는 세미나가 있다. 명단을 엑셀 표로 받았는데 이것을 PPT에 있는 이름표 양식으로 옮기는 일을 해야 한다. 소속과 이름을 엑셀 표에서 복사해서 ppt로 붙여 넣는데 한 사람 당 20초 정도 걸린다고 치면, 200명의 이름표를 쉬지 않고 만드는 데 4000초, 즉 한 시간 이상이 소요된다. 이럴 때 엑셀의 내용을 PPT의 소속과 이름 칸에 자동으로 넣어주는 스크립트가 있다면 얼마나 편할까?

① 개발 환경 설치

1. VS Code에서 '폴더 열기'를 클릭하고, C 드라이브에 'excel_to_ppt' 폴더를 생성하여 지정한 후, [폴더 선택]을 클릭한다.
2. 키보드에서 Ctrl + `(백틱)을 누르거나, 상단 〈보기〉 탭의 '터미널'을 클릭하여 터미널을 연다.
3. venv 모듈을 사용하여 'myvenv'라는 가상 환경을 만든다(macOS에서는 'py' 대신 'python3' 입력).
4. myvenv\Scripts 디렉터리로 이동한다(macOS에서는 myvenv/bin).
5. 가상 환경을 활성화하기 위해 '.\activate'를 입력한다(macOS에서는 'source ./activate').
6. 앞에 (myvenv)가 나온다면 가상 환경이 활성화된 것이다.
7. 가상 환경 내에서 라이브러리를 설치한다. 필요한 라이브러리는 pandas, python-pptx, openpyxl이다.

```
(myvenv) C:\excel_to_ppt\myvenv\Scripts>pip install pandas python-pptx openpyxl
```

> **TIP**
>
> **python-pptx**: 파이선을 사용하여 Microsoft PowerPoint 프레젠테이션 파일을 생성, 수정 및 저장할 수 있는 라이브러리
> **openpyxl**: 파이선에서 엑셀 파일(.xlsx)을 읽고 쓰는 기능을 제공하는 라이브러리

8. F1키를 눌러 명령 팔레트를 열고 'Python:Select Interpreter'를 선택한다.
9. 'Python (버전) ('myvenv':venv).\myvenv\Scripts\python.exe'를 선택한다.
   만일 이와 같은 가상 환경 인터프리터가 보이지 않으면
   - 'Enter interpreter path...'를 선택하고 'Find...'를 누른다.
   - C:\excel_to_ppt\myvenv\Scripts\python.exe 파일을 찾아 선택한다.
   - macOS에서는 가상 환경이 활성화된 상태에서 'which python'을 실행해서 나온 경로를 입력한다.
10. [새 파일]을 클릭하여 'excel_to_ppt' 폴더에 'name_tag.py' 파일을 생성한다.

② **데이터 수집**

이 작업을 하려면 우선 200명의 이름과 소속이 적혀 있는 엑셀 파일이 필요하다. 생성형 인공지능에게 부탁해서 만들어 보자. ChatGPT 프롬프트에 '한글'로 만들 것과 '실제 있을 법한 이름'으로 만들라는 내용을 꼭 포함해서 요청한다. 예시 자료이므로 소속은 기업 실명을 사용하지 않고 산 이름으로 하기로 한다.

– ChatGPT 프롬프트

```
이름과 소속 정보가 있는 엑셀 파일을 다음 조건에 만족하도록 만들어 주세요
언어는 한글로 하기
실제로 있을 법한 이름으로 만들기
소속은 산 이름으로 만들기
모두 200명의 명단을 만들기
```

– 결과

	A	B
1	이름	소속
2	송연우	오대산
3	황하준	소백산
4	장현준	덕유산
5	조수현	북한산
198	송선우	팔공산
199	한지호	북한산
200	박지후	계룡산
201	송시우	백두산

다음으로 이름표 PPT 양식을 만든다.

1. PowerPoint에서 새 프레젠테이션을 열고 [디자인]–[슬라이드 크기]–[사용자 지정 슬라이드 크기]를 선택하여 '슬라이드 크기' 창을 열고 '가로 14cm, 세로 21cm', '맞춤' 슬라이드를 만든다.

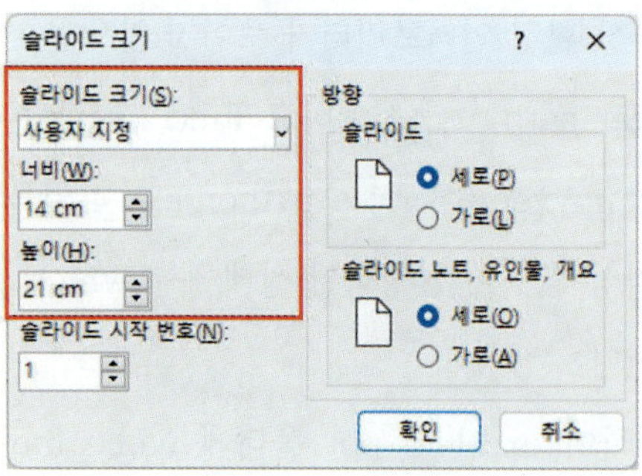

2. [보기]-[슬라이드 마스터]를 선택하고 [글꼴] 메뉴에서 원하는 폰트를 선택한다.

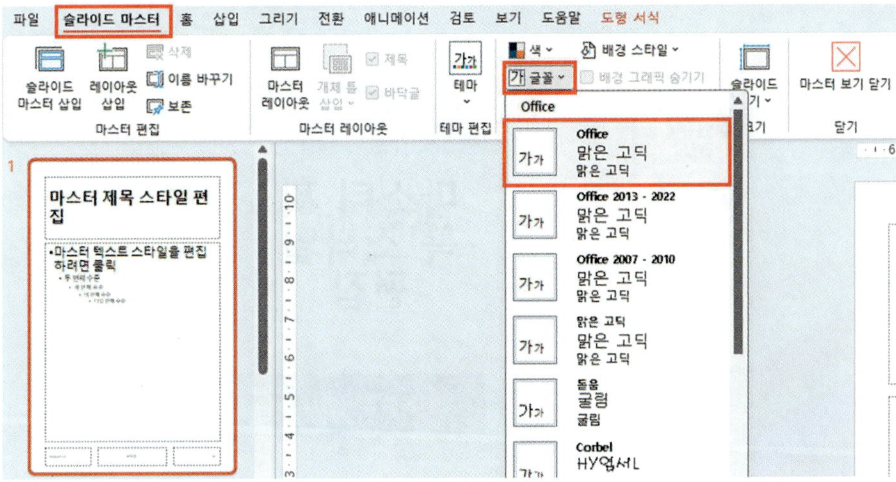

3. 슬라이드 마스터의 현재 레이아웃에서 날짜, 바닥글, 페이지 상자를 삭제한다.

4. 도형과 글자를 삽입하여 이름표 양식으로 만든다.

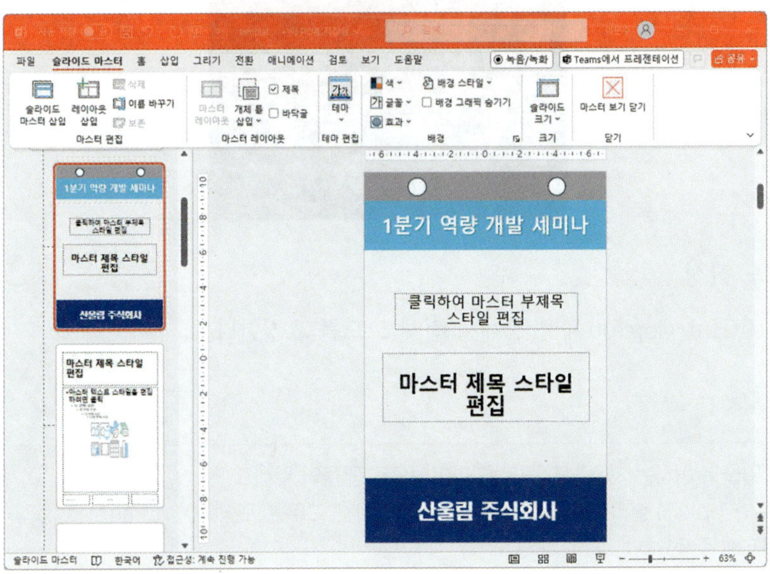

5. 제목의 글자 크기를 72, 소제목의 글자 크기를 36으로 수정하고 [마스터 보기 닫기]를 눌러 슬라이드 마스터에서 나온 뒤 저장하고 파워포인트 프로그램을 닫는다.

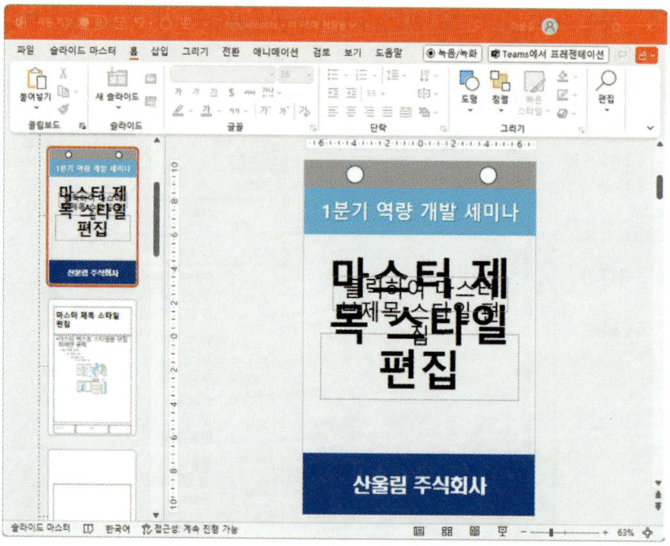

마지막으로 엑셀 파일과 ppt 파일을 excel_to_ppt 폴더에 각각 names.xlsx, template.pptx 이름으로 저장하고 파일을 닫는다.

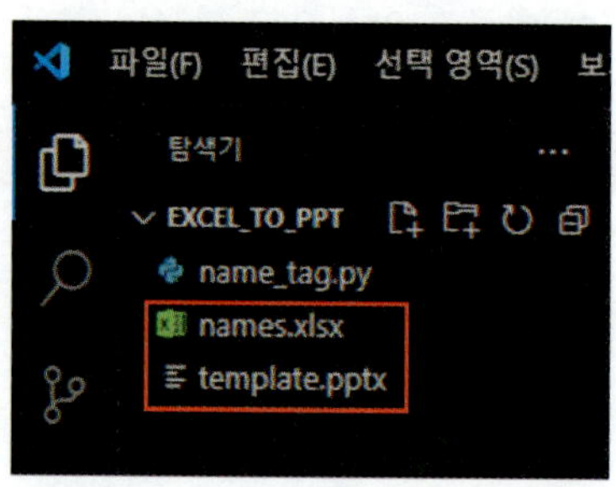

③ 코드 작성

먼저 GitHub Copilot 채팅 창에서 전체 코드를 요청한다.

– 프롬프트

> 다음의 일을 수행하는 자동 스크립트를 파이선으로 만들어 주세요
> template.pptx의 슬라이드를 제목 및 내용 레이아웃 모두를 포함하여 names.xlsx의 이름 수만큼 복제해 주세요.
> names.xlsx에 있는 이름을 template.pptx의 제목 shape에 한 페이지당 한 사람씩 입력해 주세요
> names.xlsx에 있는 소속을 template.pptx의 부제목 shape에 한 페이지당 한 사람씩 입력해 주세요
> output 폴더가 없으면 output 폴더를 만들어서 output 폴더 안에 파일을 넣어주세요

-GitHub Copilot

먼저, 이 작업을 수행하기 위한 절차를 세분화해 보겠습니다.

필요한 라이브러리를 임포트합니다. (openpyxl은 Excel 파일을 읽기 위해, python-pptx는 PowerPoint 파일을 조작하기 위해 필요합니다.)
names.xlsx 파일에서 이름과 소속 정보를 읽습니다.
template.pptx 파일을 로드합니다.
names.xlsx에서 읽은 각 사람의 이름과 소속에 대해 다음을 수행합니다:
template.pptx의 슬라이드를 복제합니다.
제목 shape에 이름을 입력합니다.
부제목 shape에 소속을 입력합니다.
output 폴더가 없으면 생성합니다.
수정된 PowerPoint 파일을 output 폴더에 저장합니다.
이제 이 절차를 코드로 구현해 보겠습니다.

(코드 생략)

추천 코드를 참고하여 한 줄씩 작성해 나간다.

1. 라이브러리를 복사해서 넣는다. GitHub Copilot이 계속해서 다음에 입력할 내용을 알려주므로 추천 코드가 나올 때마다 Tab키를 눌러가며 빠르게 입력할 수 있다.

```
from pptx import Presentation
from openpyxl import load_workbook
import os
```

os 라이브러리를 사용하는 이유는 수정한 PPT 파일을 저장할 output 폴더가 없을 경우 폴더를 만드는 기능이 필요하기 때문이다.

2. 엑셀 파일에서 이름과 소속을 읽어오는 함수는 그대로 사용한다.

```
# Excel 파일에서 이름과 소속을 읽어오는 함수
def read_names_and_affiliations(excel_path):
    workbook = load_workbook(filename=excel_path)
    sheet = workbook.active
     names_and_affiliations = [(row[0].value, row[1].value) for row in sheet.iter_
rows(min_row=2)]
    return names_and_affiliations
```

엑셀 파일의 경로를 매개 변수로 받는 names_and_affliations라는 함수를 정의한 것이다. 엑셀 파일을 불러와서 workbook에 저장하고 workbook 중 활성 시트를 sheet에 저장한 후에 두 번째 행부터 마지막 행까지 첫 번째 열 값(이름)과 두 번째 열 값(소속)을 리스트로 반환하는 작업을 한다는 내용이다.

3. 파워포인트 파일을 수정하는 함수를 입력해 본다.

```
# PowerPoint 파일을 수정하는 함수
def create_pptx(template_path, names_and_affiliations):
    prs = Presentation(template_path)
    title_slide_layout = prs.slide_layouts[0]
```

create_pptx 함수를 정의한 것이다. 매개 변수는 파워포인트 파일의 경로, names_and_affliations에서 반환한 이름과 소속 리스트, 수정된 파워포인트 파일을 저장할 경로이다. 파워포인트 파일을 열어서 prs 변수에 저장하고 prs에 저장한 슬라이드의 첫 번째 레이아웃을 title_slide_layout 변수에 저장한다. 여기에서 0번 레이아웃은 제목과 내용을 의미한다.

```
    for name, affiliation in names_and_affiliations:
        slide = prs.slides.add_slide(title_slide_layout)
        title = slide.shapes.title
        subtitle = slide.placeholders[1]  # 부제목 가정

        title.text = name
        subtitle.text = affiliation
```

names_and_affliations에서 반환한 리스트의 이름과 소속 수만큼 반복하면서 새로운 슬라이드를 만들어 slide 변수에, 슬라이드 제목 영역을 title에, 두 번째 플레이스홀더인 부제목을 subtitle 변수에 저장하고, name 변숫값(이름)을 제목 텍스트에, affiliation 변숫값(소속)을 부제목 텍스트에 입력한다.

```
    if not os.path.exists('output'):
        os.makedirs('output')

    prs.save(output_path)
```

output이라는 디렉터리가 존재하지 않는다면 디렉터리를 생성하고, 수정을 마친 파워포인트 파일을 output 디렉터리에 저장한다.

4. 메인 함수를 입력한다.

```
def main():
    names_and_affiliations = read_names_and_affiliations('names.xlsx')
    create_pptx('template.pptx', names_and_affiliations, 'output/updated_presentation.pptx')

if __name__ == "__main__":
    main()
```

이름과 소속을 읽어와 names_and_affiliations 변수에 저장하고 create_pptx 함수를 호출하여 PPT파일 수정 작업을 하도록 한다. 마지막으로 이 코드가 다른 파일에 임포트되지 않고 파이선 인터프리터에서 직접 실행될 때만 main 함수가 호출되도록 안전장치를 만들어 두었다.

③ 코드 수정

실행을 눌러보니 잘 작동은 하는데 첫 번째 슬라이드가 그대로 남아 있다. GitHub Copilot 채팅 창을 열고 수정을 요청한다. 이때 코드 전체를 드래그하여 선택한 후에 프롬프트를 작성해야 전체 코드를 참조해서 알려준다는 점에 유념하자.

– 프롬프트

```
updated_presentation.pptx에서 첫 번째 슬라이드를 삭제해 주세요
```

– GitHub Copilot

> 먼저, 주어진 코드를 수정하여 updated_presentation.pptx 파일에서 첫 번째 슬라이드를 삭제하는 방법을 설계해 보겠습니다. 이를 위해 다음 단계를 따르겠습니다:
>
> python-pptx 라이브러리를 사용하여 updated_presentation.pptx 파일을 로드합니다.
> 첫 번째 슬라이드를 찾아 삭제합니다. python-pptx에서 슬라이드는 0부터 시작하는 인덱스를 가지므로 첫 번째 슬라이드는 인덱스 0에 해당합니다.
> 수정된 프레젠테이션을 같은 파일 이름으로 저장하여 변경사항을 적용합니다.
> 이 과정을 코드로 구현하면 다음과 같습니다:
>
> (코드 생략)

추천 코드는 저장한 수정 파일을 다시 열어서 첫 페이지를 지우는 방식이다. 처음부터 첫 페이지를 삭제하고 저장하는 방식도 있겠지만, 여기서는 이 방식대로 적용해 본다.

```
from pptx import Presentation
from openpyxl import load_workbook
import os
```

```
# Excel 파일에서 이름과 소속을 읽어오는 함수
(코드 생략)

# PowerPoint 파일을 수정하는 함수
(코드 생략)

def remove_first_slide(pptx_path):
    # 프레젠테이션 파일 로드
    prs = Presentation(pptx_path)

    # 첫 번째 슬라이드 삭제
    if len(prs.slides) > 0:  # 슬라이드가 존재하는 경우에만 삭제
```

```
        xml_slides = prs.slides._sldIdLst  # 슬라이드 리스트의 XML 접근
        slides = list(xml_slides)
        xml_slides.remove(slides[0])  # 첫 번째 슬라이드 XML 삭제

    # 변경사항 저장
    prs.save(pptx_path)

# 메인 함수
def main():
    names_and_affiliations = read_names_and_affiliations('names.xlsx')
    create_pptx('template.pptx', names_and_affiliations, 'output/updated_
presentation.pptx')
    remove_first_slide('output/updated_presentation.pptx')

if __name__ == "__main__":
    main()
```

이제 실행하면 잘 작동된다. 한 시간 걸릴 200명의 이름표 제작 작업이 순식간에 끝이 나는 순간이다. 물론 코드 제작 시간이 있으니 큰 이득은 아니지 않느냐고 생각할 수 있지만 일단 한 번 만들어 두면 다음에는 엑셀 명단만 바꾸면 되므로 이득인 것이 확실하다.

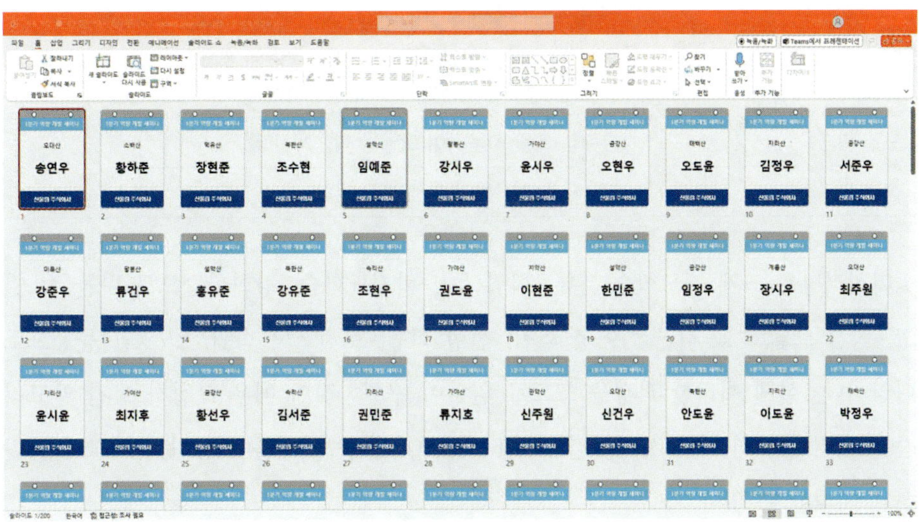

④ AI 모델 개발 지원

머신러닝은 데이터에서 규칙을 찾아 학습하는 알고리즘과 통계적 모델에 대한 연구를 말한다. 초기 머신러닝은 전문 교육을 이수해야 할 정도로 일반인들이 접근하기에 어려운 분야였지만 머신러닝 코드를 쉽게 사용할 수 있는 라이브러리들이 나오면서 현재는 많은 사람들이 머신러닝 알고리즘을 사용하여 프로그램을 개발하고 있다. 이에 더해 이제는 생성형 AI 덕분에 머신러닝 코드에 대한 진입 장벽이 훨씬 더 낮아졌다.

ChatGPT로 머신러닝 코드 생성하기

머신러닝 코드의 일반적인 단계는 다음과 같다.

단계	내용
데이터 로드	학습할 데이터 파일을 로드한다. 결측값이 있는지 점검하여 처리한다.
훈련 세트와 테스트 세트 준비	데이터를 훈련에 사용하는 '훈련 세트'와 평가에 사용하는 '테스트 세트'로 분리한다.
데이터 전처리 (데이터 스케일링)	훈련 세트로 스케일러를 학습하고 학습된 스케일러로 테스트 세트를 훈련 세트와 기준이 맞도록 정규화한다.
모델 학습	훈련 세트를 사용하여 모델을 학습시킨다.
성능 평가	정확도를 계산하며 미세 조정한다.

머신러닝은 크게 지도학습(분류, 회귀 등), 비지도학습, 강화학습으로 나눌 수 있고, 학습 모델도 k-최근접 이웃 회귀, 선형 회귀, 로지스틱 회귀, k-평균 등등으로 다양하다. 실제 이러한 과정을 코드로 일일이 구현하려면 매우 복잡하고 긴 알고리즘을 처리해야 하지만, 사이킷런(scikit-learn) 라이브러리를 이용하면 비교적 간편하게 처리할 수 있다.

- 100년 후 날씨 예측하기

앞 장에서 1973년부터 2023년까지의 기온에 대한 데이터 처리를 다뤘으므로, 이를 바탕으로 100년 후 날씨를 예측하는 코드를 만들어 보고자 한다.

① 개발 환경 설치

1. VS Code에서 '폴더 열기'를 클릭하고, C 드라이브에 'predict' 폴더를 생성하여 지정한 후, [폴더 선택]을 클릭한다.
2. 키보드에서 Ctrl + `(백틱)을 누르거나, 상단 〈보기〉 탭의 '터미널'을 클릭하여 터미널을 연다.
3. venv 모듈을 사용하여 'myvenv'라는 가상 환경을 만든다(macOS에서는 'py' 대신 'python3' 입력).
4. myvenv\Scripts 디렉터리로 이동한다(macOS에서는 myvenv/bin).
5. 가상 환경을 활성화하기 위해 '.\activate'를 입력한다(macOS에서는 'source ./activate').
6. 앞에 (myvenv)가 나온다면 가상 환경이 활성화된 것이다.
7. 가상 환경 내에서 라이브러리를 설치한다. 필요한 라이브러리는 pandas, scikit-learn, matplotlib이다.

```
(myvenv) C:\predict\myvenv\Scripts> pip install pandas scikit-learn matplotlib
```

TIP

scikit-learn: 데이터 전처리, 머신러닝 모델 생성과 관련된 알고리즘과 도구를 제공하는 라이브러리

8. F1키를 눌러 명령 팔레트를 열고 'Python:Select Interpreter'를 선택한다.
9. 'Python (버전) ('myvenv':venv).\myvenv\Scripts\python.exe'를 선택한다.

만일 이와 같은 가상 환경 인터프리터가 보이지 않으면

- 'Enter interpreter path...'를 선택하고 'Find...'를 누른다.
- C:\predict\myvenv\Scripts\python.exe 파일을 찾아 선택한다.
- macOS에서는 가상 환경이 활성화된 상태에서 'which python'을 실행해서 나온 경로를 입력한다.

10. [새 파일]을 클릭하여 'predict' 폴더에 'name_tag.py' 파일을 생성한다.

② 데이터 준비

보다 정확한 결과를 얻기 위해 학습할 데이터 수를 늘리기 위하여 1908년부터의 기온 데이터를 사용하려고 한다. 데이터가 많아서 회원 가입 후 로그인해야 데이터를 온전히 받아 볼 수 있다.

1. '기상자료개발포털(https://data.kma.go.kr)에 회원가입 후 로그인한다.
2. 첫 페이지에서 '데이터 카탈로그'를 선택한다.

3. [종단기상관측]을 클릭한다.
4. 'CSV' – [LINK]를 클릭한다.

제공경로	기상자료개방포털(http://data.kma.go.kr) ※ 데이터 → 기상관측 → 지상 → 종관기상관측	CSV	LINK
	기상자료개방포털(http://data.kma.go.kr) → 오픈 API → 종관기상관측	XML	LINK
이용방법	CSV 형식은 EXCEL 프로그램 활용하거나 쉼표를 구분자로 하여 Text로 Read하여 사용하고, XML포맷은 오픈API 서버를 통해 자료를 제공		
간행물	기상월보, 기상연보를 각각 매월 · 년에 대해 정기적으로 발간, 매 10년마다 지난 30년에 대해 한국기후표, 한국기후도를 발간		

5. '자료형태: 년 자료', '기간: 1908년~2023년', '지점: 서울특별시', '항목: 합계 강수량, 평균 상대습도, 평균 풍속, 평균 기온'으로 설정하고, [조회]를 클릭한 후에 [CSV]를 눌러 파일을 내려받는다.

6. 내려받기 전에 해당 자료의 사용 분야를 선택하는 부분은 '교육/행정' 등 원하는 곳에 체크한다.

7. 엑셀 프로그램에서 CSV 파일을 열고 마지막 부분의 '관악산' 행과 값이 없는 44~47행을 삭제한다.

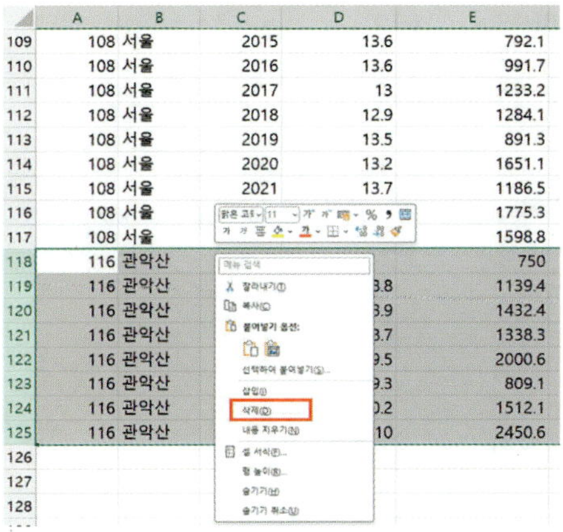

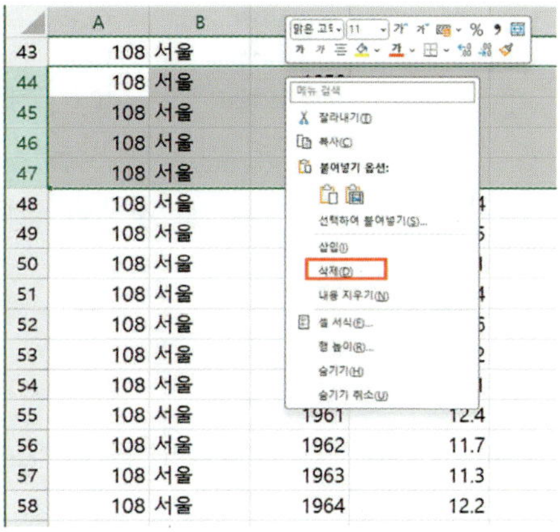

8. A, B열을 삭제한다.

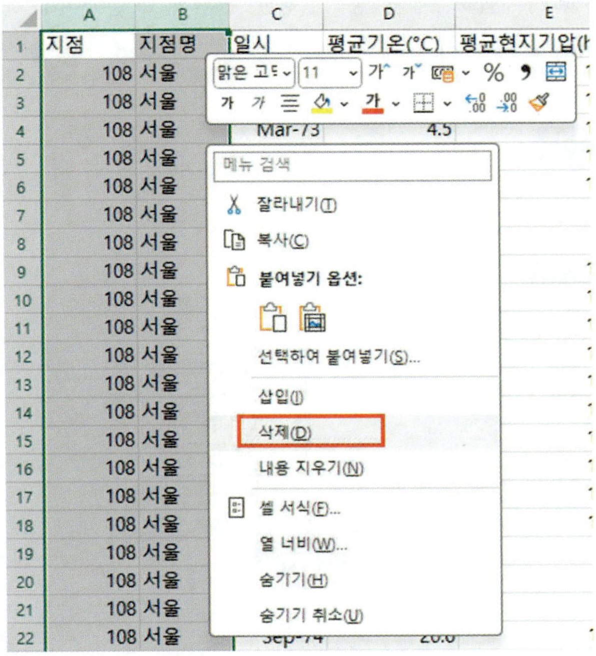

9. 1행 제목을 Year, Temperature, Precipitation, Humidity, Wind Speed로 바꾼다.

	A	B	C	D	E
1	Year	Temperature	Precipitation	Humidity	Wind Speed
2	1908	10.4	1066.3	70.9	3.2
3	1909	10.6	827	69.3	3.3
4	1910	10.3	1020.9	69.9	3
5	1911	10.6	1067	72	3.1
6	1912	10.1	1129.3	69.4	2.8

10. '파일 - 다름 이름으로 저장'을 클릭하여 프로젝트 폴더에 'temp_dataset.csv' 이름으로 저장한다.

② 코드 작성

ChatGPT에 전체 코드를 만들어 달라고 요청한다.

1. ChatGPT의 파일 첨부 기능을 사용하여 temp_dataset.csv 파일을 첨부한다.
2. 코드를 요청한다. 프롬프트에 들어가야 할 사항은 다음과 같다.

• 개발 환경
 – 편집기와 프로그래밍 언어, 폰트 라이브러리(그래프용), 한글 폰트 위치(그래프용)
• 데이터 파일 로드
 – 파일 경로, 파일 인코딩 정보(cp949)
• 데이터 정리
 – 입력 변수(x축)와 타겟 변수(y축) 이름, 결측값 제외(전처리)
 – 반영할 데이터, 출력 연도(2124년) 정보
• 학습
 – 훈련 세트와 테스트 세트 분리 학습
• 그래프 속성
 – 한글 표시, 그리드 필요, 2014년 위치 표시, 예측 값 선 설정

– 프롬프트

이 데이터를 가지고 100년 후의 날씨를 예측할 수 있는 머신러닝 코드를 알려주세요.
개발환경은 VS Code, 파이선입니다.
matplotlib.font_manager as fm를 import해 주세요.
C:/Windows/Fonts/malgun.ttf 폰트를 적용해 주세요
temp_dataset.csv의 경로는 C:/ml/predict
temp_dataset.csv는 cp949로 인코딩해 주세요.
입력 변수는 'Year', 'Precipitation', 'Humidity', 'Wind Speed'이고 타겟 변수는 'Temperature'입니다.
결측값이 있으면 제외해 주세요.
'Year', 'Precipitation', 'Humidity', 'Wind Speed'값을 모두 고려하여 2024년을 기준으로 100년 후인 2124년의 기온을 알려주세요.
훈련 세트와 테스트 세트로 나누어서 학습시켜 주세요.
그래프는 한글로 표시하고 그리드를 켜 주시고 2124년 위치를 녹색 점으로 표시해 주세요.
그래프에서 예측 값 선은 연도 순으로 정렬해서 그려주세요.
그래프에서 'Year'는 '연도', Temperature'는 '기온'으로 표시해 주세요.

-ChatGPT

> 아래는 제공된 요구 사항을 충족하는 머신러닝 코드입니다. 이 코드는 VS Code에서 실행될 수 있으며, 필요한 라이브러리를 설치하고, 데이터를 전처리하여 100년 후의 날씨를 예측하는 모델을 학습시킵니다.
> 먼저 필요한 라이브러리를 설치하세요:
>
> pip install pandas numpy scikit-learn matplotlib
>
> 이제 Python 코드를 작성하세요:
>
> (코드 생략)
>
> 이 코드는 다음과 같은 작업을 수행합니다:
> 1. 데이터를 불러와 결측값을 제거합니다.
> 2. 입력 변수('Year', 'Precipitation', 'Humidity', 'Wind Speed')와 타겟 변수('Temperature')를 설정합니다.
> 3. 데이터를 훈련 세트와 테스트 세트로 나누어 학습합니다.
> 4. 선형 회귀 모델을 학습하고 테스트 세트에서 예측을 수행하여 MSE를 출력합니다.
> 5. 2124년의 기온을 예측합니다.
> 6. 예측 결과를 그래프로 시각화합니다. 그래프는 한글로 표시되고, 그리드가 켜져 있으며, 2124년의 예상 기온은 녹색 점으로 표시됩니다.
>
> 이 코드를 VS Code에서 실행하면 요청하신 대로 기온 예측 결과와 그래프를 확인할 수 있습니다.

3. 선형 회귀 모델을 사용한 코드를 제안해 주었다. 라이브러리 설치와 파이선 파일 생성까지는 이미 했으므로 바로 추천 코드를 복사해서 temp_prediction.py에 붙여 넣는다.

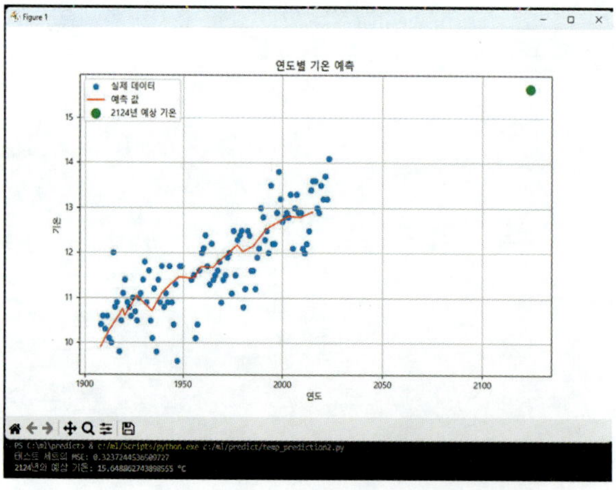

2024년까지 파란색 점으로 데이터 산점도가 나타나고, 학습 모델 예측 결과를 나타내는 빨간색 회귀선이 표현되었으며, 우측 상단에 2124년 예측 기온이 초록색 점으로 표시된다. 터미널에는 2124년 예상 평균 기온이 약 15.65도로 출력되었다.

ChatGPT로 정확도가 높은 알고리즘 찾아보기

정확도란 모델이 얼마나 잘 학습되었는지 평가한 결과이다. 회귀에서는 정확도를 '결정 계수(coefficient of determination)라고 하는데 간단히 R^2라고 표현한다. 사이킷런에서는 score() 메서드를 이용해 R^2를 표시할 수 있다. R^2는 1에 가까울수록 예측한 값이 실제 값에 가깝다고 본다.

모델을 평가하는 지표에는 평균 제곱 오차(Mean Squred Error)도 있다. 줄여서 MSE라고 한다. MSE는 예측한 값과 실제 값의 차이를 제곱해서 평균한 값이다. 제곱했기 때문에 오차에 더 크게 반응하며 값이 0에 가까울수록 예측한 값이 실제 값에 가깝다고 본다.

- 더욱 정확한 100년 후의 기온 알아보기

앞에서 100년 후의 기온을 예상해 보았는데 15.65도나 나간다고 한다. 2023년도 평균 기온이 14.1도이니 1.55도가 오른다는 건데 과연 정확한 값일까? 코드의 정확도를 알아보자.

① 정확도 요청하기

코드 결과에서 훈련 세트와 테스트 세트의 R^2은 얼마인지 ChatGPT에게 요청한다.

– 프롬프트

이 코드에서 훈련 세트와 테스트 세트의 정확도를 알려주세요.

－ChatGPT

> 훈련 세트와 테스트 세트의 정확도를 계산하여 출력하는 코드를 추가하겠습니다. 정확도는 일반적으로 R^2 (결정 계수)로 측정합니다. 다음은 수정된 코드입니다:
>
> (코드 생략)
>
> 이 코드에서는 훈련 세트와 테스트 세트에 대한 MSE와 R^2를 계산하여 출력합니다. R^2 값은 모델의 설명력을 나타내며, 1에 가까울수록 모델이 데이터를 잘 설명한다는 의미입니다.

추천 코드를 입력하고 결정 계수를 확인해 본다.

```
훈련 세트의 MSE: 0.274352443188318
테스트 세트의 MSE: 0.3237244536509727
훈련 세트의 R²: 0.7385752279650816
테스트 세트의 R²: 0.6298092607406733
2124년의 예상 기온: 15.648862743898555 °C
```

이 수치의 의미를 확인하기 위해 위의 결과를 그대로 복사하여 ChatGPT 프롬프트에 입력했더니 다음과 같이 응답했다.

> 훈련 세트와 테스트 세트의 MSE와 R^2를 보면 모델의 성능을 평가할 수 있습니다. 훈련 세트의 R^2 값은 0.7385752279650816로, 모델이 훈련 데이터를 상당히 잘 설명하고 있음을 나타냅니다. 테스트 세트의 R^2 값은 0.6298092607406733로, 모델이 새로운 데이터에 대해서도 비교적 잘 예측하고 있음을 보여줍니다. MSE 값은 두 세트에서 모두 낮은 편으로, 모델의 예측 오차가 비교적 작음을 나타냅니다.
> 이 정보를 바탕으로 모델이 주어진 데이터를 바탕으로 100년 후의 기온을 예측하는 데 적절한 성능을 보이고 있음을 알 수 있습니다. 다만, 예측 성능을 더 높이기 위해서는 더 복잡한 모델을 사용하거나, 더 많은 데이터를 수집하거나, 데이터 전처리와 피처 엔지니어링을 통해 개선할 여지가 있을 수 있습니다.
> 추가적인 질문이나 개선 요청이 있으시면 알려주세요!

비교적 정확히 잘 나왔다고 한다. 그러나 1점 만점에 결정 계수가 0.73, 0.62인 점이 마음에 썩 들지 않는다.

② 정확도 개선 방법 요청

정확도를 높일 수 있는 방법을 ChatGPT에 요청해 보자.

－프롬프트

코드의 정확도를 높일 수 있는 방법은 무엇일까요?

－ChatGPT

> 코드의 정확도를 높이기 위해 다음과 같은 몇 가지 사항을 개선할 수 있습니다:
> 1. 데이터 탐색 및 전처리: 데이터의 분포를 확인하고 이상치를 제거하며, 필요하다면 추가적인 데이터 변환을 수행할 수 있습니다.
> 2. 모델 선택 및 평가: 다양한 모델을 테스트하고, 교차 검증을 통해 모델의 성능을 비교할 수 있습니다.
> 3. 특성 엔지니어링: 중요한 특성을 추가하거나 불필요한 특성을 제거하여 모델의 성능을 향상시킬 수 있습니다.
> 4. 하이퍼파라미터 튜닝: GridSearchCV 또는 RandomizedSearchCV를 사용하여 모델의 하이퍼파라미터를 최적화할 수 있습니다.
> 5. 데이터 정규화: 입력 데이터를 정규화하여 모델의 성능을 높일 수 있습니다.
>
> 업로드한 파일을 이용하여 구체적으로 개선된 코드를 작성해보겠습니다. 우선 파일을 불러와서 데이터의 내용을 살펴보겠습니다.

여기에서 하이퍼파라미터 튜닝은 머신러닝 모델의 성능을 최적화하기 위해 하이퍼파라미터라 부르는 매개 변수를 조정하며 최적의 결과를 얻는 과정을 말한다. 하이퍼파라미터는 원래 사용자가 직접 입력해야 하는 것인데, 그리드서치 방법을 이용하면 가능한 모든 하이퍼파라미터 조합을 시도해서 최적의 하이퍼파라미터를 탐색할 수 있다. 교차 검증은 훈련 세트를 k개의 부분으로 나누고 그중 하나를 검증 세트로 편성하되 검증 세트를 계속 다른 부분으로 바꿔가며 모델을 평가하는 방법으로 모델의 성능을 비교적 안정적으로 알 수 있는 검증 방법이다.

③ Random Forest 알고리즘 적용하기

Random Forest는 비선형 회귀 중 하나로 훈련 세트에서 무작위로 선택한 샘플들로 결정 트리(Decision Tree)를 만들고 각 트리를 훈련하여 트리마다 나오는 예측값들을 평균 내어 최종 예측값을 만드는 방식이다. 무작위로 선택한 샘플을 사용하기 때문에 안정적인 성능을 얻을 수 있는 알고리즘이다.

– 프롬프트

> 다음의 방법으로 훈련 세트와 테스트 세트의 정확도를 높여 주세요
> 랜덤 포레스트 모델의 하이퍼파라미터를 조정해 주세요
> 교차 검증으로 모델 성능을 평가해 주세요
> 과적합이 나오지 않게 해 주세요.

과적합이란(Overfitting)이란 학습한 모델이 훈련 세트에만 지나치게 적합하여 테스트 세트와 너무 안 맞거나(과대적합) 훈련 세트와 테스트 세트 모두에서 성능이 낮은 경우(과소적합)를 말한다. 과적합은 학습한 결과에 문제가 있다는 의미이니 과적합이 나오지 않게 해야 한다.

– ChatGPT

> 랜덤 포레스트 모델을 사용하여 훈련 세트와 테스트 세트의 정확도를 높이고, 교차 검증을 통해 모델 성능을 평가하면서 과적합을 방지해 보겠습니다. 이를 위해 하이퍼파라미터를 조정하겠습니다.
> 먼저, 주어진 데이터를 로드하고 전처리한 다음, 랜덤 포레스트 모델을 적용하고 교차 검증을 수행하는 코드를 작성하겠습니다.
>
> (코드 생략)
>
> 이 코드는 랜덤 포레스트 모델을 사용하여 훈련 및 테스트 세트의 성능을 높이고, 그리드 서치를 통해 하이퍼파라미터를 최적화합니다. 교차 검증을 통해 모델 성능을 평가하고, 과적합을 방지하도록 하였습니다.

코드 실행 결과는 다음과 같다.

```
최적 하이퍼파라미터: {'max_depth': 10, 'max_features': None, 'min_samples_leaf': 4, 'min_samples_split': 10, 'n_estimators': 300}
훈련 세트의 MSE: 0.1592514340324013
테스트 세트의 MSE: 0.30437939240680406
훈련 세트의 R²: 0.8482526003620183
테스트 세트의 R²: 0.651931044999569
2124년의 예상 기온: 13.294822036533299 °C
```

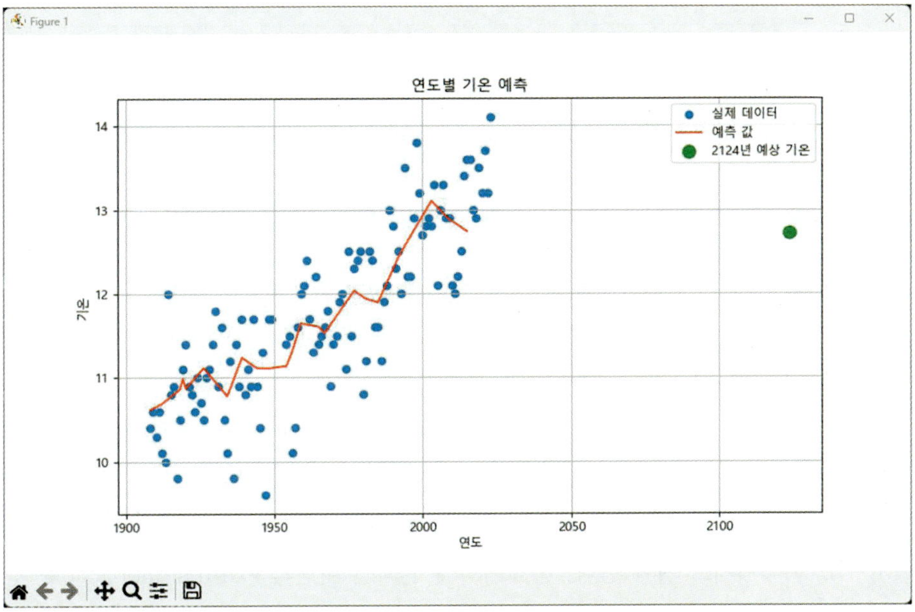

처음 선형 회귀 때 훈련 세트 결정 계수가 0.73, 테스트 세트 결정 계수가 0.62였으니 정확도가 향상되었다. 그런데 두 세트의 결정 계수 차이는 더 커졌다. 이는 약간의 과대적합(overfitting)일 수도 있다. 이럴 때는 모델을 덜 복잡하게 만들어야 한다. 모델을 덜 복잡하게 만들려면 어떤 부분을 조정해야 할까? Random Forest 알고리즘에서 최적 하이퍼파라미터를 보니 max_depth를 10으로 설정했다. 결정 트리에서는 깊이가 1 증가할 때마다 많은 노드들이 생기므로 깊이를 낮추면 코드가 덜 복잡해진다. 코드의 결정 트리를 눈으로 확인하기 위해 ChatGPT에 결정트리를 보여 달라고 해 보자. 이 코드에는 300개의 결정 트리가 있으므로 그중 하나를 보여주게 될 것이다.

– 프롬프트

결정 트리를 시각화해 주세요

– ChatGPT

결정 트리를 시각화하려면 graphviz 라이브러리를 사용해야 합니다. 먼저, graphviz와 sklearn.tree의 export_graphviz 함수를 사용하여 결정 트리의 시각화를 생성할 수 있습니다. 아래 코드는 랜덤 포레스트 모델의 첫 번째 트리를 시각화하는 방법을 보여줍니다.

(코드 생략)

위 코드는 랜덤 포레스트 모델에서 첫 번째 트리를 추출하여 graphviz를 통해 시각화하는 방법을 보여줍니다.
결정 트리의 시각화를 위해서는 graphviz 패키지가 설치되어 있어야 하며, 설치되지 않은 경우 pip install graphviz 명령을 통해 설치할 수 있습니다.
위 코드 실행 후, 트리 시각화가 .dot 파일로 저장되며 이를 통해 트리 구조를 시각화할 수 있습니다. graphviz.Source(dot_graph)를 사용하여 Jupyter Notebook 환경에서 트리를 직접 볼 수 있습니다.

graphviz 라이브러리를 사용하려면 VS Code 터미널에서 ’pip install graphviz‘ 명령어로 설치하면 된다. 만일 graphviz가 임포트가 되지 않아 에러가 난다면, graphviz 홈페이지로 가야 한다. 홈페이지에서 최신 버전의 exe installer를 다운 받아 실행하고 설치 도중 Install Option에서 ’Add Graphviz to the system PATH for all users‘에 체크해야 한다. 설치를 마치고, VS Code를 한 번 종료했다가 다시 실행해서 보면 정상적으로 작동할 것이다.

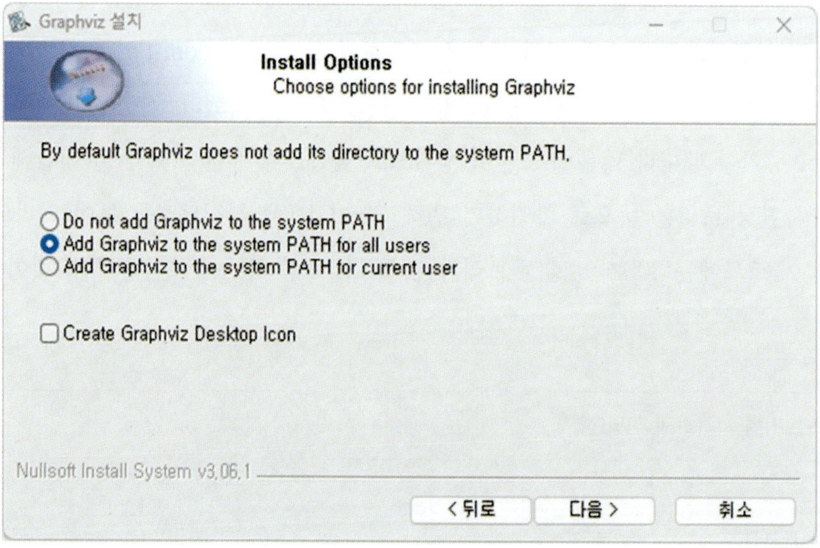

VS Code에서 새 파일을 생성한 후에(예를 들어 tree.py), 코드를 넣고 실행해 보면 다음과 같은 트리 구조를 볼 수 있다. Random Forest의 여러 트리 중 첫 번째 트리를 보여준 것이다. 딱 봐도 깊이가 10이니 매우 복잡해 보인다.

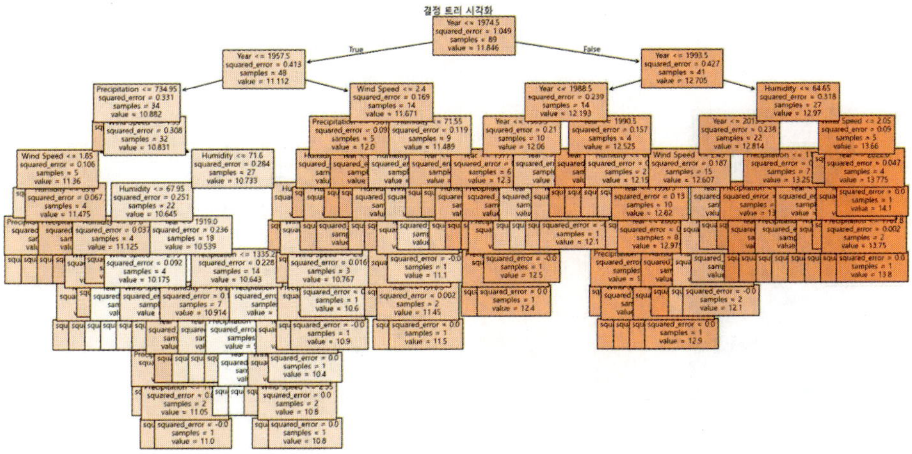

과대적합에서 벗어나려면 이 모델을 덜 복잡하게 해야 한다. ChatGPT에 다시 질문하니 하이퍼파라미터에서 최대 깊이를 3으로 설정한 코드를 제시했다. 그대로 입력하고 다시 트리를 시각화해 보면 훨씬 간단해진 것을 확인할 수 있다.

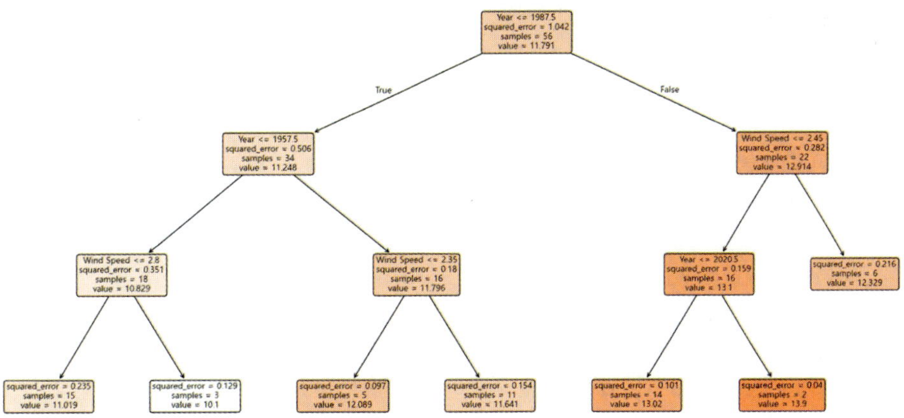

정확도에서도 약간의 차이지만 0.8247과 0.6476으로 두 세트 간의 차이가 좁혀졌다.

```
최적 하이퍼파라미터: {'max_depth': 3, 'max_features': None, 'min_samples_leaf': 2, 'min_samples_split': 10, 'n_estimators': 300}
훈련 세트의 MSE: 0.183966297295165
테스트 세트의 MSE: 0.30813447744377975
훈련 세트의 R²: 0.824702318034453
테스트 세트의 R²: 0.6476369680766116
2124년의 예상 기온: 13.268150049255492 °C
```

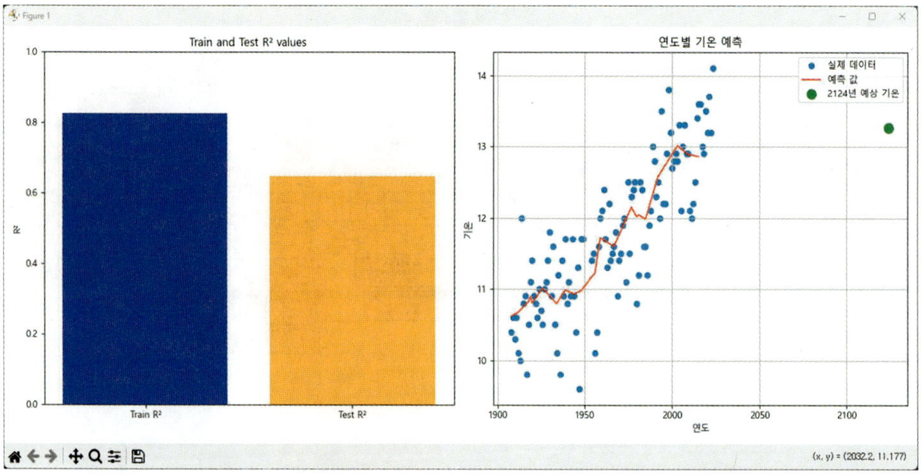

이 결과가 괜찮게 나온 것인지 출력값을 ChatGPT에 입력해 보았다.

－ChatGPT

모델 성능 해석
1. 훈련 세트와 테스트 세트의 성능 비교:
훈련 세트의 성능이 테스트 세트의 성능보다 좋은 것을 볼 수 있습니다. 이는 모델이 훈련 데이터에 잘 맞지만, 테스트 데이터에 대한 일반화 성능이 상대적으로 낮을 수 있음을 시사합니다.
2. 오버피팅 가능성:
훈련 세트와 테스트 세트 사이의 성능 차이가 크다면, 이는 모델이 훈련 데이터에 과적합(overfitting)되었을 가능성이 있습니다. 그러나 여기서는 큰 차이는 보이지 않아 과적합 문제가 크지 않을 수 있습니다.
3. 하이퍼파라미터 설정:
하이퍼파라미터를 최적화한 결과로 모델이 잘 작동하는 것 같습니다. 만약 더 나은 성능을 원한다면, 교차 검증(Cross-validation)을 사용하여 다양한 하이퍼파라미터 설정을 추가적으로 테스트해볼 수 있습니다.

정확도에 큰 문제는 없다고 한다. 100년 후 기온이 13.268℃면 처음 선형 회귀 분석 때의 우려와는 다르게 지금과 큰 기온 차는 없을 것 같다. 그러나 기온 변화에는 다양한 변수가 개입할 수 있으므로 온도에 영향을 주는 변수를 충분히 추가해야 더욱 정확한 기온을 예측할 수 있을 것이다.

⑤ 코드 생성 AI의 전망

코드 생성 AI의 현주소

코드 생성 AI를 사용해 보면 매우 유용한 도구라는 것을 누구나 느낄 것이다. 간단한 알고리즘 표현부터 머신러닝, 딥러닝의 복잡한 코드까지 막힘없이 술술 풀어나간다. 이제는 숨어 있는 오타 하나를 찾기 위해 모니터를 열심히 들여다보거나 복잡한 문법이 기억나지 않아 책이나 인터넷을 검색할 필요도 없어졌다. 코드를 보는 안목과 지식만 있으면 키보드를 두드리는 노동은 프롬프트 입력으로 얼마든지 대체할 수 있게 되었다.

코드 생성 AI가 나날이 진보하며 단점이 줄어들고 있지만 물론 여전히 아쉬운 부분도 있다.

첫째, 코드 수정 요청이 제대로 반영되지 않을 때가 있다. A문제를 해결해 달라고 요청했는데 A문제를 해결했다고 답변은 하지만 실제로는 문제가 해결되지 않은 코드를 제시할 때가 있다. 이런 문제는 복잡한 코드나 특정 맥락에 대한 이해가 부족할 때 더 자주 발생한다. 그때는 개발자가 직접 오류를 수정해 줄 수밖에 없다.

둘째, 코드의 완성도가 일정하지 않다. 때로는 매우 정확하고 자세하게 코드를 알려줄 때도 있지만 어떨 때는 오류가 섞인 코드를 줄 때도 있다. 특히 새벽 시간에는 답변을 영어로 주거나 오류 있는 코드를 주는 확률이 높았다. AI 모델 자체의 성능이 변하는 것은 아닐 테니 리소스 관리나 트래픽 변동과 관련된 문제가 생기는 것이 아닐까 짐작한다.

셋째, 파일 첨부 기능이 약하다. ChatGPT는 파일 첨부 기능이 있고 GitHub Copilot도 VS Code 탐색기에 파일을 추가할 수 있지만 파일 첨부 기능이 없는 도구가 많고 파일을 분석해서 답을 내놓는 기능도 아직 부족한 느낌이었다. ChatGPT의 경우 엑셀의 내용은 잘 파악하지만, PPT 내용은 이해하지 못하는 것 같았다. 아직은 대용량 파일이나 복잡한 구조의 프로젝트 파일을 분석하는 데에도 한계가 있어 보인다.

그 외에도 인공지능이 생성해 준 코드가 오픈소스 라이선스를 침해했을 가능성이 있는 문제, 최신의 기술이나 라이브러리를 사용하지 않을 수도 있는 문제, 한글 이해 부족으로 엉뚱한 코드를 제시할 수 있는 문제 등이 있다.

코드 생성 AI의 미래

앞서 언급한 문제는 기술의 발전에 따라 대부분 해결될 수 있다고 본다. 미래의 코드 생성 AI는 현재의 한계점을 극복하고 다음과 같이 더 발전된 형태로 진화할 것으로 생각한다.

첫째, 맥락 이해 능력이 향상될 것이다. 미래의 AI는 더 자연스러운 대화를 통해 복잡한 요구사항을 이해하고 의도에 맞는 코드를 구현할 수 있을 것이다. 대규모 파일이나 복잡한 프로젝트에 대해서도 전체적인 구조나 목적을 이해하여 코드를 제안할 것이고, 비개발자도 쉽게 사용할 수 있는 인터페이스를 제공하며 누구나 코딩할 수 있는 환경을 제공할 것이다.

둘째, 다중 모달리티를 지원할 것이다. 현재에도 텍스트, 이미지, 음성 형식의 입력을 지원해 나가고 있기에 이 분야는 더욱 개선되며 다양한 형식의 입력을 지원할 것으로 예상한다. 특히 맞춤형으로 코드를 생성하는 도구들이 많아지면서 건축 설계도, 의료 차트, 사회 다양한 분야에서 필요로 하는 코딩이 가능하도록 입력 형식이 다양화되고 전문화될 것이다.

셋째, 법적, 윤리적 문제에서 벗어날 수 있을 것이다. 코드 생성 시 데이터 보안과 저작권 및 개인정보 보호 규정을 자동으로 적용할 수 있을 것이고, 다른 사람의 저작권을 침해하지 않고도 창의적이고 복잡한 코드를 생성해 낼 수 있을 것이다. 만일 법적, 윤리적 문제에서 이슈가 된다 하더라도 그 부분을 해명할 수 있는 코드의 사례를 보여줄 수도 있을 것이다.

넷째, 코드의 범위가 전체 시스템을 구축할 만큼 거대해질 것이다. 코드의 수준이 전체 시스템 아키텍처를 설계하고 생산적인 코딩 서비스를 제안할 수 있을 만큼 성장할 것이다. 가령 클라우드 아키텍처와 같은 복잡한 시스템 구조도 이해하고 설계할 수 있게 되면서 아이디어와 기획력만 있다면 특정 시스템을 제작하고 운영하는 스타트업을 수월하게 할 수 있는 시대가 올 것이다.

다섯째, 코드에 외부 정보를 활용할 수 있을 것이다. 폐쇄된 구조의 코드 편집기가 아니라 라이센스 문제가 되지 않는 범위에서 수많은 API가 연결되어 인터넷상의 많은 데이터를 불러와 코딩의 재료로 사용할 수 있을 것이다. 사용할 수 있는 데이터가 확장됨에 따라 인공지능 코딩의 활용도는 매우 범위가 넓어질 것으로 생각한다.

위와 같이 코드 생성 AI는 앞으로 우리 사회에서 매우 중요한 역할을 하게 될 것이다. 그리고 발전하는 AI 기능에 발맞추어 코드의 완성도와 효율성을 높여나가기 위해서, 인간 개발자도 코딩에 대한 전문성과 창의성, 문제 해결 능력을 한층 더 높이 갖추어 나가야 할 것이다.

CHAPTER

06

사무 업무에서의 생성 인공지능

① 사무 작업의 자동화

이메일 응답하기

이메일이나 답변을 작성하는 데 생성 AI를 활용해 보자. 이메일 응답 생성기는 받은 이메일 내용과 발신자의 의도를 분석하여 응답을 자동으로 작성해 주어 이메일 처리 효율을 높여준다.

- 활용 AI: 모니카(https://monica.im)

Monica

'Monica'는 AI 어시스턴트로 사무 업무에 필요한 다양한 지원을 해준다. 브라우저 확장 프로그램, 데스크톱 앱, 모바일 앱 등으로 나뉘어져 있으며 필요한 것을 선택한다. 3일간의 무료 체험 기간이 있으며 체험 기간이 종료되면 자동으로 결제가 이뤄지니 지속을 원하지 않는다면 반드시 구독을 취소해야 한다.

도구 박스

AI 도구	이미지 도구	PDF 도구	효율화	요약
GPT-4o에 물어보기	애니메이션 만들기	PDF to PNG	검색 도움이	YouTube 요약
AI 이미지 생성기	배경 제거	PDF to JPG	글쓰기	웹사이트 요약
AI 텍스트 분석	텍스트 제거	PDF to PPT	웹사이트 번역	ChatPDF
AI 번역기	물체 제거	PDF to Word	문법 검사기	개요 생성기
AI 텍스트 재작성	특정 부분 지우기	PDF OCR	검색 강화	
	배경 변경	AI 이력서 검사기	이메일 답장 도우미	
	해상도 향상/화질 높이기	AI 이력서 스캐너	전체 AI 보기	
	이미지 편집기	영수증 스캐너		

1. 'Monica' 웹사이트에서(https://monica.im) 한국어를 설정하면 편리하게 이용할 수 있다.
2. '알아보기' 게시판에서 '이메일 답장 도우미'를 선택한다.
3. '웹브라우저 추가' 버튼을 선택하고, Chrome에 추가 설치를 한다.

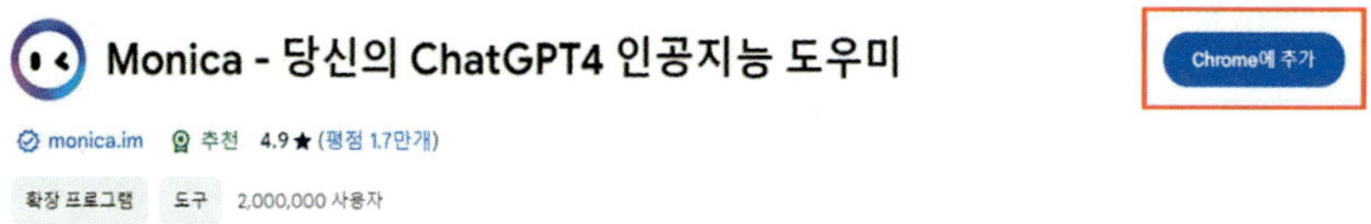

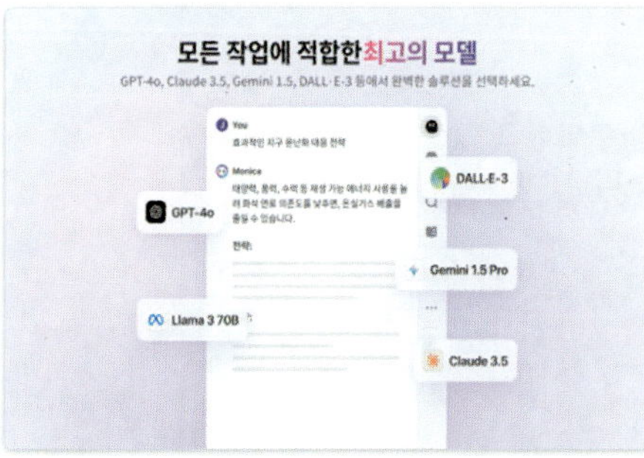

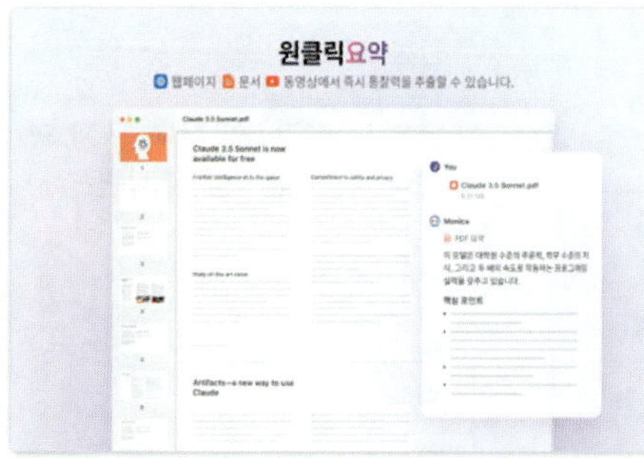

4. Google 계정, 이메일 등을 이용하여 가입한다.
5. 3일간의 무료 체험을 할 수 있다.
6. Google 메일함에서 받은 이메일을 확인해 보자. 아래에 'AI 대답'이 추가된 것을 확인할 수 있다.

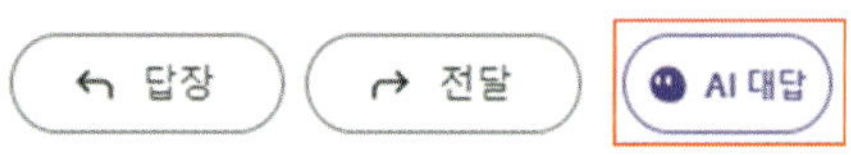

7. AI 대답을 선택하면, 이메일 내용을 요약해 주고 답장 아이디어도 제시해 준다.

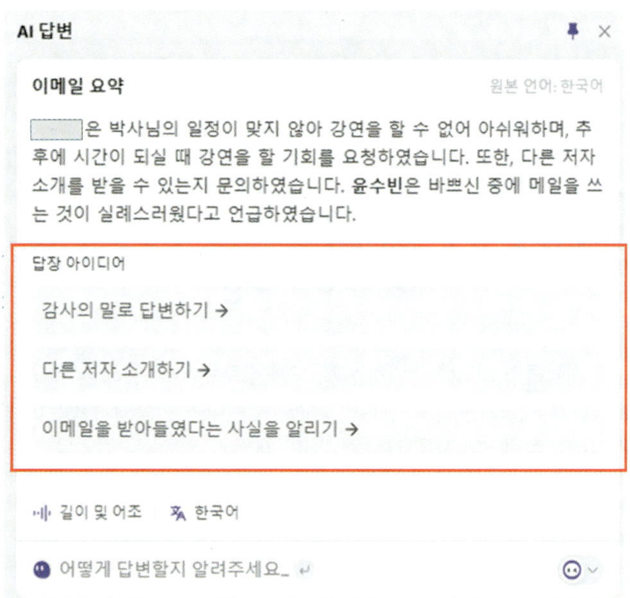

'감사의 말로 답변하기'를 선택하였을 경우 아래와 같이 답변을 생성해 준다.

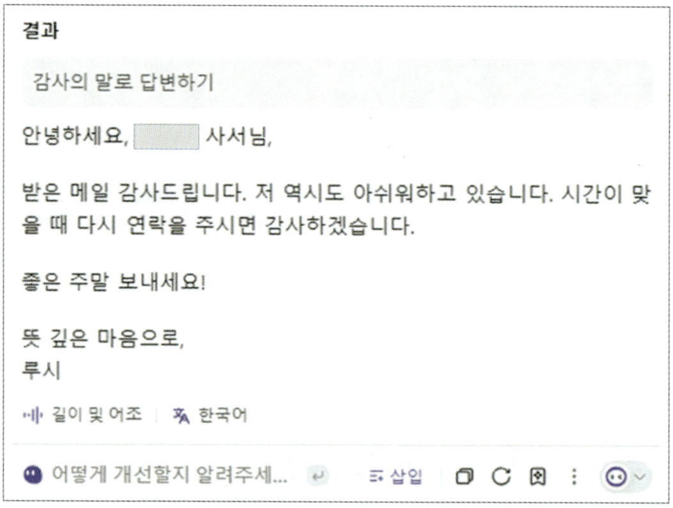

8. 답변이 맘에 드는 경우 삽입을 선택하면 그대로 답장 본문으로 들어가고, 답변이 맘에 들지 않으면 '다시 생성' 버튼을 선택하면 된다.

일정 관리하기

다른 사람과 회의를 예약하고, 예약한 일정을 내 캘린더에 자동으로 생성해 주는 생성 AI를 활용해 보자.

- 활용 AI: 캘린들리(https://calendly.com)

Calendly

Calendly는 다른 사람들과 회의를 예약하는 데 도움을 주는 무료 온라인 약속 예약 프로그램이다. 삼성 스마트폰에서 제공하는 삼성 캘린더, 구글 캘린더와 연동되기 때문에 중복 일정을 방지하고, 정해진 일정이 캘린더에 자동으로 생성되기 때문에 스케줄링 작업을 쉽게 할 수 있다.

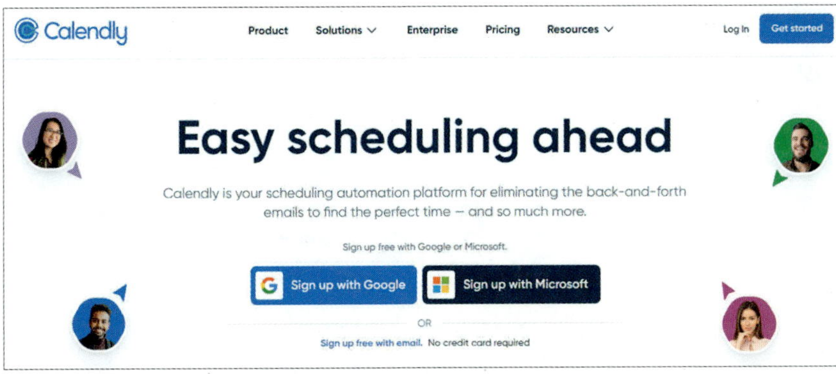

※ 국내 프로그램 '되는 시간'(https://whattime.co.kr)도 일정 관리를 할 수 있으며, 7일간 무료 체험으로 시작해 볼 수 있다.

1. 회원가입을 하거나 자신이 갖고 있는 구글, 마이크로소프트 계정으로 로그인한다.
2. Calendly 사용자 범위, 목적을 선택한다.

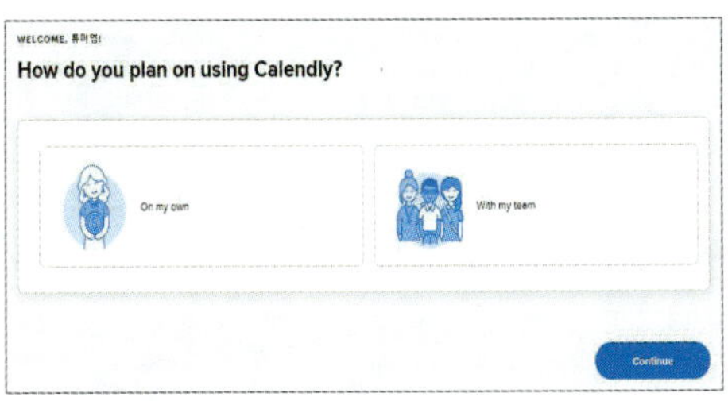

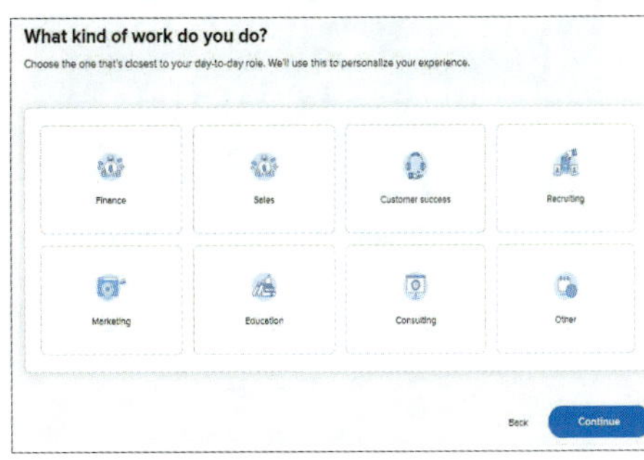

3. 화면 오른쪽 기초 작업 설정에서 내가 갖고 있는 캘린더와 연결한다. Chrome 웹스토어에서 확장 버전을 추가할 수 있다.

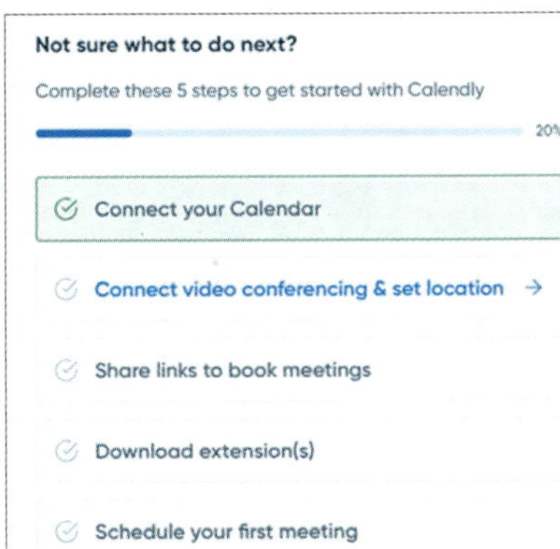

나의 캘린더와 연결하기(Google, Outlook, iCloud)

사용할 비디오 회의 연결하기, 위치 설정하기

회의 예약 링크 공유

확장 버전 추가하기

첫 번째 회의 일정 잡기

TIP

비디오 회의 및 위치 설정: 회의에 사용할 앱을 선택한다. 각 앱의 계정을 연결해 두면 예약된 시간에 자동으로 회의를 생성해 준다.

확장버전 추가: Chrome 웹스토어에서 확장 버전을 추가할 수 있다.

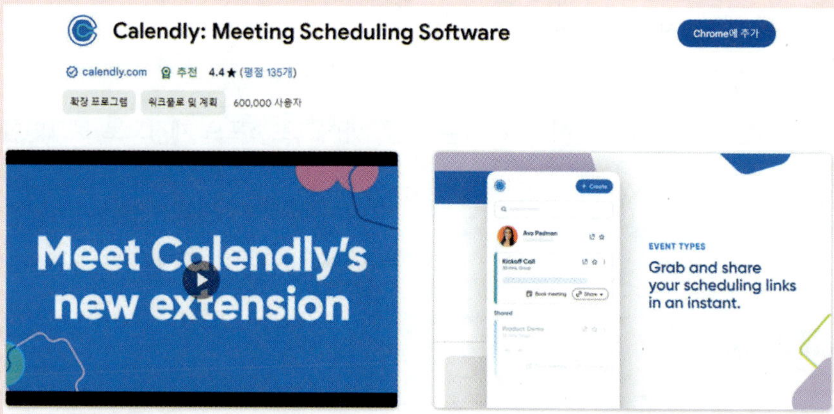

왼쪽 메뉴에서 'Availability'를 선택하여 회의할 수 있는 시간을 설정한다. 그리고 'Time Zone'에서 한국 시간을 선택한다.

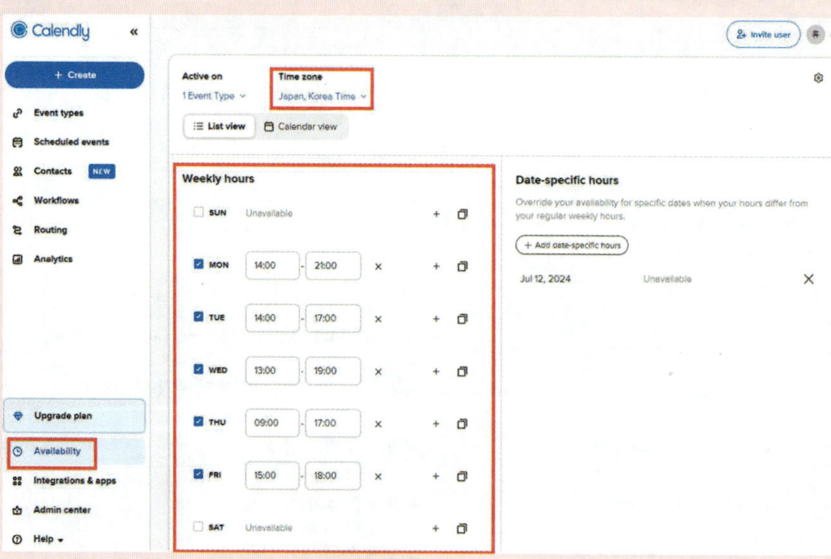

4. 기초 작업이 완료되었으면, 스케줄을 정하기 위해 '이벤트 유형'으로 들어가 호스트 유형을 선택한다.

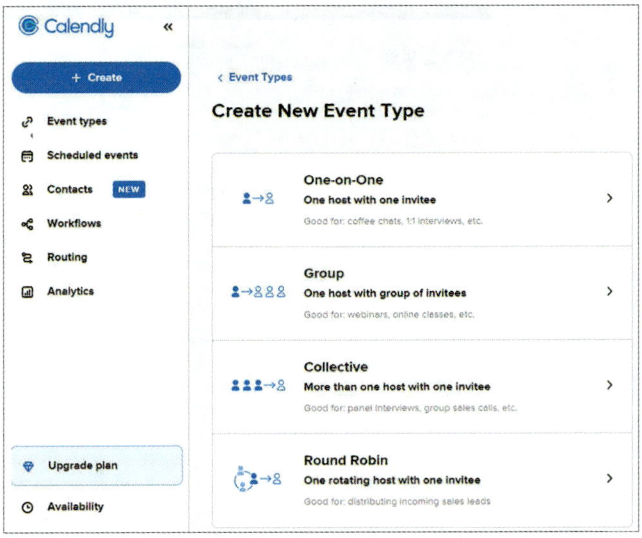

5. 설정 – Edit를 눌러 일정을 설정하자.

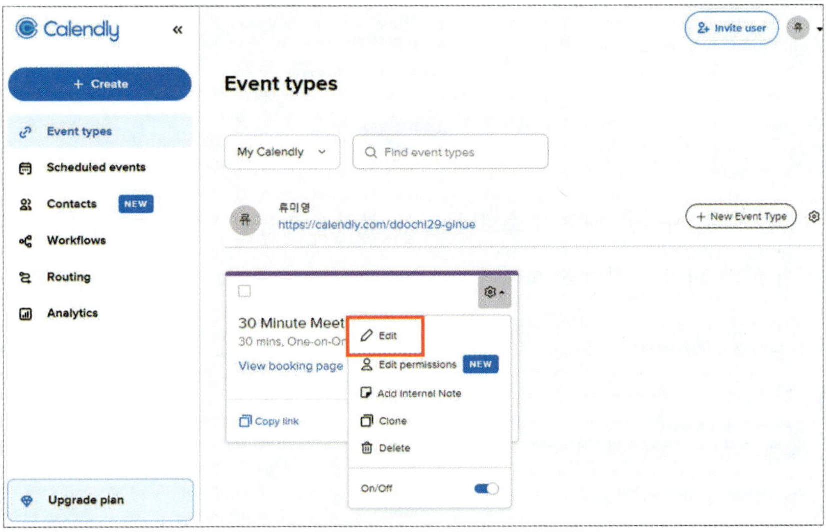

– 왼쪽 'Event Name'에서 회의명을 입력한다.

– 회의 시간을 입력하고, 회의에 사용할 도구와 장소를 추가한다.

– 기초 작업 설정에서 회의 가능 시간대를 설정해 놓았기 때문에 회의가 가능한 날짜와 시간대가 나온다.

– 모든 설정이 완료되었으면 저장한다.

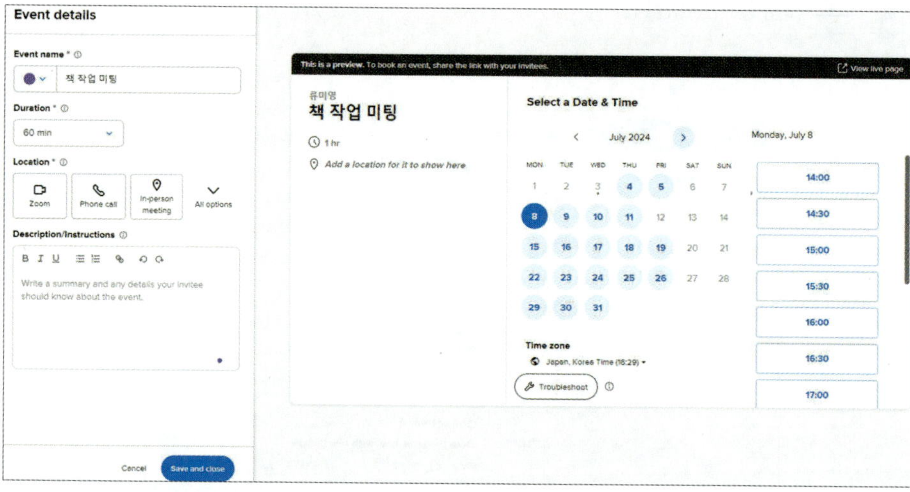

6. 이제 주소를 복사하여 메일을 보낸다.

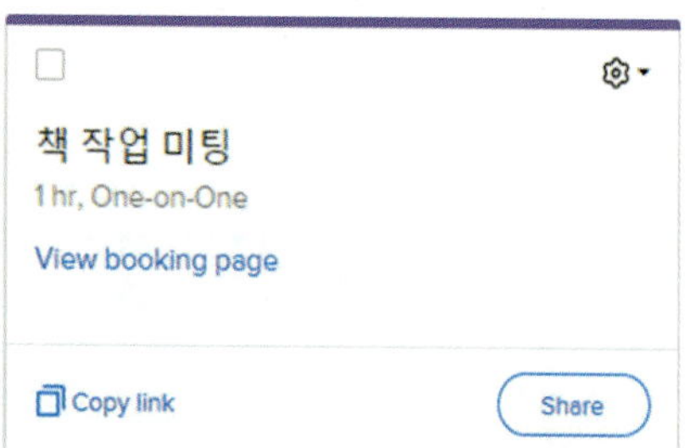

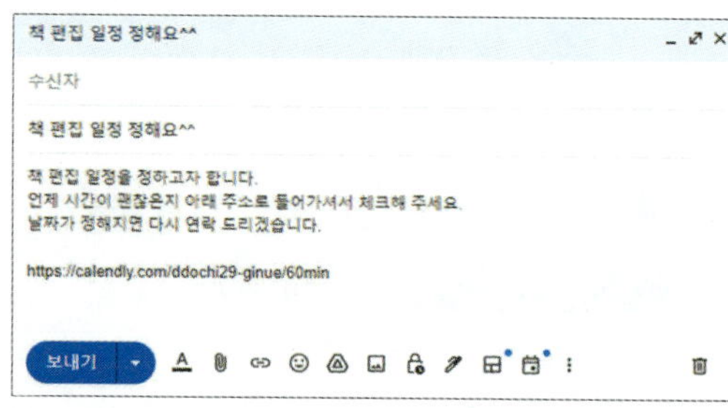

이메일을 받는 사람은 해당 주소로 들어가 회의가 가능한 날짜로 선택하고, 'Next' 버튼을 누르면 회의 일정이 확정된다.

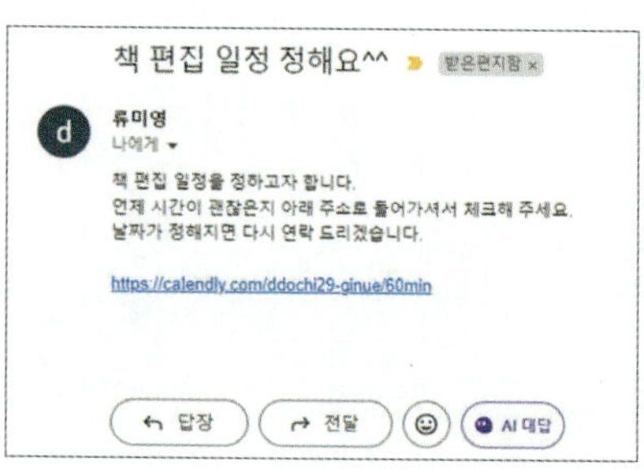

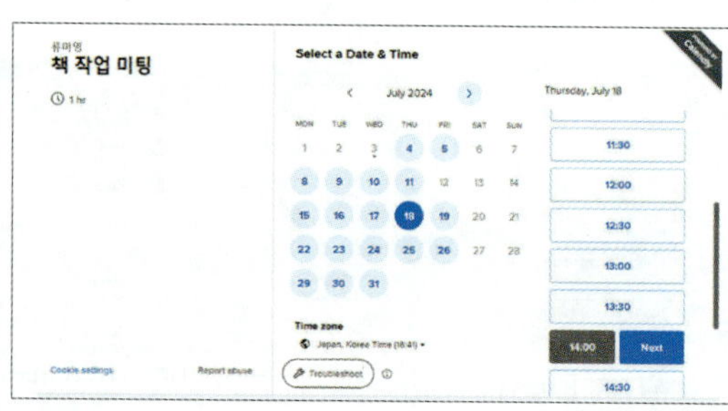

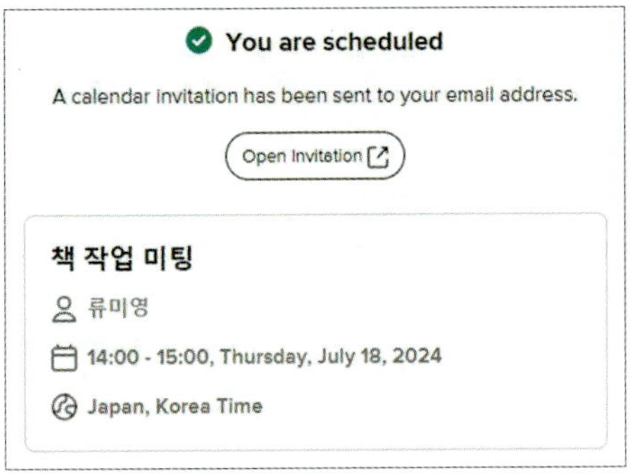

7. 이제 연결해 놓았던 내 캘린더로 들어가 보자. 자동으로 회의 일정이 생성되어 입력된 것을 확인할 수 있다.

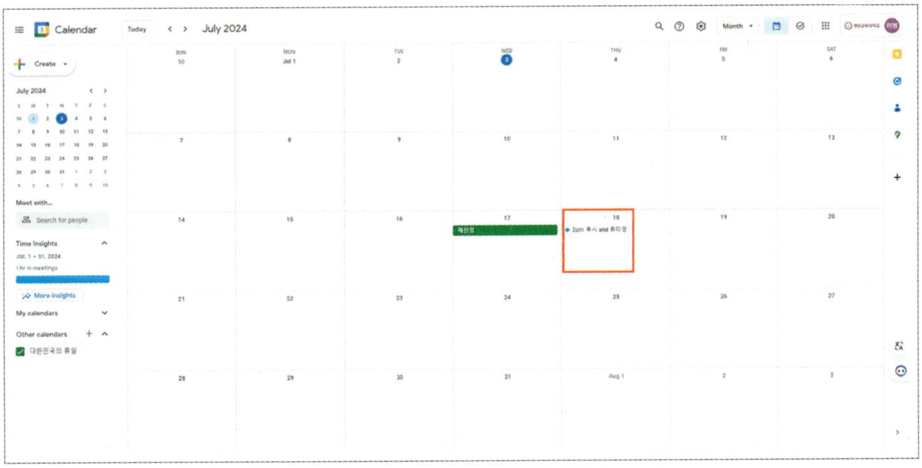

② 데이터 입력 및 처리

ChatGPT로 엑셀 업무 자동화하기

- 활용 AI: ChatGPT

ChatGPT로 엑셀 업무를 자동화하여 효율을 높여보자.

① 데이터 입력하고 분석하기

	A	B	C	D	E	F
1	성별	지역	학년	연수 참여도	연수 만족도	연수 난이도
2	남	파주	1학년	5	4	3
3	남	인천	2학년	3	5	3
4	여	인천	2학년	4	5	4
5	남	온양	4학년	4	4	2
6	여	서울	1학년	5	4	5
7	여	대전	3학년	4	3	3
8	여	대전	1학년	4	4	4
9	남	서울	2학년	3	3	4
10	여	인천	1학년	2	3	5

1. ChatGPT에 엑셀에서의 데이터를 그대로 복사해서 붙이거나 파일을 업로드하고 분석하고자 하는 내용을 입력한다.

이 데이터에서 학년별 인원수를 정리해서 엑셀에 입력할 수 있게 해줘.

Grade Counts

	학년	인원수
1	1학년	4
2	2학년	3
3	4학년	1
4	3학년	1

학년별 인원수를 정리한 엑셀 파일을 준비했습니다. 여기에서 다운로드할 수 있습니다 [>_]

2. 엑셀 파일을 다운받거나 '분석 보기'를 통해 파이썬 코드를 복사하여 코랩에서 실행하여 그 결과를 확인할 수 있다.

	A	B
1	학년	인원수
2	1학년	4
3	2학년	3
4	4학년	1
5	3학년	1

위에서 분석한 데이터 파이선 코드를 코랩에서 붙여 실행해 보려면 어떻게 해?

코랩 환경에서 실행할 수 있도록 라이브러리 설치 명령도 포함하여 알려달라고 하자. 엑셀 파일을 업로드하여 데이터를 분석하게 하면 파이썬 코드를 실행시키게 되어 할루시네이션을 예방할 수 있다.

```python
# 코랩에서 pandas와 openpyxl 라이브러리 설치
!pip install pandas openpyxl

import pandas as pd

# 데이터프레임 생성
data = {
    '성별': ['남', '남', '여', '남', '여', '여', '여', '남', '여'],
    '지역': ['파주', '인천', '인천', '온양', '서울', '대전', '대전', '서울', '인천'],
    '학년': ['1학년', '2학년', '2학년', '4학년', '1학년', '3학년', '1학년', '2학년', '1학년'],
    '연수 참여도': [5, 3, 4, 4, 5, 4, 4, 3, 2],
    '연수 만족도': [4, 5, 5, 4, 4, 3, 4, 3, 3],
    '연수 난이도': [3, 3, 4, 2, 5, 3, 4, 4, 5]
}

df = pd.DataFrame(data)

# 학년별 인원수 계산
grade_counts = df['학년'].value_counts().reset_index()
grade_counts.columns = ['학년', '인원수']
```

ChatGPT가 알려준 코드

Untitled0.ipynb

파일 수정 보기 삽입 런타임 도구 도움말 모든 변경사항이 저장됨

+ 코드 + 텍스트

```python
# 코랩에서 pandas와 openpyxl 라이브러리 설치
!pip install pandas openpyxl

import pandas as pd

# 데이터프레임 생성
data = {
    '성별': ['남', '남', '여', '남', '여', '여', '여', '남', '여'],
    '지역': ['파주', '인천', '인천', '온양', '서울', '대전', '대전', '서울', '인천'],
    '학년': ['1학년', '2학년', '2학년', '4학년', '1학년', '3학년', '1학년', '2학년', '1학년'],
    '연수 참여도': [5, 3, 4, 4, 5, 4, 4, 3, 2],
    '연수 만족도': [4, 5, 5, 4, 4, 3, 4, 3, 3],
    '연수 난이도': [3, 3, 4, 2, 5, 3, 4, 4, 5]
}

df = pd.DataFrame(data)

# 학년별 인원수 계산
grade_counts = df['학년'].value_counts().reset_index()
grade_counts.columns = ['학년', '인원수']

# 데이터프레임 출력
print(grade_counts)

# 엑셀 파일로 저장
file_path = "grade_counts.xlsx"
grade_counts.to_excel(file_path, index=False)

# 엑셀 파일 다운로드 링크 제공 (코랩에서 실행 시)
from google.colab import files
files.download(file_path)
```

```
Requirement already satisfied: pandas in /usr/local/lib/python3.10/dist-packages (2.0.3)
Requirement already satisfied: openpyxl in /usr/local/lib/python3.10/dist-packages (3.1.5)
Requirement already satisfied: python-dateutil>=2.8.2 in /usr/local/lib/python3.10/dist-packages (from pandas) (2.8.2)
Requirement already satisfied: pytz>=2020.1 in /usr/local/lib/python3.10/dist-packages (from pandas) (2023.4)
Requirement already satisfied: tzdata>=2022.1 in /usr/local/lib/python3.10/dist-packages (from pandas) (2024.1)
Requirement already satisfied: numpy>=1.21.0 in /usr/local/lib/python3.10/dist-packages (from pandas) (1.25.2)
Requirement already satisfied: et-xmlfile in /usr/local/lib/python3.10/dist-packages (from openpyxl) (1.1.0)
Requirement already satisfied: six>=1.5 in /usr/local/lib/python3.10/dist-packages (from python-dateutil>=2.8.2->pandas) (1.16.0)
    학년  인원수
0  1학년    4
1  2학년    3
2  4학년    1
3  3학년    1
```

코랩 실행 결과

3. 연수 만족도와 연수 난이도의 상관관계를 분석해보자. 파이썬 코드를 복사하여 코랩에서 실행한다. 코랩에서는 상관관계를 시각화하여 제시하였다. 이에 대한 의미를 설명해 달라고 하자.

   분석 결과를 토대로 기획한 프로그램의 개선 방향과 만족도를 높이기 위한 추가 요인들의 필요함을 알 수 있다.

```python
# 코랩에서 pandas와 seaborn 설치
!pip install pandas seaborn matplotlib

import pandas as pd
import matplotlib.pyplot as plt
import seaborn as sns

# 데이터프레임 생성
data = {
    '성별': ['남', '남', '여', '남', '여', '여', '여', '남', '여'],
    '지역': ['파주', '인천', '인천', '온양', '서울', '대전', '대전', '서울', '인천'],
    '학년': ['1학년', '2학년', '2학년', '4학년', '1학년', '3학년', '1학년', '2학년', '1학년'],
    '연수 참여도': [5, 3, 4, 4, 5, 4, 4, 3, 2],
    '연수 만족도': [4, 5, 5, 4, 4, 3, 4, 3, 3],
    '연수 난이도': [3, 3, 4, 2, 5, 3, 4, 4, 5]
}

df = pd.DataFrame(data)

# 연수 만족도와 연수 난이도 간의 상관계수 계산
correlation = df[['연수 만족도', '연수 난이도']].corr().iloc[0, 1]
print(f"연수 만족도와 연수 난이도 간의 상관계수: {correlation}")
```

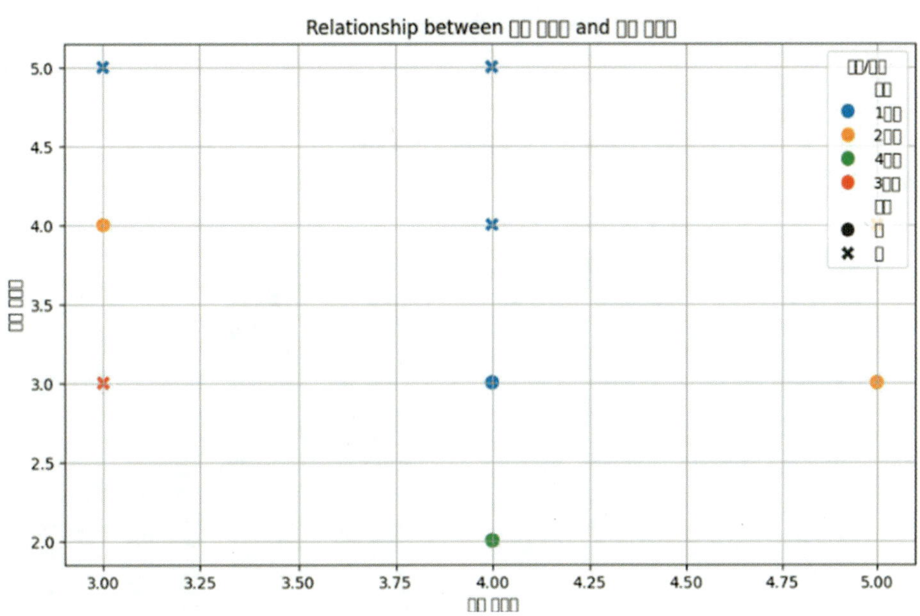

위 코드를 통해 연수 만족도와 연수 난이도 간의 관계를 분석한 결과는 다음과 같습니다:

1. **상관계수 계산**:
   - **`연수 만족도`**와 **`연수 난이도`** 간의 상관계수를 계산한 결과가 출력되었습니다.
   - 상관계수는 두 변수 간의 선형 관계를 나타내는 지표로, -1에서 1 사이의 값을 가집니다.
     - 1에 가까울수록 강한 양의 상관관계가 있음을 의미합니다.
     - -1에 가까울수록 강한 음의 상관관계가 있음을 의미합니다.
     - 0에 가까울수록 두 변수 간의 선형 관계가 거의 없음을 의미합니다.
   - 출력된 상관계수는 0.05입니다. 이는 연수 만족도와 연수 난이도 간의 상관관계가 매우 약하거나 거의 없음을 의미합니다.
2. **시각화**:
   - 산점도를 통해 **`연수 만족도`**와 **`연수 난이도`** 간의 관계를 시각적으로 확인할 수 있습니다.
   - 각 점은 학생을 나타내며, 점의 위치는 해당 학생의 **`연수 만족도`**와 **`연수 난이도`**를 나타냅니다.
   - 색상은 학년을, 모양은 성별을 나타내어 데이터를 분류하였습니다.

결론:

- 연수 만족도와 연수 난이도 간에 강한 상관관계는 없는 것으로 나타났습니다.
- 이는 연수의 난이도가 높거나 낮다고 해서 연수에 대한 만족도가 높거나 낮아지는 경향이 뚜렷하지 않음을 의미합니다.
- 이 결과는 각 학생이 연수의 난이도를 느끼는 방식이 다양하며, 만족도에 영향을 미치는 다른 요인들이 있을 수 있음을 시사합니다.

이와 같은 분석 결과를 통해 연수 프로그램의 개선 방향을 모색할 수 있으며, 만족도를 높이기 위해 추가적인 요인들을 고려할 필요가 있음을 알 수 있습니다.

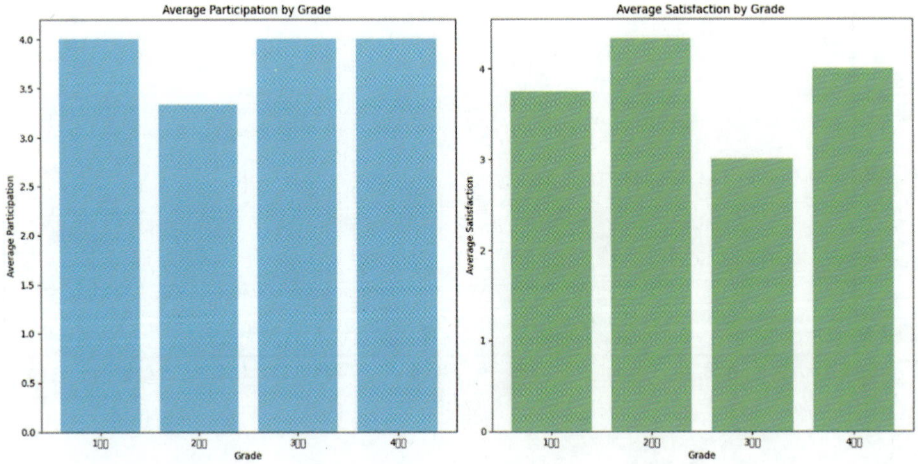

같은 방법으로 학년별 연수 참여도와 만족도를 막대그래프로 시각화

데이터를 입력하고 분석하게 되면 내가 분석하고자 하는 것 외에도 ChatGPT에서 다른 분석할 요소들도 추천해 준다.

다른 요인들과의 상관관계도 분석해줘. | 여학생과 남학생의 데이터를 비교해줘.

② 엑셀 함수 활용하기

엑셀에는 많은 함수 기능을 갖고 있다. 하지만 모든 함수를 외울 수는 없기 때문에 내게 필요한 함수를 ChatGPT에 물어서 활용해 보자.

1. 함수 찾기: 각 열의 총합과 평균을 구하는 함수를 물어본다. 아래와 같이 함수를 알려주면 코드를 복사하여 엑셀 계산식에 붙여넣기를 하여 값을 구한다.

- 연수 만족도 총합:

```excel
=SUM(E2:E10)
```

- 연수 난이도 총합:

```excel
=SUM(F2:F10)
```

F11 =SUM(F2:F10)

	A	B	C	D	E	F
1	성별	지역	학년	연수 참여도	연수 만족도	연수 난이도
2	남	파주	1학년	5	4	3
3	남	인천	2학년	3	5	3
4	여	인천	2학년	4	5	4
5	남	온양	4학년	4	4	2
6	여	서울	1학년	5	4	5
7	여	대전	3학년	4	3	3
8	여	대전	1학년	4	4	4
9	남	서울	2학년	3	3	4
10	여	인천	1학년	2	3	5
11					35	33

2. 조건부 서식 활용하기: 원하는 값의 셀에만 색을 칠하는 방법을 물어보자. 설명을 따라 엑셀에서 실행해 보자. 원하는 값의 셀에만 색이 칠해지는 것을 확인할 수 있다.

> 입력한 엑셀에서 연수 난이도가 가장 낮은 점수 셀에만 색을 칠하고 싶어. 방법을 알려줘.

1. **연수 난이도가 있는 열 선택**:
   - 연수 난이도가 있는 열을 선택합니다. 예를 들어, 연수 난이도가 F 열에 있다면 F2부터 F10까지의 셀을 선택합니다.
2. **조건부 서식 설정**:
   - 리본 메뉴에서 '홈' 탭을 선택합니다.
   - '조건부 서식'을 클릭하고 '새 규칙'을 선택합니다.
   - '수식을 사용하여 서식을 지정할 셀 결정'을 선택합니다.
3. **수식 입력**:
   - 수식 입력란에 다음 수식을 입력합니다:

```excel
=$F2=MIN($F$2:$F$10)
```

   - 이 수식은 선택된 범위(F2
)에서 가장 낮은 값을 가진 셀을 찾습니다. `$F2`에서 `$` 기호는 열 F를 고정하고, `MIN($F$2:$F$10)`은 범위 전체에서 최소값을 찾습니다.
4. **서식 지정**:
   - '서식' 버튼을 클릭하여 원하는 색을 선택합니다. 예를 들어, 셀을 노란색으로 칠하고 싶다면 '채우기' 탭에서 노란색을 선택합니다.
   - '확인' 버튼을 클릭하여 규칙을 적용합니다.
5. **규칙 적용 확인**:
   - '확인' 버튼을 다시 클릭하여 조건부 서식 규칙을 완료하고, 적용된 셀을 확인합니다.

이 과정을 통해 연수 난이도가 가장 낮은 셀에만 색이 칠해지게 됩니다. 다른 셀에는 색이 들어가지 않도록 설정됩니다.

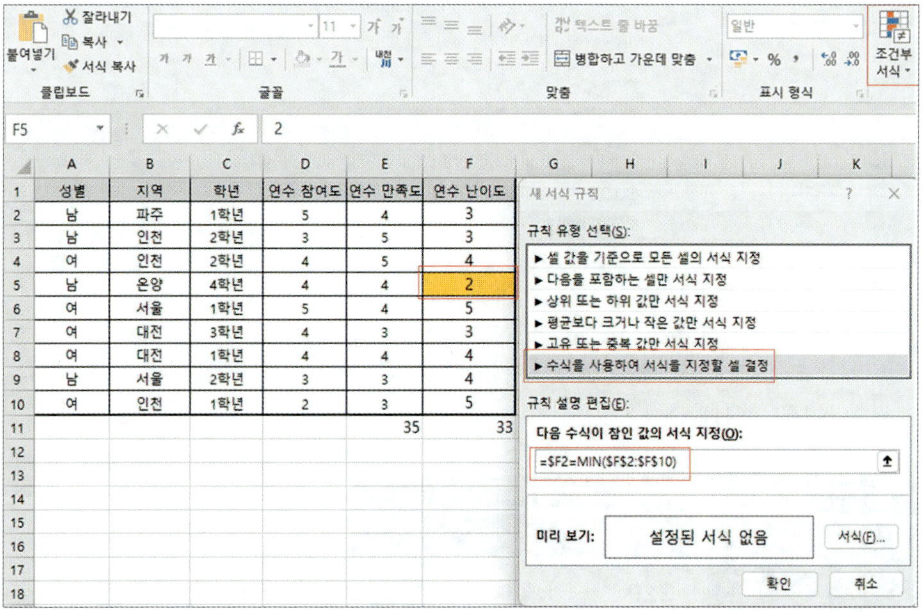

③ GPT for Sheet 활용하기

1. 먼저 API KEY를 발급받는다. https://platform.openai.com/api-keys에 들어가 로그인하고, 오른쪽 상단에 있는 [+ Create new secret key]를 눌러 키를 생성한다(발급받은 키는 새로 발급받는 일이 없도록 저장해 둔다).

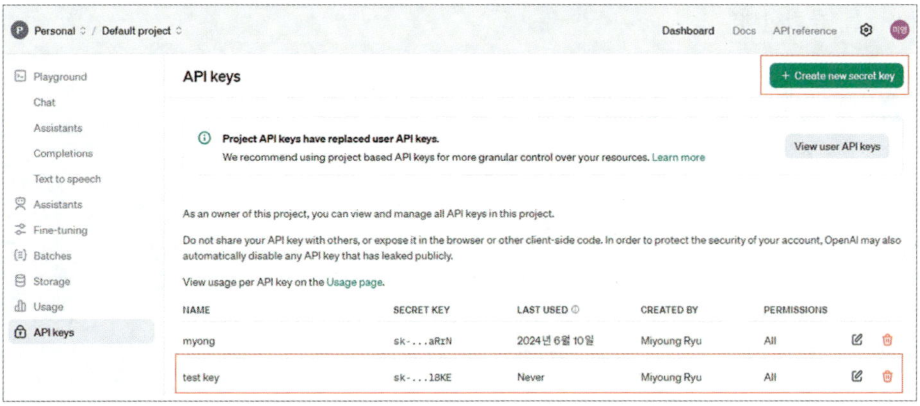

API key를 사용하기 위해서는 선지불해야 한다.

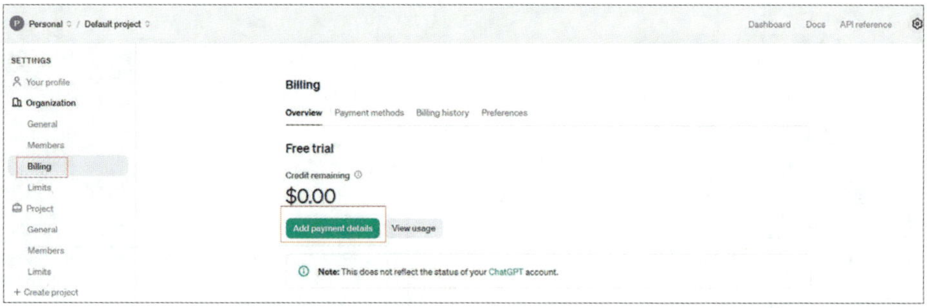

또는 구글 시트에서 확장팩을 구매하는 것도 가능하다. 처음 가입하면 무료 체험으로 0.1달러를 지급해 준다.

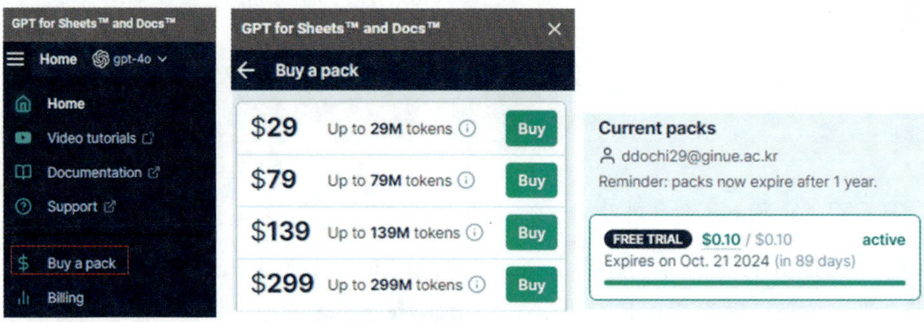

2. 구글 시트를 열고, 메뉴 바에서 확장 프로그램 - 부가기능 - 부가기능 설치하기를 클릭한다.

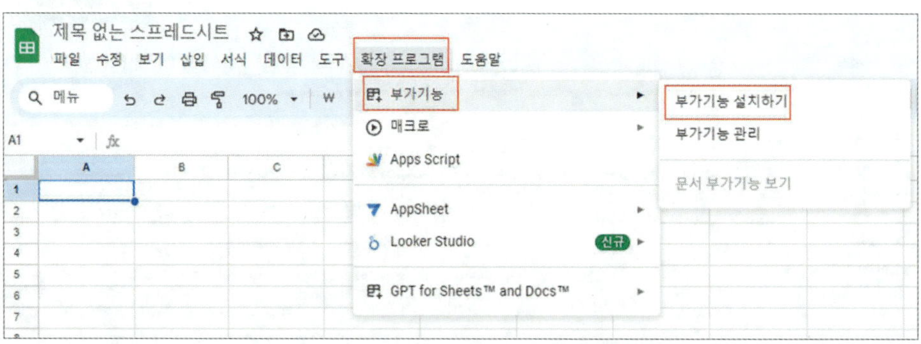

3. Goole Workspace Marketplace에서 'GPT for Sheets and Docs'를 찾아 설치한다.

4. 확장 프로그램 - GPT for Sheet and Docs - open을 클릭하면 오른쪽에 GPT가 실행되는 것을 확인할 수 있다.

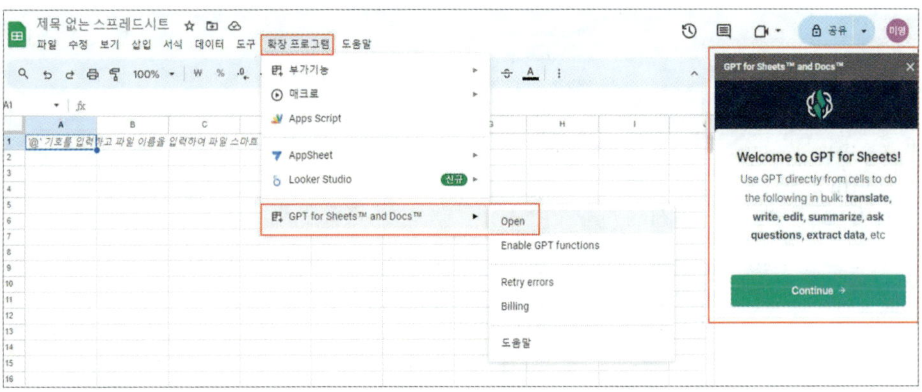

5. Continue 버튼을 클릭하고, 햄버거 메뉴 아이콘을 클릭하면 메뉴가 나타난다. 그중 API keys를 클릭하여 처음에 발급받았던 OpenAI API key를 입력한다.

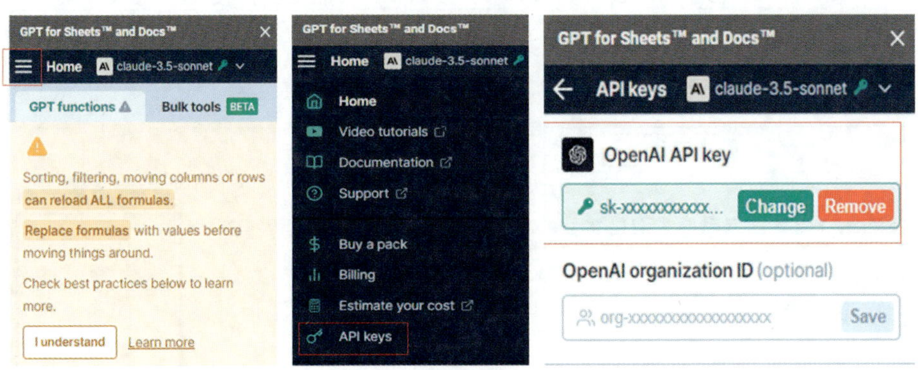

6. GPT 함수를 클릭하면 총 18가지의 함수가 있다는 것을 확인할 수 있다. 각 함수를 클릭하면 함수에 대한 설명, 예시, 동영상 자료를 제공하고 있고, 예시 코드를 복사하여 사용할 수 있다.

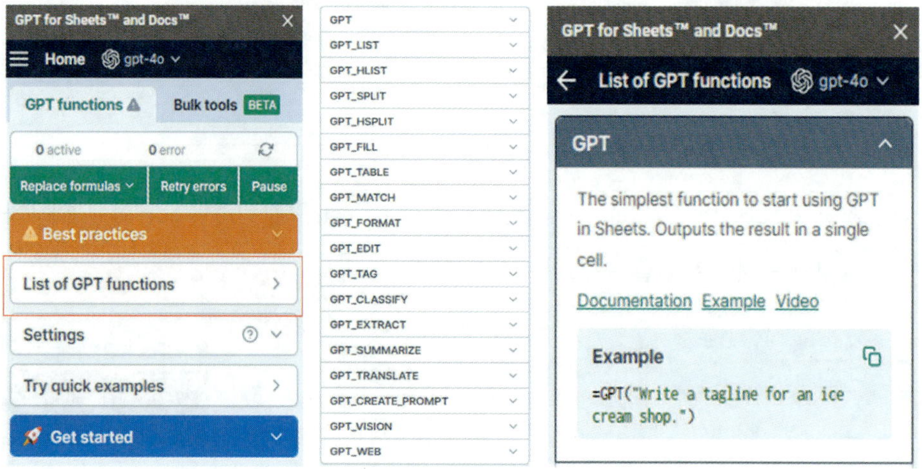

7. GPT 함수 사용 예시

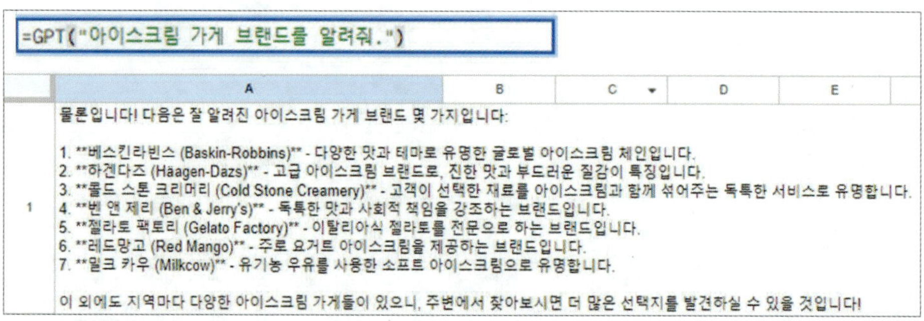

8. GPT_LIST 함수 사용 예시

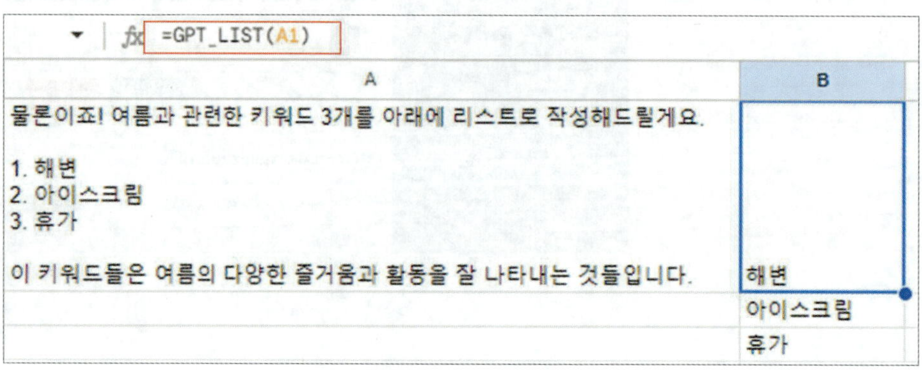

9. GPT_EXTRACT 함수 사용하기(한 셀에 함수를 적용하고 난 뒤 셀의 오른쪽 아래 파란 점을 클릭하여 아래로 드래그하면 같은 함수 기능이 적용된다)

B1 | fx =GPT_EXTRACT("이 문장에서 중요한 키워드를 3개씩만 추출해줘",A1)

	A	B
1	정보를 철저히 검토하고, 편향되지 않은 방향으로 사용할 것입니다.	정보, 철저히, 검토
2	정보 검색의 용도로는 사용하겠지만 그 정보를 다시 검증하는 과정을 거쳐야하기 때문에 ChatGPT 정보를 그대로 사용하기는 어렵다고 생각한다. 따라서 업무나 과제 수행 시 보조 수단으로 사용할 것이다.	정보 검색, 검증, 보조 수단
3	일일이 찾아보기 힘든 정보를 찾거나 생각을 정리하는 데에 참고할 만한 자료를 찾는 데 이용하면 좋을 것 같다.	정보, 생각, 자료
4	잘 알 지 못하는 영역에 대해서는 나무위키와 같이 한 번 알아보는 수준으로 찾아보는 포털사이트 정도로 할 것 같고 잘 아는 분야에 대해서는 약간의 보충이 필요할 때 한 번 참고해볼. 것 갖다	나무위키, 포털사이트, 참고

C4 | fx =GPT_fill(B1:C3,B4)

	A	B	C
1	예제	"abc"<abc@nave.com>	abc@nave.com
2		"defg@gool.com"	defg@gool.com
3		"hikkk.3@dam.biz"	hikkk3@dam.biz
4	적용하기	"apple3"<apple3@nave.com>	apple3@nave.com

10. GPT_FORMAT 함수 사용 예시

B1 | fx =GPT_FORMAT(A1,"iso")

	A	B
1	1978년 7월 29일	1978. 7. 29
2	4일 5월 2010년	2010. 5. 4
3	7th of Aufust 2024	2024. 8. 7
4	2020/06/27	2020. 6. 27

11. GPT_VISION 함수 사용 예시

D2 | fx =GPT_VISION(B2,C2)

	A	B	C	D
1		프롬프트	이미지 사이트 주소	
2		이 사진에 있는 물건에 대해 설명해줘.	https://i.ebayimg.com/images/g/zewAAOSwnPlmnJXT/s-l1600.webp	이 사진에는 검정색과 흰색이 조화를 이루는 나이키 운동화 한 쌍이 있습니다. 운동화는 노란색 디테일이 있으며, 나이키 로고가 보입니다. 운동화는 나이키 상자 위에 놓여 있습니다.

참고 사이트

GPT for Work
https://gptforwork.com/help/gpt-for-sheets/gpt-functions/examples#gpt_tag

③ 프레젠테이션 자동 만들기

- 활용 AI: Gamma app(https://gamma.app)

Gamma app은 브라우저에서 바로 실행할 수 있으며, GPT를 기반으로 하고 있기 때문에 프레젠테이션 내용, 그림을 생성하고 디자인해 준다. 회원가입을 하면 무료로 사용할 수 있게 400 크레딧을 주는데 PPT 문서를 만들 때마다 40 크레딧이 차감된다(친구 추천을 하면 200 크레딧을 받을 수 있다).

1. Gamma 메인 화면에서 'Sign up for free' 버튼을 누르고 로그인한다(구글 계정을 이용하면 편리하게 무료 로그인할 수 있다).
2. 구글 연동이 되면 자신만의 'Workspace(작업 공간)' 이름을 입력한다.
3. Gamma에서는 세 가지 방법으로 ppt를 만들 수 있다. AI를 활용하여 만들기, 빈 문서에서 만들기, 파일이나 url 주소를 갖고 와서 만들기가 있다.

AI로 만들기에서는 텍스트로 붙여넣기, AI 생성 활용하기, 갖고 있는 파일이나 url 주소를 활용하여 만든다.

4. AI를 활용하여 슬라이드를 구성해 보자. 생성을 선택하고 만들고자 하는 ppt에 대한 프롬프트를 간단히 입력하고 개요 생성을 누른다.

5. 윤곽선이라 하여 8개의 카드가 생성되었고 필요에 따라 추가할 수 있다. 각 카드를 이동하여 순서를 조정할 수 있다.

6. 설정에서 카드당 텍스트양, 이미지 출처, 이미지 스타일, 이미지 모델을 선택한다.

7. 고급 설정을 누르면 쓰기 대상, 톤, 카드 높이와 종횡비 등을 설정할 수 있다.

8. 계속하기 버튼을 누르면 테마 선택이 나온다. 오른쪽에서 원하는 테마를 선택하면 왼쪽 테마 미리보기를 통해 확인할 수 있다.

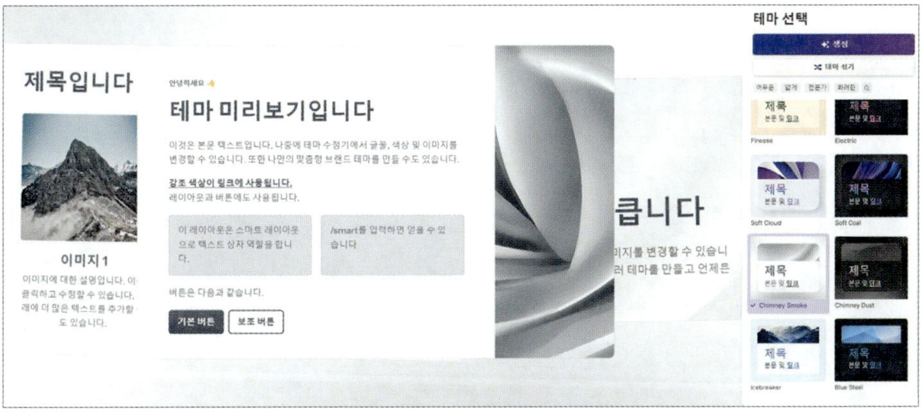

9. 테마 선택 후 생성 버튼을 누르면 슬라이드가 만들어진다.

10. 각 슬라이드를 수정해 보자. 마우스를 슬라이드 위에 놓으면 카드 스타일 지정, AI로 수정하기 등을 이용할 수 있다.

텍스트를 수정하고 싶은 경우에는 텍스트 앞에 보이는 케밥 메뉴(점 3개)를 눌러 선택할 수 있으며, AI로 수정 버튼을 누르면 오른쪽에 AI가 문구를 제안해 준다.

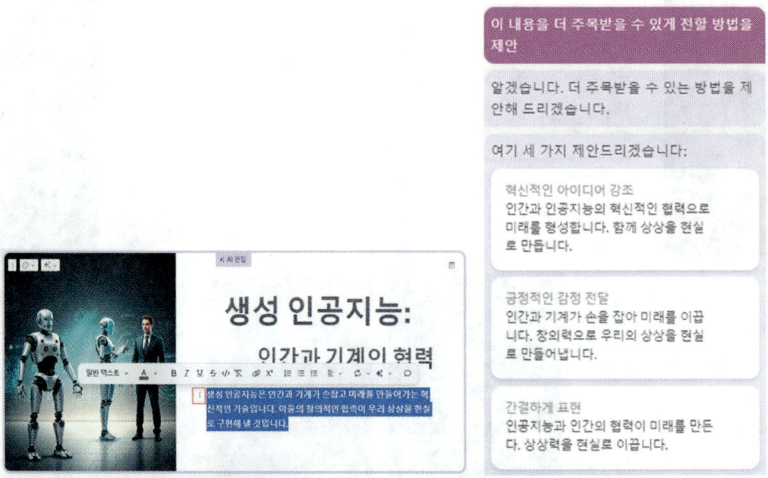

수정한 슬라이드

11. 오른쪽 상단에서 미트볼 메뉴(점 3개)를 눌러 내보내기 선택하여 PDF 파일 또는 PPT로 저장한다. 협업을 선택하면 구성원을 추가하여 공동작업을 할 수 있다.

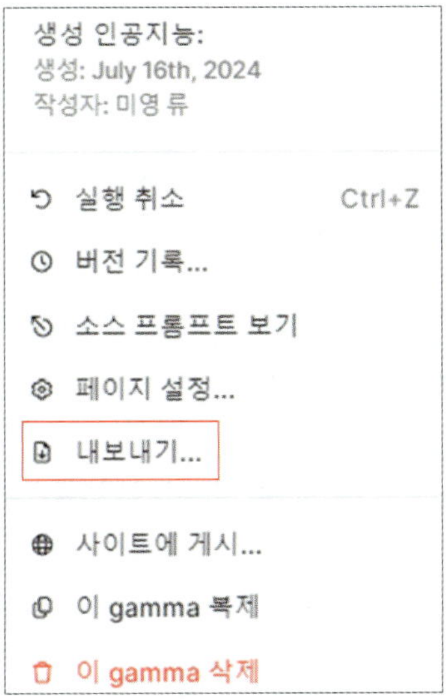

④ 멀티모달 Copilot으로 사무 업무 효율 높이기

- 활용 AI: Copilot(https://copilot.microsoft.com)

Copilot은 Microsoft 자회사인 GitHub에서 개발한 AI코딩 도구로 GPT-4 기반의 프로메테우스 모델을 활용하여 개발되었다. ChatGPT처럼 프롬프트 입력을 통해 답변을 생성하고 멀티모달의 기능을 갖고 있다는 점에서는 비슷하지만 대화(Chat) 모드 외에 검색(Search) 모드도 활용할 수 있다. 단순히 ChatGPT와 Microsoft 365 앱을 연결하는 것이 아니라 LLM(대규모 언어 모델)의 기능을 Microsoft Graph (일정, 전자 메일, 채팅, 문서, 모임 등) 및 Microsoft 365 앱과 연동하여 작업을 지원해 준다는 장점을 갖고 있다(단 Word, Excel, PowerPoint, Outlook, Teams 등은 유료 버전에서 활용할 수 있다).

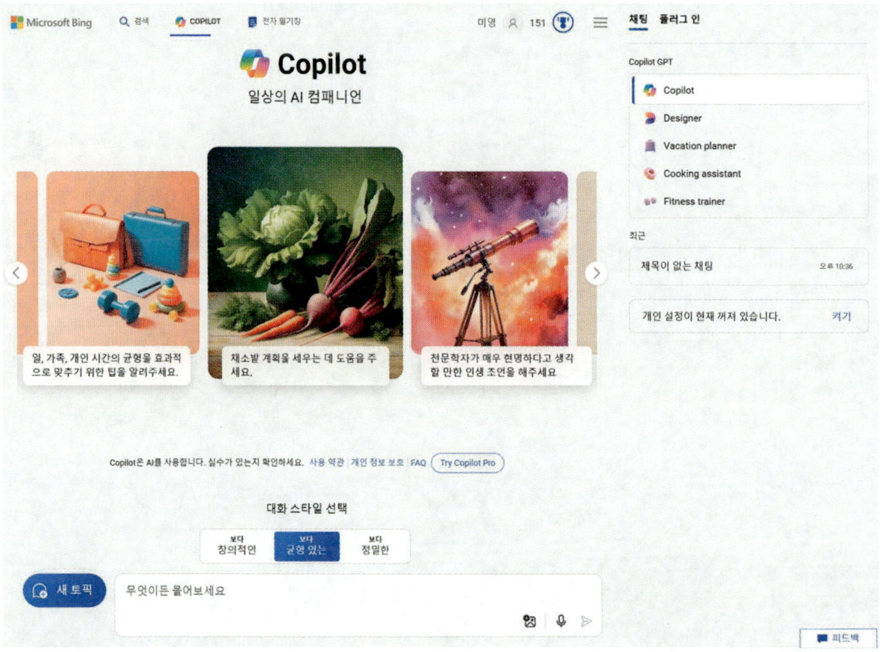

① **채팅하기**

GPT-4 모델을 검색에 특화시켜 Bing에서 검색한 최신 정보들을 이용해 답변을 생성해 준다. 기본 사용법은 ChatGPT와 같이 프롬프트 입력으로 대화를 주고받을 수 있다. 또한 답변에 사용한 사이트의 출처를 각주 형태로 보여준다. 답변 외 더 궁금한 사항은 제시한 사이트에서 확인할 수 있다.

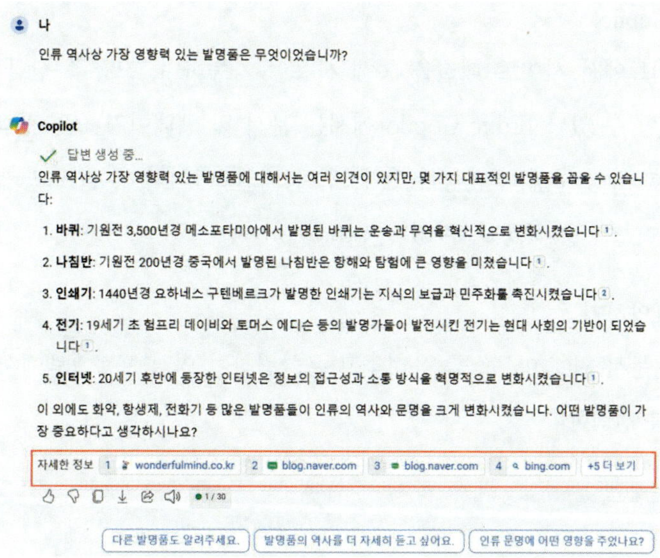

응답의 방향성을 지정해서 사용할 수 있다. 얻고자 하는 답변의 성격을 고려하여 대화 스타일을 선택한다.

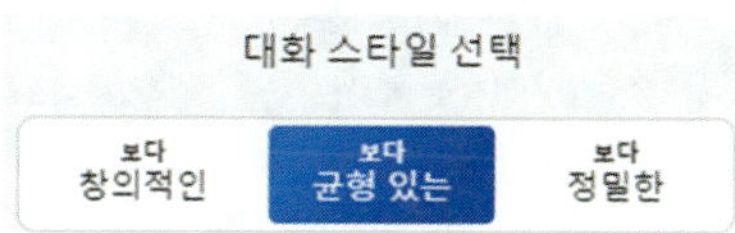

1. 보다 창의적인: 응답에 상상력과 독창성을 부여하여 재미 요소를 포함시킨다. 새로운 정보를 만드는 창의적인 관점에 초점을 맞추므로 새로운 답을 도출해야 하는 문제에 적절하다.

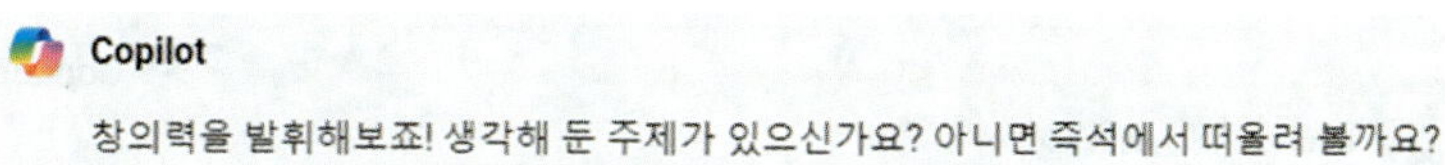

2. 보다 균형 있는: 응답의 정확성과 독창성의 중간 입장으로 답변을 생성한다. 단순 명료하고 명확한 해결책 같은 단적인 응답이 필요할 때 적절하다.

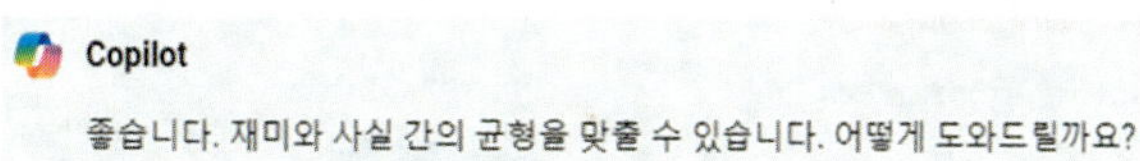

3. 보다 정밀한: 창의적인 요소보다는 정확한 정보를 제공하는 응답에 적절하다.

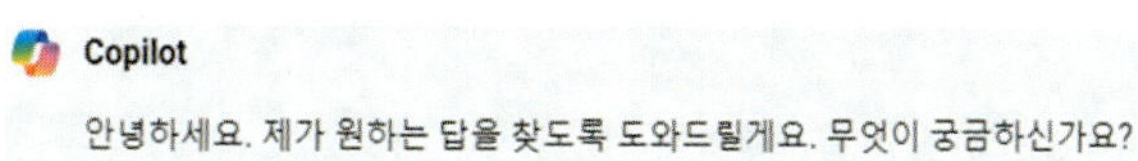

② Edge Copilot

Edge 사이트에서 사이트 패널을 통해 사용이 가능하며, 오른쪽 상단의 아이콘을 클릭해 사용할 수 있다. Edge Copilot에서는 문서 및 웹페이지 요약 등의 작업을 할 수 있다. 또한 작성 주제, 톤, 형식(단락, 전자 메일, 아이디어, 블로그 게시물), 길이 등을 설정하여 초안을 작성할 수 있다.

③ 문서 요약하기

1. 원하는 문서 위에 마우스를 올려놓고 우클릭하여 연결 프로그램에서 'Microsoft Edge'를 선택한다.

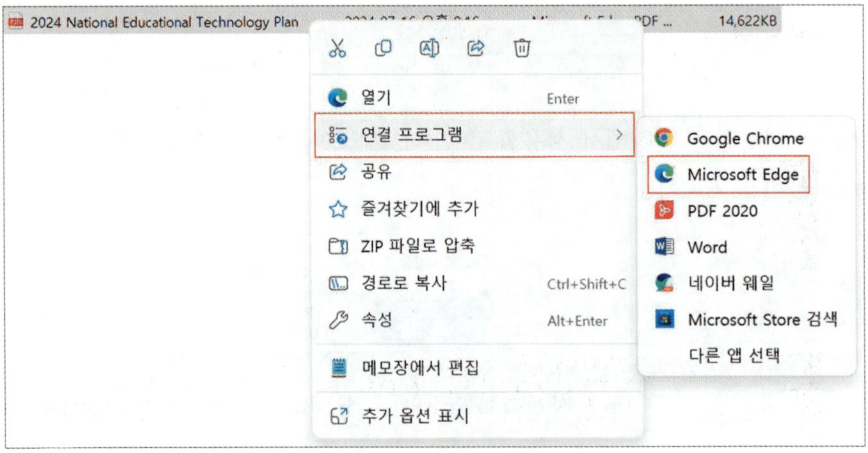

2. 오른쪽 상단의 버튼을 눌러 Copilot을 실행시킨다.

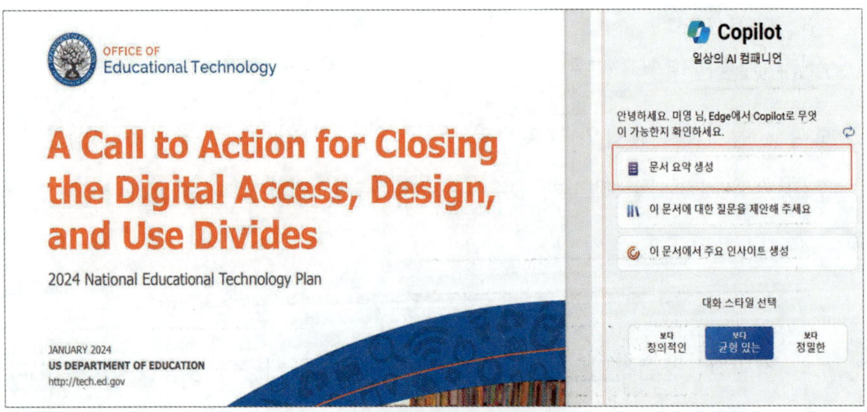

3. 각 파트별 문서 요약 결과를 생성하여 보여준다.

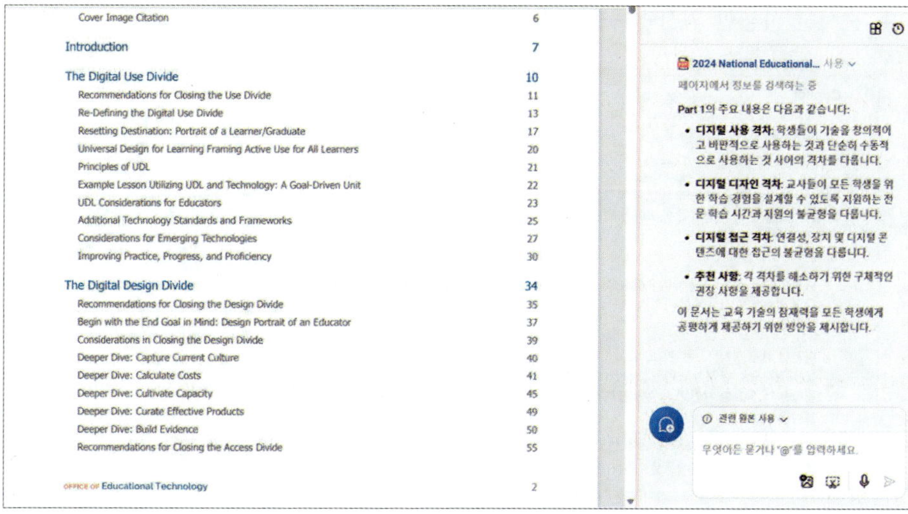

해당 내용을 표로 정리해 달라고 요구하면 표로 작성하여 엑셀로 다운로드받을 수 있다.

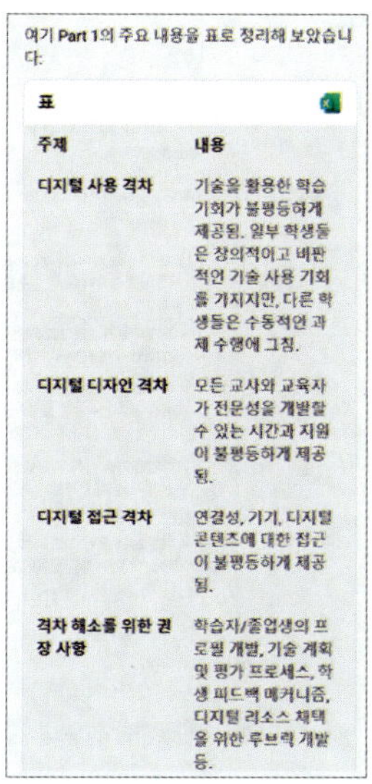

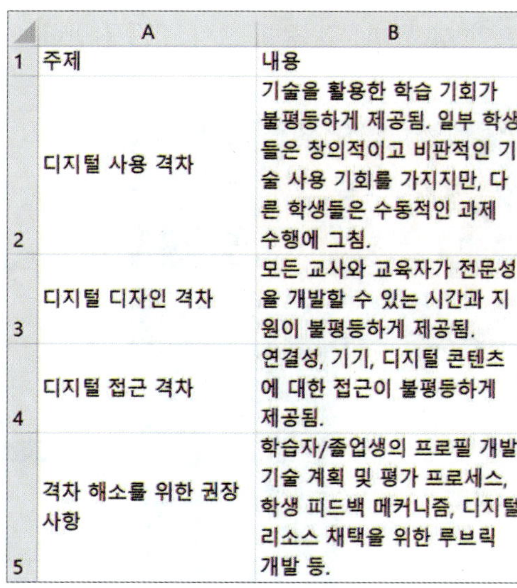

4. 문서를 사용한 인사이트를 얻을 수 있으며, 관련한 추가 질문도 확인할 수 있다.

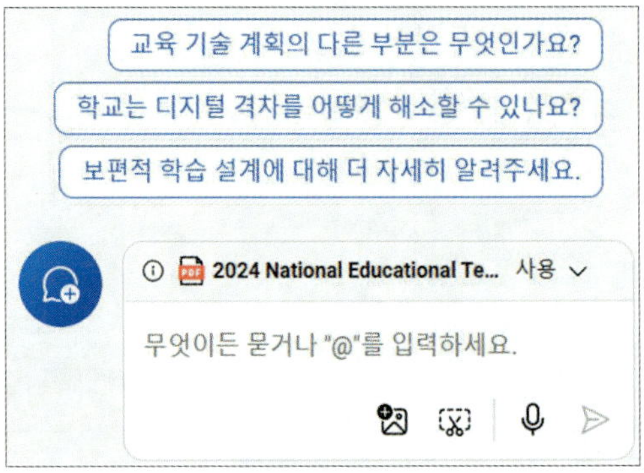

④ 인터넷 링크 요약하기

1. 원하는 링크를 Edge에서 열고 오른쪽 상단의 Copilot을 눌러 실행시킨다. '페이지 요약 생성' 버튼을 눌러 요약 정보를 받아보자.

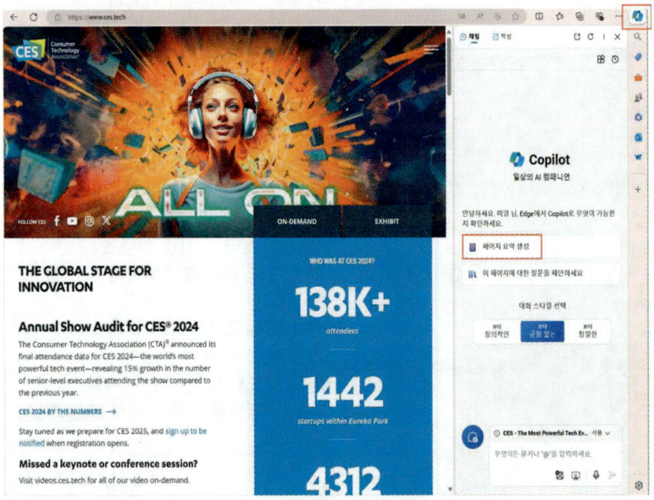

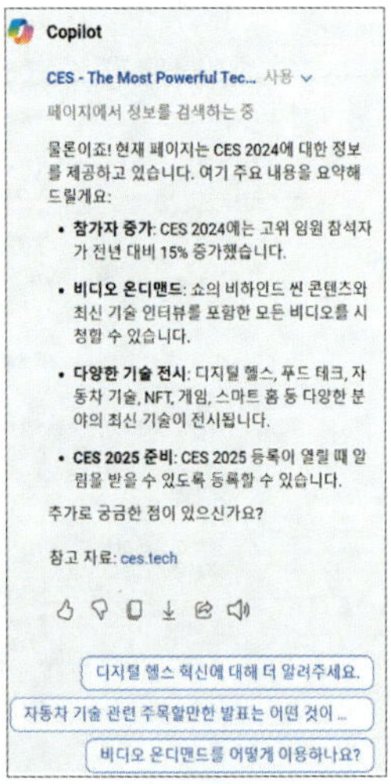

2. 생성된 요약 내용을 바탕으로 블로그 글과 이미지를 작성해 달라고 요청해 보자.

나 해당 내용을 바탕으로 블로그 글을 작성하려고 해. 블로그에 CES를 소개하는 내용의 글과 이미지를 작성해줘.	**Copilot** CES - The Most Powerful Tec... 사용 페이지에서 정보를 검색하는 중 물론이죠! CES 2024에 대한 블로그 글과 이미지를 준비해드릴게요. **제목: CES 2024: 세계 최고의 기술 이벤트** **서론** 매년 열리는 CES(Consumer Electronics Show)는 세계에서 가장 영향력 있는 기술 이벤트 중 하나입니다. CES 2024는 특히 주목할 만한 성과를 거두었으며, 전 세계의 기술 혁신을 한자리에 모았습니다. **본론** • **참가자 증가**: 올해 CES 2024에는 고위 경영진의 참석이 전년 대비 15% 증가했습니다. 이는 CES가 여전히 중요한 비즈니스 플랫폼임을 보여줍니다. • **다양한 기술 분야**: 디지털 헬스, 푸드 테크, 자동차 기술, NFT, 게임, 스마트 홈 등 다양한 분야의 최신 기술이 전시되었습니다. • **비디오 온디맨드**: CES 2024의 모든 비디오를 온디맨드로 시청할 수 있습니다. 쇼 플로어에서의 생생한 현장감과 업계 임원들과의 인터뷰를 포함한 다양한 콘텐츠를 제공합니다. **결론** CES 2024는 기술 혁신의 최전선에 서 있는 이벤트로, 앞으로도 많은 기대를 모으고 있습니다. CES 2025에 대한 정보와 등록 일정은 곧 공개될 예정이니, 관심 있는 분들은 놓치지 마세요!
나 CES 행사 내용을 중심으로 한 이미지로 그려줘.	**Copilot** CES - The Most Powerful Tec... 사용 페이지에서 정보를 검색하는 중 I'll try to create that. 참고 자료: ces.tech  "CES 2024 event highlights image" Designer DALL·E 3에서 구동 13

▸ Copilot으로 작성한 블로그 작성 예시

CES 2024: 세계 최고의 기술 이벤트

매년 열리는 CES(Consumer Electronics Show)는 세계에서 가장 영향력 있는 기술 이벤트 중 하나이다. CES 2024는 특히 주목할 만한 성과를 거두었으며, 전 세계의 기술 혁신을 한자리에 모았다.

올해 CES 2024에는 고위 경영진의 참석이 전년 대비 15% 증가했다. 이는 CES가 여전히 중요한 비즈니스 플랫폼임을 보여주는 것이다.

이번 CES에서는 디지털 헬스, 푸드 테크, 자동차 기술, NFT, 게임, 스마트 홈 등 다양한 분야의 최신 기술이 전시되었다.

또한, CES 2024의 모든 비디오를 온디맨드로 시청할 수 있다. 쇼 플로어에서의 생생한 현장감과 업계 임원들과의 인터뷰를 포함한 다양한 콘텐츠를 제공하고 있다.

CES 2024는 기술 혁신의 최전선에 서 있는 이벤트로, 앞으로도 많은 기대를 모으고 있다. CES 2025에 대한 정보와 등록 일정은 곧 공개될 예정이니, 관심이 있으면 참고하기를 바란다.

⑤ 유튜브 동영상 하이라이트 생성하기

유튜브 동영상 주소를 Edge에서 열고, 오른쪽 상단의 Copilot 아이콘을 누르면 아래와 같이 실행된다. 동영상 하이라이트 생성하기를 선택하면 중요한 내용을 시간대별로 정리하여 준다.

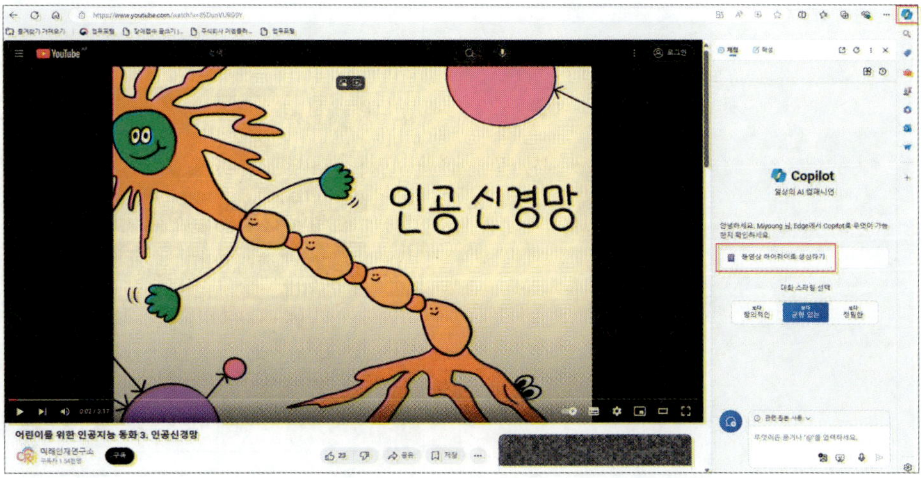

⑥ 플러그인 사용

타사 앱의 기능을 Copilot에서 대화 형식으로 사용할 수 있게 해준다. 대화형 플러그인은 최대 3개까지 선택이 가능하다.

플러그인	설명
검색	뉴스, 멀티미디어, 쇼핑 등을 포함한 검색을 해준다.
가게	다양한 상품을 검색할 수 있다.
전화	Android 휴대폰을 사용하여 연락처를 보고, 메시지를 읽고 보내고, 시계 기능에 액세스하고, 주소를 찾을 수 있다.
Instacart	레시피에 대해 물어보고 필요한 재료를 찾은 다음 지역 매장에서 배달받을 수 있다.
Kayak	항공편, 숙박, 렌터카를 검색하거나 예산 내에서 갈 수 있는 곳을 추천받을 수 있다.
OpenTable	예약에 대한 직접 링크와 함께 레스토랑을 추천받을 수 있다.
Suno	Suno AI로 노래를 만들 수 있다.

CHAPTER

07

생성형 인공지능의 윤리적 이슈

① 생성형 인공지능에서 발생하는 할루시네이션

이유

생성형 인공지능(Generative Artificial Intelligence, 생성형 AI)은 그 놀라운 성능을 바탕으로 우리 생활에 빠르게 도입되고, 다양한 분야에서 활용되고 있다. 그러나 아무리 훌륭하다 해도 완벽하지는 않으며, 생성형 AI 역시 몇 가지 윤리적 문제와 한계를 가지고 있다. 결국 인공지능(AI)은 도구이고 그 도구를 어떻게 활용할 것인지, 도구로 인한 문제점은 없는지 판단하고 결정해야 하는 것은 우리들이다. 생성형 AI가 어떤 문제를 가지고 있으며 그 원인이 무엇인지 파악하고 현명하게 활용해 보자.

- **데이터의 불완전성**: AI 모델은 대규모 데이터셋을 학습하지만, 데이터셋이 완벽하지 않기 때문에 부정확하거나 잘못된 정보를 학습할 수 있다.
- **모델의 복잡성**: 복잡한 모델 구조는 고차원 데이터의 패턴을 잘 잡아낼 수 있지만, 때로는 존재하지 않는 패턴을 만들어 내어 잘못된 정보를 생성한다.
- **확률적 생성**: 생성형 AI 모델은 확률적인 방법으로 데이터를 생성하기 때문에, 비현실적이거나 부정확한 결과를 만들어 낼 수 있다.
- **콘텍스트 이해 부족**: AI 모델은 인간처럼 상황과 문맥을 완전히 이해하지 못해 문맥에 맞지 않는 정보를 생성할 수 있다.

윤리적 문제

위에서 제시한 것처럼 생성형 AI가 생성한 결과는 부정확하거나 신뢰도가 낮은 정보일 수도, 심지어 비현실적일 수도 있다. 이런 과정에서 발생하는 대표적인 문제 중 하나가 할루시네이션(Hallucination)이다. 생성형 AI의 할루시네이션은 AI 모델이 비논리적이거나 부정확한 출력을 생성하는 현상을 말한다. 이는 불완전하거나 편향된 훈련 데이터, 과적합, 모델의 일반화 능력 부족 등 여러 이유로 발생할 수 있다. 이러한 할루시네이션은 의료, 금융, 의사결정 등 중요한 분야에서 상당한 윤리적 및 실용적 문제를 초래한다(MIT Sloan TechLearn, Telus International) .

- **잘못된 정보 확산**: AI가 생성한 잘못된 정보가 인터넷을 통해 확산되면, 오해와 혼란을 초래할 수 있다.
- **신뢰성 저하**: AI 시스템이 반복적으로 할루시네이션을 일으키면, 사용자들이 AI 기술에 대한 신뢰를 잃게 된다.
- **책임 문제**: AI가 생성한 잘못된 정보로 인한 피해가 발생했을 때, 그 책임을 누구에게 물어야 하는지가 명확하지 않다.
- **윤리적 결정**: 할루시네이션으로 인해 부적절하거나 비윤리적인 콘텐츠가 생성될 경우, 그로 인한 사회적 문제를 어떻게 해결할 것인지에 대한 논의가 필요하다.

할루시네이션을 방지하기 위한 새로운 기술 및 연구

할루시네이션 문제를 해결하기 위해 다양한 기술과 연구가 활발히 진행되고 있다. 첫 번째로, 데이터의 품질을 개선하는 접근법이 주목받고 있다. 더 정확하고 신뢰할 수 있는 데이터를 수집하고, 데이터 정제 과정을 통해 편향된 정보나 오류를 최소화함으로써 모델의 학습 과정을 강화하려는 것이다. 두 번째로, AI 모델의 답변을 검증하는 기술이 개발되고 있다. 생성된 정보의 정확성을 확인하기 위해 외부 데이터베이스나 신뢰할 수 있는 정보를 참조하여 결과를 비교하는 방식이다. 마지막으로 설명 가능한 인공지능(Explainable AI, XAI)와 같은 기술을 통해 모델이 왜 특정 결과를 생성했는지 이해할 수 있도록 만들어, 잘못된 정보 생성의 원인을 분석하고 수정할 수 있도록 지원한다.

- **데이터 검증 및 정제**: 학습 데이터셋을 정교하게 검증하고 정제하여 잘못된 정보가 포함되지 않도록 한다. 고품질의 데이터셋을 사용하여 모델의 신뢰성을 높인다.
- **모델의 투명성 및 해석 가능성**: 모델의 의사결정 과정을 투명하게 공개하고 해석

가능하게 만들어 사용자들이 결과를 이해하고 신뢰할 수 있도록 한다.

- **컨텍스트 인식 강화**: AI 모델이 문맥을 더 잘 이해할 수 있도록 자연어 처리 기술을 개선한다. 예를 들어, 최신의 Transformer 기반 모델들은 더 깊은 문맥 이해를 가능하게 한다.
- **피드백 루프**: 사용자의 피드백을 지속해서 수집하고, 이를 통해 모델을 업데이트하여 성능을 개선한다. 이는 AI가 실시간으로 학습하고 발전하는 데 도움이 된다.
- **혼합 데이터 소스 사용**: 다양한 소스에서 데이터를 수집하여 모델이 편향되지 않도록 한다. 이를 통해 모델의 다양성과 정확성을 높인다.
- **안전장치 및 제어 메커니즘**: AI가 비정상적인 출력을 생성할 때 이를 감지하고 차단할 수 있는 안전장치를 마련한다. 예를 들어, 정밀한 기준에 맞지 않는 출력을 자동으로 걸러내는 필터링 시스템을 구축한다.
- **신경망의 개선**: 최신 신경망 구조와 학습 기법을 도입하여 모델이 더 정교하게 학습하도록 한다. 예를 들어, Attention 메커니즘을 활용하여 특정 부분에 더 집중하도록 한다.
- **하이브리드 모델**: 규칙 기반 시스템과 머신러닝 모델을 결합하여, 할루시네이션 가능성을 줄이고 더 안정적인 출력을 보장한다.
- **학습 중간 점검**: 모델 학습 중간 단계에서 정기적으로 성능을 점검하고, 잘못된 경향이 발견되면 조기에 수정한다.
- **책임 있는 AI 개발 프레임워크**: AI 개발 과정에서 윤리적 가이드라인을 엄격히 준수하고, 개발자들이 책임감을 가지고 모델을 설계하도록 한다.

이러한 기술적 접근과 연구는 생성형 AI의 할루시네이션 문제를 해결하는 데 중요한 역할을 한다. 지속적인 연구와 기술 발전을 통해 AI의 신뢰성과 안전성을 높이는 것이 필수적이다.

주요 연구 및 해결책

- **할루시네이션 비율 추정:** 연구자들은 생성형 AI 모델의 할루시네이션 비율을 추정하기 위한 방법을 개발했다. 이 방법은 모델의 출력이 실제 데이터 분포와 얼마나 일치하는지 평가하여 할루시네이션 발생 확률을 추정한다(ar5iv).
- **모듈형 프롬프트 및 데이터 증강:** 모듈형 프롬프트 시스템을 사용하여 특정 쿼리 유형과 데이터 컨텍스트에 맞게 AI 모델을 최적화하는 혁신적인 해결책이 있다. 이 시스템은 쿼리 의도를 분류하고, 데이터 청크를 생성하며, 맞춤형 프롬프트를 만들어 할루시네이션을 최소화한다. 또한, 응답의 맥락적 및 문법적 정확성을 평가하는 모듈을 사용한다(ar5iv).
- **Retrieval-Augmented Generation(RAG):** RAG 기법은 AI 모델에 인덱스화된 데이터베이스에서 관련 데이터를 검색하는 리트리버 컴포넌트를 추가하여 생성을 지원한다. 이를 통해 AI의 응답이 정확하고 관련성 있는 정보에 기반하여 할루시네이션 가능성을 줄인다(ar5iv).
- **인간 피드백 및 지속적인 품질 관리:** 인간 피드백을 학습 과정에 포함시키는 강화학습(RLHF)은 AI 모델이 더 정확한 출력을 생성하도록 도와줍니다. 또한, 적대적 예제 및 이상 탐지 기능을 포함한 지속적인 품질 관리 방법을 통해 AI의 성능을 모니터링하고 개선한다(Telus International).

실제 사례 및 연구

- **금융 분야:** 금융 부문에서는 할루시네이션이 치명적인 결과를 초래할 수 있다. 이를 해결하기 위해 모듈형 프롬프트와 맞춤형 데이터 처리를 통해 할루시네이션을 최소화하는 Langchain 기반 시스템과 같은 프레임워크가 개발되었다(ar5iv).
- **의료 분야:** 의료 분야에서는 AI 시스템이 다양한 포괄적인 데이터셋으로 훈련되어야 할루시네이션을 방지할 수 있다. 전문가 지식과의 지속적인 검증과 업데이트가 필수적이다(Telus International).

추가 자료 및 참고문헌

다음 논문과 기사를 통해 이러한 접근법과 구현에 대해 자세히 알아볼 수 있다:

- Estimating the Hallucination Rate of Generative AI
- Journey of Hallucination-minimized Generative AI Solutions
- Reducing hallucination in structured outputs via Retrieval-Augmented Generation
- Addressing AI Hallucinations and Bias

이 자료들은 생성 AI의 할루시네이션 문제를 완화하기 위한 고품질 데이터, 맞춤형 프롬프트 시스템, 지속적인 인간 감독의 중요성을 강조하며, 현재 연구와 실질적인 해결책에 대한 포괄적인 개요를 제공한다.

② 설명 가능한 인공지능(Explainable AI, XAI)

설명 가능한 인공지능(XAI)은 인공지능 시스템의 의사결정 과정을 인간이 이해할 수 있도록 설명하는 기술이다. XAI는 AI의 복잡한 내부 작동 방식을 투명하게 만들어, 사용자와 개발자가 AI의 결과를 신뢰하고 검증할 수 있도록 돕다. XAI의 주요 목표는 AI 모델의 결과를 설명 가능하게 하고, 예측의 이유를 명확히 하여 신뢰성과 투명성을 높이는 것이다.

Generative AI에서 XAI가 필요한 이유

- **투명성 및 신뢰성**: 생성형 AI는 텍스트, 이미지, 음악 등 다양한 콘텐츠를 생성할 수 있다. 그러나 생성 과정이 불투명하면 결과물의 품질과 신뢰성을 보장하기 어렵다. XAI는 생성형 AI의 내부 작동 방식을 설명하여 사용자가 결과물을 신뢰할 수 있도록 한다.
- **윤리적 문제 및 편향성**: 생성형 AI는 학습 데이터의 편향성을 그대로 반영할 수 있으며, 이는 부정확하거나 편향된 결과로 이어질 수 있다. XAI는 AI 모델이 어

떤 데이터를 기반으로 학습했는지, 어떤 논리로 결정을 내렸는지 설명하여 편향 문제를 식별하고 수정하는 데 도움을 준다.

- **법적 및 규제 요구사항**: 일부 산업에서는 AI의 결정 과정에 대한 설명이 법적으로 요구된다. 예를 들어, 금융 산업에서는 대출 승인 여부를 결정하는 AI 모델의 논리를 설명할 수 있어야 한다. XAI는 이러한 규제 요구를 충족하는 데 필수적이다.
- **사용자 피드백 및 개선**: XAI는 사용자에게 AI의 결정 과정을 설명함으로써 더 나은 피드백을 받을 수 있게 한다. 이를 통해 AI 시스템을 지속적으로 개선할 수 있다.

XAI의 구현과 원리

설명 가능한 인공지능(XAI)을 구현하기 위한 몇 가지 방법을 소개하고, 그 원리를 일반인들이 이해하기 쉽게 설명하고자 한다.

- 모델 해석 방법

a. **특성 중요도**(Feature Importance)

- **원리**: AI 모델이 예측을 할 때 어떤 입력 특성이 중요한 역할을 했는지 파악하는 방법이다.
- **설명**: 예를 들어, AI가 주택 가격을 예측한다고 가정해 보자. 이 모델은 주택의 크기, 위치, 방의 수 등을 고려할 수 있다. 특성 중요도 분석을 통해 모델이 주택 가격 예측에서 가장 중요하게 여기는 특성이 무엇인지 알 수 있다. 이렇게 하면 "모델이 방의 수가 많을수록 가격이 높아질 가능성이 크다고 판단했다"라는 식으로 설명할 수 있다.

b. **국지적 해석 가능 모델**(Local Interpretable Model-agnostic Explanations; LIME)

- **원리**: 모델의 특정 예측을 설명하기 위해 해당 예측 주변의 입력 데이터를 변형하여 모델의 반응을 관찰하는 방법이다.
- **설명**: 어떤 환자의 병을 진단하는 AI 모델이 있다고 가정해 보자. 이 모델이 왜

특정 환자가 당뇨병에 걸릴 가능성이 높다고 예측했는지 알고 싶다면, LIME을 사용해 이 환자의 여러 특성을 조금씩 변경해 본다. 예를 들어, 나이를 5살 낮추거나 혈당 수치를 약간 올려보는 식이다. 이때 모델의 예측이 어떻게 변하는지 관찰하면, "모델은 주로 혈당 수치와 나이에 기반해 당뇨병 가능성을 높게 평가했다"라고 설명할 수 있다.

- 모델의 시각화 방법

a. **결정 트리**(Decision Trees)

- **원리**: 결정 트리는 예측을 위해 분기 구조를 사용하여 쉽게 이해할 수 있는 시각적 설명을 제공한다.
- **설명**: 결정 트리를 생각해 보자. 이 트리는 여러 가지 질문으로 구성된 경로를 따라가면서 결정을 내린다. 예를 들어, AI가 이메일이 스팸인지 아닌지 분류한다고 가정해 보자. 결정 트리는 "이메일에 '무료'라는 단어가 포함되어 있습니까?"와 같은 질문을 하고, 이에 따라 "예" 또는 "아니오"로 나뉘어 최종 결정에 도달한다. 이렇게 하면 모델이 어떻게 예측했는지 쉽게 시각적으로 이해할 수 있다.

b. **샤플리 값**(Shapley Values)

- **원리**: 게임 이론에서 차용한 방법으로, 각각의 특성이 예측에 얼마나 기여했는지 계산하여 설명한다.
- **설명**: 샤플리 값을 사용하면, AI 모델이 특정 예측을 할 때 각 입력 특성이 얼마나 중요한 역할을 했는지 알 수 있다. 예를 들어, AI가 고객의 대출 승인 여부를 결정할 때, 샤플리 값은 소득, 신용 점수, 대출 금액 등의 특성이 각각 얼마나 영향을 미쳤는지 알려준다. "이 고객의 대출이 승인된 주된 이유는 높은 신용 점수와 안정된 소득 덕분이다"라고 설명할 수 있다.

- 모델의 단순화 방법

a. **모델 디스틸레이션**(Model Distillation)

- **원리**: 복잡한 모델을 더 단순한 모델로 변환하여 이해하기 쉽게 만드는 방법이다.
- **설명**: 모델 디스틸레이션은 복잡한 AI 모델(예: 심층 신경망)의 예측 결과를 간단한 모델(예: 선형 회귀 또는 결정 트리)로 학습시키는 것이다. 이렇게 하면 간단한 모델을 통해 원래 복잡한 모델의 예측을 설명할 수 있다. 예를 들어, 심층

신경망이 매우 복잡한 방식으로 고객의 대출 신청을 평가하지만, 디스틸레이션을 통해 간단한 결정 트리를 사용해 "높은 소득과 신용 점수가 대출 승인에 중요한 요소였다"라고 설명할 수 있다.

- 적용 사례

– **의료 분야**: AI가 질병을 진단할 때, 특성 중요도와 LIME을 사용하여 의사들이 AI의 결정을 이해하고 신뢰할 수 있도록 한다.

– **금융 분야**: 대출 승인 모델에서 샤플리 값과 모델 디스틸레이션을 사용해 대출 심사관이 AI의 결정을 설명하고 고객에게 전달할 수 있도록 한다.

– **자율주행차**: 자율주행차의 의사결정을 설명하기 위해 결정 트리와 LIME을 사용하여 특정 상황에서 차량이 왜 특정한 행동을 했는지 설명한다.

추가 자료 및 참고문헌

- LIME: Local Interpretable Model-agnostic Explanations
- Shapley Values
- Decision Trees

이와 같은 방법들을 통해 AI의 결정 과정을 더 명확하게 이해하고 설명할 수 있다. 이는 AI의 투명성과 신뢰성을 높이는 데 중요한 역할을 한다.

XAI의 적용 사례

- 의료 분야

– **의료 영상 분석**: XAI는 의료 영상 분석 AI 모델이 특정 병변을 진단할 때 어떤 특징을 기반으로 판단했는지 설명한다. 이를 통해 의료진은 AI의 진단 결과를 검증하고 신뢰할 수 있다.

– **약물 추천 시스템**: AI가 환자에게 맞는 약물을 추천할 때, XAI는 그 추천이 어떻게 이루어졌는지 설명하여 의사들이 결정을 이해하고 신뢰할 수 있도록 한다.

- 금융 분야

– **대출 심사**: 금융 기관에서 대출 신청을 검토할 때 AI가 심사 결과를 설명할 수

있어야 한다. XAI는 대출 승인 또는 거절의 이유를 명확히 하여 고객의 이해를 돕고, 불필요한 분쟁을 줄인다.

- **사기 탐지**: AI가 금융 거래에서 사기를 탐지할 때, 어떤 패턴이 의심스러운 거래로 식별되었는지 설명함으로써 더 정확한 사기 탐지가 가능하다.

- **자율주행차**: 자율주행차 AI 시스템이 내린 결정(예: 차선 변경, 속도 조절 등)에 대한 설명이 필요하다. XAI는 이러한 결정의 이유를 설명하여 사고 발생 시 책임 소재를 명확히 하고, 신뢰성을 높인다.
- **법률 분야**: 법률 문서 작성이나 판례 분석에 AI를 활용할 때, AI의 결정 근거를 설명함으로써 법조인들이 그 결과를 이해하고 신뢰할 수 있다. 이는 AI의 활용 범위를 확대하는 데 중요한 역할을 한다.

추가 자료 및 참고문헌

- MIT Technology Review: Explainable AI and its importance
- World Economic Forum: The significance of XAI
- My Modern Met: Applications of Explainable AI

XAI는 AI의 투명성과 신뢰성을 높이고, 다양한 산업 분야에서 AI의 활용을 확장하는 데 중요한 역할을 한다. 이는 AI의 결정 과정을 이해하고 검증할 수 있게 하여 더 나은 의사결정을 지원하고, 윤리적 문제를 해결하는 데 기여한다.

③ 생성형 인공지능의 학습에서 발생하는 저작권 침해 문제

생성형 AI는 다양한 콘텐츠를 생성하는 과정에서 저작권 침해 문제를 일으킬 수 있다. 이러한 문제는 주로 AI가 기존의 저작물을 학습 데이터로 사용하면서 발생한다. 이로 인해 생성된 콘텐츠가 원저작물과 유사하거나 동일한 요소를 포함할 경우, 저작권 침해로 간주될 수 있다. 이는 AI 기술의 윤리적 문제로 대두되며, 여러 측면에서 논의되고 있다.

윤리적 문제

- **저작권 보호**: AI가 저작권이 있는 콘텐츠를 학습하고 이를 바탕으로 새로운 콘텐츠를 생성할 때, 원저작자의 권리를 침해할 수 있다. 이는 창작자의 창작 의욕을 저하시킬 뿐만 아니라 법적 문제를 초래할 수 있다.
- **크리에이터의 권리 침해**: AI가 생성한 콘텐츠가 원저작물과 매우 유사한 경우, 원저작자의 노고와 창작물을 무단으로 사용하는 셈이 되어 크리에이터의 권리를 침해할 수 있다.
- **법적 책임**: AI가 생성한 콘텐츠로 인해 저작권 침해가 발생했을 때, 그 책임이 AI 개발자, 사용자, 또는 AI 자체에 있는지 명확하지 않다는 법적 문제도 있다.

저작권 침해를 방지하기 위한 기술 및 연구

- **데이터 사용 규제**: AI 학습 데이터에 대한 엄격한 규제와 관리가 필요한다. 이는 저작권이 있는 콘텐츠를 무단으로 사용하지 않도록 하기 위한 법적, 윤리적 가이드라인을 포함한다.
- **저작권 필터링 기술**: AI가 생성한 콘텐츠를 실시간으로 모니터링하고, 저작권 침해 가능성이 있는 부분을 자동으로 필터링하는 기술이 개발되고 있다. 이러한 기술은 저작권 침해를 예방하는 데 중요한 역할을 한다.
- **트랜스퍼 러닝 및 데이터 보호**: 트랜스퍼 러닝 기술을 사용하여 AI가 저작권이 없는 데이터셋을 활용하도록 함으로써 저작권 침해 문제를 방지할 수 있다. 또한, 데이터셋 자체에 대한 보호 및 관리 기술도 중요하다.
- **라이선스 관리 시스템**: AI 학습 데이터 및 생성 콘텐츠에 대한 라이선스 관리 시스템을 구축하여, 사용자가 저작권을 침해하지 않도록 도움을 줄 수 있다. 이러한 시스템은 콘텐츠 생성 시 저작권 상태를 확인하고 관리하는 기능을 제공한다.

관련 연구 및 기술 사례

- **Google의 BigGAN과 관련된 연구**: Google의 BigGAN 모델은 생성된 이미지가 원저작물과 유사하지 않도록 생성 과정에서 저작권 보호를 고려한 기술을 사용한다. 이는 데이터셋 필터링 및 모니터링 기술을 통해 구현된다.
- **OpenAI의 GPT 모델과 저작권 이슈**: OpenAI는 GPT 모델을 개발하면서 저작권 문제를 해결하기 위한 다양한 접근법을 연구하고 있다. 예를 들어, GPT-3 모델은 훈련 데이터셋에 저작권이 없는 데이터만 사용하도록 설계되었다.
- **법적 프레임워크 연구**: MIT와 하버드 대학 등 여러 학술 기관에서는 AI의 저작권 침해 문제를 해결하기 위한 법적 프레임워크를 연구하고 있다. 이러한 연구는 AI와 관련된 법적 책임을 명확히 하고, 저작권 보호를 강화하는 방안을 모색한다.

저작권 침해 문제를 해결하기 위해서는 기술적 접근뿐만 아니라 법적, 윤리적 측면에서도 다각적인 노력이 필요한다. 지속적인 연구와 발전을 통해 AI 기술의 윤리적 문제를 최소화하고, 창작자와 사용자가 모두 보호받을 수 있는 환경을 조성하는 것이 중요하다.

나이트 쉐이드: Generative AI에서 발생하는 저작권 문제 해결

나이트 쉐이드(Nightshade)는 시카고 대학의 연구팀이 개발한 도구로, 생성형 AI가 저작권을 침해하지 않도록 돕기 위해 설계되었다. 이 도구는 데이터 포이즈닝(data poisoning) 기술을 사용하여 AI 모델이 아티스트의 작품을 학습 데이터로 무단 사용하지 못하게 한다.

- **픽셀 변경**: 나이트 쉐이드는 이미지를 인간의 눈에는 보이지 않는 방식으로 변경한다. 이러한 변경은 AI 모델이 이미지를 잘못 인식하도록 만듭니다. 예를 들어, AI가 개를 고양이로 인식하거나 자동차를 소로 인식하게 할 수 있다.

- **포이즈닝 데이터**: 나이트 쉐이드를 사용하면 아티스트는 자신의 작품을 온라인에 업로드할 때 픽셀을 조작하여 AI 모델이 해당 이미지를 학습할 때 오류를 발생시키도록 할 수 있다. 이러한 조작된 데이터가 AI 모델의 학습 데이터셋에 포함되면, 모델의 성능이 저하되거나 비정상적인 출력을 생성하게 된다.
- **방어 메커니즘**: 이 도구는 특히 대규모 데이터셋을 사용하는 AI 모델에 큰 영향을 미칠 수 있다. AI 모델이 잘못된 데이터를 학습하면, 관련된 모든 연관 개념까지 영향을 받아 광범위한 오류가 발생한다. 이는 AI가 특정 주제에 대한 이미지 생성을 시도할 때 비정상적인 결과를 생성하게 만든다.

윤리적 및 법적 영향

나이트 쉐이드는 아티스트들이 자신의 작품이 무단으로 사용되는 것을 방지하고, AI 회사들이 저작권을 존중하도록 유도하는 데 중요한 역할을 할 수 있다. 이는 아티스트들이 더 안전하게 자신의 작품을 공유할 수 있도록 돕고, AI 모델의 데이터 수집 관행에 대한 경각심을 불러일으킬 수 있다.

추가 자료 및 참고문헌

다음 사이트를 통해 더 자세히 알아볼 수 있다:

- MIT Technology Review: How Nightshade helps artists
- World Economic Forum: Explanation of Nightshade
- My Modern Met: Impact of Nightshade on AI art generators

이 도구는 AI와 저작권 보호의 교차점에서 중요한 발전을 이끌어 내며, 앞으로의 AI 발전에 있어서 중요한 윤리적 기준을 제시할 것이다.

Generative AI로 제작된 작품의 소유권

생성형 인공지능으로 제작된 음악의 소유는 누가 가져야 할까? 생성형 인공지능으로 제작된 음악의 소유권 문제는 현재 법적으로 명확하지 않으며, 각국의 법률과 정책에 따라 다르게 해석될 수 있다. 여기서는 몇 가지 주요 국가의 사례를 소개하고자 한다.

- **미국**: 미국에서는 생성형 AI가 만든 콘텐츠의 저작권 소유권 문제에 대해 명확한 법적 규정이 없다. 그러나 미국 저작권청(US Copyright Office)은 저작권이 부여되려면 인간의 창작이 포함되어야 한다는 입장을 취하고 있다. 이는 AI가 독립적으로 생성한 콘텐츠는 저작권 보호를 받을 수 없음을 의미한다. 따라서 생성 AI가 만든 음악의 경우, 그 소유권은 AI를 만든 개발자나 AI 시스템을 소유한 회사에 귀속될 가능성이 크다.
- **유럽 연합(EU)**: 유럽 연합은 AI와 관련된 지식 재산권 문제에 대해 다양한 연구와 논의를 진행하고 있다. 유럽 연합 지식재산권청(EUIPO)은 AI가 생성한 콘텐츠의 저작권 보호에 대해 명확한 규정을 마련하지 않았지만, 인간의 창작 요소가 포함되어야 저작권이 인정된다는 원칙을 유지하고 있다. 이는 AI가 생성한 음악의 소유권이 인간 창작자가 아닌 AI 시스템을 소유하거나 운영하는 주체에게 귀속될 수 있음을 의미한다.
- **영국**: 영국 저작권청(UK Copyright Service)은 AI가 생성한 작품에 대한 저작권 보호 문제를 다루고 있다. 영국 법은 AI가 생성한 작품의 저작권이 AI 시스템을 운영한 주체에게 귀속된다는 입장을 취하고 있다. 이는 AI가 독립적으로 생성한 음악의 경우, 그 소유권은 AI 시스템을 소유하거나 운영하는 사람이나 기관에게 돌아갈 가능성이 높음을 시사한다.
- **일본**: 일본에서는 AI가 생성한 콘텐츠에 대한 저작권 보호에 대해 명확한 법적 규정이 없지만, 일본 저작권청(Japan Copyright Office)은 AI가 생성한 콘텐츠의 저작권 문제를 해결하기 위한 법적 프레임워크를 마련하고 있다. 일본에서는 AI가 생성한 음악의 소유권이 AI를 개발한 개발자나 AI 시스템을 소유한 회사에 귀속될 가능성이 있다.
- **한국**: 한국에서도 AI가 생성한 콘텐츠에 대한 저작권 문제에 대해 논의가 진행 중인다. 현재 한국의 저작권법은 인간의 창작이 포함된 콘텐츠에 대해서만 저작권을 인정하고 있으며, AI가 독립적으로 생성한 콘텐츠는 저작권 보호를 받을 수

없다. 따라서 AI가 생성한 음악의 소유권은 AI 시스템을 소유하거나 운영하는 주체에게 귀속될 가능성이 크다.

추가 자료 및 참고문헌

- MIT Technology Review: 저작권 문제
- World Economic Forum: 저작권 관련 기사
- My Modern Met: 저작권 보호

이와 같은 상황은 각국의 법적 프레임워크와 정책이 발전함에 따라 변화할 수 있으며, AI가 생성한 콘텐츠의 저작권 문제는 앞으로 더 많은 논의와 연구가 필요할 것이다.

생성형 인공지능이 제작한 작품에 대한 소유권을 표시하기 위해 몇 가지 방법이 있다. 이러한 방법들은 AI가 생성한 콘텐츠의 출처를 명확히 하고, 저작권과 관련된 문제를 해결하는 데 도움이 된다.

- **메타데이터 삽입**: 작품 파일에 메타데이터를 삽입하여 소유권 정보를 포함할 수 있다. 메타데이터는 파일에 포함된 추가 정보로, AI 모델, 생성 날짜, 소유자 정보 등을 기록할 수 있다. 이를 통해 작품의 출처와 소유권을 명확히 할 수 있다.
  - **EXIF 데이터**: 이미지 파일에 주로 사용되며, 카메라 정보, 촬영 날짜, 소유자 정보를 포함할 수 있다.
  - **ID3 태그**: 오디오 파일에 사용되며, 트랙 정보, 아티스트, 앨범, 저작권 정보를 포함할 수 있다.
- **디지털 워터마크**: 디지털 워터마크를 사용하여 작품에 소유권 정보를 삽입할 수 있다. 이는 이미지, 비디오, 오디오 파일 등에 적용될 수 있으며, 맨눈으로는 보이지 않지만 디지털 분석을 통해 확인할 수 있다.
  - **투명 워터마크**: 시각적으로는 보이지 않지만 파일에 삽입되어 소유권 정보를 제공한다.
  - **비가시적 워터마크**: 파일의 비트 스트림에 삽입되어, 데이터 손실 없이 소유권 정보를 제공한다.
- **블록체인 기술**: 블록체인 기술을 사용하여 작품의 소유권을 기록하고 추적할 수 있다. 블록체인은 변조가 불가능한 분산 원장으로, AI가 생성한 작품의 소유권과

거래 기록을 안전하게 저장할 수 있다.

- NFT(Non-Fungible Token): 디지털 작품의 소유권을 증명하기 위해 사용되며, 블록체인상에서 거래와 소유권 변경을 기록할 수 있다.
- **블록체인 기반 인증**: 작품 생성 시점과 소유권을 블록체인에 기록하여 변조를 방지한다.

- **라이선스 문서**: 작품에 대한 소유권을 명확히 하기 위해 라이선스 문서를 작성할 수 있다. 이 문서에는 AI 생성 작품의 소유권자, 사용 조건, 저작권 관련 사항이 포함될 수 있다.
  - CC(Creative Commons) **라이선스**: 다양한 조건하에서 작품의 사용을 허락하는 라이선스 유형을 제공한다.
  - **맞춤형 라이선스 계약**: 특정 사용 조건과 소유권 사항을 명시한 계약서를 작성한다.

- **저작권 등록**: 가능한 경우, AI가 생성한 작품을 공식 저작권 기관에 등록하여 소유권을 법적으로 보호할 수 있다. 이는 분쟁 발생 시 법적 근거를 제공하는 데 유용하다.
  - **국가 저작권청 등록**: 작품을 국가 저작권청에 등록하여 법적 보호를 받는다.
  - **저작권 인증 서비스**: 제3자 인증 서비스를 통해 작품의 소유권과 생성 시점을 공식적으로 증명한다.

추가 자료 및 참고문헌

- EXIF 데이터 설명
- ID3 태그 설명
- 디지털 워터마크 기술
- 블록체인 및 NFT 기술
- Creative Commons 라이선스
- 미국 저작권청

이러한 방법들을 사용하여 생성형 인공지능이 제작한 작품의 소유권을 명확히 하고, 저작권과 관련된 법적 문제를 예방할 수 있다.

④ 딥페이크

딥페이크는 주로 생성적 적대 신경망(Generative Adversarial Networks, GANs)을 사용하여 개발된다.

주요 기술 및 연구 사례

- DeepFaceLab: 얼굴 합성 및 교체를 위한 인기 있는 오픈소스 소프트웨어이다.
- FaceSwap: 다양한 얼굴 합성 작업을 지원하는 또 다른 오픈소스 프로젝트이다.
- StyleGAN: NVIDIA에서 개발한 GAN 모델로, 매우 높은 품질의 이미지를 생성할 수 있다.

딥페이크의 윤리적 이슈

딥페이크(deepfake)는 인공지능(AI) 기술을 사용하여 이미지, 비디오, 오디오 등의 콘텐츠를 조작하는 기술로, 다음과 같은 윤리적 이슈가 존재한다:

- **사생활 침해**: 딥페이크는 개인의 얼굴이나 음성을 무단으로 사용하여 개인의 사생활을 침해할 수 있다. 이는 개인의 명예를 훼손하고 심각한 정신적 피해를 줄 수 있다.
- **허위 정보와 가짜 뉴스**: 딥페이크 기술은 허위 정보를 퍼뜨리는 데 사용될 수 있다. 가짜 뉴스나 조작된 영상이 실제로 일어난 일처럼 퍼지면서 사회적 혼란을 야기할 수 있다.
- **정치적 악용**: 정치인이나 공공 인물의 발언이나 행동을 조작하여 정치적 목적을 달성하려는 시도가 증가하고 있다. 이는 민주주의를 위협하고 공공 신뢰를 저하시킬 수 있다.
- **범죄적 사용**: 딥페이크는 사기, 명예훼손, 사이버 괴롭힘 등의 범죄에 악용될 수 있다. 특히 음란물을 제작하여 피해자를 협박하거나 굴욕감을 주는 경우가 많다.

문제 해결을 위한 방법 및 기술적 노력

- **법적 규제**: 여러 국가에서 딥페이크 관련 법률을 제정하고 있다. 예를 들어, 미국에서는 딥페이크를 사용한 허위 정보 유포를 처벌하는 법안이 마련되고 있다. 법적 규제를 통해 딥페이크의 악용을 방지하려는 노력이 진행되고 있다.
- **인공지능 검출 기술 개발**: 딥페이크 콘텐츠를 식별하기 위한 AI 기반 검출 기술이 개발되고 있다. 딥페이크 검출 기술은 이미지나 영상의 비정상적인 패턴을 분석하여 조작 여부를 판단한다. 예를 들어, 페이스북과 마이크로소프트는 딥페이크 검출 챌린지를 통해 새로운 검출 기술을 개발하고 있다.
- **교육과 인식 제고**: 딥페이크의 위험성을 알리고, 사용자가 가짜 콘텐츠를 식별할 수 있도록 교육하는 것이 중요한다. 공공 기관과 민간 단체는 딥페이크 인식 캠페인을 통해 사용자들에게 경각심을 심어주고 있다.
- **기술적 방어 장치**: 텐츠 생성 시 원본임을 증명할 수 있는 워터마킹(watermarking) 기술을 도입하거나, 블록체인 기술을 활용하여 콘텐츠의 진위 여부를 검증하는 방안이 제안되고 있다. 이러한 기술적 방어 장치는 딥페이크의 무단 사용을 어렵게 만든다.
- **협력적 대응**: 정부, 기술 기업, 학계, 시민 단체가 협력하여 딥페이크 문제를 해결하기 위한 종합적인 접근이 필요하다. 다양한 이해관계자가 협력하여 정책을 수립하고, 기술을 개발하며, 교육 프로그램을 운영하는 것이 중요하다.

추가 자료 및 참고문헌

다음 사이트를 통해 더 자세히 알아볼 수 있다:

- MIT Technology Review: This new data poisoning tool lets artists fight back against generative AI
- World Economic Forum: How Nightshade poisons the data that AI tools use
- My Modern Met: Nightshade "Poisons" AI Art Generators to Help Defend Artists

이러한 노력들은 딥페이크 기술의 악용을 방지하고, 기술의 윤리적 사용을 촉진하는 데 중요한 역할을 할 것이다.

그 외 딥러닝 기술

딥페이크 기술 외에도 다양한 분야에서 딥러닝을 활용한 기술들이 발전하고 있다. 대표적인 기술로 딥보이스(DeepVoice), 딥무비(DeepMovie), 딥페이크 뮤직(DeepFake Music) 등이 있다.

- 딥보이스(DeepVoice): 딥보이스는 텍스트를 자연스러운 음성으로 변환하는 음성 합성 기술이다. 이 기술은 주로 텍스트-투-스피치(TTS) 시스템에 사용되며, 주요 특징은 다음과 같다.
  - **자연스러운 음성 합성**: 딥러닝을 사용하여 입력된 텍스트를 자연스러운 인간 음성으로 변환한다.
  - **다양한 음성 스타일**: 여러 목소리와 억양을 학습하여 다양한 스타일의 음성을 생성할 수 있다.
  - **실시간 처리**: 높은 처리 속도로 실시간 음성 합성이 가능하다.

적용 사례

- 가상 비서 및 챗봇: 고객 서비스 및 상호작용을 위한 자연스러운 음성 지원
- 오디오북 및 내비게이션 시스템: 고품질의 음성 안내 제공
- 연구 및 상업적 솔루션
- Baidu의 Deep Voice
- Google의 Tacotron

- 딥무비(DeepMovie): 딥무비는 딥러닝 기술을 사용하여 영화 제작 및 편집을 자동화하는 기술이다. 주요 기능은 다음과 같다.
  - **자동 편집**: 영상을 분석하여 자동으로 편집하고, 하이라이트를 추출하거나 장면을 구성한다.
  - **특수 효과**: AI를 사용하여 고품질의 특수 효과를 추가할 수 있다.
  - **스토리텔링**: AI가 스토리 구조를 분석하고 최적의 내러티브 흐름을 생성한다.

적용 사례

- 영화 및 광고 제작: 자동화된 편집 도구를 사용하여 제작 시간과 비용 절감
- 소셜 미디어 콘텐츠: 사용자 생성 콘텐츠의 품질 향상
- 연구 및 상업적 솔루션
- Adobe의 Project Blink
- IBM의 Watson Video Enrichment

- **딥페이크 뮤직(DeepFake Music)**: 딥페이크 뮤직은 딥러닝 기술을 사용하여 음악을 합성하거나 기존 음악을 변형하는 기술이다. 주요 기능은 다음과 같다.
  - **음악 생성**: AI를 통해 새로운 음악을 생성하거나 기존 음악 스타일을 모방한다.
  - **음악 변형**: 특정 아티스트의 스타일로 기존 음악을 변형한다.
  - **리믹스 및 매시업**: 여러 곡을 결합하여 새로운 음악을 자동으로 생성한다.

적용 사례

- 음악 제작: 작곡가와 프로듀서를 위한 도구로 활용
- 엔터테인먼트: 맞춤형 음악 제작 및 리믹스
- 연구 및 상업적 솔루션:
- OpenAI의 Jukedeck
- Sony의 Flow Machines

추가 자료 및 참고문헌

다음 자료들을 통해 더 자세히 알아볼 수 있다:

- Baidu Deep Voice
- Google Tacotron
- Adobe Project Blink
- IBM Watson Video Enrichment
- OpenAI Jukedeck
- Sony Flow Machines

이와 같은 기술들은 엔터테인먼트, 미디어, 고객 서비스 등 다양한 분야에서 혁신을 가져오고 있다. 하지만 이러한 기술들은 윤리적 문제를 동반할 수 있으므로, 기술의 사용에 있어서 책임감 있는 접근이 필요하다.

⑤ 러다이트 운동의 현대적 사례

러다이트 운동은 19세기 초 영국에서 기계화로 인한 일자리 상실에 반발하여 기계를 파괴한 노동자 운동을 의미한다. 현대에는 인공지능과 자동화 기술의 도입으로 유사한 갈등이 발생하고 있다. 생성형 인공지능은 특히 예술, 미디어, 금융 등 다양한 분야에서 인간의 역할을 대체할 가능성이 있어 이에 대한 저항이 나타나고 있다.

분야별 사례

- 예술과 미디어

  AI 아트의 저항: 일부 예술가들은 AI가 생성한 예술 작품이 자신들의 창작활동을 위협한다고 주장하며, AI 아트에 반대하는 캠페인을 벌이고 있다. 예를 들어, AI가 그린 그림이 경매에서 높은 가격에 판매되자 이에 반발하는 움직임이 있었다.

- 작가와 콘텐츠 크리에이터

  AI 작문 도구 반대: 작가와 기자들은 AI가 작성한 기사와 문서가 자신의 직업을 위협한다고 주장하며, AI 작문 도구의 사용을 제한하려는 움직임이 있다. 최근 미국 작가 조합은 AI의 사용을 규제하는 법적 조치를 요구했다.

- 금융 부문

  자동화 저항: 금융 분석가와 트레이더들은 AI와 머신러닝 기술이 그들의 업무를 대체할 것을 우려하며, AI 도입에 반대하는 사례가 있다. 이는 금융 산업 전반에 걸쳐 논의되고 있는 문제이다.

- 기술 일자리 대체에 대한 저항: AI와 자동화 기술이 발전하면서 많은 노동자들이 일자리를 잃거나 직무가 변화하게 되었다. 예를 들어, 자동화된 고객 서비스, 물류, 제조업 등에서 인간 노동자를 대체하는 경우가 증가하면서 저항 움직임이 일어나고 있다.

  사례) 아마존 창고의 자동화 시스템 도입으로 인해 많은 창고 노동자들이 일자리를 잃게 되었고, 이에 대한 저항과 파업이 발생했다.

- 창작자와 예술가들의 반발: AI가 음악, 미술, 글쓰기 등 창작활동에 사용되면서

인간 창작자들의 역할이 축소되는 현상이 나타나고 있다. 이는 예술가들 사이에서 저항 운동을 불러일으키고 있다.

사례) AI가 그림을 그리는 데 사용되면서 전통적인 예술가들이 AI의 사용을 반대하며 작품 전시회를 보이콧하거나 항의하는 사례가 있다.

- **정보와 미디어 산업의 변화:** AI가 뉴스 기사를 작성하거나 정보를 수집하고 분석하는 데 사용되면서 기자나 편집자 등의 역할이 변화하고 있다. 이는 미디어 종사자들 사이에서 저항을 일으키고 있다.

사례) 일부 언론사에서 AI가 작성한 기사를 사용하기 시작하면서 기자 협회와 노동조합이 이를 반대하는 성명을 발표했다.

문제와 갈등 해소 방법

- **재교육 및 직업 전환 프로그램:** 정부와 기업은 AI로 인해 일자리를 잃은 노동자들을 위해 재교육 프로그램을 제공하고, 새로운 직업으로의 전환을 지원해야 한다. 이는 노동자들이 새로운 기술을 습득하고, AI 시대에 맞는 새로운 역할을 찾을 수 있도록 도와준다.
- **AI와 인간의 협업 모델:** AI가 인간의 능력을 보완하는 협업 모델을 구축함으로써, 완전한 대체보다는 보조적인 역할을 강조할 수 있다. 예를 들어, AI는 데이터 분석을 수행하고, 인간은 이를 바탕으로 창의적이고 전략적인 결정을 내리는 방식이다.
- **윤리적 AI 개발 및 사용:** AI 개발자와 기업은 AI 기술의 윤리적 사용을 보장하고, 투명성과 책임성을 강화해야 한다. AI의 영향을 받는 모든 이해관계자들과의 협력을 통해 공정하고 포괄적인 AI 정책을 수립하는 것이 중요하다.
- **공정한 이익 분배:** AI와 자동화 기술로 인한 경제적 이익이 공정하게 분배될 수 있도록 정책을 마련해야 한다. 이를 통해 기술 발전의 혜택이 모든 사회 구성원에게 돌아가도록 해야 한다.

예시) 핀란드는 기본소득 실험을 통해 기술 발전으로 인한 경제적 이익이 사회

전체에 공평하게 분배될 수 있는 가능성을 탐구하고 있다.

- **정책 및 규제 마련**: 정부는 AI로 인한 사회적 영향을 최소화하기 위해 적절한 규제와 정책을 마련해야 한다. 이는 AI 기술의 무분별한 도입을 방지하고, 노동자의 권리를 보호하는 데 도움이 된다.

추가 자료 및 참고문헌

- MIT Technology Review
- World Economic Forum
- My Modern Met

⑥ 생성형 인공지능의 무기화 가능성

증거와 사례

- 허위 정보 및 프로파간다

- **딥페이크 비디오**: 딥페이크 기술을 사용해 정치인, 기업인, 유명인의 얼굴과 목소리를 조작하여 허위 정보를 퍼뜨릴 수 있다. 예를 들어, 2020년 미국 대통령 선거 기간 동안 딥페이크 영상이 사용될 가능성에 대해 많은 우려가 제기되었다.
- **텍스트 생성 AI**: OpenAI의 GPT-3와 같은 언어 모델은 대규모의 가짜 뉴스를 생성하여 소셜 미디어에서 허위 정보를 퍼뜨릴 수 있다. 이는 사회적 혼란을 일으키고 정치적 프로파간다에 악용될 수 있다.

- 자동화된 사이버 공격

- **악성 코드 생성**: AI는 복잡한 악성 코드를 자동으로 생성하고 배포할 수 있다. 연구자들은 AI를 사용해 기존의 악성 코드를 변형하여 새로운 변종을 만드는 실험을 통해 이러한 가능성을 입증했다.
- **피싱 이메일**: AI가 생성한 피싱 이메일은 인간이 작성한 것보다 더 정교하고 설

득력 있게 만들 수 있다. 이는 피싱 공격의 성공률을 높이고, 금융 사기나 개인 정보 유출 등의 문제를 야기할 수 있다.

- 무기 시스템의 자동화
  - **자율 무기 시스템**: 드론과 같은 자율 무기 시스템에 AI를 적용하여 목표를 자동으로 탐지하고 공격할 수 있다. 이는 인간의 통제를 벗어나 예기치 않은 민간인 피해를 초래할 수 있는 위험이 있다. 예를 들어, 터키에서 개발된 자율 드론이 리비아 내전에서 사용되었다는 보고가 있다.
  - **군사 전략 시뮬레이션**: AI는 군사 전략 시뮬레이션에서 적의 행동을 예측하고 최적의 대응 전략을 자동으로 생성할 수 있다. 이는 군사적 긴장감을 높이고, 오판으로 인한 무력 충돌을 촉발할 위험이 있다.

방지 방안

- 규제와 정책 마련
  - **국제 협약**: 국가 간 협력을 통해 AI의 무기화 방지를 위한 국제 협약을 체결해야 한다. 이는 자율 무기 시스템의 사용을 규제하고, AI 기술의 군사적 활용을 제한하는 내용을 포함할 수 있다.
  - **법적 규제**: 각국 정부는 AI 기술의 개발과 사용에 대한 법적 규제를 마련해야 한다. 예를 들어, 유럽 연합은 AI 윤리 가이드라인을 통해 AI 사용의 윤리적 기준을 제시하고 있다.
- 기술적 방어 메커니즘
  - **AI 검출 및 방어 시스템 개발**: 딥페이크와 같은 AI 기반 허위 정보를 탐지하고 차단하는 기술을 개발해야 한다. 이는 영상 및 오디오 검증 시스템을 통해 딥페이크 콘텐츠를 식별하고, 소셜 미디어 플랫폼에서 허위 정보를 신속히 제거하는 데 사용될 수 있다.
  - **사이버 보안 강화**: AI가 생성한 악성 코드와 사이버 공격을 방어하기 위한 보안 시스템을 강화해야 한다. 이는 AI 기반 사이버 보안 솔루션을 통해 이상 징후를 실시간으로 모니터링하고, 잠재적인 위협을 신속히 차단하는 방법을 포함할 수

있다.

- 교육과 인식 제고

– **대중 교육**: 대중에게 AI 기술의 위험성과 안전한 사용법을 교육해야 한다. 이는 AI 기술의 악용 가능성을 줄이고d, 사회 전반에 걸쳐 AI에 대한 인식을 높이는 데 도움이 된다.

– **전문가 교육**: AI 개발자와 연구자들에게 윤리적 AI 개발과 사용에 대한 교육을 제공하여, AI 기술이 윤리적으로 활용될 수 있도록 한다.

추가 자료 및 참고문헌

- MIT Technology Review: 딥페이크 및 AI 윤리
- World Economic Forum: AI 무기화 관련 기사
- My Modern Met: AI 윤리 가이드라인

이와 같은 방지 방안을 통해 생성형 인공지능의 무기화를 예방하고, AI 기술이 인간 사회에 긍정적으로 기여할 수 있도록 해야 한다.

생성형 AI 플레이북

텍스트에서 멀티미디어까지

저 자 한선관 · 류미영 · 이문주 · 신상규
김지혜 · 강남선 · 임새이

발 행 인 김지영

발 행 처 자유아카데미

주 소 경기도 파주시 회동길 37-42
파주출판도시

전 화 031-955-1321

팩 스 031-955-1322

홈페이지 www.freeaca.com

전자우편 main@freeaca.com (대표)
editor@freeaca.com (편집)
crm@freeaca.com (영업)

등 록 제406-2003-017호, 1980. 7. 12

제1판1쇄 2025년 2월 1일 발행

저자와의
협의하에
인지생략

ISBN 979-11-5808-665-7 93000